刑法と戦争

戦時治安法制のつくり方

内田博文

みすず書房

刑法と戦争——戦時治安法制のつくり方　目次

凡例

一、大審院刑事判例集は「大刑集」、大審院民事判例集は「大民集」、最高裁判所刑事判例集は「刑集」、最高裁判所民事判例集は「民集」と、それぞれ略記した。

一、文語調で記述されている判例集、帝国議会議事録、法令等の引用に当たっては、カタカナ表記はひらがな表記に改めた。また、一部を、例えば「非す」を「非ず」に変えるというように現代表記化し、適宜、句読点や省略された「てにをは」などを補った。

はじめに

「法の支配」の崩壊——昭和三年と現在

昭和三年——ルビコン川の岸辺

昭和六（一九三一）年九月、中華民国の奉天（現瀋陽）郊外の柳条湖で南満州鉄道の線路が爆破されるという事件が発生した。これは関東軍高級参謀の板垣征四郎大佐と関東軍作戦参謀の石原莞爾中佐が首謀し、軍事行動の口火とするため自ら行った陰謀であったことが戦後のＧＨＱの調査などで判明している。しかし、関東軍はこれを張学良の東北軍による破壊工作と発表し、直ちに満州全土を占領するという軍事行動に出た。昭和八年五月の塘沽停戦協定までに至る満州事変の始まりであった。

日本のメディアの多くは関東軍による陰謀であることを知りつつ、軍事行動の正当性を大々的に書きたてた。関東軍は僅か五か月で満州全土を占領した。昭和七年三月には満洲国の建国が宣言され、昭和八年に日本が国際連盟を脱退せざるを得ない事態に追い込まれる大きな契機となった。昭和十二年七月、北京郊外の盧溝橋で日中両軍が衝突し、八月には上海で中国軍と再び交戦するという第二次上海事変が勃発し、日中は全面戦争（支那事変）に突入した。十二月には日本軍が南京を占領した。南京占領にあたって婦女子を含む多数の中国人を殺害したと報じられ、諸外国から強く指弾される南京事件も発生した。戦火はさらに拡大し、昭和十六年十二月には太平洋戦争に発展した。

柳条湖事件で「ルビコン川」を渡った日本は、それ以降、坂道を転げ落ちるかのように戦線を拡大し続けていった。それに先立つ昭和三年、再建共産党に対し一斉検挙が行われた。この三・一五事件などを受けて治安維持法が改正された。その後、昭和十六年に同治安維持法は全面改正され、戦時治安法制の中核として猛威をふるうことになる。

戦時体制を形づくるためには戦時治安法制のほか、秘密保護法制や情報統制法制、国家総動員法制などの整備も必要であり、新治安維持法の制定に前後して改正軍機保護法（昭和十二年）、軍用資源保護法（昭和十四年）、国防保安法（昭和十六年）などが制定された。国家総動員法も昭和十三年に制定された。昭和十五年には情報局が発足し、同情報局や特別高等警察などにより国家総動員法などを拠り所にした言論統制も実施されることになる。

このような動きに照らすと、満州事変に先立つ昭和三年は、その後の戦線拡大にとって重要な意味を持つと同時に、戦時体制を支える柱の一つの治安維持法の展開にとっても画期となる年であった。大日本帝国憲法から見ても問題の多い治安維持法を、廃止も含めて抜本的に見直すという選択肢も、この時にはあり得た。しかし、議会は治安維持法の拡大の道を選んだ。政府は治安維持法の制定及び改正にあたって、緊急勅令による制定及び改正という方法を採用した。違憲立法審査制度がないことを奇貨《きか》として、大日本帝国憲法にさえも違反する治安維持法改正法律案を国会に上程し成立させるという方法を用いた。それだけではなく、法解釈を変えることによって「事実上の立法」を行い、この「事実上の立法」によって憲法を変えるという方法さえも用いた。

今、私たちが置かれている状況は、この昭和三年に似ている。戦時体制の形成に向けて着々と下準備が進められつつあるからである。今、私たちは「ルビコン川」の岸辺に立っている。このままでは「ルビコン川」を渡るのも時間の問題といえる。戦時治安法制の制定も早晩、予想される。

しかし、他方で留意しなければならないことは、満州事変以降と異なり、この昭和三年の段階ではまだ引き返すという選択肢もあり得たという点である。最近の研究によれば、満州事変に直線的に進んだわけではなく、軍部と政党の間で激闘が繰り広げられたことが明らかにされている。[1] このことは今の私たちにとって格別の意味を持つ。当時の「世論《せろん》」は軍部に与《くみ》し、引き返すという選択を放棄したが、今の私たちには「ルビコン川」を渡らないという選択はまだ残されているからである。まして当時と異なり、現在は日本国憲法で保障されている国民主権の時代である。引き返すかどうかは主権者である私たちの選択にかかっている。

法律によって憲法を変える

二〇一五年九月に成立した平和安全法制関連二法案では「解釈改憲」がいたるところで用いられている。違憲立法審査制度はまるでなきが如くである。さすがに、これには「事実上の憲法改正」であって憲法違反という批判が強い。多くの憲法学者からも憲法違反だとの指摘が表明されている。このように政府によって、もはや法解釈の域を超えた、憲法違反の「逸脱解釈」による事実上の憲法改正が行われたのである。

与党が党利や議員の自己保身などのためにこの事実上の「クーデター」ともいうべき動きに賛成していることも、昭和三年当時と類似している。治安維持法を生みだしたのは政党政治であり、「議会制民主主義」だったからである。同じような理由から政党は治安維持法の制定及び改正に賛成した。

現在、与野党も含む政党政治の状況は、戦前以上に深刻である。治安維持法の議会審議ではまだしも本質的な議論が展開されたが、平和安全法制関連二法案の国会審議からはこのような議論は聞こえてこなかった。

政党支持率も大幅に低下している。各種の世論調査では「支持政党なし」が圧倒的に多くなっている。政党政治は重体といってもよい。

「法の支配」の守護者とされる司法も、この「法の支配」にとっての最大の危機に反対の声をあげずに黙認していることも、当時と類似している。かつて司法は治安維持法の適用に、そして、もはや法解釈の域を超えた「逸脱解釈」による法の拡大適用にお墨付きを与えた。司法はあってもなきが如くであった。戦後の日本の司法は「消極司法」と揶揄されてきた。しかし、これまでと問題の位相が根本的に異なる。このような重大な岐路にあって、「憲法の番人」という日本国憲法によって与えられた役割を果たすことができないとすれば、裁判所の存在価値というのは一体何であろうか。

反対の動きを抑えるために国によるマスメディアの規制も含めた情報統制と世論誘導の動きが強まっており、「法の支配」の否定を推進する側に回るマスメディアや国民も少なからず現われるに至っていることも類似している。IT社会の到来を利用した徹底した情報統制と世論誘導の動きも顕著になっている。「大東亜戦争」を「アジア解放のための聖戦」だとしてその正当性を声高に叫ぶ街頭デモも各地で見られるようになっている。国による徹底した情報統制を受けたマスメディアが治安維持法違反事件についてセンセーショナルな事件報道を大々的に行った結果、問題の本質にとどまらず権力によるフレームアップさえも覆い隠す役割を果たした過去があったことを忘れてはならない。[2]

道徳教育の強化などをはじめとして、国民に対する思想統制が強化されつつあることも類似している点である。消極的な再犯の防止にとどまらず、道徳教育の強化と相まって「善良な国民」づくりを担い、対象者の保護をも図るという点で欧米の保安処分とは異なるとされる日本型保安処分の強化も、「ルビコン川」を渡るところにまで辿りついている。戦前、思想犯保護観察法が治安維持法下の「転向」政策の一翼を担ったが、思想犯保護観察制度と戦後の保護観察制度の分水嶺だとされた満期釈放後の保護観察制度の導入が説かれるところにまで至っているからである。

最近の日本の動き

昭和三年との類似点はそれだけではない。すでにふれたように現在、戦時体制が着々と下準備されているからである。戦時体制を構築するためには、法制を戦時法制化し、国家・経済・社会を戦時のそれに再編し、治安体制を戦時の治安制度に組みかえて治安政策を激的に強化すること、マスメディアの規制も含めた徹底した情報統制と世論誘導を行い隅々にまで国民監視ができるようにすること、そして、厳しい思想統制を行って戦争に反対や疑問の声を上げさせないようにすること、などが必要不可欠となる。

権力分立制は戦時下における「迅速な意思決定」の妨げになるとして骨抜きにされ、権力の集中が図られる。国民に強いる「戦死」や「空襲の被害」を含む想像を絶する「犠牲」を正当化するために「国民のための国家」ではなく「国家のための国民」が標榜され、国家と国民の関係が逆転される。

平成二十四年以後の日本の主な動きを見ると、次のようになる。

平成二十四年十二月二十六日――第二次安倍晋三内閣が発足
平成二十五年十一月二十七日――国家安全保障会議設置法が可決成立
　　　　　　十二月四日――安全保障会議を国家安全保障会議に再編
　　　　　　十二月六日――特定秘密保護法が可決成立
　　　　　　十二月二十五日――「世界一安全な日本」創造戦略を閣議決定

十二月二十六日　文部科学省に設置された「道徳教育の充実に関する懇談会」は道徳を「特別の教科道徳（仮称）」として位置づけること等を内容とする報告をとりまとめる

平成二十六年一月二十三日　文部科学省は尖閣諸島と竹島について学習指導要領解説書を改定して「我が国固有の領土」と明記

四月一日　武器輸出の新原則を閣議決定

四月二十五日　尖閣諸島が日米安全保障条約の適用対象であることを明記した日米共同声明を発表

六月十三日　自治体首長の権限を強化する改正地方教育行政法が成立

六月二十日　政府は「従軍慰安婦問題」に関する河野洋平官房長官談話の作成過程を検証した報告書を国会に提出

七月一日　憲法解釈上できないとされてきた集団的自衛権の行使を限定容認する新政府見解を閣議決定

十一月十六日　沖縄県知事選で米軍普天間飛行場の名護市辺野古への移設に反対の翁長雄志・前那覇市長が初当選

平成二十七年二月二日　国土交通省は省内に「国際テロ対策本部」を新たに設置

二月二十二日　佐々淳行・初代内閣安全保障室長が新聞紙上で首相直属の「情報局」創設を要望

三月二十五日　文部科学省は「特別な教科」として格上げする小中学校の道徳について新

たな学習指導要領を告示

五月十四日	平和安全法制関連二法案が国家安全保障会議及び閣議で決定
五月十五日	平和安全法制関連二法案を国会に提出
九月十九日	安保関連法案が可決成立
十一月十七日	自民党の谷垣禎一幹事長はパリ市内での同時多発テロ事件を受け、「共謀罪」を新設して国際社会と連携する必要との認識を示す

戦時体制が着々と下準備されつつあることは明らかであろう。第三次安倍内閣の改造後の目玉政策とされる「一億総活躍社会の実現」についても国家総動員の発想が強いと指摘されている。

ちなみに日本政府は、平成十二（二〇〇〇）年に国連越境組織犯罪防止条約が採択されたことを受けて、重大な犯罪については実行行為に至らなくても謀議を行っただけで処罰し得る「共謀罪」を創設するため、二〇〇三年から組織犯罪処罰法の改正などの関連法案を国会に提出してきた。共謀罪の対象犯罪が「死刑又は無期若しくは長期一〇年を超える懲役若しくは禁錮の刑が定められている罪」及び「長期四年以上一〇年以下の懲役又は禁錮の刑が定められている罪」に限定されているために、国民の一般的な社会生活上の行為が共謀罪で処断されることはありません、というのが政府説明であった。しかし、「共謀罪」の新設が本条約批准の要件にはなっていないことに加えて、法案では窃盗罪も「共謀罪」の対象犯罪となっており、暴行罪や脅迫罪も法定刑を引き上げれば「共謀罪」の対象犯罪となり得ることなどから反対が強く、三回廃案になっている。

「共謀罪」の新設は、平成二十七年三月に国会に提出され、五月に付託された「刑事訴訟法等の一部を改正する法律案」に盛り込まれた「合意制度の創設」や「通信傍受の強化」などといわば「車の両論」となっており、新設された暁には、人々の生活に及ぼす影響はきわめて深刻なものがある。

平時法制から戦時法制へ

戦時体制を支える柱の一つとして治安を強化する動きについては、「体感治安」が悪化するなか、治安強化もよいのではないかという声も聞こえてくる。しかし現在の治安政策は、平時の治安政策から戦時の治安政策へとかたちを変えつつある。平時の治安政策と戦時の治安政策とは同じ治安政策といっても根本的に異なる。戦時の治安政策の目的は、国民の自由や生命、身体、財産などを守ることではなく、その極端な制限の下でやっと維持される「戦時体制」を守ることである。それによって保護されるのは「法の支配」を超えた「国家の権限拡大」であって、国民の自由や生命、身体、財産などでは決してない。取締りの対象が戦争遂行に妨げとなる一切のものに及ぶ結果、すべての国民が取締りの対象とされる。

刑法の役割も変質することになる。国家は最も国民の自由と生命を侵害しやすいものであるゆえに、国家刑罰権の発動についても「法の支配」の貫徹を図るというのが、本来の刑法の役割である。しかし戦時では、「法の支配」に反した国家刑罰権の無制限な発動にお墨付きを与えることが、刑法の役割になる。名称は同じ刑法であっても水と油である。このような刑法の変質を象徴したのが治安維持法であった。

歴史から学ぶ

治安維持法体制は日本国憲法の制定によっても一掃されることはなかった。その一部は奇妙なことに日本国憲法の下でも温存され続けた。検察官に対する強制処分権の付与も、あるいは捜査官が作成した捜査段階の供述調書への証拠能力の付与も、敗戦後の未曾有の混乱に対処する必要があるからとされて、認められ続け、その後も見直しは行われなかった。そして、それは戦後の日本の刑事手続が冤罪を生む構造的な要因となった。二十一世紀に入った今でも、この見直しは予定されていない。これには戦後、治安維持法の検証が十分に行われなかったことが大きく影響している。治安維持法が刑罰法規であったにもかかわらず、戦後の治安維持法研究は刑事法学者によるものは少なく、もっぱら歴史学や政治学などにおいてなされてきた。これでは過ちが繰り返されかねない。杞憂ではなく、今や再び過ちを繰り返そうとしている。

人間は万能ではない。過ちを犯すことも少なくない。しかし、人間はこの過ちの反省の中から教訓を引き出し、それを規範化し、継承していくことによって自らの文明を育んできた。市民とはこの文明に従って判断し行動し得る人々を意味するという定義も見られる。人間の文明は決して完成されたものではない。発展途上にある。「戦争の放棄」という課題もいまだ達成し得ていない。だからこそ、歴史を学び続ける必要がある。歴史を学ぶというのは文明を継承し、発展させていくことだからである。

「ドイツの良心」と讃えられ、二〇一五年一月三十一日に亡くなったリヒャルト・カール・フライヘア・フォン・ヴァイツゼッカー元ドイツ連邦共和国大統領は、敗戦四十周年の一九八五年五月八日に連邦議会で行った世界的に有名な演説「荒れ野の40年」（永井清彦訳／岩波ブックレット）のなかで次のように説いている。

問題は過去を克服することではありません。さようなことができるわけはありません。後になって過去を変えたり、起こらなかったことにするわけにはまいりません。しかし過去に目を閉ざす者は結局のところ現在にも盲目となります。非人間的な行為を心に刻もうとしない者は、またそうした危険に陥りやすいのです。

それでは、今の日本の状況はいかがであろうか。歴史から学ぶという姿勢が希薄になっていないか。

一九四八年十二月十日の第三回国連総会で採択された「世界人権宣言」の前文は「人類社会のすべての構成員の固有の尊厳と平等で譲ることのできない権利とを承認することは、世界における自由、正義及び平和の基礎であるので（中略）すべての人民とすべての国とが達成すべき共通の基準として、この世界人権宣言を公布する」と謳っている。「法の支配」も同様である。「法の支配」を否定したり形骸化したりすることは許されない。

日本政府は、戦後国際社会に復帰するにあたって、「法の支配」と基本的人権の尊重を遵守することも世界に誓った。限られた国々への誓いだったとしても、この誓いを破ることは日本を再び世界的な孤立、そして破滅へと追い込みかねない。

本書のねらい

このような時代認識に基づいて、戦時治安刑法の様相とは一体どのようなものであったかを素描したい。あわせて、昭和三年前後の動きとの類似性を意識しつつ、現在の刑法をめぐるさまざまな動きについても検討を加えたい、というのが本書のねらいである。

過去の過ちをなかったことにすることはできない。なかったとすることは「歴史の改竄」という批判を浴びてもやむをえない。しかし、この過ちから多くの教訓を引き出し、それを活かすことによって再び過ちを繰り返さないようにすることはできる。本書がそのためのささやかな一助になれば幸甚である。

第一部　戦時体制下の国民と法——過去と未来

第一章　違憲立法審査権の重要性——「悪法」の制定と法の改悪を阻むために

1　戦時治安刑法と戦時刑事手続

戦時治安刑法の特徴

戦時治安刑法は数多くの特徴に彩られていた。「思想国防戦」を含む「国家総力戦」を遂行するための国家総動員体制を治安面で支える戦時治安体制、それを秘密面で支える国家秘密保護体制、思想面で支える思想取締体制、経済面で支える統制経済体制、家族面で支える家制度、これらの「戦時体制」それ自体が法が保護すべき利益（保護法益）とされ、この保護法益をいささかでも危殆化する行為ないし思想は容赦なく処罰された。まさに「危険」を罰する法であった。これが特徴の第一である。

思想犯、秘密に対する罪、家制度に対する罪なども再構成され、戦時犯罪の中核に位置づけられた。この再構成は窃盗罪や強盗罪など、一般の刑法犯にも及んだ。すべての犯罪は「国家犯罪」とされた。そこにいう国家犯罪はもちろん平時のそれではなかった。戦時治安刑法に特有の「国家犯罪」を意味した。

同じ治安刑法といっても、戦時治安刑法とそれ以前の治安刑法とでは質的な違いがあった。戦時治安刑法では反戦主義、非戦主義のみならず、自由主義、民主主義といえども取締りの対象とされた。処罰の対象は「普通の人々」の「普段の生活」にも及んだ。妻が夫のために家事をすることも場合によっては戦時犯罪とされた。知人のために泊まる場所を提供し、幾許かの活動資金を提供することも場合によっては戦時犯罪とされた。研究者があるテーマについて研究することも場合によっては戦時犯罪とされた。国内旅行をした折に見聞したことを親しい知人に話すことも場合によっては戦時犯罪とされた。平時においては、「和の精神」に合致するとして、むしろ高く評価される人道的な行為も戦時下では戦時犯罪の色付けが施されることになった。

戦時国家は多くの「非国民」を生みだした。戦争のしわ寄せをもっとも蒙るマイノリティも戦争に協力できる術がないとなると「非国民」の扱いを受けた。そのマイノリティが「保護の客体」に甘んじる限りは戦時犯罪の対象外といえたが、「権利の主体」として権利運動に乗り出すと、これも戦時犯罪の対象となった。「非国民」から「戦時犯罪者」へと組み換えされることになった。

戦時犯罪を取締るためには大日本帝国憲法を「解釈改憲」することもいとわないとされた。これが特徴の第二である。「無法」が合法化されることになった。事実上のクーデターともいえた。それは「法の支配」を為政者自身が破ることを意味した。この「無法」の合法化はさらなる「無法」の合法化を招き、この悪循環が国家、社会、家を冒していった。「法の支配」の軽視は国家、社会、家に拡がり、「無法」を正当化する風潮が支配的となっていった。「法の支配」は本来の意義を失い、「無法」に正当性のラベルを貼る役割に変質させられることになった。「悪法」を批判することも場合によっては戦時犯罪とされた。犯罪の成立範囲を限定し、国家刑罰権の濫用から市民の自由を守るために考案された、たとえば、「罪刑法定原則」「明確性の原則」「行為原則」「責任原則」といった「市民刑法の諸原則」は、戦時犯罪には適用されないと明言された。

処罰規定の曖昧さは当該規定の無効をいささかもたらすものではなかった。この曖昧さは戦時犯罪の処罰にとってはむしろ歓迎すべきこととされた。これによって法の条文にとらわれない融通無碍な処罰が可能となったからである。治安維持法が採用した「国体の変革」「私有財産制度の否認」概念の意義も、このような曖昧さにあった。限定解釈しようとしても不可能であった。限定解釈することによって市民の自由を守るという発想は為政者にそもそもなかった。立法も法適用も法解釈も「無法」であった。

特徴の第三は重罰化である。この重罰化も市民刑法的な意味での重罰化ではなく、戦時犯罪特有の重罰化であった。戦時犯罪の対象が無産政党の活動から合法左翼の活動へ、そして、ついには自由主義、民主主義、反戦主義・非戦主義、新興宗教などへと拡がれば拡がるほど、これに比例するかのように重罰化が進んでいった。一見、奇異にみえるが、このように戦時犯罪の対象が拡がるということは、戦争が泥沼化し、容易に勝利を得られない状態に国が陥ったということであった。戦時国家が陥ったより厳しい情況の下で犯される戦時犯罪は、たとえ、それが「普通の人々」による「普段の生活」であったとして、為政者にとっては違法性のより高い行為と映った。「家国《かこく》」の民《たみ》には決して許されない行為であった。為政者は重罰化のエスカレーションの道に踏み込んだ。理性を失った重罰化といってもよかった。

戦時犯罪では法定刑に死刑が多用された。ゾルゲ事件は主犯とされたリヒアルト・ゾルゲの外、尾崎秀実《ほつみ》にも死刑が言い渡され、執行された。死刑は逆徒の「家国からの抹殺」というように性格づけられた。このような性格づけが戦時犯罪一般にまで拡げられ、法定刑として死刑が選択されることになった。懲役刑であっても、捜査段階での拷問などによって健康を著しく損なった受刑者にとっては死に直結することも稀ではなかった。太平洋戦争が開戦した昭和十六年十二月に検挙された宮澤《みやさわ》弘幸・レーン夫婦軍機保護法違反冤罪事件の事件本人であった宮澤は出所後、健康を害して死亡している（第十一章一項参照）。

転向政策と重罰化が結びつけられたことも戦時治安刑法の特徴であった。そのために新設されたのが思想犯保護観察制度であった。重罰に加えて、あるいは重罰に代えて「戦時犯罪」者に保護観察が実施された。この保護観察も日本的な装いを帯びていた。この保護観察は「家国」の主《あるじ》が「家国」の民に施す慈悲の現われの一つと位置づけられた。保護観察の目標が消極的な監視の域にとどまらず、積極的な「補導」、それも「物的な補導」ではなく、「精神的な補導」、すなわち「皇民」化に置かれた。この更生保護のために対象者の家族のみならず、宗教家、教育家、社会事業家、警察関係者等、官民が総動員されたということも日本的なところであった。更生保護は「家国」思想と結びつき、「家国」体制の下で推進された。転向の規準となったのも「家国」思想であった。家族のために自ら進んで戦地に赴き、戦死した転向者も少なくなかった。

しかし、なかには転向に応じない受刑者もいた。この転向に応じない受刑者に用意されたのが保安処分であった。転向に応じない満期釈放者は釈放されることなく、そのまま保安処分施設に送られた。一応、拘束の期間が定められていたものの、更新することによって死ぬまで拘束し続けることも可能であった。これも「無法」であった。この「無法」も戦時下ということで合法化された。

戦時刑事手続の特徴

戦時犯罪を裁く場の戦時刑事手続も多くの特徴に彩られていた。特徴の第一は捜査にあった。戦時刑事手続において検察官の強制処分権が法定されることになった。被疑者などの人権を尊重するためというのがその理由であった。検察官に必要な強制捜査権を付与してこなかったために検察官が事実上強制捜査権を行使し、それによって被疑者などの人権を蹂躪したのではないかと疑われるような事態も発生したので、法律の定めによって検察官に必要な強制捜査権を付与し、あわせて検察官に警察官の捜査活動の統制をも委ねるとすれば、人権侵害を防止することができる。戦時犯罪に見合った実効性のある捜査も実現し得る。このように説明された。平時では承認が得られ難い「焼け太り」の論理であったが、戦時ということで承認された。ここでも、「無法」の合法化が見られた。

この合法化によって「無法」が抑制されたかというと決してそうではなかった。行政検束制度を利用した関係者の身柄拘束も引続き活用された。検察官が警察官の行き過ぎをチェックするというのも絵にかいた餅に終わった。それどころか、より実効的な捜査を求めて新たな「無法」が招来された。この強制捜査によって得られた自白調書に証拠能力を明文上付与するという「無法」がそれである。大日本帝国憲法の下でもこのような「無法」を合法化することは難しく、検察官の希望が叶えられることはなかった。それが実現したのが戦時下であった。戦時下では「無法」を合法化することが容易であった。

しかし、何よりの「無法」は自白を獲得するための拷問などであった。いくら戦時下であっても拷問を合法化することは不可能であったが、拷問が多用された。拷問によって虐殺された被疑者も稀ではなかった。プロレタリア作家の小林多喜二もその一人である。戦時犯罪の捜査の担い手は思想検事であり、特高警察であった。

特徴の第二は、第一と関わるが、戦時刑事手続を主導したのはこの思想検事であったという点である。もともと検察官の任務は捜査、起訴、公判、上訴、行刑、更生保護、保安処分に及んだが、裁判官が担当するのはこのうちの公判と上訴だけであり、任務の範囲に大きな開きがあった。しかし、戦時刑事手続における検察官の主導性の理由はそれだけではなかった。戦時犯罪の中核を占める思想犯、秘密に対する罪、統制経済違反の罪、忠孝違反の罪などについては、検察官の情報量、分析力、企画力、対処方策など、すべての面で思想検事と一般の裁判官との間には大きな差があった。思想検事はその名が示しているように思想犯などの戦時犯罪については専門家中の専門家であり、裁判官は思想検事の主張を全面的に受け入れざるを得なかった。思想判事も誕生することになったが、思想判事の発想は思想検事のそれに倣《なら》ったものであった。裁判官は検察官のいうとおりに手続を進めればよいのだというような高圧的な態度を検察官が控えるようなことはもはやなかった。この検察官の主導性は戦時刑事手続における起訴便宜主義の法定によってより確かなものとなった。

特徴の第三は、迅速な刑事裁判である。迅速裁判を実現するためにさまざまな方策がとられた。判決書の省力化もその一つであった。どの証拠からどの事実を認定したか、個々の対応関係を判決のなかでいちいち示すのは大変な労力を要する。省略してよい。「罪となるべき事実」を認定した証拠は一覧表として掲げるだけで足りる。弁護人の個々の主張に対してどのように判断したかを判決書のなかで詳述することも必要ないとされた。省力化はそれだけではなかった。問答無用式の有罪判決が目立った。有罪判決から逆算して「罪となるべき事実」を認定するという本末転倒の事実認定も常態化した。法の解釈も同様であった。有罪とするための融通無碍の法解釈が闊歩した。被告人・弁護人に「悪法」を批判させることも許さなかった。迅速化はついに上訴制度の改変にまで手がつけられ、控訴審が廃止された。刑事裁判は思想検事の下した「有罪判決」に裁判所の「お墨付き」を与える儀式に転落することになった。事実認定も法解釈も手続遂行もすべて「無法」であった。

特徴の第四は、弁護人による弁護を著しく制限したことである。正確には「剝奪した」と言ってもよかった。旧弁護士法は弁護士に対し弁護士会への強制加入を義務づけた。後には司法大臣による指揮監督に格上げされたが、地方裁判所検事局の検事正が弁護士会を指揮監督し、この弁護士会に対する指揮監督を通して間接的に弁護士を指揮監督するというのが当時の弁護士会強制加入制度の意義であった。

「不穏当な」刑事弁護を行うと看做《みな》された弁護士弁護人は、この制度による取締りの対象となった。検事正から要請を受けた控訴院検事局の検事長は当該弁護士の所属する弁護士会に対し、弁護士会会則に基づき当該弁護士を控訴院の懲戒裁判に付する旨の決定を下すように要請する。要請を受けた弁護士会は決定を下し、この決定に基づいて当該弁護士の懲戒裁判を開始するよう控訴院に求める。控訴院は懲戒裁判を開始し、弁護士会会則に則《のっと》り当該弁護士を弁護士会から除名する等の判決を言い渡す。当該事件について再び弁護できないようにもする。近代の裁判制度からすればおよそ考えられないような司法権力による裁判干渉であり「無法」であった。しかし、それが合法化され、弁護人の活動を制限するうえで大きな力を発揮した。

弁護士の弁護活動自体を戦時治安刑法によって問擬《もんぎ》する（＝罪に問う）という手法も採用された。たとえば、治安維持法違反被告事件の刑事弁護人を数多く務めた布施辰治《たつじ》は治安維持法違反で実刑判決を受け、収監された。治安維持法違反事件を担当する弁護人のうちで執行猶予付きの有罪判決を言い渡された弁護士は少なくなかった。これらの出来事は一般の弁護士をして戦時犯罪の刑事弁護から遠ざからせるのに十分なものがあった。治安維持法違反ではなかったが、大正末から昭和初期の代表的な小作争議として知られる伏石《ふせいし》事件で、小作料減額運動を指導したとして窃盗教唆罪により懲役十月の実刑を言い渡された日農組合の顧問弁護士の若林三郎は精神を害し、出所後、自らの生命を断った（三六三頁参照）。

弁護活動の制限はさらにエスカレートした。弁護人の数の制限に加えて、指定弁護人制度も採用された。その意図するところは布施のような弁護人を排除することにとどまらなかった。それは治安政策的刑事手続政策に協力する弁護士、あるいはこれを積極的に推進する弁護士を弁護人に登用するための制度であった。そのような弁護士は少なくなかった。日本弁護士協会も東京弁護士会も新治安維持法の制定については賛成の決議を挙げていた。裁判官に続いて弁護人も訴追官の列に加わった。

ここに至ると、裁判官が担う職権主義・糺問《きゅうもん》主義（＝裁判官の役割と検察官の役割が分けられておらず、自ら真実を究明し犯罪者を処罰することが裁判官の役割だとされ、刑事裁判の基本的な対立構造も裁判官対被告人に置かれる。）も、検察官及び弁護人の担う当事者主義・弾劾《だんがい》主義（＝裁判官の役割と検察官の役割が分けられ、刑事裁判の基本的な対立構造も検察官対被告人に置かれ、裁判官は中立の第三者と位置づけられる。）ももはや対立するものではなくなった。相互に止揚されて、迅速に有罪判決、それも厳罰の有罪判決を「普通の人々」に言い渡すための手続的な法理と化した。検察官及び裁判官に対する被告人及び弁護人という対立の構図ではなく、検察官、裁判官及び弁護人対被告人という対立の構図に変わった。法曹三者はすべて治安政策的刑事手続政策の担い手となった。これも戦時刑事手続の特徴であった。被告人は公判廷で孤立無援の状態に置かれた。自己の行為の合法性を虚しく訴えるだけで、有罪判決の言い渡しをただ待つしかなかった。

2　戦前に欠けていたもの

「悪法」批判の禁止

アメリカではすでに一八〇三年のマーベリー対マディソン事件で違憲立法審査制度を初めて認めた最高裁判決（マーシャル判決）が出されていた。また、ヨーロッパでも一九二〇年のオーストリア憲法で最初のヨーロッパ型憲法裁判所がウィーン大学教授であった法哲学者のハンス・ケルゼンの着想をもとに創設されていた。スペインで第二共和国（一九三一―三九年）の時代に憲法保障裁判所が設置されたのもオーストリアの制度に倣ったものとされる。[1]

大日本帝国憲法（明治二十二年二月十一日公布）はもちろん違憲立法審査制度を採用していなかった。それだけではなく、大日本帝国憲法の下では立法を批判することさえも許されなかった。この点が諸外国と異なっていた。議会制民主主義の国では違憲立法審査制度がなくても、人々が議会を通じて成立させた立法を人々が批判することは自由であった。古い法律を廃し、新たな法律を制定させることも自由であった。法律学の立法論も立法批判論を当然に含むものであった。

しかし、大日本帝国憲法が採用したのは議会制民主主義ではなく、立憲君主制であった。「天皇は国の元首にして統治権を総攬し此の憲法の条規に依り之を行ふ」（第四条）と規定されたように、主権者は天皇であった。大日本帝国憲法が「第三章」で定める帝国議会は、「天皇は帝国議会の協賛を以て立法権を行ふ」（第五条）及び「凡《すべ》て法律は帝国議会の協賛を経るを要す」（第三七条）と規定されたように天皇の立法権を協賛する機関にすぎなかった。立法について最終的な権限を持つのは主権者たる天皇であった。これを踏まえて、「天皇は法律を裁可し其の公布及執行を命ず」（第六条）、「天皇は帝国議会を召集し其の開会閉会停会及衆議院の解散を命ず」（第七条）、「天皇は公共の安全を保持し又は其の災厄を避くる為緊急の必要に由り帝国議会閉会の場合に於て法律に代るべき勅令を発す　此の勅令は次の会期に於て帝国議会に提出すべし若（し）議会に於て承諾せざるときは政府は将来に向て其の効力を失ふことを公布すべし」（第八条）、「天皇は法律を執行する為に又は公共の安寧秩序を保持し及臣民の幸福を増進する為に必要なる命令を発し又は発せしむ但し命令を以て法律を変更することを得ず」（第九条）などの規定が置かれた。

しかも、天皇は単なる主権者にとどまらなかった。絶対的な存在とされた。「天皇は神聖にして侵すべからず」（第三条）と定められた。天皇の主権に基づいて公布された立法を批判することは、この「天皇の不可侵性」を侵すことを意味した。

「悪法」批判は禁止された。大日本帝国憲法の発布に先立ち公布された新聞紙条例（明治二十年十二月二十九日勅令第七五号）は第一四条で「成法《せいほう》（＝制定された法令）を誹毀《ひき》（＝非難）して国民《くにたみ》法に遵《したが》ふの義を乱《みだ》り及顕《あら》はに刑律に触れたるの罪犯《ざいはん》を曲庇《きょくひ》（＝真実を曲げて弁護）するの論を為す者は、禁獄一月以上一年以下、罰金五円以上一〇〇円以下を科す」と規定した。新聞紙条例に代わって制定された新聞紙法（明治四十二年五月六日法律第四一号）でも「悪法」批判が禁じられた。その第二三条第一項は「内務大臣は新聞紙掲載の事項にして安寧《あんねい》秩序を紊《みだ》（＝乱）し又は風俗を害するものと認むるときは其の発売及頒布を禁止し必要の場合に於ては之を差押ふることを得」と規定したが、ここにいう「安寧秩序を紊し」には「成法を誹毀して国民法に遵ふの義を乱り」ということももちろん含まれていた。明治九年の代言人規則第一四条でも、「訟庭《しょうてい》（＝法廷）に於て国法を誹議」した者を裁判官が罰することができる旨の規定が置かれていた。[2]

法律学においても立法論が表立って議論されることはなかった。立法論に代わって発達したのは法解釈論であった。法解釈を通じて事実上、立法を行うという手法であった。この法解釈論においても立法批判は避けられた。あくまでも社会の変化によって生じた「法の欠缺《けんけつ》」を法解釈によって埋めるという形であった。

「悪法」批判の禁止は日本の法実証主義にも大きな影響を与えることになった。法実証主義とは正当な権限を持つ機関が所定の手続に則って制定した法律はその道徳的な内容如何にかかわらず法的な効力をもち、人々を拘束するという見解であった。法実証主義においては宗教的な自然法の法的資格は剝奪され、人間が所定の手続に基づいて作った実定法のみが法とされた。近代法における「法と道徳・宗教の分離」に基づいて考案された見解であった。

法実証主義においても「悪法」批判はもちろん認められた。むしろ法実証主義者は多くの場合、精力的な「悪法」批判者であった。たとえば、法実証主義の創始者とされるジェレミー・ベンサム（一七四八―一八三二年）はその『道徳および立法の諸原理序説』（一七八九年）などによってコモン・ローを厳しく批判した。

二十世紀を代表する法哲学者の一人とされるハーバート・ハートによるリーガル・モラリズム（法による道徳的な善の促進）批判も有名であろう。しかし、日本の戦前の法実証主義はこれと様相を異にした。「天皇の不可侵性」を媒介にして、「悪法も法なり」という考え方と結びついたからである。法実証主義は人々が立法批判をするに当たっての武器から、人々の立法批判を封じ込めるための武器へと変質することになった。

「無法」の正当化

為政者はこのように人々に対し立法批判を厳しく禁じた。それでは、為政者に「法に遵《したが》ふの義」が十分に浸透し定着していたのであろうか。決してそうではなかった。為政者においては形式主義的な「法治主義」からの逸脱さえもしばしばみられた。捜査官憲による人権蹂躙《じゅうりん》事件の多発はその一例であった。戦時に入るとそれが頂点に達することになった。これまでの「無法」が合法とされ、この合法を超える「無法」が再び合法にされるという悪循環が繰り広げられることになった。「法治主義」はますます形骸化していった。

それを象徴したのが治安維持法の制定及び改正であった。大日本帝国憲法の発布にあたって「朕が在廷の大臣は朕が為に此の憲法を施行するの責《せめ》に任すべく朕が現在及将来の臣民は此の憲法に対し永遠に従順の義務を負ふべし」と諭された政府は、治安維持法の制定及び改正によって大日本帝国憲法を事実上改正するという挙に出た。「国体変革及び私有財産制度否認の罪」などを拡大適用し、人々の自由と権利を根こそぎ剝奪するのは事実上のクーデターだと言ってよかった。「法治主義」はこのクーデターの武器に転じることになった。人々に「悪法」批判を禁止する他方で、為政者が強行する「無法」を法の名によって正当化したところに、戦前の日本における「法治主義」の二面性が見られた。人々が戦時治安刑法を批判することも戦時刑事手続を批判することも禁止された。

なにゆえ「無法」と闘えなかったのか——ある弁護士の述懐

治安維持法違反事件の弁護人を務め、自らも治安維持法違反に問われた青柳盛雄はその著書[3]のなかで戦前の刑事弁護活動について述懐している。

この述懐は戦時治安刑法による、あるいは戦時刑事手続による「無法」となにゆえ闘えなかったのか、その理由の所在を示している。何が欠けていたのであろうか。何よりも欠けていたのは違憲立法審査制度であった。違憲立法審査制度がなかったために、たとえば、治安維持法は「悪法」で無効だ、新治安維持法の刑事手続規定は「悪法」で無効だといった主張が展開できなかった。

しかし、欠けていたのはそれだけではなかった。司法が「悪法」に対して防波堤になるために必要な司法の独立も裁判官の独立も欠けていた。弁護人が公判廷で「悪法」の適用と闘うために必要な弁護士会及び弁護士の独立も欠けていた。被疑者及び被告人が無実や量刑不当を訴えるために必要な防禦権保障も欠けていた。被疑者・被告人が、そしてその弁護人が当該刑事裁判の不当性を人々に訴えようとしても、その術がなかった。危険思想が裁判を通して人々に拡がることを防止するために、あるいは国家秘密が裁判を通して人々に漏泄《ろうせつ》することを防止するために、人々が裁判を傍聴することは厳しく規制された。

裁判所の外で抗議集会を開こうとしても集会の自由は認められていなかった。たとえ集会自体は開けたとしても発言は禁止された。言論の自由は保障されていなかった。抗議の論稿を雑誌などで発表しようとしても出版の自由は認められていなかった。研究者が「悪法」批判を主張するために必要な学問の自由は認められていなかった。臣民の権利には法律の留保が付されており、それにより臣民の権利は制限され剝奪された。

戦時下の厳しい言論統制下にあったマスメディアが治安維持法違反事件などの戦時刑事裁判を報道することも、もちろん規制の下に置かれた。被疑者、被告人及び弁護人などの言い分を報道することは禁止された。片面的な報道しか許されなかった。この偏った犯罪報道によって「普通の人々」の「普段の生活」は恐ろしい「戦時犯罪者」の戦慄すべき「犯罪行為」に祭り上げられた。人々の間に連帯の気持ちではなく、「自分には関係のない話」だという誤解が拡がることになった。

3　日本国憲法による違憲立法審査制度の採用

アメリカ型か、ドイツ型か

日本国憲法は人々に「悪法」と闘うための数々の武器を与えた。違憲立法審査制度も採用した。日本国憲法は第九八条で「この憲法は、国の最高法規であって、その条規に反する法律、命令、詔勅及び国務に関するその他の行為の全部又は一部は、その効力を有しない」としたうえで、第八一条で「最高裁判所は、一切の法律、命令、規則又は処分が憲法に適合するかしないかを決定する権限を有する終審裁判所である」と規定した。

違憲立法審査制度は、違憲審査権を司法権に内包するものと位置づけて通常の司法裁判所が具体的事件を解決するのに必要な限度で違憲審査権を行使するアメリカ型の付随的違憲審査方式と、違憲審査をするために特別に設けられた機関（通常は憲法裁判所）が具体的事案から離れて違憲審査権を行使するドイツ型の抽象的違憲審査方式に分かれる。日本国憲法が採用したのはアメリカ型の制度か、あるいはドイツ型の制度か、どちらであろうか。

第一説は、違憲審査制は裁判所が具体的な民事・刑事・行政事件の訴訟事件を裁判するに当たって、その事件に適用すべき法律が違憲でないかどうかを、その前提問題として審査し得るのみであるとする。第二説は、違憲審査制は具体的な民事・刑事・行政事件の訴訟事件が提起されている場合でなくても、一般的・抽象的に、法律の違憲性を審査することができるとする。第三説は、憲法は第一説、第二説のいずれかを特定したものではなく、法律によって裁判所に第二説のいうような「憲法裁判所」の権能を与えることも可能であるとする。

判例は一貫して第一説を採用してきた。たとえば、昭和二十七年十月八日の最高裁判決[4]も、最高裁は一般的・抽象的に、また第一審かつ終審として法令の違憲性を審査決定し得るという原告の訴えを退けて、「わが現行の制度の下においては、特定の者の具体的な法律関係につき紛争の存する場合においてのみ裁判所にその判断を求めることができるのであり、裁判所がかような具体的事件を離れて抽象的に法律命令等の合憲性を判断する権限を有するとの見解には憲法上および法令上何等の根拠も存しない」と判示し、警察予備隊に係る一切の無効確認を求める訴えは不適法で却下すべきであるとした。もっとも、この判決では第二説が排斥されていることは明らかであるが、第一説を採用したものか第三説を採用したものかは必ずしも明確ではないとされる。しかし、第一説を採用したもので、第三説についてはその可能性を留保しただけと見るのが素直であろう。学説でもアメリカ型の制度を採用したものとの見解が通説となっている。裁判所法、民事訴訟法、刑事訴訟法、行政事件訴訟法などでも、憲法裁判の手続を定めた規定はみられない。

本書が多くの場合、「法治主義」（実質的な「法治主義」）ではなく「法の支配」という言葉を用いたのは、この付随的審査方式のためである。もちろん、本書にいう「法の支配」は最高裁のいうような「法秩序の維持」という意味ではなく、本来の意味である。

問題は、裁判所が違憲審査権を行使し法律を違憲であると判決した場合、当該判決の効力をどのように考えるべきかである。第一説は、ある法律が違憲と判決された場合には、その法律は当然に効力を失うものではなく、その法律はその訴訟事件に関する限り裁判所によって適用されないだけであって、依然として法律としての効力を有するとする。個別的効力説と呼ばれる。第二説は、ある法律が違憲と判決された場合には、その法律はそれによって当然に効力を失うものであるとする。一般的効力説と呼ばれる。

憲法第八一条はいずれの説をとるかは明記していない。付随的審査方式が採用されている以上、その違憲判決の効力についても、第一説の個別的効力説をとるのが妥当であるとされる。日本国憲法下の法制においても、一般的効力説はとられていない。最高裁判所裁判事務処理規則第一四条は、法令が違憲の判決を受けたときは、裁判所はその要旨を官報に公告するほか、裁判の正本を内閣に送付し、特に法律を違憲であるとしたときは、その正本を国会にも送付する旨を定めている。この手続も違憲判決の事後措置をそれぞれの制定権者に委ねる趣旨であるとされる。[5]

違憲立法審査制度に関して何よりも重要なことは、その採用の経緯に鑑みた場合、違憲立法審査制度と基本的人権の保障とは表裏一体の関係にある。そして、基本的人権の保障が国際的なものになっている以上、違憲立法審査制度もまた国際的なものになっているという点である。

国民の裁判を受ける権利

日本国憲法は、裁判所に違憲立法審査権を伴う司法権を付託するとともに、司法権と国民を結び付けるものとして、すべての国民に「裁判所の裁判を受ける権利」を保障した。日本国憲法第三二条は「何人も、裁判所において裁判を受ける権利を奪はれない」と規定した。ここに裁判所の裁判を受ける権利とは、すべての人が、政治権力から独立した公平な裁判所に対して、憲法の保障する権利・自由を平等に享受しうるよう、司法権の発動を求める権利をいう。日本国憲法は、基本的人権をはじめとして国民の有する法的権利・利益を、裁判所の裁判を通じて司法的に保障するシステムを採用し、そのために、司法権も最高裁判所及びその下級裁判所に付託し、裁判所を構成する裁判官の独立を保障するとともに、この司法権の発動により、自己の権利・利益の救済を求める権利を国民に与えたものである。裁判所に対する司法権の付託は、国民に対する裁判所の裁判を受ける権利の保障と表裏一体の関係にある。

日本国憲法が保障する基本的人権の保障は、国民の裁判を受ける権利の保障を通して実現する。そして、裁判所は違憲立法審査権の発動などを通して国民の基本的人権の保障を具体化するというのが日本国憲法の採用した考え方であった。この裁判を受ける権利の柱の一つとされたのが弁護を受ける権利である。日本国憲法は裁判所に「憲法の番人」という役割を付与したが、国民の裁判を受ける権利の保障を通して「悪法」の適用から平和と国民の生活を守ることもこの役割のなかに含まれていた。

人々が「悪法」と闘うために必須不可欠な、①司法の独立及び裁判官の独立、②弁護士会及び弁護士の独立、③裁判の公開、④適正手続の保障、⑤被疑者及び被告人の防禦権保障、⑥集会・結社及び言論、出版その他一切の表現の自由、通信の秘密、⑦学問の自由、⑧知る権利の保障、などが国家権力によって侵害されないようにチェックすることも、「憲法の番人」の役割とされた。

4　消極司法

政府、国会による裁判所の軽視

それでは、裁判所はこの「憲法の番人」という役割を果たしてきたのであろうか。残念ながら、否といわざるを得ない。これには外的要因と内的要因とがみられた。政府、国会による裁判所の軽視というのが外的要因であった。日本国憲法は三権分立を謳い、司法権の劣位を改めたが、政府、国会による裁判所の軽視が依然として続いた。それは一九八〇年代に入っても変わることはなかった。

保守派が最高裁の内部を完全に制圧して以来、最高裁をめぐる対立は根本から様変わりした。リベラル派が崩壊した最高裁にとって、一九八〇年代以降、「警戒すべき勢力」として登場してきたのが政府・与党であった。最高裁の存在を無視するかのような態度が見受けられたからである。

違憲立法審査制度の軽視もその態度の一つであった。たとえば、衆議院議員の定数格差についても、政府、国会が法改正を放置し続けた結果、衆議院議員の定数格差は昭和六十年には四・四倍にまではねあがっていた。昭和六十年七月十七日の最高裁大法廷判決は、衆議院議員の定数格差は違憲とした。[6]このように政府・与党の軽視に対し最高裁が「最後通告」をつきつけるような事態が寺田治郎最高裁長官時代（昭和五十七年十月—六十年十一月）にもみられるほどであった。[7]それでも、最高裁は、「本件議員定数配分規定は本件選挙当時全体として違憲であるが、これに基づいて行われた選挙の効力については、更に考慮を要する。」「本件は、前記の一般的な法の基本原則に従い、本件選挙が憲法に違反する議員定数配分規定に基づいて行われた点において違法である旨を判示し、主文において右選挙の違法を宣言するにとどめ、右選挙は無効としないとするのが相当である場合に当たるものというべきである」として、政府・与党の怠慢を救済する策に出た。

上告審の憲法判断

それでは、最高裁による違憲立法審査制度の運用の実情はいかがであろうか。興味深いデータが提供されている。各年度における刑事上告審の憲法判断についてのデータ[8]がそれである。これによると、最高裁判所は昭和四十九年から平成元年までの間、毎年、二桁の合憲判断を示している。その反面、昭和四十九年以降、現在に至るまで最高裁が違憲判断を下したことはない。平成に入っても最高裁の合憲判断は毎年示されており、平成十六年から平成十九年の間は毎年、二桁に達している。憲法違反の訴えを退けるところに最高裁判所の存在意義があると言ってもあながち皮肉ではない。

「司法消極主義」と揶揄されるところであるが、司法消極主義は憲法訴訟だけにとどまるものではない。行政訴訟においては一層顕著にみられる。最高裁の司法政策の本質は保守政権によるところの現状を肯定するというもので、たとえ政治色のない庶民が裁判所にすがってきても、行政を窮地に追い込むような判決はすべきでないというものであった。国家に被害者救済を命じる場合でも、現在進行形の行政までストップさせてはならないというのが歴代の最高裁のコート（法廷）の特徴であった。岡原昌男最高裁長官の時代（昭和五十二年八月―五十四年三月）に大阪空港訴訟が最高裁大法廷に回付されたのもこのような観点からであった。[9]

最高裁によって法令自体が違憲とされた「法令違憲」の大法廷判決・決定、およびその法令を当該事件に適用する限りで違憲とする「適用違憲」とされた大法廷判決・決定を註に記した。[10]

憲法判断そのものを回避

司法消極主義をとる最高裁が違憲判断を回避する方法の一つに統治行為論がある。統治行為論とは法律上の争訟として裁判所による法律判断が可能であっても、「国家統治の基本に関する高度な政治性」を有する国家の行為については司法審査の対象から除外すべきだとする法理のことをいう。旧日米安全保障条約(昭和二十七年条約第六号、一九五二年四月二十八日効力発生)の合憲性が争われた砂川事件の昭和三十四年十二月十六日の上告審大法廷判決で採用された。[11]

砂川事件とはアメリカ軍の砂川基地の拡張に反対するデモ隊の一部が立入禁止の境界柵を壊し、基地内に数メートル入ったということで、デモ隊のうち七人が「日本国とアメリカ合衆国との間の相互協力及び安全保障条約第六条に基づく施設及び区域並びに日本国における合衆国軍隊の地位に関する協定の実施に伴う刑事特別法」(昭和二十七年五月七日法律第一三八号)違反で起訴された事件をいう。

政府・与党によると、本大法廷判決をもって自衛隊による集団的自衛権の行使を合憲としたものとされている。しかし、日米安全保障条約について合憲判断を回避した判例というのが正確である。米国が他国から攻撃されたときに日本が武力行使できるかという問題には触れていない。

限定解釈合憲論

最高裁が違憲判断を回避するもう一つの方法に限定解釈合憲論がある。法律解釈が多義的で解釈次第では違憲となるような場合、合憲となるように限定解釈する方法をいう。一九六〇年代に公務員の労働基本権を制限する立法について限定解釈合憲論がいわゆるリベラル派によって多用された。たとえば、全逓中郵事件に関する昭和四十一年十月二十六日の上告審大法廷判決、[12]昭和四十四年四月二日の東京都教組事件上告審大法廷判決[13]などがそれであった。

日本国憲法上、国会は国権の最高機関であり、唯一の立法機関とされている。第一次的に民主的正当性をもつのは国会で、この国会が制定した法律を民主性に劣る裁判所が違憲として排斥することはできる限り避けなければならない。しかし、無限定に合憲とすることもできない。それでは裁判所の存在意義が失われる。限定解釈することによって違憲判断を回避できるとすれば、立法者の意思を活かすこともできるし、裁判所の存在意義を示すこともできる。いわば、限定解釈合憲論は一石二鳥といえるのである。

ただし、実際にこの手法が採られた例の中には違憲判断を回避するために無理な解釈をしている場合もあるのではないかという批判もされた。実体的デュープロセス（憲法第三一条）に基づいて「明確性の原則」を充たすことが求められる刑法の場合、あるいは委縮効果という副作用にとくに留意しなければならない表現規制法などの場合、限定解釈合憲論の対象になること自体が不明確な法文だとして違憲になるという点がより本質的な問題であった。この点を無視して限定解釈合憲論を用いることは、裁判所自体が違憲の誤りを犯すことを意味した。この場合に裁判所がなすべきことは限定解釈合憲論を用いることではなく、「明確性の原則」などによって当該法律自体を違憲無効とし、国会に差し戻すことであった。限定解釈合憲論にはこのような本質的な問題が孕んでいた。

にもかかわらず、一九六〇年代の裁判所はこれを採用した。裁判所の存在意義を何とか示そうとしたからである。

しかし、この限定解釈合憲論でさえも最高裁が退けるところとなった。その後、リベラル派が少数に転じるなかで、最高裁が昭和四十八年四月二十五日の全農林警職法事件上告審大法廷判決[14]によって、全逓中郵事件上告審大法廷判決や東京都教組事件上告審大法廷判決などの限定解釈合憲論を退けたからである。限定解釈合憲論を採用した全逓プラカード事件第一審判決（東京地判昭和四十六年十一月一日）も、昭和五十五年十二月二十三日の上告審判決[15]によって「原判決を破棄し、第一審判決を取り消す」とされた。ちなみに、本上告審判決で引用された昭和四十九年十一月六日の最高裁大法廷判決の判決要旨は、合憲とする実質的な理由がほとんど示されることなく合憲を言い渡したものである。最高裁が限定解釈合憲論に再び戻ることはなかった。

「本件事案に適用する限りは合憲」というのも最高裁がしばしば用いた方法であった。[16]この手法にも限定解釈合憲論と同様の本質的な問題が秘められていたことはいうまでもない。

戦後の憲法解釈と刑事手続の骨格作り

これらの合憲判決・決定にもまして注目されるのは、最高裁が現行刑事訴訟法施行後の初期の大法廷判決・決定によって憲法解釈を示し、戦後の刑事手続の骨格を形づくったという点である（註に時系列で列記[17]）。草創期の最高裁が何よりも自白に関心を持っていたことがよくわかる。公判廷自白、共犯者の自白、自白の補強、自白の任意性・信用性などについて判示されている。黙秘権保障についての判示もこれに関わるといえよう。最高裁においても自白は「有罪証拠の女王」とされた。検察官などに関わる強制捜査（現行犯逮捕・緊急逮捕の合憲性、令状主義の意義、勾留下の別件取調べ、違法捜査手続の影響如何など）、起訴状一本主義、検察官上訴の是非も最高裁が強い興味を持つテーマであった。戦前と同様に「検察官司法」への配慮が目立った。陪審制採用の当否についても判示されているが、採否は立法政策の問題とされた。陪審停止法の存在は無視されている。弁護人の選任と立会い、国選弁護人の選任についても判示されているが、弁護人選任の問題をできる限り憲法問題にしないようにしたいという姿勢が明らかであった。上告理由をどう定めるかも立法政策の問題とされている。

現行刑事訴訟法と日本国憲法との間に大きな乖離が見られるなか、違憲立法審査権を行使したり、できる限り憲法に沿った解釈を刑事訴訟法に施すことによってこの乖離を埋めるというのではなく、憲法をプログラム規定化し、多くは立法政策に任されているとすることによって乖離を埋めるという政策が採用されたものと考えられる。日本国憲法が「憲法の番人」と位置づけた最高裁判所の日本国憲法と違憲立法審査制度の運用の仕方とは、このようなものであった。

裁判官の人権意識と「法の支配」

日本国憲法の制度的理想に照らして日本の現在の法状況を見た場合、何よりもまず、行政優位からアメリカのような司法中心へと、法システムの運用スタイルを転換させることが決定的に重要となる。行政自体を公正かつ透明なものとし、行政に対する司法的コントロールを強化し、権力相互の抑制＝均衡関係を円滑化するとともに、司法システム自体を社会の紛争解決や権利救済のために実効的に利用可能な身近なものとすることが必要である。

このような認識に基づいて、ドイツ型の実質的な「法治主義」ではなく「法の支配」を標榜する人も少なくない。日本の法システムは律令法制的な法治主義からドイツ的な法治国家を経て、英米型の実質的な「法の支配」へと原理を変えてきた。日本国憲法が目指しているのは基本的に英米型の「法の支配」であると説かれる。[18]

歴代の最高裁長官も訓示の中で「法の支配」の重要性を力説している。たとえば、最高裁判事になってわずか三か月で第一二代最高裁判所長官に抜擢された草場良八《りょうはち》も、日本の司法が百周年を迎えて最高裁で開催された記念式典で、「ここに一世紀、社会とともに裁判所もまた数多くの試練を受けながら近代化、国際化の道を歩んできました。戦後、日本国憲法の制定により大きな変革を遂げ、三権の一翼として重要な責任を担うことになりました。国民の権利を擁護し、法の支配を実現することを使命と思っています」という旨の式辞を述べたとされる。ただし、そこにいう「法の支配」とは一般に用いられている意味でのそれではなかった。最高裁では独特な用い方がされており、「法秩序の維持」を意味した。それは戦前の形式的な「法治主義」に近いものであった。基本的人権の理解も大日本帝国憲法下の人権保障、すなわち「法律の留保」の下における人権保障に近いものであった。それを端的に示したのが接見交通権についての理解であった。憲法第三四条などで保障された接見交通権といえども法律によって制限し得るとされたからである。

基本的人権の擁護体制について国際的な平準化を図るという課題を一貫して追い求めてきた国連が、これを見逃すことはなかった。たとえば、日本政府の第四回報告に対する市民的及び政治的権利に関する国際規約（B規約）人権委員会自由権規約委員会の一九九八年十一月十九日付の「規約第四〇条に基づき日本から提出された報告の検討　B規約人権委員会の最終見解　日本」は、その「主な懸念事項及び勧告」の三二で、「委員会は、裁判官、検察官及び行政官に対し、規約上の人権についての教育が何ら用意されていないことに懸念を有する。委員会は、かかる教育が得られるようにすることを強く勧告する。裁判官を規約の規定に習熟させるための司法上の研究会及びセミナーが開催されるべきである。委員会の一般的な性格を有する意見及び選択議定書に基づく通報に関する委員会の見解は、裁判官に提供されるべきである」というように勧告したからである。

国際的な平準化が図られている基本的人権の保障についてのみならず、この基本的人権の保障と表裏一体の関係にある違憲立法審査制度の世界的な意義、さらには「法の支配」の歴史的な意義についても、教育が及ぼされるべきであろう。

かつて政府は治安維持法により大日本帝国憲法を事実上改正するという態度に出た。これを阻止することが違憲立法審査制度の重要な役割である。しかし、現状の運用ではこの役割を果たすことができない。「司法消極主義」が逆照射しているのは、違憲立法審査制度がいかに大きな力を持っているかである。おびただしい犠牲者の上に築かれた平和と国民の生活を守るために、違憲立法審査権の発動をためらってはならない。「裁判を受ける権利」の行使などを通じてこの発動を促すのは、国民の権利であり責務である。

第二章　個人から国家へ――法益侵害の変質

1　刑法の保護法益とは何か

近代以降の刑法ないし刑法学では、国家刑罰権の濫用から国民の自由と権利を守るために、法学一般で用いられている「法で守るべき利益」という「保護法益（法益）」概念に特別な意味を与え、この「法益」概念に基づいてどのような行為を犯罪とすべきか、あるいは犯罪とすべきでないかが議論され、定められてきた。治安維持法でも「法益」という概念が用いられ、「国体」や「私有財産制度」や「神宮若《も》しくは皇室の尊厳」などが治安維持法で守るべき「法益」だとされた。しかし、そこにいう「法益」概念は近代刑法のそれとは似て非なるものであった。むしろ、近代刑法の「法益」概念の否定によって成り立ち、「法の支配」の解体を意味した。

近代以前の刑法の特徴

近代社会と近代以前の社会とでは様相が大きく異なるように、近代刑法と近代以前の刑法も様相が大きく異なる。近代以前の刑法の共通の性格として、一般に次のような特徴が指摘されている。

罪刑の専断が支配し、犯罪と刑罰の運用はときの政治権力の恣意に委ねられた。慣習法やさまざまな新旧の制定法を法源とし、これらをローマ法学で無理やり接着したような曖昧な刑法の下では、何が犯罪とされ、いかなる刑罰が科されるかは不明確であった。王権の源が神に求められたことにより、法と道徳・宗教とが密接不可分に結合していた。異端の罪や異教の罪などをはじめ、神を冒瀆する「不敬神罪」が大きな地位を占めた。刑罰の根拠も「贖罪応報《しょくざいおうほう》」に求められた。刑罰は罪を犯したことに対する報いであり、犯した罪を贖うものだとされた。重ければ重いほど贖罪力があると考えられ、死刑や肉体刑が刑罰と同義語とされた。

刑は家族にまで及んだ。汚れた犯人の財産を洗浄するという名目で科された犯人の全財産没収は、家族・親族の生活に必要なすべてのものを奪った。刑事裁判も来世に属すべき神の審判を繰り上げて現世で行うものとされ、捜査機関と裁判機関が一体となって積極的に犯罪を探知し、捜査から訴追、審判、判決までの手続を非公開で一方的に遂行し、被疑者・被告人には訴訟の客体の地位しか与えないという糺問《きゅうもん》主義の訴訟手続が採用された。

有罪には自白が必要だとして、自白獲得のためにありとあらゆる拷問が頻用された。人間の残酷さが示された。日本の拷問制度は際立っていた。刑罰の執行は公開され、一般人に対する威嚇効果を発揮すべきものとされた。同じ罪を犯しても、身分により取扱いは大きく異なった。熱した鉄ごてを身体にあてるホット・アイロンの刑も非特権階級に対しては文字どおりの刑が執行されたが、特権階級に対しては熱していない鉄ごてを身体にあてるクール・アイロンの刑となった。

国王に対する大逆罪を頂点として、苛酷な刑罰が身分秩序を維持するために濫用された。恩赦も恣意的に運用され、金やコネが力を発揮した。恩赦も人々の怨嗟の対象となった。

近代刑法における法と道徳の峻別

第三階級によって担われたフランス革命は、近代社会と共に世界で最初の近代刑法典も生み出した。この近代刑法典は近代民法典に先立って近代憲法典と同時に制定された。市民がバスティーユ監獄を襲撃したことがフランス革命の発端になったことからも明らかなように、犯罪と刑罰をどのように法で規制し、国家刑罰から市民の自由を守るかは、革命政府にとって最重要の問題であった。近代刑法の原則も一七八九年のフランス人権宣言の中に挿入された。罪刑専断主義に代わる罪刑法定原則、糺問主義に代わる適正手続の保障、身分による取扱いの不平等の否定などと並んで、フランス人権宣言第一〇条（意見の自由）によって「何人も、その意見の表明が法律によって定められた公の秩序を乱さない限り、たとえ宗教上のものであっても、その意見について不安を持たないようにされなければならない」という形で規定された「法と道徳・宗教の分離」も、近代刑法の基本原則の一つとされた。

ただし、この政教分離が実現するまでには時間を要した。ナポレオン一世は革命以来の教会との対立を解消しようとして教皇ピウス七世と「政教条約」（コンコルダ）を結び、教会が政治に口を出さないことを条件にカトリック、プロテスタントのルター派・カルヴァン派、ユダヤ教に信教の自由を認めた。しかし、ブルボン復古王政期にカトリックが再び国教として復活し、第三共和政の初期に至るまでカトリック勢力と反教権勢力の対立が続いた。一九〇四年にはフランスとローマ教皇庁との関係が断絶し、翌一九〇五年には政教分離法が制定された。国家が信教の自由を認める代わりに、いかなる宗教も国家が特別に公認、優遇、支援することはなく、また、国家は公共の秩序のためにその宗教活動を制限することができることが明記された。

「法益」概念の誕生

近代刑法における法と道徳・宗教の分離を受けて、刑法学で「法益」概念が重視されるようになった。法によって保護される利益というのが「法益」概念の一般的な意味であったが、刑法学ではこの「法益」概念に特別な意味が与えられた。

特別な意味の第一は、刑法は「法益以外のものを守ってはならない」ということである。この「法益以外のもの」として想定されたのは道徳であり宗教であったから、刑法は「法益以外のものを守ってはならない」というのは「刑法は道徳や宗教を守ってはならない」と同義であった。国家が法により道徳や宗教を強制することは国家による価値観の押しつけとなり、市民の自律を侵害すると説かれた。

特別な意味の第二は、基本的人権の一つとされる「内心の自由」の保障に関わる。刑法もこの「内心の自由」を侵してはならないとされ、いかなる意思であったとしても、それが内心にとどまるかぎり、刑法は干渉してはならないとされた。刑法学で「行為原則」とよばれるもので、犯罪は「行為」でなければならないと説かれた。「刑法は法益以外のものを守ってはならない」には、「内心の自由」の保障も含まれることになった。

特別な意味の第三は、「侵害原則」と呼ばれるものである。刑法は当該行為によって法益が現実に侵害された場合、あるいは侵害の危険が生じた場合以外は、当該行為を犯罪として処罰することはできないということを意味した。これによって「法益」概念も限定されることになった。現実に侵害し得ないようなもの、あるいは侵害の危険さえも生じさせ得ないようなものは「法益」から除かれることになった。

2 個人中心の刑法の保護法益

市民刑法の保護法益——個人・社会・国家

刑法の「法益」は個人的法益、社会的法益、国家的法益に分類されるのが一般的である。これに従って、刑法の犯罪も個人的法益に対する罪（殺人罪、傷害罪、窃盗罪など）、社会的法益に対する罪（放火罪、偽造罪、公然わいせつ罪など）、国家的法益に対する罪（公務執行妨害罪、職権濫用罪、賄賂罪など）に分類されている。個人的法益は文字どおり市民の生命・身体、自由、名誉、業務、財産等を内容とし、これが市民刑法では最重要の法益とされる。ただし、この個人的法益を刑法がどの程度保護するか、保護の範囲と保護の程度は国によっても時代によっても異なる。民法的な保護や行政法的な保護を第一義とし、それではどうしても保護し得ない場合に初めて刑法が「最後の手段」として保護にあたるという謙抑主義が強調される他方で、治安強化の観点から刑法による積極的な保護も説かれる。

この個人的法益で刑法の「法益」をすべて構成し得るかというと、困難ではないか。個人的法益に分解したのでは正しく理解し得ない法益があるのではないか。このようなことから個人的法益とは別に、社会的法益が認められている。これに該当するのは「社会公共のもの」と位置づけられる法益である。ただ、個人を抜きにして社会は存在し得ない。社会的法益を保護するのも究極的には個人的法益を保護するためである。

それは国家的法益についても同様であるが、国家的法益と個人的法益及び社会的法益とは質的に異なる。個人及び社会は実在するのに対して、国家は観念的な存在である。近代以降、国家は「国民のための国家」とされ、国民のためにその機能を果たすことが求められる。これを法益でいえば、個人的法益や社会的法益を保護することが国家の役割だということになる。この法益を保護する国家の機能や制度を保護することによって法益の保護を十分なものにする。そのために個人的法益や社会的法益とは別に国家的法益が認められるとされる。

行政刑法の保護法益

行政刑法とは、行政法規における義務の履行を確保するために当該義務違反に対して刑罰という制裁を科すものをいう。行政的規制のすべての分野に及び、さまざまな態様の違反行為（無許可行為、行政上の制限・禁止違反、行政上の命令違反、届出・報告義務違反、検査妨害など）が処罰の対象となる。これらの違反行為に対しては行政罰（過料、課徴金、過怠金、重加算税、業務停止、許可・登録の抹消・取り消し、指名停止、公表など）が課されることがある。間接国税についての通告処分、道交法違反についての反則金も行政制裁であるが、税金や反則金を支払わない場合には刑事手続に移行することが規定されている。

いかなる場合に刑罰を科すか、行政罰を課すかの明確な基準はない。行政刑法の代表例は道路交通法である。経済刑法とは経済取引に関する規制違反に関して刑罰を科するものをいう。独占禁止法や金融証券取引法などの経済刑法も広い意味では行政刑法に含まれる。刑法典を補充する「広義の刑法」と行政刑法とを合わせて「特別刑法」と呼ぶことがある。犯罪・刑罰を主眼として規定する法律以外であっても、その罰則規定として刑事罰が規定されている場合には、その部分も特別刑法として理解されている。

行政法規は国家の作用に関わることから、行政刑法の保護法益も国家的法益に求められる。ただ、行政刑法と刑法及び「広義の刑法」が規定する国家的法益に対する罪とでは、同じく国家的法益だといっても質的な違いがある。行政刑法の場合には保護の範囲と程度が行政裁量に委ねられる場合が多いからである。

たとえば、道路交通法では「標識標示主義」が採用されており、何が道路交通法違反行為であるかは標識標示の指示するところによるとされる。罪刑法定原則に違反するのではないかとの疑問も出されているが、行政取締法規の性質上やむを得ない方法として合憲だと理解されている。道路交通取締りの目的とされ、道路交通法違反の罪の保護法益といってよい「道路における危険の防止」「交通の安全と円滑」「道路の交通に起因する障害の防止」も司法判断に馴染まないとされる。裁判所がチェックできない保護法益になっていることに注意しなければならない。国家的法益に対する罪の場合には、このような例外は認められていない。

治安刑法の保護法益

個人の自由や権利を保障するための法を「市民法」と呼ぶとすれば、個人を超越した国家や社会の平穏・秩序を保護する法を「治安法」と呼ぶことができる。行政法にも「治安法」は少なくない。「治安法」が必要とされるのは、「市民法」ではまかない得ない国家の側のニーズを充たすためである。

市民社会が生み出した「階級矛盾」は労働組合や無産政党などの活動を活発化させた。「市民法」はその抽象性・普遍性のゆえに、この活動だけに焦点を当てた規制を行うことは困難であった。このように「市民法」では規制し得ない特定の人ないし集団・団体の、かつ特定の思想ないし行為等を取り締まることが「治安法」の制定の趣旨であった。そこでいう「国家や社会の平穏・秩序」は国民すべてを平等に保護するものではなく、政治的に偏ったものであった。

「市民法」と「治安法」の区別に照応して、「市民刑法」と「治安刑法」の区別も行われている。「治安法」の中に挿入された罰則規定も「治安刑法」とされる。しかし、「治安法」の中に罰則規定を挿入するだけでは不十分だとして、罰則規定だけからなる法が制定された。そこでは「市民刑法」の原理が否定され、「市民刑法」とは異なる原理が採用された。そのために「治安刑法」が制定されたといってもよかった。治安「刑法」といってもその実質は近代「刑法」とは似て非なるものであった。「治安刑法」の役割は労働組合や無産政党の活動などから国家を守ることだったからである。

このような「政治的治安刑法」から区別する意味で「市民的治安刑法」という概念が用いられる場合がある。たとえば、暴力団の活動などを対象とする「治安刑法」がこの「市民的治安刑法」に属するとされる。「市民的治安刑法」は「政治的治安刑法」と違い、「市民刑法」と矛盾するものではなく、むしろそれを補充するものだという理解も示されている。「体感治安」が悪化するなかで「市民的治安刑法」に対する国民の支持が高まっている。

しかし、「市民的治安刑法」のなかで刑法の基本原則が緩和された場合、この緩和が「政治的治安刑法」に直ちに反映されることに注意しなければならない。「市民的治安刑法」のための判例理論として考案された「共同実行の意思の形成過程にのみ参加し、共同実行には参加しなかった者も刑法の共同正犯として処罰する」という共謀共同正犯論がやがて無産政党の活動などに適用されていったことはその例証である。

3　旧刑法から明治四十年刑法典へ

近代刑法の制定

明治維新の近代化の面を重視し、西欧の法を模倣した刑法典を作ろうとする動きが、西欧法制の理解者を中心として強まることになった。諸外国との間に結ばれていた不平等条約を是正するために近代的な法体制を整備する必要に迫られていた維新政府も、それを歓迎した。

新しい刑法典の草案作成を依頼されたのは「お雇い外国人」として来日していたギュスターヴ・エミール・ボアソナードであった。彼は母国のフランス一八一〇年刑法典を参考にしながら、その支持する新古典学派の刑法理論によって草案を練り上げた。これを土台として、元老院の審議を経てできあがったのが旧刑法であった。明治十三年に公布され、明治十五年一月から施行された。日本における近代刑法の起源とされる旧刑法は、罪刑法定原則を明文で規定し、身分による刑の差別（閏刑《じゅんけい》）も廃止した。フランス一八一〇年刑法典よりも進んだ規定も見られた。保護法益も個人中心に組み立てられた。

旧刑法は元老院によって日本の実情に合うように大幅な修正が施されていたが、富国強兵政策を推進する明治新政府の基本路線との溝は依然として大きかった。施行直後から全面改正の動きが政府部内に起こり、明治四十年、ついに第五次草案が帝国議会を通過した。同年四月に公布され、翌年十月から施行された。

この明治四十年刑法典はその後、度重なる一部改正が行われ、現代用語化も図られたが、依然として現行刑法の地位にある。ドイツの一八七一年刑法典を参照した現行刑法は当時としては世界で最も主観主義的な刑法典であった。罪刑法定原則に関する明文規定を削除し、違警罪の規定も警察犯処罰令（明治四十一年九月二十九日内務省令第一六号）の定めるところに委ねた。行政機関の制定する命令への罰則の包括的な委任への道が開かれることになった。犯罪の規定の仕方はドイツ刑法よりもはるかに包括的で、法定刑の範囲も広いために、裁判官による裁量の余地が大きく、刑の量定に際して行為者の主観的事情が重視される可能性が増大した。個人的法益に対する罪よりも社会的法益に対する罪や国家的法益に対する罪が重視された。そこにいう社会的法益も国家的法益も国家主義的な色彩が強かった。

治安刑法と一般刑法の逆転

旧刑法は、当時の日本の政治・社会状況の下ではアクセサリーの面が強かった。現実の刑政を指導していたのは旧刑法ではなく、「治安刑法」や「行政刑法」であった。明治八年の讒謗律《ざんぼうりつ》（明治八年六月二十八日太政官布告第一一〇号）、新聞紙条例（明治八年太政官布告第一一一号）に始まり、明治十三年の集会条例（明治十三年四月五日太政官布告第一二号）、明治二十年の保安条例（明治二十年十二月二十五日勅令第六七号）、明治二十三年の集会及政社法（明治二十三年七月二十五日法律第五三号）、明治二十五年の予戒令（明治二十五年一月二十八日勅令第一一号）、明治二十六年の出版法（明治二十六年四月十四日法律第一五号）などが、「治安法」ないし「治安刑法」として制定された。日本史上、最大規模の民衆蜂起といわれる秩父農民一揆が起こった明治十七年に太政官布告により制定された爆発物取締罰則（明治十七年十二月二十七日太政官布告第三二号）も、「治安刑法」の一つであった。これらの「治安法」ないし「治安刑法」の集大成を図るとともに、日清戦争後に高まりを見せ始めて先鋭化しつつあった労働運動を取り締まるために第二次山県有朋《ありとも》内閣によって制定されたのが治安警察法（明治三十三年三月十日法律第三六号、昭和二十年十一月に廃止）であった。

旧刑法から現行刑法への移行に影響を及ぼした出来事のなかでも重要だったのは明治二十二年の大日本帝国憲法の発布（二月十一日）であり、日清戦争（明治二十七―二十八年）及び日露戦争（明治三十七―三十八年）であった。大日本帝国憲法の発布によって天皇制支配の制度的枠組みを固めた明治国家は、日清、日露の戦争に勝利することによって帝国主義国家への仲間入りを果たした。戦争をきっかけとする資本主義の急激な発達によってもたらされた犯罪の著しい増大に対処し、労働争議や農民運動の高揚を未然に防止し、脆弱な支配基盤を補強するために治安警察法をはじめ、多くの「治安法」ないし「治安刑法」を制定した。明治四十二年の新聞紙法（明治四十二年五月六日法律第四一号）、明治四十三年の予約出版法（明治四十三年四月十六日法律第五五号）などである。

治安警察法の制定によって、政治活動の規制がそれまでの自由民権運動から労働運動にまで広げられることになった。集会、結社、大衆運動の取締りのほか、ストライキを規制する規定も置かれた。現実の刑政を指導していたのは旧刑法ではなく「治安刑法」や「行政刑法」であったという旧刑法下の状況は、現行刑法になっても変わることはなかった。

「治安刑法」が刑法典の改正を導く

現行刑法になっても、刑法典と治安刑法との溝は縮まることはなかった。「治安刑法」が数多く制定されたことから両者の溝はむしろ拡大することになり、溝を埋めるための法改正が必要となった。「治安刑法」に合わせて刑法典を改正するという道が選択された。「治安刑法」の制定が刑法典の全面改正を導くという日本における刑法の発達の基本構造が形づくられることになった。

政府から刑法改正の諮問を受けた法制審議会は大正十五年十一月、四〇項目に及ぶ「刑法改正の綱領」を答申した。本邦の淳風美俗《じゅんぷうびぞく》を維持することを目的とし、忠孝その他の道義に関する罪についてとくにその規定に注意する。天皇に対する罪については独立の規定を設ける。家族制度破壊の行為に対する罰条を整えることなどがその内容であった。刑罰網の一層の拡充を図ることのほか、激化する大衆運動に立ち向かうことも柱とされた。法令違反行為を目的とする団結や法令違反行為を賞揚、奨励、煽動する行為、面会強請行為、強談威迫行為の処罰が盛り込まれた。

その後も、この答申の基本線に沿った刑法全面改正作業が進められた。この作業は太平洋戦争のはじまる前年の昭和十五年四月に答申された「改正刑法仮案」に結実することになった。総則規定の改正は刑罰に関する部分に集中していた。常習累犯者に対する不定期刑の導入や四種類の保安処分の新設などがそれであった。各則の主な改正点は、法定刑を一般的に引き上げたほか、治安維持法や新聞紙法等の罪の一部を刑法典に吸収するために「安寧《あんねい》秩序に対する罪」を新設したこと、「遺棄の罪」の中に法律上の扶養義務の不履行の罪を追加したことなどであった。刑法全面改正作業は戦争のために中断されたが、「治安刑法」との溝を埋めようとした結果、一般刑法たる「改正刑法仮案」の性格が「治安刑法」、それも「戦時治安刑法」にきわめて接近した。

4　治安維持法の保護法益の特質

治安維持法の制定と改正

治安維持法（大正十四年四月二十二日法律第四六号）の制定及び改正の動きだけをあらためて取り上げて時系列で見ると、次のようになる。

大正十二年九月一日　関東大震災が発生
　九月七日　治安維持令（大正十二年勅令第四〇三号）を公布
大正十四年四月二十二日　治安維持法を公布
　五月八日　「治安維持法を朝鮮、台湾及び樺太に施行するの件」（大正十四年五月八日勅令第一七五号）を公布

昭和三年	四月二十七日	治安維持法改正法律案を閣議決定
	五月六日	同法律案が審議未了で廃案
	六月二十九日	治安維持法改正緊急勅令（昭和三年六月二十九日勅令第一二九号）を公布
昭和四年	三月十九日	治安維持法改正緊急勅令を議会が承認
昭和九年	二月一日	治安維持法中改正法律案を議会に提出
	三月二十五日	治安維持法中改正法律案が審議未了で廃案
昭和十年	三月四日	治安維持法中改正法律案を議会に提出
	三月二十五日	治安維持法中改正法律案が審議未了で廃案
昭和十一年五月二十九日		思想犯保護観察法（昭和十一年五月二十九日法律第二九号）を公布
昭和十六年三月十日		改正治安維持法（昭和十六年三月十日法律第五四号）を公布

大正十二年九月の緊急勅令「治安維持の為にする罰則に関する件」（治安維持令）の内容は「出版、通信其の他何等の方法を以てするを問はず暴行、騒擾其の他生命、身体若《もし》くは財産に危害を及ぼすべき犯罪を煽動し、安寧秩序を紊乱する目的を以て治安を害する事項を流布し又は人心を惑乱する目的を以て流言浮説をなしたる者は一〇年以下の懲役若くは禁錮又は三千円以下の罰金に処す」というものであった。

これに対し、大正十四年四月に公布された治安維持法は名称は治安維持令に近似していたが、内容はまったく異なるものであった。「国体を変革し又は私有財産制度を否認することを目的として結社を組織し又は情を知りて之に加入したる者は一〇年以下の懲役又は禁錮に処す」（第一条第一項）という規定を中心に、その未遂罪（同第二項）の外、「前条第一項の目的を以て其の目的たる事項の実行に関し協議を為したる者は

治安維持法制定に反対するデモ

七年以下の懲役又は禁錮に処す」（第二条）、「第一条第一項の目的を以て其の目的たる事項の実行を煽動したる者は七年以下の懲役又は禁錮に処す」（第三条）、「第一条第一項の目的を以て騒擾《そうじょう》、暴行其の他生命、身体又は財産に害を加ふべき犯罪を煽動したる者は一〇年以下の懲役又は禁錮に処す」（第四条）、「第一条第一項及び前三条の罪を犯さしむることを目的として金品其の他の財産上の利益を供与し又は其の申込若《もしく》は約束を為したる者は五年以下の懲役又は禁錮に処す、情を知りて供与を受け又は其の要求若は約束を為したる者亦同じ」（第五条）、などの処罰規定が置かれた。

この治安維持法は昭和三年六月の緊急勅令「治安維持法中改正の件（承諾を求むる件）」により改正された。第

日本共産党事件の公判。前列右から堺利彦、高津正道。
1924（大正 13）年

一条を「国体を変革することを目的として結社を組織したる者又は結社の役員其の他指導者たる任務に従事したる者は死刑若くは無期又は五年以上の懲役若くは禁錮に処し、情を知りて結社に加入したる者又は結社の目的遂行の為にする行為を為したる者は二年以上の有期の懲役又は禁錮に処す」「私有財産制度を否認することを目的として結社を組織したる者、結社に加入したる者又は結社の目的遂行の為にする行為を為したる者は一〇年以下の懲役又は禁錮に処す」というように改正したことが主なポイントである。「結社の目的遂行の為にする行為」の罪が新たに規定された結果、治安維持法による処罰範囲が大幅に拡大されることになった。法定刑に死刑も加わることになった。

これに対し、昭和十六年三月に公布された改正治安維持法では、条文の数がそれまでの七カ条から六五カ条と飛躍的に増えている。刑事手続や予防拘禁にも規定が及んでいる。もはや改正法とはいえず、「新治安維持法」と呼ぶにふさわしいものであった。罪に関する規定も七カ条から一六カ条となった。「前条の結社を支援することを目的として結社を組織したる者又は結社の役員其の他指導者たる任務に従事したる者は死刑又は無期若くは五年以上の懲役に処し、情を知りて結社に加入したる者又は結社の目的遂行の為にする行為を為したる者は二年以上の有期懲役に処す」（第二条）、「第一条の結社の組織を準備することを目的として結社を組織したる者又は結社の役員其の他指導者たる任務に従事したる者は死刑又は無期若くは五年以上の懲役に処し、情を知りて結社に加入したる者又は結社の目的遂行の為にする行為を為したる者は二年以上の有期懲役に処す」（第三条）、「前三条の目的を以て集団を結成したる者又は集団を指導したる者は無期又は三年以上の懲役に処し、前三条の目的を以て集団に参加したる者又は集団に関し前三条の目的遂行の為にする行為を為したる者は一年以上の有期懲役に処す」（第四条）、「国体を否定し又は神宮若くは皇室の尊厳を冒瀆すべき事項を流布することを目的として結社を組織したる者又は結社の役員其の他指導者たる任務に従事したる者は無期又は四年以上の懲役に処し、情を知りて結社に加入したる者又は結社の目的遂行の為にする行為を為したる者は一年以上の有期懲役に処す」（第七条）、などの規定が新たに置かれた。

「結社」の罪の外、「準備結社」及び「支援結社」の罪が新たに置かれたこと、「結社」の罪のみならず「集団」の罪も新たに置かれたこと、これらの「目的遂行の為する行為」の罪も置かれたこと、「疑似宗教結社」の罪が置かれたことなどにより処罰の対象が幾何級数的に拡大されることになった。死刑が科される罪も大幅に増加した。

「国体変革」の罪とは

新治安維持法の制定後も、昭和十六年三月の国防保安法（昭和十六年三月七日法律第四九号）など、「治安刑法」の制定が続いた。「刑法は道徳や宗教を守ってはならない」というのが、近代刑法において「法益」

概念が挿入された意義の一つであった。しかし、治安維持法で保護法益とされた「国体」「私有財産制度」「神宮若くは皇室の尊厳」は近代刑法にいう国家的法益とは明確に異なり、道徳や宗教上のもの、それも国家道徳や国家宗教上のものというべきであった。

「行為原則」や「侵害原則」に反する「法益」概念になっていることも問題であった。「国体」を変革するというのは一体どういうことか。そもそも「国体」は変革し得るのか。このような疑問が直ちに浮かぶからである。それは「私有財産制度」についても同様であった。

問題はそれだけではなかった。治安維持法の採用した「法益」概念は、従前の「治安刑法」の「法益」とも質的に異なっていた。治安維持法では、その改正を通して、どんな人のどんな行為でも当局が治安維持法違反だと判断すれば、いつでも検挙できることが目指された。これは従前の「治安刑法」とは明らかに異なっていて、「戦時治安刑法」の特徴ともいうべきものであった。この刑罰権の無制約な行使を実現するために採用されたのが「国体」概念であり、「私有財産制度」概念であり、「神宮若くは皇室の尊厳」概念であった。これらの「法益」概念でなければ、取締りの対象を自由主義運動・民主主義運動・反戦運動などにまで及ぼすことはできなかった。狙いどおり、治安維持法はおよそ国策遂行に障害となるようなあらゆる批判的な動きに対して仮借なく適用されることになった。「国体変革」の罪を犯したのは国家自身であった。

無内容な「国体」概念

治安維持法の制定・拡大と戦争の拡大とは軌を一にしていた。それは昭和十六年二月十七日の第七六回帝国議会衆議院治安維持法改正法律案委員会における質疑[1]によっても裏付けられている。

この質疑でも措定されたのは、大東亜戦争を正当化する理念的な論拠の大きな柱の一つとされた「日本的なもの」対「非日本的なもの」という図式であった。戦争遂行のために「非日本的なもの」の排除の必要性が議員からも為政者からも異口同音に語られている。大日本帝国憲法でも認められた民主主義、個人主義、自由主義も、何らの合理的な論拠もなく為政者の専断によって一方的に「非日本的なもの」と決めつけられ、戦争遂行に障害になるものとして治安維持法による取締りの必要性が主張されている。しかし、そこにいう「日本的なもの」というのは、「国体」概念と同様にまったく無内容なものであった。飛鳥文化に端的に示されているように「日本的なもの」の起源が大陸文化にあること、そして、大陸文化を介して世界中のさまざまな文化を継受したことは、完全に無視された。

治安維持法で保護法益とされた「国体」概念、「私有財産制度」概念、「神宮若くは皇室」概念は恣意的な取締りを担保するためだけに考案された概念であった。まったく無内容であった。取締り当局でさえも、その意義を説明することは不可能であった。「国体」概念について明確な定義を与えられないのは、治安維持法違反事件を審理した大審院も同じであった。

戦後の刑法全面改正作業

治安維持法の制定及び改正の動きと刑法全面改正作業とは、治安維持法の制定及び改正による「戦時治安刑法」の確立、そして刑法全面改正作業を通じて、その「戦時治安刑法」の刑法典への普及を図るという意味で、「車の両輪」とも譬えられるべきものであった。「改正刑法仮案」の「保護法益」に限りなく接近した。「改正刑法仮案」の「保護法益」も治安維持法の「保護法益」に限りなく接近した。「改正刑法仮案」には「刑法」という名称が付されていたが、近代刑法という場合の「刑法」とは似て非なるものであった。しかし、奇妙なことに、この「改正刑法仮案」が戦後の刑法全面改正作業の出発点とされた。

第三章　新しい「市民」概念の創出——市民と二級市民

1　社会の解体

日本的な生存権

市場原理至上主義が社会を解体の危機に瀕せしめ、世界戦争を誘発したことへの反省から、戦後の世界では市場原理至上主義の暴走を制御する体制の構築が目指された。ドイツのヴァイマール憲法（一九一九年制定）が採用した「経済生活の秩序はすべての者に人間たるに値する生活を保障する目的をもつ正義の原則に適合しなければならない。この限界内で、個人の経済的自由は保障されなければならない。」（第一五五条）という考え方は戦後、多くの国で採用され、法規範化されることになった。日本国憲法もこれを「生存権の保障」（第二五条）という面から謳った。

日本では、財閥は侵略戦争の経済的基盤になったとして、「財閥の解体」がGHQの占領政策の一つとされた。昭和二十二年には独占禁止法（昭和二十二年四月十四日法律第五四号）が制定され、私的独占、不当な取引制限及び不公正な取引方法が禁止された。

しかし、戦前の代表的な刑法学者で貴族院議員になった牧野英一は、昭和二十一年に開かれた第九〇回帝国議会貴族院での「帝国憲法改正案」の質疑において、「生存権の保障」は五カ条の御誓文に由来する日本的なものだと自説を述べた。政府の答弁も牧野と同じ見解であった。愛知県知事からの「生活の保護を要する状態にある者は、生活保護法により保護を請求する権利を有するか」との疑義照会に対する厚生省社会局長の昭和二十四年三月付の回答も、「保護請求権は法律上認められず、これは、新しく制定された日本国憲法とも矛盾しない」という旨のものであった。[1]

このような憲法第二五条プログラム規定説はその後、判例理論としても確立していった。昭和四十二年五月二十四日の朝日訴訟上告審大法廷判決は[2]「憲法二五条一項はすべての国民が健康で文化的な最低限度の生活を営み得るように国政を運営すべきことを国の責務として宣言したにとどまり、直接個々の国民に具体的権利を賦与したものではない」とした。戦後の高度経済成長の陰に隠れて、この日本的な「生存権」の位置づけに焦点が当てられることはあまりなかった。再び焦点が当てられるようになったのは、新自由主義の下で日本型福祉論が強調されるようになる一九八〇年代以降のことである。

格差社会

時が移り、国の財政事情が悪化するなかで新自由主義が復権することになった。企業の自由が最大限に保障されてはじめて個人の能力が最大限に発揮され、さまざまな生産要素が効率的に利用できる。すべての資源、生産要素を私有化し、市場を通してすべてのものを取り引きするような制度にしなければならない。このような考え方が再評価されるようになった。一九七九年にイギリスの首相になったマーガレット・サッチャーは「小さな政府」を標榜し、規制緩和や政府系企業の民営化などを推し進めた。一九八一年にアメリカ合衆国の大統領になったロナルド・レーガンも同じく「小さな政府」をスローガンにして、規制緩和の徹底、減税、予算削減、労働組合への攻撃など、新自由主義的な政策を大規模に行った。新自由主義はグローバル化し、世界中を闊歩するようになった。日本でも一九八〇年代以降、時の政権によって新自由主義が強力に推し進められるようになった。

しかし、新自由主義がもたらした弊害は大きかった。格差拡大もその一つであった。戦後、経済的に混乱状態にあった欧州各国の救済を目的としてOEEC（欧州経済協力機構）が一九四八年四月に発足した。このOEEC加盟国に米国及びカナダが加わり、新たにOECD（経済協力開発機構）が一九六一年九月に発足した。日本も一九六四年に加盟国となった。OECDは、先進国間の自由な意見交換・情報交換を通じて、経済成長、貿易自由化、途上国支援に貢献することを目的とした。このOECDが二〇一四年八月に発表した調査結果「格差と成長」のデータによると、OECD諸国の大半で富裕層と貧困層の格差は過去三〇年で最大になった。一九八〇年代には上位一〇%の富裕層と下位一〇%の貧困層の所得格差は七倍だったが、九・五倍にまで開いたとされる。

日本の場合、新自由主義の影響は他国にも増して深刻だといわれる。日本は先進国ではアメリカに次ぐ世界第二位の格差社会となり、アメリカを超えるのも時間の問題だとされるからである。力を持つ者がより強い力を獲得する。財をなす者がより多くの財を積む。支配する者がより強固に支配する。日本は今もそんな方向に向かっている。このような政策は経済、社会の分野から始められたが、今や政治的なレベル、国家的なレベルで展開されている。右のOECDの調査は新自由主義的な考え方に異を唱え、「格差は成長を妨げる。格差対策こそ成長戦略だ」として政策の方向転換を各国に促している。日本はこの警告に耳を傾けていない。

孤独の「孤人」主義

競争原理の浸透により拡大する社会矛盾と、この矛盾を薄める役割を担う福祉の後退などは、国、社会、個人における公共性の喪失を招いている。総選挙の投票率が五〇％を切るという数字にもみられるように、主権者意識も希薄化し、社会性という面での日本の子どもたちの発達は諸外国に比べると弱いという指摘も少なくない。今や公教育でさえも競争主義に覆われ、エリート教育を内容とする一級教育とそれ以外の二級教育とに二極分解させられつつある。悪しき平等主義を克服し、教育の効率性を高め、国際的に通用する優れた子どもたちの育成により力を入れていかなければならないと強調されている。このような主張が政財界や教育界、社会各界で支配的となるような現状では、政府の掲げる「公教育の再生」も「愛国心」教育に矮小化させられる可能性が強い。能力主義教育によって学校教育から切り捨てられた大多数の子どもたちには「自尊感の喪失」が生じている。「せめて戦死して靖国に祭られることによって自己の生の証しとしたい」というような論稿が雑誌に発表されている。[3]

自傷行為に走る子どもたちも少なくない。子どもたちの間の「いじめ」も増えている。平成二十七年の内閣府『子供・若者白書』によると、小学生の半分は「いじめ」の加害者及び被害者の経験があるとされている。より弱い立場にある人を一方的に攻撃することによって、経済的格差が生み出す不満や鬱憤をはらそうとする言動がインターネット上を覆い出している。大人だけではなく子どもたちにも「人間不信」「社会不信」が強い。この「不満感」などが政府批判に向かうのを阻止し、「家族国家主義」の意識を涵養することが「愛国心」教育の主眼とされている。国民の「閉塞感」も「愛国心」に結びつきやすい。この「愛国心」が排外主義となって外国に向かえば、対外戦争を肯定する「世論」にも発達しかねない。満州事変以降の戦争の拡大を「輿論《よろん》」ならぬマスコミ「世論《せろん》」が熱狂的に歓迎したことを忘れてはならない。[4]

日本国憲法が依拠する個人主義も、新自由主義が大きく与って、今や、市民的公共性を喪失した孤独、孤立の「孤人主義」に陥っている。迷走の末、「自暴自棄」に陥る事態さえも生まれている。それを例証する出来事が各地で起こっている。歴史教育が不十分なためか、客観的な価値が個人の主観的な価値観に置きかえられ、価値相対主義が「孤人主義」と結びつけられている。「私には関係ない」式の傍観主義や、痛みは共有しない無責任な評論主義も蔓延している。「参加民主主義」ならぬ「観客民主主義」という言葉も生まれている。日本の場合、「自暴自棄」はこれまでのところ自死などに向かっている。自死は平成四年から増加傾向に転じ、平成十年以降は三万人台で推移している。[5]

2 一級市民と二級市民

自己決定・自己責任論——勝ち組と負け組

傷ついたり、四肢をもがれたり、病気をかかえたり、職を失ったり、貧困にあえいだり、生きる意欲をなくしたり、そういった人たちのためにこそ、社会はある。真の障害は社会の側にあるのであって、弱者の側にあるのではない。近代法律学の創始者と讃えられたイギリスのジェレミー・ベンサムはその『道徳および立法の諸原理序説』(一七八九年)などの著書において「最大多数の最大幸福」を図ることが立法の目的だと説いたが、この「最大多数」には犯罪者も含まれるとした。[6]

ドイツ基本法第一条は「人間の尊厳は不可侵である」と規定しているが、強者の「人間の尊厳」にも増して弱者の「人間の尊厳」が守られなければならない。現に「人間の尊厳」が侵害されているのは強者ではな

撮影・趙根在「教会へ」。青森県にあるハンセン病療養所・松岡保養園
1977（昭和52）年　写真提供・国立ハンセン病資料館

く、弱者の場合がほとんどだからである。

新自由主義の下ではいかがであろうか。自己決定に基づいて行った以上、行為の結果については自己責任を負うべきだ。競争主義を後押ししている新自由主義の「自己決定・自己責任論」は、こう説く。「勝ち組」になる自由も「負け組」になる自由も平等に保障されているのだから、自由競争に敗れた者は切り捨てられても仕方がない。切り捨てられるのが嫌なら「勝ち組」になるように努力すればよい。「人権、人権」というのは「負け組」の泣き言だ。こうも説かれている。「官から民へ、民でできることは民で」の掛け声のもとに、国民の命を守り、権利と自由を保障するという国の責任が棚上げにされていっている。政府のやり方に従わない者、あるいは、その方針に背く者には国の保護を要求する権利はない。国はその生命・身体・財産を保護する必要はない。こういう言い方をする人が増えている。

しかし、それは「棄民《きみん》」の思想ではないか。日本国憲法の考え方とは正反対である。新自由主義の「自己決定・自己責任論」は日本国憲法第一三条の保障する「個人の尊重」とは似て非なるものである。日本国憲法により、国は、政府のやり方に従わない者、あるいはその方針に従わない者についてもその生命を守り、権利と自由を保障する責任を負っている。この国の責任を棚上げにすることは「法の支配」に反する。しかし、今の日本では「国民」が選別され、憲法を守るかどうかでさえも為政者の裁量に委ねられている。

このような「自己決定・自己責任論」は、日本型福祉論と結びついている。日本型福祉論では、本人及び家族による「自助」と社会による「共助」が基本とされ、国による「公助」は最後の手段だとされ、「共助」及び「公助」の恩恵性が力説される。現に自民党憲法改正草案は日本国憲法第二四条を改正し、同条の表題を「家族、婚姻等に関する基本原則」とするとともに、「家族は、社会の自然かつ基礎的な単位として、尊重される。家族は、互いに助け合わなければならない。」という規定を新たに第一項として挿入している。日本的福祉論の憲法的根拠とすることが意図されている。

選別される市民

「自己決定・自己責任論」の主張の恐ろしいところは、「弱者」と「強者」を無理やり人工的に作り上げ、「弱者」を異端視し、排除しようとする点にある。市民の間でも、さまざまな局面、領域で作られた対立の構図が認められる。刑事法の領域に限っても枚挙にいとまがない。被害者の保護、救済と加害者の防護権の保障などとは二律背反で、一方を守るためには他方を犠牲にしても止むを得ない。こういった議論が横行している。加害者についても、悪質事犯と軽微事犯というように国家による選別が進んでいる。少年法の改正による厳罰化は、ただでさえ相互不信感が強かった日本の大人と子どもの関係を、不信で不信に応えるといった悪循環に追い込んでいる。

このような選別、対立の行き着く先は何であろうか。市民を統治の主体となる一級市民と、統治の客体となる二級市民に選り分け、自立した強い個人を中心とした前者の市民層によって社会秩序を作っていかなければならない。福祉国家的、平等主義的な日本国憲法はもはや統治の手段たり得ない、改正すべきである。こういった主張がそれである。犯罪の加害者のみならず、犯罪の被害者も二級市民ということになる。

選別は日本人と外国人の関係にも及んでいる。特定の民族や国籍の人々を排斥する差別的言動が人種差別撤廃条約にいう「ヘイト・スピーチ」（憎悪表現）にあたるとして、社会的な注目を集める事態も生じている。「ヘイト・スピーチ」は鎮静化に向かうどころか拡大の傾向にある。大東亜戦争の理念的な根拠とされた世界に冠たる「大和民族」の優越性という主張も甦りつつある。

法的パターナリズムの再評価

「本人の保護のために、その自由に干渉する」というのが法的パターナリズム（家父長主義）である。これについては戦後、日本国憲法が「個人の尊重」を謳ったことから、否定的な評価が支配的となった。しかし、「自己決定・自己責任論」の優勢化のなかで、法的パターナリズムが再評価されている。青少年の保護の領域だけではなく、福祉や医療、生命倫理などをはじめ、さまざまな領域で法的パターナリズムの必要性が主張されている。これに基づく立法も増えている。

法的パターナリズムの正当化原理については種々の見解がみられる。現在、有力となっているのは、「各人の全体的な人生構想において周縁的ないし下位にある関心や欲求を一時的に充たすために、長期的な人生構想の実現を取り返しのつかないほど妨げたり、そもそも何らかの人生構想を自律的に形成・追求する能力自体を決定的に損なったりするおそれの大きい場合などに、一定のパターナリズム的干渉を行うことは、本人の人格的統合を損なわないのみか、むしろ、その統合的人格の発達・確保にとって不可欠である[7]という正当化である。

この正当化は個人主義的なそれといってもよい。しかし、日本の法的パターナリズムと憲法の「個人の尊重」との間には決定的に異なる点がある。法的パターナリズムによる法的な保護と治安政策とは結合しているからである。それを何よりも例証していたのはハンセン病強制隔離政策であった。最近でも医療、福祉と治安政策との接合がみられる。

平成十五年に公布された心神喪失者等医療観察法（平成十五年七月十六日法律第一一〇号）も、その一つである。しかし、「触法行為」を行った「精神障がい者」に対して再犯防止を目的として強制医療を実施しなければならないような立法事実は存在しない。このことは為政者も認めるところである。「精神障がい者」の人たちの犯罪率は他の人たちに比べて一般に低い。加えて、たとえ暴力団員といえども、再犯防止を目的に保安処分として拘禁施設への入所を強制することは憲法違反となる。にもかかわらず、「精神障がい者」に対してだけは医療の名目で「保安処分」が合法化された。改正刑法仮案（昭和十五年、総則部分は昭和六年発表）で導入しようとしたができなかった「治療処分」という名称の「保安処分」を平成の世に実現したものである。これを後押ししたのが「体感不安」の中で助長された「精神障がい者」に対する差別・偏見である。

権利主体性の剝奪

日本政府が国連に提出した報告書などを審査した国連社会権規約委員会が二〇〇一年八月末に採択した最

終見解では、日本政府が社会権規約を一向に尊重しないこと、日本の裁判所も法源としての効力を認めようとしないことなどが強く非難された。自由権規約人権委員会も同様の懸念を表明しているが、その中心を占めるのは日本の刑事手続や行刑などに対する懸念である。国連との距離は縮まるどころか、逆にますます広がっているといえる。

当事者の権利運動とは、自らを「保護の客体」から「権利の主体」へと昇華させる運動だといってよい。市民道徳的には正当と考えられるこの権利運動を法的に保障するのが社会権などである。法的パターナリズムは、この「権利主体性」を剝奪する役割を果たしている。日本型福祉の下でもそれは同様である。権利としての福祉ではなく、恩恵としての福祉が標榜される。

日本型福祉による「権利主体性」の剝奪を鮮明に示してきたのが生活保護法（昭和二十一年九月九日法律第一七号、昭和二十五年五月四日法律第一四四号）である。生活保護法が規定する不正受給処罰規定の歩みについては次のように分析されてきた。

不正受給処罰規定がわが国の社会保障史上初めて設けられたのは、救護法（一九二九年）においてであった。これに先行する恤救《じゅっきゅう》規則（一八七四年）にはこの種の規定は設けられていなかった。この不正受給処罰規定は、その後、母子保護法（一九三七年）、医療保護法（一九四一年）、戦時災害保護法（一九四二年）などにも取り入れられていった。第二次世界大戦後に制定された旧生活保護法（一九四六年制定）は、救護法よりも刑罰をかなり引き上げるとともに、詐欺罪と不正受給処罰規定との関係についても、従来の法条競合説を捨て観念的競合説を採ることを明らかにし、不正受給行為に対して詐欺罪を適用する道を開こうとした。旧生活保護法が新たに一般扶助主義をとったことによって要保護者の激増が予想されたために、一方では生活保護基準を低く抑え、他方では、自らの人間らしい生活を守るためにそのような低い保護行政に反発し、いうところの不正受給という形で保護秩序に抵抗を示そうとする者には、生活保護法自身の刑罰規定の明文による処罰の限度を解釈の形で大幅に引き上げてでも、これを威嚇し全体としての保護水準を抑えようとしたものである。[8]

現在は、国の保護政策に対し権利運動で抵抗しようとする者には刑罰でこれを威嚇するという態度がより強まっている。平成二十五年に「生活保護法の一部を改正する法律」（十二月十三日法律第一〇四号）が公布され、平成二十六年から施行されたが、就労による自立の促進、健康・生活面等に着目した支援、医療援助の適正化と並んで不正・不適正受給対策の強化等が改正のポイントとされた。各界から厳しいコメントが寄せられたが、改正が強行された。生活保護受給者に対する社会のバッシングも厳しいものがある。生活保護を受ける者には人権がないかのごとくである。

3 国家観の変化

福祉国家から刑罰国家へ

高度経済成長の下で量的には充実された戦後の福祉は、構造改革によって大きく転換させられた。公共福祉は劣悪な処遇でよい。それが嫌なら金を出せ。およそ社会福祉とはいえない政策展開となっている。

厚生労働省が平成二十六年七月にまとめた「国民生活基礎調査」によると、「貧困線」（二〇一二年は一二二万円）に満たない世帯の割合を示す「相対的貧困率」は一六・一%で、これらの世帯で暮らす一八歳未満の子どもを対象にした「子どもの貧困率」も一六・三%となり、ともに過去最悪を更新した。日本人の約六人に一人が「相対的な貧困層」に分類される。この調査で生活意識が「苦しい」とした世帯は五九・九％だったとされる。国が進めてきた生活保護の「適正実施」は自死者や餓死者、急死者の増加など、多くの犠牲者まで出す状態を作り出し、見直しを余儀なくされている。教育機関に対する公財政支出のGDPに占める割合も、日本はデータが存在するOECD加盟国中、最低となっている。

福祉の後退の中で高まった社会の解体の危機に直面して、政府が採用したのは刑罰による求心力の確保という政策であった。一九九〇年代に入ってバブル経済が崩壊すると、国民の生活を守れなくなった政府は、これまでと違った形で国家という存在を正当化する必要に迫られた。国民統合の軸足が、これまでの福祉から安全へと移され、国、社会における遠心力の増大に対応する求心力の確保はもっぱら刑罰などに依存せしめられることになった。近代初期の「夜警国家」の国家観が再評価され、国家をもって「国民生活の安全」を守るための組織として位置づけられることになった。このような「福祉国家から刑罰国家」への政策転換の下で、刑事立法ラッシュの他方で、国家刑罰の効率化、スリム化を図るための刑事政策の「私事化」も進められている。国の責任の軽減化が図られ、防犯が国民の義務とされる。防犯の面でも自助、共助が前面に押し出されるようになった。防犯活動への「国民総動員」だといってもよい。「負け組」のみならず「勝ち組」も襲う「不安感」に由来する「体感治安」の悪化が、このような動きを下支えしている。

犯罪は「社会の病気」か

犯罪とは、特殊な個人が犯す個人的な出来事だろうか。それとも、社会に大きなひずみが生じたときに起きる「社会の病気」だろうか。どちらの考えを支持するかは、人がどの立場に属するかによって違ってくる。かの有名な『犯罪と刑罰』（一七六四年発行）を著し、近代刑法学の創始者ともたたえられ、彼の名においてその時代のもっとも大きな不正と闘うことが誓われるイタリアのチェザーレ・ベッカリーア（一七三八―九四年）ら、草創期の近代思想を担った人々は犯罪をもって「社会の病気」と考え、病気を生まない社会を作ることに意を注ぎ、社会の矛盾を制度的に解消することに努めた。戦後の日本でもこのような考え方を支持する人は少なくなかった。

しかし、現在の日本では異なる考え方が支配的になっている。経済的に恵まれた、強い立場にいる人の側からは、貧しい境遇に育った人のすべてが罪を犯すわけではない、社会のひずみにも負けずに頑張って立身出世をした人も少なくないと説かれている。「負け組」が犯さざるを得なかった犯罪を「社会の病気」だとすれば、新自由主義は間違った政策だということになる。そこで、犯罪をもって特殊な個人が犯す個人的な出来事だとすることによって、犯罪と新自由主義との関係を断ち切ろうとしている。このように解することができないか。

犯罪の原因を犯罪者個人の特殊性や異常性に押しつけて、国や社会の責任を回避することが日本では学界も含めて図られてきた。犯罪の原因及び対策などを研究する刑事（犯罪）学ないし刑事政策という学問分野があるが、原因論がテーマとされることは稀で、精力のほとんどは対策論に当てられてきた。

原因論不在は道路交通事故も例外ではない。自動車事故の責任が国などに及ぶのを避けるために、事故原因の科学的な分析が軽視される傾向にある。毎年、多くの死傷者が発生している道路交通事故についても独自の調査機関は設けられていない。交通警察が作成する道路交通事故データは取締りなどの観点からのものがもっぱらで、再発防止のための科学的なデータ作りは行われていない。家庭裁判所が受理した少年保護事件については、審判に先立って、当該少年の非行性、要保護性等に関する社会調査を行うことが原則とされており、そのために家庭裁判所調査官という制度が設けられている。非行少年の立ち直り、再発防止に大きな役割を果たしてきたが、少年法改正にみられる厳罰化の流れの中で調査官の役割が低下させられつつある。

一九九〇年代以降の厳罰主義

新自由主義の下で厳罰主義の動きがますます強まっている。予防効果のない厳罰は規範意識の鈍磨を招き、かえって有害だとの批判を浴びている。厳罰化によって少年非行を防止できると断言できる論者もいない。そこで、厳罰主義の根拠として「贖罪応報」という考え方が再び注目を集めることになった。それも「責任なければ刑罰なし」という責任原理と結びついた論理的なそれではなく、情緒的で煽動に乗りやすい、ときには「責任原理」さえも押し流してしまう「国民の応報感情・処罰感情」などがその内容とされるのがもっぱらである。この情緒的な厳罰主義は社会復帰の立場に拠る矯正や更生保護との矛盾を高めており、国家刑罰権の安定した運用を困難ならしめている。

刑の長期化により刑務所に長期間隔離されたために、社会復帰が困難になり、社会よりはまだしも刑務所の方がよいと考えて、刑務所に戻りたいために罪を重ねるという高齢の受刑者も後を絶たない。高齢の受刑者が乗った車いすを中年の受刑者が押すという光景は日本の刑務所では珍しくない。高齢者を受刑者として刑務所に収容するのは「高齢者虐待」ではないかという非難を世界から浴びている。

悪質事犯だからという理由が厳罰の根拠としてよく用いられている。悪質かつ危険な自動車運転行為による死傷事件については傷害罪・傷害致死罪に準じた刑罰が望ましいとして、刑法一部改正（平成十三年十二月五日法律第一三八号）で危険運転致死傷罪が平成十三年に新設された。その後、同罪は自動車運転死傷行為処罰法（平成二十五年十一月二十七日法律第八六号）の制定に伴い、そのなかに移された。しかし、悪質事犯かどうかに明確な判断基準があるわけではない。判断には被害者・遺族の激烈な処罰感情が過剰に反映されやすい。遺族からの強い働きかけで、自動車運転過失致死傷被疑事件とされていたものが、起訴段階で突如、危険運転致死傷被告事件に切り替えられた例もみられる。基準が不明確にもかかわらず、ひとたび悪質事犯という烙印が押されてしまうと、犯罪報道を通じて「厳罰もやむを得ない」「厳罰でないと納得できない」などの世論が形成され、それが検察官の求刑、裁判所の量刑に反映される。悪質かどうかが疑われることはほとんどない。どこででも見かける「普通のおばさん」「普通のおじさん」が悪質かつ危険とされる危険運転致死傷被告事件の被告席に座ることも少なからずあることもまったく顧みられない。

「国家及び市民」対「非市民」

一九九〇年代以前の厳罰主義をめぐる議論では、加害者も被害者も同じ人間だという平等主義を基盤として、市民の中に国家に対する共通の不信感がなお存在し、国家対市民という対立軸も想定され得た。しかし、一九九〇年代以降の厳罰主義の背後にあるのは能力主義による「悪しき平等主義」の克服である。対立軸も国家対市民から「国家及び市民」対「非市民」に置き換えられる。被害者の立場に立つことはあっても加害者の立場に立つことはないと信じて疑わない「市民」は、加害者に対する厳罰を要求し、警察など、国家の側に回るという事態が生じている。人権は「市民」に保障されたもので、「市民」から排除された者には及ばない。このような主張さえもみられる。

「市民刑法と敵刑法」という整理もなされている。もはや一般の人々と共存することがおよそ不可能なほど、根本的価値観を異にする人々からなる犯罪組織、宗教団体、政治集団等に対しては、従来のような刑罰権介入の厳格な制限じたいが根拠を欠くものとなり得る。[9] このように説かれている。被疑者・被告人を「市民」から分断し、「非市民」ないし「社会の敵」と喧伝することによって、「市民刑法の論理」ではなく「治安刑法の論理」を用いようとするのが国の治安政策の特徴の一つである。「市民刑法と敵刑法」という整理には「治安刑法」に対する警戒感は少しもうかがえない。これでは「治安刑法の論理」に取り込まれてしまいかねない。

この「市民」対「非市民」という区別は刑法理論史的にいうと、罰せられるべきは行為者であるとし、この行為者の人格や性格の反社会性を基準として犯人を「改善可能犯」と「改善不可能犯」に区分することを提唱した新派の社会防衛論に近い。新派の社会防衛論はさまざまな国で主張されたが、その全面的な実現は市民革命以来の自由と平等の要請に反するとして阻まれた。この新派の「主観主義」は後に、全体主義の下で、旧派の「応報主義」と結合した。この「応報主義」では、刑罰の功利的な正当化は国家刑罰権、ひいては「国家の絶対性」に反するものとして退けられ、刑罰は「国家的応報」によってのみ正当化されると説かれた。近代以前の刑罰観が甦ることになった。

この新派の「主観主義」と旧派の「応報主義」の結合が昭和十六年の「刑法改正仮案」においてみられた。改正の二本柱とされたうちの一方の労働運動などの弾圧を根拠づけたのが新派の「主観主義」であり、もう一方の国体や家族制度の強調を基礎づけたのが旧派の「応報主義」であった。仮案はもはや「ファシズム刑法」といってよかったが、このように近代刑法が「ファシズム刑法」に転換したのは日本、ドイツ、イタリアなどだけであった。[10]

「市民」対「非市民」という図式は「ファシズム刑法」の「生みの親」になり得ることに注意しなければならない。この転換が現に行われつつあるといってもよいかもしれないが、この警戒感に乏しいのが現状である。日本国憲法にはこの転換を阻止する壁という役割が担わされているが、憲法改正さえも行われようとしているのが現在である。

4　新自由主義と海外派兵

有事法

新自由主義は国内での競争だけではなく、国際的な競争も激化させた。この国際的な競争は、経済面にとどまらず、政治面、そして時には軍事面でも衝突を引き起こした。新自由主義の下で自衛隊の海外派兵も進められた。海外派兵は平成八年に成立した橋本龍太郎内閣の時代から本格化することになった。そのための法整備が相次いで行われた。

旧ソ連の日本侵攻に対し、いかにして日米共同で対処するかを焦点として、昭和五十三年に策定した「日米防衛協力のための指針」（ガイドライン）を、平成九年に朝鮮半島有事を想定し改定した。この「ガイドライン」の実効性を確保するために、平成十一年に「周辺事態に際して我が国の平和及び安全を確保するための措置に関する法律（周辺事態法）」（五月二十八日法律第六〇号）が制定された。同法では、周辺有事の基本計画や米軍に対する自衛隊の後方支援や協力等が定められた。平成十三年には「平成十三年九月十一日のアメリカ合衆国において発生したテロリストによる攻撃等に対応して行われる国際連合憲章の目的達成のための諸外国の活動に対して我が国が実施する措置及び関連する国際連合決議等に基づく人道的措置に関する特別措置法（テロ対策特別措置法）」（平成十三年十一月二日法律第一一三号）が制定された。アメリカなどが対テロ戦争の一環としてアフガニスタンなどに対して行う攻撃・侵攻に対する自衛隊の後方支援等について定めたものである。同法の公布直後に海上自衛隊がインド洋に派遣され、自衛隊の護衛艦（イージス艦）によるアメリカ軍などへのレーダー支援や補給艦による米海軍艦艇などへの給油などの支援活動が行われた。平成十五年には「イラクにおける人道復興支援活動及び安全確保支援活動の実施に関する特別措置法（イラク特措法）」（平成十五年八月一日法律第一三七号）が制定された。イラク戦争後の同国の再建を支援するために自衛隊をイラクに派遣し、人道復興支援活動や安全確保支援活動を行うことを定めたものである。

自衛隊の海外派兵の拡大を可能にするための法整備と並んで、「戦時体制」を支えるための法整備も図られている。平成十五年には、「安全保障会議設置法の一部を改正する法律」（平成十五年六月十三日法律第七八号）及び「武力攻撃事態等における我が国の平和と独立並びに国及び国民の安全の確保に関する法律」（平成十五年六月十三日法律第七九号）などからなる武力攻撃事態対処関連三法も公布された。このうち武力攻撃事態など対処法では、いわゆる「有事」となる事態（「武力攻撃事態」及び「武力攻撃予測事態」）を定義したうえで、この「有事」においては国や地方公共団体が必要な措置を取ることができること、また、内閣総理大臣は地方公共団体の長に対して必要な措置をとらせることができること、国民はこの国や地方公共団体がとる措置に対し協力するように努めなければならないこと、「武力攻撃事態」においては武力攻撃の発生に備えるとともに、武力攻撃が発生した場合にはこれを排除しつつその速やかな終結を図るために武力を行使することができること、武力攻撃事態等への対処においては日本国憲法の保障する国民の自由と権利が制限を加えることができることなどが定められた。この武力攻撃事態対処法は日本国憲法の外に立つ、文字どおりの「有事法」であった。それを受け、「戦時治安法」ないし「戦時治安刑法」の制定が必然となるであろう。

国家総動員体制は統制しつつ分断する

現在の戦争は総力戦であり、安全保障も総力戦だといわれている。この総力戦を戦い抜くためには、国家のすべての人的・物的資源を政府が統制運用できることを規定した国家総動員法（昭和十三年四月一日法律第五五号）にみられるように、「総動員体制」の構築が不可欠だとされる。「有事法」といった憲法の埒外の法体系が形成され、戦争のためにあらゆる場面で犠牲が強いられる。この「有事法」を担保するのは「戦時治安法」であり「戦時治安刑法」である。

総力戦及びこれを支える国家総動員体制では、国、都道府県、市町村、企業、中間団体、マスメディア、地域社会、そして、家族でさえも、それにふさわしい形態に再編することが強請される。その一つが迅速な意思決定作りであり、徹底した統制の実現である。ヨコ型の人間関係をいわば支配＝服従のタテ型の人間関係に改めることも求められる。この徹底した統制強化のために国民の間、あるいは市民の間にみられる対立、分断、差別の解消が図られるかというと決してそうではない。むしろ反対である。対立、分断、差別を利用して、統制強化が図られる場合がほとんどだからである。戦争は外に敵を作るだけではなく、内にも敵を生み出す。

戦前の日本では家族国家主義が標榜され、総力戦及びこれを支える総動員体制の構築のために、国民が天皇を中心に一つの家族のように一丸となって一致協力することが必要だと説かれた。これに応じ、総動員に積極的に協力することによって差別からの解放を図ろうとするマイノリティも生まれることになった。国はこれを最大限に利用し、国家総動員体制の下での平等が吹聴された。二級市民も「戦死」すれば一級市民として祀られる。こう説かれた。これを信じて家族のことを思い戦地に赴き「戦死」した人も少なくなかった。しかし、総動員体制の下における平等は装飾に過ぎなかった。総動員体制がその徹底を要求するタテ型関係と平等とは水と油の関係であった。戦時下で最大の犠牲を強いられたのはやはり弱者でありマイノリティであった。日本の場合はその傾向がより顕著であった。家族国家主義はイデオロギーでしかなかった。現在、日本では男女共同参画が政府の最重点政策の一つとされているが、その意図するところがどこにあるかを慎重に見極める必要がある。

最後に、「国家秘密法は、情報を掌握した少数者が情報から疎外された圧倒的多数の国民を敵視し、それら相互の間に反目と疑心を植えつけることによって信頼と連帯を破壊し、国民をバラバラにすることで戦争政策を強行しようとする。国民のなかに『敵』と『裏切者』を作り出すことによって、憎悪と不信と疑惑をかきたてて国民の戦争への抵抗力を打ち砕こうとする。人を見たらスパイと思え、という考え方がこの法律の中心にある」[11]という指摘を紹介して、本章を閉じることにしたい。

第四章 「非国民」とは誰か――ハンセン病隔離政策の教訓

1 戦時国家と非国民

日の丸のシミ

国家は意図的に「非国民」を作り出し、社会と協力して「非国民」の個々の場での個々の自由と利益のみならず社会での居場所そのものを奪い、これを威嚇として「国民」に権利を保障する前提としての「義務の履行」を強い、国と国民の間における権利＝義務の関係を逆転させるという手法をときに用いてきた。戦前の日本では、国家主義によって「上からの近代化」を強力に推し進め、欧米列強の仲間入りするために「国民主権」ではなく「天皇主権」が採用され、「国民の権利」は法及び法秩序によって制限し得るとされ、富国強兵政策の下で国民の生活は二の次にされた。この権利＝義務の逆転という手法が最大限活用された。[1]「国民」概念は地理的な概念ではなく、文化的な概念だとされた。[2]選別基準の具体を最終的に決めるのはもちろん国家で、政府の時々の政策目標によって選別基準は変えられた。

この「文化」概念によって様々な「非国民」が作り上げられた。明治三十二年に北海道旧土人保護法（明治三十二年三月二日法律第二七号）が制定され、アイヌの人たちは「北海道旧土人」と呼称されるようになった。明治三十三年に制定された日本における最初の「精神障がい者」法の精神病者監護法（明治三十三年三月十日法律第三八号)は、「精神障がい者」の監護を私宅監置室で行うことができるとする私宅監置制度を認めた。

ハンセン病患者・家族も「非国民」の対象とされた。多大の犠牲を払って日清戦争（明治二十七年七月―二十八年三月）、日露戦争（明治三十七年二月―三十八年九月）に何とか勝利し、世界五大国への道を駆け上がっていこうとした政府はハンセン病対策に乗り出した。明治四十年に「癩予防に関する件」（明治四十年三月十九日法律第一一号）が制定された。[3] 公衆保健衛生上の見地、あるいは救護済民《さいみん》、風紀取締りの見地にも増して大きかったのは国辱論であった。日本はハンセン病患者が多いと国際会議などで指摘されたために、患者の存在を日の丸の「シミ」と考えた政府は、患者の存在が欧米人の目に触れることを国の恥と考え、放浪患者を隔離しようとした。財政的な事情から国の直轄事業とはせずに道府県の事業とされ、明治四十二年に全国五か所に連合府県立療養所が開設された。

この隔離方式は「ノルウェー方式」とは明らかに異質のものであった。全国を五つの地域に分けて、それぞれに連合府県立の大きな療養所を作り、患者を家族から遠く引き離して隔離する方式が採用された。この大施設主義は患者だけでなく、ハンセン病医学・医療そのものを一般医学・医療から隔離することになった。大正五年には朝鮮総督府により全羅南道に小鹿島《ソロク》慈恵医院（のちの更生《こうせい》園）が設立された。この療養所では所長に懲戒検束権が与えられた。

大正十二年、第三回国際らい会議がフランスのストラスブールで開かれた。日本から光田健輔が参加した。会議では神経型患者は自己に免疫力があり、他への感染源となりえないとの報告がなされた。岡山県の長島に国立療養所を開設予定の光田は、神経型患者を収容しなければ療養所を運営できないと考えてこれに反対した。会議当時、ヨーロッパ諸国では孤島や僻地に患者を収容する政策は廃止の方向に向かっていた。家族と切り離されることなく患者が治療を受けられる体制を確立することに努力が払われた。

これを「癩問題の危機」と考えた光田は帰国後、同題名の論文（昭和四年）を著わした。患者は隔離所において治療するのがもっとも安全であり、軽快治癒しても療養所外では再発する可能性が高いので、療養所内にとどめて適当な作業を行わせ、重症者を看護し、院内の福利を増進することを奨励するというのが内容であった。光田らの見解はその後の日本のハンセン病政策を牽引することになった。世界から孤立し、医学的に根拠を欠く絶対隔離政策を強行し続けることになった。

昭和期のハンセン病政策

国家が優生思想のために戦争を仕掛けたり、国家が戦争のために優生思想を利用し、優生政策を実行したりすることは珍しいことではない。しかし、日本の満州事変以来の十五年戦争では世界に冠たる「大和民族」の優越性がこれまでにみられなかったほどに声高に吹聴された。ハンセン病強制隔離政策を推し進めた優生思想も戦時色を強めた。戦争遂行に反対する人だけではなく戦争遂行に役立たないと看做《みな》された人々も「非国民」の刻印を押され、じっと息をひそめて暮らす生活を余儀なくされた。ハンセン病患者も兵士の健康を損ない、戦争の足を引っ張る「非国民」とされた。強制隔離政策を受け入れ、療養所で文句を言わずにじっと静かに暮らすことが戦争に協力する唯一の道であると諭された。

昭和五年十月、内務省衛生局は「癩の根絶策」を発表し、同策は昭和十一年度より実施されることになった。翌昭和六年一月、癩予防協会の創立総会が内相官邸で開かれ、三月には岡山県長島に開園した最初の国立療養所の長島愛生《あいせい》園で患者の隔離収容が開始された。島は無菌地帯と有菌地帯に分けられていた。有菌地帯とは患者が居住するところで、一〇センチぐらいの杭でぐるりと周囲が囲われていた。白衣を来た巡視がたえず見回っていた。「癩予防に関する件」の大幅な改正案も可決され、名称も「癩予防法」と改められ、同年八月より施行された。強制隔離の対象が全患者に拡大され、ハンセン病政策は「患者絶滅政策」の域に達した。公立療養所は国立に移管され、長島愛生園《あいせい》を含めて新たに八つの国立療養所も順次開設された。この年の九月、満州事変が勃発した。昭和十二年には日中全面戦争に突入し、その後、太平洋戦争に拡大した。ハンセン病対策も、心身ともに優秀な国民と兵隊の創出を目指す「健民健兵」政策の一環とされた。ハンセン病患者を摘発して療養所に強制収容させ、県内から患者を無くそうという「無らい県運動」も、法制定前後に各地で展開された。この運動によって、これまでにみられなかったような類のハンセン病差別・偏見が生み出されることになった。ハンセン病患者は、社会的にも「法の支配」の埒外に置かれることになった。

重監房

長島愛生園では過剰収容のために入所者の生活は極端に悪化し、昭和十一年八月にいわゆる患者騒擾事件が発生した。土木作業に従事していた患者らが賃金増額を要求してストライキを行い、園長を缶詰にして団体交渉をする一方、監禁室に拘置中であった患者を実力行使によって解放した。患者側は待遇改善、自治制の認可、園長らの辞職などを要求書にして提出し、内務省と交渉したが決裂したのでハンストを始めた。戦前最大の患者闘争で、患者側の要求が通ったかにみえたが、その後、入所者代表らは弾圧や追放を受け、自死者も出た。栗生楽泉園《くりうらくせん》（群馬県）での重監房の設置にも結びついた。

療養所に収容されたハンセン病患者たちは、些細なことで取締りの対象となった。職員の多くが警察官経験者で、取締りは厳しいものだった。療養所には園内規律に違反した入所者を監禁する内監禁室が、警察の留置場（外監禁室）とは別に設けられた。懲戒検束の運用は園長の自由裁量に任されていた。群馬県草津に開設された栗生楽泉園には昭和十三年十二月、重監房と呼ばれる特別病室が設けられた。特別病室は八室あり、各々独立し、各室は四畳半足りずで、板張りの床には用便のための穴があった。同じく板張りの壁には固定式のごく小さな窓があるだけで、病室は昼も暗かった。壁と床の境目に作られためし箱の出入れ口は覆いがなく外気が遠慮なく入り込んだ。冬の室内は零下二〇度にも達したが、ろくな防寒具もなかった。患者を抹殺するに充分な施設であった。全国の入所者に対する見せしめとして重大な規律違反を犯した入所者を収容するとされたが、その運用は園長の自由裁量に任された。東京の多磨全生園《たまぜんしょう》で洗濯の患者作業に従事していた入所者が穴の開いていない長靴が欲しいと申し出たところ、重監房に送られたというような事例も見られた。

戦後、日本国憲法によって選挙権を与えられた入所者たちが選挙運動で楽泉園に来園した国会議員候補者に直訴したことから重監房の存在は昭和二十二年に発覚し、国会で大きく取り上げられた。人権蹂躪の事実が明らかにされたことから国は廃止に追い込まれたが、廃止までの間に九二名が監禁され、うち一四名が獄死、八名が出所後に死亡している。しかし、国はハンセン病患者専用の拘禁施設を作ることは合憲だとし、廃止された楽泉園の重監房に代えて、ハンセン病患者専用の刑務所を国立療養所に移管された菊池恵楓園《きくちけいふう》(熊本県)の隣接地に設置した。この熊本刑務所菊池医療刑務支所は平成八年に「らい予防法」(昭和二十八年八月十五日法律第二一四号)が廃止されたのに伴って廃止された。

戦争の泥沼化とともに、療養所生活はより厳しいものになった。療養所の食事はとてもまずく、入所者が慣れるまでに時間を要した。それでも三度の食事だけは出ていた。戦争でそれにも事欠くようになった。窮乏はすべての品に及んだ。注射針や包帯さえも、使い回しをしなければならなかった。ただでさえ貧しかった療養所生活は戦争で困窮を極めた。そのため、入所者は重症患者の看護や火葬場の仕事のほか、辛い患者

戦後の「無らい県運動」。保健所の職員、警察官、住人によりハンセン病患者たちは集められ、強制隔離された。

撮影・趙根在「監禁室」。岡山県の長島愛生園で1953（昭和28）年まで使用されていた。1970（昭和45）年　写真提供・国立ハンセン病資料館

作業に一層励まねばならなくなった。後遺症の多くはこの作業によるものであった。

米軍の空襲を受けた療養所も少なくなかった。宮古南静園《なんせい》（沖縄県）では職員が逃げ出したために、入所者は園近くの海岸での壕生活を余儀なくされ、敗戦が園から知らされることもなかった。国立療養所の入所者の死亡率は昭和二十年一四・八％（駿河療養所は除く）、昭和二十一年八・八％（同）、昭和二十二年六・六％、昭和二十三年四・七％、昭和二十四年四・一％となっている。戦争の影響は明らかであろう。

2　日本国憲法とハンセン病政策

断種・堕胎の強制

東京帝国大学医学部教授の石館守三《いしだてもりぞう》は、昭和二十一年にプロミンの国内合成に成功した。各療養所ではプロミン注射に希望者が殺到した。当初は非常に高価で自費で治療を受けられる人も限られていた。多磨全生園では昭和二十三年に入所者による「プロミン獲得促進委員会」が発足した。委員会は政府・関係方面に働きかけ、運動は全国に波及することになった。昭和二十四年度の国予算に五千万円を計上させるに至った。入所者の誰もが治療に生きる希望を見いだした。戦後はプロミンを求めて療養所に自ら入所する者も少なくなかったが、これも任意入所ではなく強制入所であった。

日本国憲法施行による人権意識の向上のほか、プロミン獲得運動の成功などを受けて、昭和二十六年一月に全生園に本部を置く「全国国立癩療養所患者協議会（全癩患協）」（その後、「全国国立ハンセン氏病療養所患者協議会（全患協）」などを経て「全国ハンセン病療養所入所者協議会（全療協）」に変更）が発足した。外出が禁じられていたため、最初の全癩患協議会は書面会議の形式を採らざるを得なかった。

昭和二十三年、東龍太郎厚生省医務局長は、特別病室問題を審議する国会の答弁において、「旧らい予防法改正案」と「社会復帰案」の立案に初めて言及した。しかし、翌二十四年に開催された療養所所長会議において光田健輔園長らはこれに強く反対し、「軽快者だとて（療養所から）出してはいけない。（これは私の）遺言としておく」と言い渡した。そうした結果、立案は見送られることになった。日本社会には光田らの主張を支持する空気があった。特効薬が国内合成され、ハンセン病が全治し得る病気になっても、強制隔離政策は継続された。むしろ強化すべきだというのが、療養所長らの見解であった。敗戦の混乱のなかで未収容患者が増加し、感染のおそれが増しているというのが、光田らの考えであった。昭和二十六年の第一二回国会の参議院厚生委員会に参考人として出席した林芳信・多磨全生園長、光田健輔・長島愛生園長、宮崎松記・菊池恵楓園長の発言は、ハンセン病患者の強制収容や断種の励行、患者逃走防止のための罰則強化などを内容とするものだった。全患協は園長らを追及し、「癩予防法」改正の取組みを強めた。

療養所は、園内結婚を認める代わりとして入所者に断種・堕胎を強いてきた。違法だと指摘された政府は立法措置を講じることによってその合法化を図るべく、国民優生法（昭和十五年五月一日法律第一〇七号）のなかに規定を盛り込もうとした。しかし、戦前の帝国議会でさえも、感染症患者に優生手術を施すのは理に合わないとして認めず、合法化が実現したのは、昭和二十三年制定の優生保護法（昭和二十三年七月十三日法律第一五六号）によってであった。これにはハンセン病患者に対する断種・堕胎を合法化するために優生思想を利用したという側面が強かった。復員による過剰人口問題などを背景に、「本人又は配偶者がらい疾患に罹り、且つ子孫にこれが伝染する虞《おそれ》がある者」に対し「本人の同意並びに配偶者があるときはその同意を得て」優生手術（断種）を行うこと、及び「らい疾患に罹《かか》っており母性保護上必要があるときは本人及び配偶者の同意を得て」人工妊娠中絶（堕胎）を行うことを認めた。

法制定後、厚生省は園に対し、断種・堕胎の実施に際しては当事者の同意をとるようにという内容の通達を出した。園では同意なしの断種・堕胎が横行してきたことを雄弁に物語るものであった。

戦後の無らい県運動

敗戦後の混乱の中で全患者隔離を達成するためには、戦前以上に民間の協力を得ることが不可欠となった。啓蒙・啓発活動が大々的に行われた。貞明皇后の遺金を基金に設立された藤楓《とうふう》協会もこの活動に取り組んだ。宗教団体も積極的に参加した。真宗大谷派の光明会は戦後の「第二次無らい県運動」[4]でも重要な役割を果たした。マスメディアも重要な一翼を担った。講演会も各地で開催された。療養所長らの専門医などが小学校や工場などを巡回し、ハンセン病の感染力の強さや難治性を強調した。

運動のもう一つの柱となったのが、患者の発見であった。隣人や自治会役員らによる「密告」が奨励された。患者の所在が分かると、専門医が診断を行い、患者だと確認されると療養所への入所を説得した。予防法の規定する「終生隔離」を秘匿して、入所すれば安心した生活保障の下に十分な治療が受けられ、完治すれば退所できるからと言って説得するケースが一般的であった。収容に応じるまで執拗に消毒を繰り返したり、収容に応じなければ強制的に一番遠い離島の療養所へ送致すると脅したりするケースもあった。入所の確保には住民による村八分も威力を発揮した。家族を迫害から守るために、自ら療養所に入所する患者も少なくなかった。「無らい県運動」が展開されるなかで、強い不安感が地域住民を襲い、予防法から逸脱する人権蹂躙の言動さえも招くことになった。

新予防法の制定

「癩予防法」は憲法に抵触するとは考えられないと答弁したものの、厚生省も日本国憲法との乖離を意識せざるを得なかった。昭和二十八年に至り、新「らい予防法」を国会に提出することとした。法案は国会が「バカヤロー解散」となったために廃案となった。政府は同法案を国会に再提出した。全患協は各自治会に対し「全力をつくして反対せよ」と打電し、陳情団は警察の網をくぐって国会構内に入り、各党代表者らに反対を訴えた。国会審議が始まるなか、第二次陳情団も国会に派遣されたが、議員は「患者には面会しない」との申し合わせを行った。法案は衆議院本会議を通過し、参議院へ回付された。陳情団は再び国会前での座り込みを開始したが、参議院本会議も可決し、八月十五日に施行された。

新予防法では、患者・家族の医療・福祉・教育のほか、差別的取扱いの禁止に関する規定が新設された。「沈殿患者」を強制隔離するための措置で、「アメとムチ」路線のアメに該当した。入所「命令」に先立つ入所「勧奨」も同趣旨の改正といえた。退所に関する規定の新設は見送られた。ムチの強化も改正点で、所長の懲戒検束権について明文規定を置くとともに、外出の制限に関する規定を新設し、罰則も定められた。全患協はその後も患者運動を活発に展開し、予防法改正及び患者の人権確立に向けた統一運動も毎年実施した。

戦後も、多くのハンセン病の国際会議が開催された。昭和三十三年に東京で開催され、日本からも多くの関係者が参加した第七回国際らい会議では、「政府がいまだに強制的な隔離政策を採用しているところは、その政策を全面的に破棄するように勧奨する」「病気に対する誤った理解に基づいて、特別ならいの法律が強制されているところでは、政府にこの法律を廃止させ、登録を行っているような疾患に対して適用されている公衆衛生の一般手段を使用するようにうながす必要がある」との決議がなされた。しかし、小沢龍厚生省医務局長はこの会議において「まだ在宅の未収容患者が相当あり、これらが感染源になっているので早期に収容することが望まれる」と発表し、日本の全患者隔離主義を逆に誇った。
昭和三十八年の第八回国際らい会議では「無差別の強制隔離は時代錯誤であり、廃止されなければならない」として、昭和三十一年のローマ会議（らい患者救済及び社会復帰国際会議）以降繰り返されてきた各国のハンセン病特別法の廃止が一層強く提唱された。勧奨を受けて、強制隔離政策の廃止に踏み切った国も少なくなかった。韓国も伝染病予防法を改正して、隔離主義から在宅治療への転換を図った。しかし、日本政府は、国民が法廃止に反対だということを理由に勧奨を拒み続けた。

特別法廷

新「らい予防法」ですら、法令により国立療養所外に出頭を要する場合であって所長が予防上重大な支障を来たすおそれがないと認めた時の外出を認めていた。厚生省も法にいう外出の例として「刑事訴訟法に基づいて出頭を求められた場合の外出等」と明示し、この場合には所長が当該患者の外出が予防上重大な支障をきたす恐れがあるかないかを判断すると通知していた。新予防法が制定されたことから、旧法下での運用を改めて確認したものである。

しかし、昭和二十二年以降、ハンセン病患者関連の裁判計九五件が最高裁の指定により出張法廷で行われた。そのうち九四件は刑事裁判であった。この出張法廷は療養所や刑事拘禁施設内で開かれ、憲法の公開法廷の要請も満たすものではなかった。最後は昭和四十七年二月に開かれている。次節で述べる判決（八六頁参照）で「らい予防法」は違憲だとされた昭和三十五年以後も、二七件も出張法廷が開かれていたことになる。最高裁がハンセン病を理由とする出張法廷の許可決定に当たって療養所所長に判断を求めることもなく、ハンセン病患者らであるということで一律指定が行われた。この許可決定は明らかに国のハンセン病強制隔離政策からも逸脱したものであった。憲法の公開法廷の原則、ひいては憲法第一四条の法の下の平等原則にも反した。ハンセン病患者（元患者）・家族は日本国憲法の埒外に置かれたつづけ、日本国憲法の下でも相変わらず「非国民」とされた。

3「らい予防法」違憲判決と人間回復

「らい予防法」の廃止

平成六年一月、藤楓協会理事長の大谷藤郎《おおたにふじお》は処遇の維持・継続を法律に明記することを条件として、「らい予防法」の全面廃止を求める私的見解を発表した。全患協は大谷見解について討議し、九項目要求をまとめて宣言文を採択した。全国国立ハンセン病療養所所長連盟や日本らい学会もほぼ同じ内容の見解を発表した。ハンセン病予防事業対策調査検討会は、これら関係団体の意見表明なども踏まえ、厚生省に対し早急な検討開始を求めた。厚生省は全患協の代表を含む一四名の有識者・関係者からなる「らい予防法見直し検討会」を発足させた。「大谷見解」に沿った検討会報告書を受け取った厚生省は、正式に「らい予防法」廃止の方針を決定し、国立ハンセン病療養所の各自治会に対し現地説明会を実施した。全患協との協議を終えた厚生省は公衆衛生審議会、連立与党の手続を経て、平成八年二月、「らい予防法の廃止に関する法律案」を閣議決定し、国会に提出した。

同法案は同年三月、参議院本会議で可決成立し、四月から施行された。明治四十年の「癩予防に関する件」の制定以来、八十九年ぶりに予防法が廃止されることになった。しかし、入所者の感慨に特別のものはなかった。入所者の生活は何ら変わらなかったからである。

「らい予防法」違憲判決——人生被害

法廃止によっても誤った強制隔離政策への国などの責任は何ら明確にされず、賠償もなかった。ようやく示された社会復帰策も退所を望む者には合計で一五〇万円までを支給するというもので、退所後の手当ては何もなかった。退所を決意した者は僅かだった。

平成十年七月、星塚敬愛園と菊池恵楓園の入所者一三名は熊本地裁に訴訟を起こした。入所者の中には、国に対して裁判をしたら、園から追い出されると本気で思っていた者も多かった。入所者からも反対が多いなかでの人間の誇りをかけた提訴だった。各地で支援の会が立ち上がった。公正判決要請署名も一三万筆を突破した。支援団体の存在は原告らを大きく励ました。全療協もこの裁判に積極的に取り組む方針を確認した。弁護団は三年以内で解決するという目標に従って訴訟行為を進めた。

平成十三年五月十一日の杉山判決はほぼ全面的に原告側の主張を認めたものとなった。「らい予防法」は遅くとも一九六〇年には違憲性が明白となっていたとし、放置し続けた国会議員の行為も違法で過失も認めることができるとした。隔離と差別によって取り返しのつかないきわめて深刻な人生被害を与えたと認定した。小泉純一郎首相は控訴断念を表明し、歴史的判決は確定した。ある原告は「愛の判決」と呼んだ。非原告の入所者も心から歓迎した。判決によって入所者らを取り巻く環境は大きく変わった。しかし、勝訴判決によっても救済できない被害は少なくなかった。当事者が語ることのできない被害も多かった。

この判決と控訴断念によって、小泉首相から「ハンセン病問題の早期かつ全面的解決に向けての内閣総理大臣談話」が出された。衆議院と参議院では謝罪決議も採択された。首相談話にあった「ハンセン病療養所

撮影・趙根在「3.20 集会に参加する入所者」 1966（昭和 41）年
写真提供・国立ハンセン病資料館

入所者等に対する補償金の支給等に関する法律」（ハンセン病補償法）も六月から施行された。坂口力厚生労働大臣の「謝罪声明」も翌年に発表された。厚労省と統一交渉団（全原協・全療協・全国弁連）によるハンセン病問題対策協議会では協議が積み重ねられ、平成十三年十二月に開催された第五回協議会で、非入所者と患者遺族との和解に国側が応じることが決定し、厚労省と統一交渉団との間で最終協定書「ハンセン病問題対策協議会における確認事項」に調印がなされた。

確認事項は、謝罪・名誉回復、在園保障、社会復帰・社会生活支援、真相究明などからなっていた。これら四課題を含む今後のハンセン病問題の対策を検討するため、厚生労働省と統一交渉団との間で当面一年に一回、ハンセン病問題対策協議会を開催する。また、必要が生じた場合には、課題ごとの作業部会を適宜開催するとされた。ハンセン病患者（元患者）・家族は法及び国政の面では、ようやく「非国民」から解放されることになった。

ハンセン病問題基本法

高齢化に伴って国立ハンセン病療養所の入所者の数は年々減っている。医師や看護師など職員の数も減らされ、医療機関としての存続に大きな不安を抱えている。療養所の将来構想には「園の社会化」も必要だが、国は入所者以外の一般市民が療養所を利用することはできないとしている。ハンセン病問題を真に解決するためには廃止法を変更するだけでは不十分で、基本法を制定して問題解決を図る必要がある。統一交渉団を中心に作られた「療養所の将来構想をすすめる会」では基本法の制定が目指されることになった。

請願署名運動が推進され、議員立法という形で「ハンセン病問題の解決の促進に関する法律」（平成二十年六月十八日法律第八二号）が平成二十年六月に可決成立し、翌年四月から施行された。①国は、入所者に対する必要な療養が確保されるよう、必要な措置を講ずるものとする。②国は、入所者の意思に反して、現に入所している国立ハンセン病療養所から当該入所者を退所させ、又は転所させてはならない。③国は、医師、看護師及び介護員の確保など、国立ハンセン病療養所における医療及び介護に関する体制の整備のために必要な措置を講ずるよう努めるものとする。④国は、国立ハンセン病療養所の土地、建物、設備等を地方公共団体又は地域住民等の利用に供するなど、必要な措置を講ずることができる。これらが同法の主な内容であった。入所者らは、これらの内容が誠実に履行され、ハンセン病問題の解決に大きな力を発揮することを期待した。

4　未解決のハンセン病問題

差別禁止法の制定を求める声

ハンセン病問題対策協議会における確認事項のうち「真相究明等」では、「厚生労働省は、ハンセン病政策の歴史と実態について、科学的、歴史的に多方面から検証を行い、再発防止のための提言を行うことを目的として、検証会議を設置し、今後の政策の立案・実行に当たってその提言を尊重する」ということが謳われた。厚生労働省の第三者機関として「ハンセン病問題に関する検証会議」が平成十四年十月に設置された。

この検証会議が検証中の平成十五年に熊本県阿蘇郡内のホテルで宿泊拒否事件が発生した。熊本県は「ふるさと里帰り訪問事業」として恵楓園の入所者二二名らの宿泊を予約した。その後、ホテルから他の宿泊客への迷惑などを理由に宿泊を拒否するとの申入れがあった。県は撤回を求めたが、ホテル側は応じなかった。

県は熊本地方法務局に報告し、同ホテルを旅館業法違反で営業停止処分とする方針を発表した。当初、宿泊拒否が報道されると、ホテルに対して大きな怒りの声が起きた。しかし、ホテル側の形式的な謝罪を入所者らが突っぱねると、局面は一転した。県や入所者自治会等に対して誹謗中傷の電話や手紙等が殺到した。ホテル廃業のニュースが伝えられると、再び殺到した。県が毅然とした態度をとったために今回は問題が顕在化したが、顕在化していない同種事件は無数にあるのではないかと想像される。

ホテル側の顕在化した差別の背後に、社会の広範で深刻な差別構造が存在する。回復者たちが「同情されるべき存在」としてうつむいて控えめに暮らすかぎりでは社会は同情し、理解を示す。しかし、この人たちが強いられている忍従に対して立ち上がろうとすると、社会はそれに理解を示さない。敵意を示す。このような同情・敵意も「無らい県運動」などによって政策的に作られたものである。現在もハンセン病差別・偏見は強い。この差別・偏見をなくすためには、平成二十五年六月に公布された障害者差別解消推進法にみられるように法規制が必要だとして、差別一般を対象とする包括的な差別禁止法の制定を求める声が入所者の間からも聞かれるようになった。

回復不可能な被害と終の棲家

強制隔離政策により患者・家族らが蒙った被害は決して過去形ではない。現在進行形であり未来形でもある。人生をやり直すことができれば被害は回復されたといえるが、それは不可能に近い。まして入所者は高齢化している。社会での居場所を求めるよりは、療養所を「終の棲家」とする選択をせざるを得ない。なかでも全療養所入所者の年間死亡者数が一五〇名を超える状況のなかで、今後ますます彼ら、彼女らの「社会的な死」というものに向き合っていくことになる。家族関係の途切れがみられる入所者の最後を真摯に見護ることは、避けて通ることのできない現実であり、また課題となっている。

これが、国がハンセン病患者・家族を「非国民」としたことの最終的な結果である。「戦争」被害だといってもよい。アウシュヴィッツ強制収容所での被害を想起させるものがある。今、いろいろな人たちを「非国民」とする動きが強まっている。ハンセン病隔離政策の教訓を未来に活かすことは、国の誤った政策に加担した私たちの責務である。

第五章　平成時代の「転向」政策

1　昭和の「転向」政策

廃案になった治安維持法改正案

戦時体制を支えるには治安強化と情報統制と思想統制が必要不可欠となる。治安強化のために「再犯の危険」のある者に対し刑罰を補充する形で、あるいは刑罰に代えて自由剝奪を含む矯正、労作《ろうさ》、治療などを内容とする「保安処分」を課すことも、「戦時治安法」ないし「戦時治安刑法」の課題とされる。司法省と内務省は、昭和九年と昭和十年の二度、治安維持法改正法律案を帝国議会に提出した。昭和九年の改正法律案は「第一章　通則」「第二章　罪」「第三章　刑事手続」「第四章　保護観察」「第五章　予防拘禁」からなっていた。

以下の七点が改正の主なポイントとされた。①国体変革の罪と私有財産制度否認の罪とを分けて、前者に重い刑を科すこと。②国体変革を目的とする結社を支援する結社、いわゆる外郭団体に対する罰則を設けること。③個人の宣伝や言論も取締れるように国体変革に関する宣伝罪を設けること。④裁判所の令状がなくても被疑者を勾引・勾留できるように検事の強制捜査権を認めること。⑤思想犯罪に長《た》けた裁判所で迅速な審理を行えるように事件の管轄を別の裁判所に移転することを認めること。⑥社会に復帰した思想犯に転向を促すとともに再犯を防止することを目的として、起訴猶予の者と執行猶予の者を対象に一定の期間、保護を名目とした観察を行えるように保護観察制度を設けること。⑦非転向者を社会から隔離することを目的として、国体変革に関する罪の刑期終了者のうち再犯のおそれがある者を施設に拘禁し得るように、満了者予防拘禁制度を設けること。司法省の本命は、転向政策に関わる⑥と⑦であった。

貴族院の審議では予防拘禁制度の新設に関する部分を削除する議員提案がなされ、賛成多数でこの修正案が可決された。内務省と司法省は、不本意な改正を行うよりは廃案の方がよいと考えた。政府の眼目は予防拘禁制度の導入にあった。「予防拘禁の条項を削除されるならば、寧ろ本改正案の不成立を希望する」というのが、非公式の場で表明された政府の考えであった。保護観察制度も別法での成立を図ることとされた。そのために会期は延長されず、審議未了で法案は廃案となった。

昭和十年の改正法律案は「第一章　通則」「第二章　罪」「第三章　刑事手続」「第四章　予防拘禁」からなっていたが、同案も衆議院の委員会の段階で審議未了で廃案となった。

思想犯保護観察法

昭和十年の治安維持法の改正が挫折した後、司法省は取り急ぎ「転向」政策に必要な法案として、昭和十一年五月、思想犯保護観察法案を第六九回帝国議会に提出した。政府から「在来の行がかりを一切捨てまして、全然新たなる基礎の下に立案したのが、この思想犯保護観察法案であります」（森山武市郎《たけいちろう》司法省保護課長）と解説されたが、治安維持法改正案のうちの保護観察に関する部分を取り出して単行法化したものであったことは、紛れもない事実であった。

法案には「保護観察」という名称が用いられているものの、立案当局の意図はもっぱら「再犯防止のための観察」や「転向を促進し又は転向を確保するための観察」にあった。提案理由説明では「保護」という言葉はまったく使われていない。本法による保護観察の対象者は一万人を超えていた。しかし、衆議院でも反対はわずか一人で、貴族院では全会一致で可決され、諸外国に類をみない「保護」を名目とする「思想犯弾圧立法」と評される同法は成立した。

公布後、同十一年十一月からの速やかな施行をめざして、司法省では準備に追われた。思想犯保護観察制度は、植民地の朝鮮と租借地の関東州でもやや遅れて施行された。保護団体の反応は、「今後、数年にして被保護者（思想）は激減する。その際に保護観察所並に思想犯保護観察制度は転機策として必然的に一般犯人への範囲拡大をなさねばならぬ破目に立ち至るであらう」というものであった。昭和十二年に開催された全国保護事業大会では、「速やかに全般的に司法保護制度を制定せんこと」を要望する決議が行われた。

保護観察処分は保護観察審査会が決議して付するものとされたが、旧少年法における審判決定前の仮処分と同様に、必要があるときは決議前に仮に保護観察に付することができるものとされた。保護観察の処分として主たる処分と付加処分の二種類が定められた。主たる処分の内容とされたのは、①本人を保護観察所の保護司の観察に付すこと、②保護者に引き渡すこと、③本人を保護団体、寺院、教会、病院その他の適当な者に委託すること、の三つであった。

本人の父母・後見人のほか、雇主、その他現実に本人を保護・指導し得る適任者も、右の「保護者」とされた。「保護団体」などへの委託も会社・工場・事務所・商店・組合・農家等に事務員又は見習いなどの名義のもとに委託保護し、受託者に委託費を支給する方法がとられた。付加処分の内容は、居住の制限・交友の制限・通信の制限その他、適当な条件の遵守を命ずることで、主たる処分のみでは十分でない場合に用いられることとされた。主たる処分との併用も認められた。「交友の制限」は旧同志との交友、とりわけ「非転向者」との交友を禁じたものである。

保護観察期間は一律に二年と定められたが、保護観察審査会の決議によれば無制限に期間を更新することができた。法の運用は消極的な監視の域にとどまらず、積極的な「補導」、それも「物的な補導」ではなく「精神的な補導」、すなわち「皇民」化にまで進んだ。人権蹂躙ではないかという質問に対する政府答弁は、「皇民」化による再犯防止はいわば「善を施す」ことであって人権侵害の批判は当たらない、保護観察は本質としては善であるというものであった。思想犯保護観察法は、少年にして治安維持法の罪を犯した者については少年法を適用せず、本法のみを適用するとした。保護観察所は東京をはじめとして全国二二か所に置かれた。

思想犯保護観察制度の運用において保護観察所が果たしたのは「指揮所」ともいうべき役割で、その指揮の下に実際を担ったのは嘱託保護司であり、保護団体であった。国の予算措置は貧弱で、そのために第一線は民間が担わされるという日本の社会事業の特質は思想犯保護観察でもみられた。嘱託保護司や民間保護団体などの果たす役割の重要性を強調する他方で、「嘱託保護司が我が国体に関する明徴《めいちょう》なる観念を把持し、社会情勢の推移と人心の趨向《すうこう》に関する適正なる認識を持ち、職務に際しては厳正にして寛容且明朗なる態度を持し、被保護者の更生の為に熱意を以て尽力する様」に厳重に指揮監督することを保護観察所長らに求めた。思想犯保護観察制度は一九三〇年代以降の治安維持法体制において、重要な柱の役割を果たすことになった。

「転向」による執行猶予

名古屋地方裁判所に係属のいわゆる「転向」事件について、大審院は昭和十年五月二十三日の第二刑事部判決（法曹会発行『大審院刑事判例集』（以下では『大刑集』と略す）一四巻五九三頁）により原判決を破棄自判し、新たに事実審理したうえで、被告人を懲役二年に処す（ただし、右の刑は裁判確定の日より三年間其の執行を猶予する）という主文を言い渡した。その理由とされたのは「其の後刑務所に収容せられて静に過去を反省し父母の恩愛に感激し我国体の世界に冠絶する所以を覚醒するに至りて共産主義が我国体に根本的に背反することを悟り過去一切の盲信を捨て翻然転向し将来全く共産主義に関係せす忠順孝悌《ちゅうじゅんこうてい》の臣民として更生すべきことを誓ふに至り保釈出所後も全く同志との関係を断ち将来に於て過去の罪過《ざいか》を償はんが為最善の努力を為しつつあることは一件記録証拠書類被告人の公廷に於ける供述により之を認め得べし」というものであった。

「転向」及びその後の「改善更生」が斟酌されて原審の実刑が破棄され、執行猶予が言い渡されている。弁護人が被告人の「転向」をもって被告人に有利な事情として酌量減軽（＝裁判官が犯罪の情状を酌量して刑を減軽すること）を求めていることも注目される。「転向」政策の浸透を物語っている。思想犯保護観察法の制定に先立つ昭和九年五月に開催された思想実務家会同において、同法の「生みの親」ともいうべき森山武市郎（当時司法省保護課長）は、思想犯保護観察法にいう「保護観察」の意義について、「保護事業は従来消極的なりしを変更して積極的に之を為すの必要あるべし。又保護は従来個別的なりしを総合的集団的に之を為すことは極めて効果的なるべし。又保護に付き単に民間有志の手に委ねるに止めず検察当局に於て必要にして相当なる範囲の協働を為すことは、保護事業の積極化に伴ふ必然的結果なるべし」と論じていた。

このような「転向」政策が弁護人の弁論に影響を与えていることは詳述するまでもなかろう。家族関係を最大限に利用して被告人の転向を促すのも柱とされた。転向する被告人は少なくなかったと想像されるが、下級審では転向してもなかなか執行猶予が認められなかったことから、右のような大審院判決が言い渡されたものであろう。政府の「転向」政策を後押しする判決といえよう。ちなみに思想犯保護観察法は昭和十一年五月に公布されることになる。

2　戦後の保護観察の復活

思想保護制度の整備拡充

日本がポツダム宣言を受諾した二週間後の昭和二十年八月二十八日、米軍の第一次進駐部隊が神奈川県の厚木飛行場に着陸した。二日後には連合国軍最高司令官として米国のダグラス・マッカーサー元帥が厚木飛行場に降り立った。九月二日には日本政府全権の重光葵《まもる》と大本営（日本軍）全権の梅津美治郎《よしじろう》参謀総長が東京湾上に停泊中の米戦艦ミズーリ号の艦上で降伏文書に調印した。降伏文書が調印されたことにより、足かけ五年にわたる太平洋戦争は公式に終了した。これを受けて、同日、天皇は「降伏文書調印に関する詔書」を発した。同証書は即日発効した。以後、昭和二十六年九月の対日講和条約調印まで、日本は連合国の占領下に置かれることになった。

無条件降伏から昭和二十年末までの主な動きのうち、思想犯保護観察法の廃止に至る動きで注目されるのは、司法省刑政局が司法保護を所管する中央部局の独立について予算要求している点である。司法保護の所管中央部局の司法省保護局が戦時の行政機構縮小で廃止されていたことから、その復活などを図ろうとしたものである。「司法保護制度は、起訴猶予者、刑執行猶予者、仮出獄者、満期出獄者、思想犯、及び犯罪竝《なら》びに虞犯《ぐはん》の少年を、輔導訓練することを目的とし」というのが復活の理由の一つされている。戦時司法保護事業におけるような思想犯保護観察の強調は避け、「司法保護」の対象者を一般の犯罪者並びに虞犯少年にも拡大することによって「司法保護所管中央部局の独立」（司法省保護課の復活）が求められている。

より重要なことは、「終戦後に於ける社会の秩序確保の重要性に鑑み、急速に司法保護制度を整備充実し、保護対象者の輔導の万全を期する為め」とされ、敗戦後の混乱に伴う社会秩序の乱れに対し社会秩序を確保するために司法保護制度を「整備拡充」する必要があるとされている点である。司法保護事業の「復興」にとどまらず、更なる整備・拡大を図ろうとされている。

「終戦後に於ける社会の秩序確保の重要性」という理由は政府の受け入れるところとなり、昭和二十一年六月、司法省保護課が復活することになった。思想犯保護観察法の廃止は昭和二十年十月であるから、同法の廃止が司法保護制度の整備・拡充という司法省の、そして、政府の方針に何ら影響を与えていないことが理解される。保護課が復活した六月、「少年審判所設置に関する件」（大正十一年勅令第四八八号）が改正され、少年審判所の増設及び保護司の増員が行われている。新たに静岡、長野、京都、高松、金沢、松江、熊本、秋田の八か所に少年審判所が設置されることになった。保護司一六人も増員された。

拡充の動きは官側だけではなかった。事業団体の側でも同様であった。昭和二十一年五月に東京少年審判所管内の少年保護団体が少年保護団体中央連盟を結成し、また、七月に執行猶予者・釈放者保護の新施設の「司法輔導所」が続々と誕生した。司法省では、司法保護事業復興の先駆として司法輔導所に期待し、とくにこれを助長する方針をとり、司法保護協会も補助金を出すなどした。司法省の指導の下での整備・拡充という点は戦前と同様であった。司法省は、司法輔導所の誕生に先立つ昭和二十年十月、司法輔導所の設置について通牒を出していた。恩赦釈放者、戦災又は終戦を原因として生活の方途を失った執行猶予者・釈放者の更生の保護を援護するため、適当な司法保護団体の内容を充実して司法輔導所となし、これらの者を収容して保護を行う施設で、検事正が指定し、刑政局長が認定するという手続が定められた。ここでも検事の関与が謳われた。

このような官側の動きは司法保護団体も望むところであった。保護団体は一貫して、司法保護の対象者を一般の犯罪者に拡大することを国に対し要望してきたからである。

少年の保護観察

昭和二十四年一月、少年法を改正する法律（昭和二十三年七月十五日法律第一六八号）及び少年院法（法律第一六九号）が施行され、新少年法による新しい保護法制が発足した。新少年法は二〇歳未満の者を「少年」としたが、旧少年法を踏襲して少年に対する保護観察を規定した。ただし、一四歳未満の少年については少年院に収容せず保護観察の対象にもしないこととされた。従来の「保護司の観察」を「保護観察所の観察」とし、また、保護処分の種類を三種類に減らし、併科や変更を廃止する等、旧法に大幅な改正を加えた。少年院法では、家庭裁判所から保護処分として送致される者を収容し、これに矯正教育を授ける施設として少年院を設置することとされ、少年院の設置、位置、種別、少年院における処遇などについて規定が置かれた。これにより矯正院法（大正十一年）は廃止された。

さらに、「裁判所法の一部と下級裁判所の設立及び管轄区域に関する法律の一部を改正する法律」（昭和二十三年法律第二三三号）により、少年に対する保護処分の決定を行う司法機関として家庭裁判所が設置することとされた。従来、この保護処分の決定を行ってきた少年審判所は廃止せず、保護観察の執行機関として当分の間、存置されることになった。逆に、「少年審判所令の一部を改正する政令」（昭和二十三年政令第三九六号）により、少年審判所の職員を大幅に増員し、支部も設置できることとされた。

ＧＨＱ（連合国軍総司令部）は当初、少年審判所のような行政官庁が自由を拘束する保護処分を決定することは違憲であるから、少年裁判所を設置すべきであると主張したが、結局、保護処分の審判は離婚などの家事審判と合わせて、新設される家庭裁判所が行い、少年裁判所は設置されないことになった。少年の保護事件の取扱いについては、つねに懇切にして誠意ある態度をもって少年の情操の保護に心がけなければならないとし、その調査及び審判などについて定めた少年審判規則（昭和二十三年最高裁規則第三三号）も施行され、これらにより新少年法制が整えられた。

昭和二十四年一月、早くも少年保護司会の運営についての少年局長通牒《つうちょう》が少年審判所長宛てに発出されている。少年審判所の任務が保護観察処分の執行に専念することになったのに伴い、委嘱少年保護司の活動を活発化する必要が生じ、少年保護司運営要綱を示し、その趣旨に則り少年保護司を組織し、その運営の強化をとくに考慮するように通達したものである。昭和二十五年には保護司法が制定・施行され、従来の司法保護委員は「保護司」と改称された。

少年の保護観察が、戦後の日本の保護観察制度を牽引する役割を担った。そこには感化法から旧少年法へと至る過程でみられたのと類似の大きな綱引きがあった。戦前の綱引きは司法省対内務省であったが、戦後の綱引きは法務庁・法務府対ＧＨＱ・厚生省であった。この綱引きは法務庁・法務府の勝利で終わった。更生保護に対する厚生省の慎重な態度がこれに影響した。

昭和二十一年にＧＨＱが釈放者保護事業の管轄を司法省から厚生省に移すべきではないかと提案したが、厚生省は、これまで司法省が更生保護事業を担当してきたこと、当時の厚生省の業務が安定せず多忙を極めていたことなどを理由として慎重な態度を示したために、移管の話は自然消滅することになった。これには、社会事業関係者の更生保護に対する理解が不十分だったということも大きかった。社会福祉の関係者のなかには、更生保護に対して蔑視感のようなものさえがみられた。

法務庁・法務府が勝利したことには、厚生省の消極的な姿勢にも増して、GHQ側との間で妥協が成立していたことが大きかった。GHQにとっても、家庭裁判所を新設して、従前、司法省下の行政機関が行ってきた保護処分の決定をこの家庭裁判所に移すというのはのめない妥協ではなかった。虞犯少年の処分を家庭裁判所の管轄に委ねるかどうかは、この妥協を妨げる問題ではなかった。他方、法務庁・法務府にとってこの「妥協」は大きな痛手といえなくもなかったが、暫定的だとはいえ少年審判所を残すことができたこと、しかもその職員の大幅増を実現できたこと、さらに、裁判所との間には人的交流も含めて太い確固としたパイプが築かれており、このパイプを通じて一定の影響力を実質的に行使し続け得ることなどに鑑みれば、のめない妥協ではなかった。

3　社会が担う保護観察

日本型保安処分の強化

刑罰法令に触れる行為を行った触法《しょくほう》少年と犯罪少年に対する保護処分、あるいは心神喪失等の状態で重大な他害行為を行った者を対象とする心神喪失者等医療観察法（平成十五年七月十六日法律第一一〇号）などにみられる施設内での保安処分と、保護観察を利用した社会内での保安処分を二本柱とするというのが、日本型保安処分の特徴である。そこでは、社会自体が「保安処分」施設化され、その結果、社会自体が保安処分の担い手とされている。諸外国では更生保護は専門的な事柄であって、公務員の身分を持つ専門家が担い手にふさわしい。日本のように保護司に任せるのは妥当でないと批判される。

しかし、日本では保護司の活用や自治体等との連携などが一貫して図られている。社会自体を「保安処分」の担い手とするためである。家族の活用に加えて、「医療（団体）」や「福祉（団体）」なども動員されることになる。司法と福祉の連携も強調されている。消極的な再犯防止にとどまらず積極的な感化教育（社会貢献など）の実施が追求されているのも、日本的な特徴といえよう。保護（パレンス・パトリエ）と再犯防止（ポリス・パワー）は一体不可分だともされている。「思いやりの心」などによる「同情」と当事者からの権利主体性の剝奪も特色である。マスコミなどが「体感治安の悪化」を煽るなか、ハンセン病強制隔離政策を下支えした「無らい県運動」に似た状況が現出している。「監視社会」の地域への浸透がみられる。

この日本型保安処分はますます強化されている。法務大臣により設置された「更生保護のあり方を考える有識者会議」の第一回会議は平成十七年七月に開かれた。有識者会議はその後、約九か月、一六回にわたって意見交換を重ねた。平成十八年六月に開催された最後の第一七回会議で、報告書「更生保護制度改革の提言――安全・安心の国づくり、地域づくりを目指して」が取りまとめられ、法務大臣に提出された。提言では、保護観察を担うキーパーソンたる保護観察官に対し、保護観察の取消し、解除・仮解除等を適切に実施するために、保護観察対象者との信頼関係の形成を重視するあまり、更生保護制度が「社会を保護する」ことを目的とするものであり、保護観察が刑事司法制度の一翼を担う保護観察所が行うものであることを没却したり、軽視したりすることがないようにということも求められた。有識者会議が「社会防衛」という観点から更生保護の改革を図ろうとしていることは明らかであろう。

ただし、バランスをとるという観点から「就労支援及び定住支援の強化」なども謳われた。「更生保護制度に関する所要の法整備」も、「更生保護制度の目的を一層明確にし、今後の更生保護制度に必要となる新たな制度を導入する立法措置を行うなど、関係法律の整備を進め、国民に分かりやすい法律とすることを目指すべきである」などが内容とされた。

更生保護法の制定

更生保護法（平成十九年六月十五日法律第八八号）が平成十九年に制定された。犯罪者予防更正法と執行猶予者保護観察法を廃止して更生保護法に一本化するとともに、保護観察について所要の改正が図られた。保護観察における指導監督の強化と不良措置・良好措置の積極化（一般遵守事項の具体化、特別遵守事項の法定と具体化、指導監督方法の強化、保護観察対象者全般について処遇プログラムの導入）が主な内容であった。有識者会議で提言された、保護観察に従事する職員に対し対象者に過度に寄り添うことを禁止し、再犯防止が保護観察制度の主たる目的であることを徹底させるのも、この法の目的とされた。

政府の提案趣旨説明からも、本法案の意義が犯罪者予防更生法及び執行猶予者保護観察法の整理統合だけでなかったことは明らかであった。①保護観察における遵守事項を充実すること、②社会復帰のための環境調整を充実すること、③犯罪被害者等に関する制度を導入することなども、新たに盛り込まれた。

国会審議において、「保護観察制度の長期的な視点に立ってのものか、それとも事態対応という側面が強いのか」という委員質問に対して、大臣が「再犯という形のいろいろな事件が起きたことが、こういうことをみんなで考え直そうという契機になったことは事実でございますが、時代に合わせた形で国民の期待にこたえられる更生保護制度につくり直そうという観点から提案を申し上げているものでございます」と答弁しているものの、長期的な視点に立った提案とは必ずしもいえなかった。

有識者会議報告書が具体的に提言していた地方更生保護委員会委員への民間有識者の積極的登用、協力雇用主の三倍増、保護観察官の倍増なども、その実行措置が法案に織り込まれることはなかった。有識者会議の立場からみても、改善の余地は相当に見受けられた。この点がなぜ重要かというと、近い将来における更正保護法改正が十分に考えられ得るからである。

国会審議では、政治犯に対する遵守事項の適用如何についても質問が出されたが、これに対する答弁は「刑罰対象者には同じように適用されます」「政治犯というのは、そういう犯罪は日本にはないわけでありますから、犯罪を犯した方に沿った形で遵守事項を守っていただくということになると思います」というように、ごく簡単なものであった。

改善更生か、再犯防止か

更生保護法第一条が「この法律は、犯罪をした者及び非行のある少年に対し、社会内において適切な処遇を行うことにより、再び犯罪をすることを防ぎ、又はその非行をなくし、これらの者が善良な社会の一員として自立し、改善更生することを助けるとともに、恩赦の適正な運用を図るほか、犯罪予防の活動の促進等を行い、もって、社会を保護し、個人及び公共の福祉を増進することを目的とする」と規定したことから、更生保護の目的は改善か再犯防止かという論争が国会審議でもみられた。

この改善、再発防止に加えて、更生保護制度の隠された目的として「国民の理解」、とりわけ「犯罪被害者等の理解」も付け加えられ、改善か再発防止かという論争にも大きな影響を及ぼしていくことになった。改善を主張する論者といえども「犯罪被害者等の理解」をどう得るかという問題を避けて通ることができなくなった。

しかし、この問題が国会審議において深められるということはいまだなかった。その後、問題は顕在化し、改善を主張する論者らは「修復的司法」に接近していった。そして、この「修復的司法」が、政府が総合的な犯罪被害者対策の実行を棚上げにするなかで「絵に描いた餅」に陥れば陥るほど、更生保護は再発防止に傾斜するという流れが形成されることになった。更生保護法は平成十九年六月に公布され、平成二十年六月から施行された。

平成二十五年には「刑法等の一部を改正する法律及び薬物使用等の罪を犯した者に対する刑の一部の執行猶予に関する法律」（平成二十五年六月十九日法律第四九号及び平成二十五年六月十九日法律第五〇号）が制定された。刑務所に服役したことがない初入者、刑務所に服役したことがあっても出所後五年以上経過した者が三年以下の懲役又は禁錮の言渡しを受ける場合、判決においてその刑の一部の執行を猶予することができることとし、その猶予の期間中、必要に応じて保護観察に付することができるとされた。薬物使用等の罪を犯した者については、刑法上の刑の一部執行猶予の要件である初入者に当たらない者であっても、刑の一部の執行猶予を言い渡すことができるとともに、その猶予の期間中、必要的に保護観察に付することとされた。あわせて更生保護法を改正して、社会貢献活動を義務付け得ることとされ、規制薬物などへの依存がある者に対する保護観察の特則も定められた。

刑期満了者の自由を制約できるか

有識者会議で、更生保護の改革で中・長期的課題とされるのは、①刑期満了者に対する新たな制度の検討、②執行猶予の取消しなど、いわゆる不良措置制度についての総合的な見直し、③保護観察における情報機器の活用など（諸外国で行われている電子監視装置や電話による音声認識システムなどを利用した行動監視などの制度の調査研究の継続など）、であった。刑期満了者に対する新たな制度の検討が課題として挙げられた。「刑期満了者に対する指導・支援等の仕組みについて、刑事責任を果たし終えた者の自由を制約できるかという問題があることも踏まえつつ、更生保護分野だけでなく、広く関係機関において検討する必要がある。なお、自立更生促進センター（仮称）構想は、この課題に対しても、一定の意義のある取組であると考える」などと提言された。

刑期満了者に対する新たな制度の検討については、刑事責任を果たし終えた者の自由を制約できるかという問題があることも踏まえつつ、更生保護分野だけでなく、広く関係機関において検討する必要があるために、結論に至るまでには時間を要するものと思われるが、その間においても「自立更生促進センター（仮称）」構想はこの課題に対しても一定の意義のある取組と考えられている点が特筆されよう。刑期満了者に対する新たな制度の検討は政府も望むところであった。満期釈放者に対する支援についても積極的に取り組むべきではないか。更生保護法案の国会審議における議員質問に対する政府委員の答弁は、「満期釈放者について、釈放後の就労の確保が円滑な社会復帰のために極めて重要であるということは御指摘のとおりだと存じます」[1]というものであった。

二十一世紀に入っても、日本の更生保護制度は対象者を拡大する歩みを続けている。戦後の更生保護制度の出発にあたって、政府は国会答弁などで、戦後の保護観察制度では満期釈放後の保護観察が認められない点を、戦前の治安維持法下の思想犯保護観察制度との違いとして挙げていた。[2] この「ルビコン川」をも渡ろうとしているのが今の状況である。[3]

「世界一安全な日本」創造戦略

平成二十五年十二月に「『世界一安全な日本』創造戦略」が閣議決定された。同戦略では、日本における治安の現状が「少子高齢化の進展、世帯規模の縮小、地域との関わりの希薄化といった社会構造の変化により、従来と同様の活動やシステムを維持することが必ずしも容易ではなくなっている」などと分析されている。このような分析に基づいて戦略の柱とされているのは、世界最高水準の安全なサイバー空間の構築、G8サミット、オリンピックなどを見据えたテロ対策・カウンターインテリジェンスなど、犯罪の繰り返しを食い止める再犯防止対策の推進、社会を脅かす組織犯罪への対処、活力ある社会を支える安全・安心の確保、安心して外国人と共生できる社会の実現に向けた不法滞在対策、「世界一安全な日本」創造のための治安基盤の強化、である。

最後の「『世界一安全な日本』創造のための治安基盤の強化」の内容とされるのは、人的・物的基盤の強化、証拠収集方法の拡充、犯罪の追跡可能性の確保、である。そのうち、「時代に即した新たな捜査手法の導入」については「供述証拠収集手段の適正化・多様化、通信傍受の合理化・効率化等の客観的証拠収集手段の拡充、より充実した公判審理を実現するための諸方策等に係る法整備を行うとともに、捜査員が仮装の身分を使用して関係者と接触するなどして、情報・証拠の収集を行う捜査手法である、仮装身分捜査の導入について検討する」というように説かれている。

これを実現するための「刑事訴訟法等の一部を改正する法律案」が平成二十七年三月に国会に提出され、五月に付託された。法律案の要点とされたのは、①取り調べの録音、録画制度の創設、②一定の財政経済犯罪及び薬物銃器犯罪を対象として、検察官と被疑者、被告人とが、弁護人の同意がある場合に、被疑者、被告人が他人の刑事事件について証拠収集などへの協力をし、かつ、検察官がそれを考慮して特定の求刑などをすることを内容とする合意ができるとする「証拠収集等への協力及び訴追に関する合意制度」の創設、③犯罪捜査のための通信傍受の対象事件の拡大（現行法上薬物銃器犯罪等に限定されている対象犯罪に殺人、略取誘拐、詐欺、窃盗等の罪を追加）及び暗号技術を用いる新たな傍受の実施方法の導入、④被疑者国選弁護制度の対象事件の拡大、⑤証拠開示制度の拡充、⑥証人らの氏名などの情報を保護するための制度の創設、などである。これらのなかでも重視されているのはもちろん、合意制度の創設と通信傍受の強化である。

他方、「犯罪の繰り返しを食い止める再犯防止対策の推進」の内容とされるのは、①対象者の特性に応じた指導及び支援の強化、②協力雇用主、更生保護施設などへの支援強化を含む住居と就労の確保による社会復帰支援の充実、③健全な社会の一員としての社会への再統合、④保護司に対する支援の充実、⑤再犯の実態把握や施策の効果検証などを踏まえた効果的な対策の推進、⑥国民の理解促進のための広報啓発、である。このうち、「健全な社会の一員としての社会への再統合」で掲げられるのは、善良な社会の一員としての意識を涵養するための社会貢献活動の推進、犯罪被害者らの視点を取り入れた指導などの充実強化、満期釈放者らに対する指導及び支援の充実強化、刑の一部の執行猶予制度の施行に向けた対応、である。

「更生保護のあり方を考える有識者会議」によって更生保護の改革における中長期的な課題とされた「満期釈放者等に対する指導及び支援の充実強化」も織り込まれている。①刑事施設における満期釈放者に対する指導体制の強化を図ること。②満期釈放者及び保護観察終了者に対する調査を実施し、支援の必要性が高い者については、更生緊急保護による住居と就労等に関する支援を確実に実施する施策について検討すること。③更生保護サポートセンターを活用した保護観察終了者らに対する相談・支援の在り方を検討すること。これらの対策が記述されている。

有識者会議が注目した、国の直轄ではなく、かつ任意という形態の「指導及び支援の充実強化」である「自立更生促進センター（仮称）」構想も、政府の「『世界一安全な日本』創造戦略」の一環、すなわち、防犯ボランティアや保護司らに支えられた「安全形成システム」を持続可能な形で強化・補完することの一環として、その実現に官民挙げて精力が注がれている。防犯を中心とした地域社会づくりも各地で警察主導の下で進められている。都道府県防犯協会連合会が結成され、都道府県警察と協力して、警察や自治体と協力して防犯パトロールなどの自主防犯活動を行い、安全で安心な地域社会づくりに地域ぐるみで取り組もうという「ご近所の防犯運動」が展開されている。防犯パトロール活動のほか、保護監視活動、声かけ（あいさつ）運動、マイク・有線放送・回覧板、安全マップの作成、街頭の点灯運動、ゴミ拾い・落書き消去などが自主防犯活動事例として紹介されている。

これらの運動が、各種の人権団体によって推進されている「人権による街作り」に対抗する存在にならないか、権利運動や反戦運動などを監視する役割を担うようにならないかが危惧される。熊本県阿蘇郡のホテル宿泊事件では国立ハンセン病療養所入所者らの権利運動に対して激しい敵意が示されたが、この敵意は新自由主義の下でむしろ広がっているからである。戦後の更生保護も「ルビコン川」を渡りつつある。戦時体制になれば、この「善良な社会の一員としての意識の涵養」が「滅私奉公の強請」に結びつくことは必定である。

第六章　準戦時下の家族

1　戦前の家族制度

明治四年の戸籍法

家族制度は、最重要の問題の一つとしていつの時代でも重視されてきた。現在でも家族制度が最大の問題となっている。家族制度には国家が国民を巧妙に統制するためのイデオロギーという要素も強い。明治維新以来の日本の臣民教育の思想的背景となった家族制度イデオロギーも、時々の政治・社会・経済上の必要に応じて成立し、発展した。戦前の天皇制国家では臣民の内面的支配を行うことにも意が注がれた。治安立法と教育を通じて、天皇制国家が拠って立つ「家族国家観」に反する社会意識を撲滅するとともに、「家族国家観」に忠実な社会意識を全臣民に幼少時から植えつける政策が採用された。

その展開にとって、明治四年の戸籍法（四月五日太政官布告第一七〇号）は画期となるものであった。戸籍法はそれまで府県毎に行われていた戸籍作成に関する規則を全国的に統一した。戸籍編成の単位として「戸籍区」を設け、各区に官選の「戸長」を置き、戸長が戸籍関係の事務にあたることとした。戸籍法により翌明治五年に最初の全国的戸籍（「壬申《じんしん》戸籍」）が編纂され、新政府にとって脅威となりつつあった「脱籍浮浪者」を取締まることが可能となった。しかし、戸籍法の意義はそれだけにとどまらなかった。

明治政府は近代的な制度や経済の仕組みを整え、欧米諸国と肩を並べる強国を作ることを目指した。旧来のような身分、職業の固定は、「富国強兵」（国民皆兵及び殖産興業）と矛盾するために取り払う必要があった。不平等条約を改正するために近代国家の体裁を整える必要があり、「四民平等」政策も採用された。この「四民平等」の臣民を「家族」を単位としてグループ化し、この「家族」に家族倫理、家族内秩序を押しつけることによって、すべての臣民を監督し管理する。戸籍法の意義はこの点にあった。「戸」の範囲のみならず、「戸主」と「家族員」との関係も規制された。家族はこの規格化され均質化された「戸」という枠組みの中に押し込められた。政府を頂点とし、府県・区長・戸長・戸主という下部組織をもつ戦前の日本の中央集権的国家体制が形成されることになった。家父長が戸主となり、政府の手足となって家族を統制する役割を担った。

大日本帝国憲法と教育勅語

明治十五年一月、明治天皇から陸海軍の軍人に対し「軍人勅諭」が下賜された。天皇を「汝らの大元帥」だとしたうえで、兵士の天皇に対する絶対の忠誠と上官に対する絶対の服従が命じられた。軍人が厳守すべき道徳として「忠節」「礼儀」「武勇」「信義」「質素」の五つの徳目が説かれた。「忠節」の項では「政論に惑《まど》わず政治に拘《かか》わらず」として軍人の政治への不関与も掲げられた。徴兵制の下で「軍人勅諭」は一般臣民も厳守すべき道徳規範にまで拡げられ、社会生活にまでもちこまれることになった。

明治二十二年二月、明治天皇より「大日本帝国憲法発布の詔勅」が出され、天皇が首相に手渡すという欽定憲法の形で大日本帝国憲法が発布、翌明治二十三年十一月から施行された。君主の権限を憲法で制限するというヨーロッパの近代立憲君主制に立つ憲法を参考にして作成され、大日本帝国憲法も立憲君主制を採用した。「大日本帝国は万世一系の天皇之を統治す」「天皇は神聖にして侵すべからず」としつつ、「天皇は国の元首にして統治権を総攬《そうらん》し此の憲法の条規に依り之を行ふ」「天皇は帝国議会の協賛を以て立法権を行ふ」と規定し、日本は東アジアで初めての立憲君主国家となった。

三権分立制も取り入れられ、「帝国議会」「国務大臣及枢密顧問」「司法」に関する規定が設けられたが、ドイツのプロイセン憲法（一八五〇年制定）に倣《なら》った「内閣及総理大臣」に関する規定はなかった。行政権に天皇の意向を反映させる目的だったが、昭和に入ると、それが軍部の独走を招くことになった。大日本帝国憲法の施行にあわせて、明治十一年に太政官布告により三つの地方制度関連法（郡区町村編制法、府県会規則、地方税規則）が制定され、明治十三年には区町村会法（太政官布告第一八号）も制定された。全国統一の本格的な地方自治制度が確立されることになった。

大日本帝国憲法の施行に先立つ明治二十三年十月、山県有朋内閣総理大臣と芳川顕正《あきまさ》文部大臣に対し「教育勅語」が下賜され、発布された。「皇祖皇宗《こうそこうそう》」が確立した「徳」を忠孝な「我が臣民」が「億兆《おくちょう》心を一にして」実行してきたことが「国体の精華」であり「教育の淵源」であるとしたうえで、「父母に孝に」「兄弟に友に」「夫婦相和《あいわ》し」「常に国憲《こっけん》を重《おもん》じ国法に遵ひ」「一旦緩急あれば義勇《ぎゆう》（＝正義と勇気）公に奉《ほう》じ以て天壌無窮《てんじょうむきゅう》（＝永遠）の皇運を扶翼《ふよく》（＝援助）すべし」他の一二の徳目は「爾祖先の遺風《いふう》」「皇祖皇宗の遺《い》訓《くん》」で、これを行うのが「朕が忠良の臣民」であり、天皇自らも臣民と共にこれを守ることを誓う。これが「教育勅語」の概要であった。

大日本帝国憲法によって自らが統治権の主体であると規定した天皇は、「教育勅語」によって自らが最高の道徳的価値の担い手であることを宣言したのである。「教育勅語」は「軍人勅諭」と並んで日本の近代教育の精神的支柱となり、天皇制国家を支える二大イデオロギーとなった。それは立憲主義を装う天皇制国家の軍備拡張に照応して、大日本帝国憲法の立憲主義と封建的儒教主義を軍国主義の立場で結びつけようとしたものであった。

大陸作戦を目標に軍備拡張の準備を進めていた政府は、徴兵令（明治六年太政官布告）のなかの多くの免役条項を廃止し、国民皆兵主義を徹底させる必要に迫られた。[1] 戸主免役条項等の廃止は「戸主」を中心とする家族制度に今まで以上の犠牲を強いるもので、この犠牲を甘受させるために家族制度を「富国強兵」政策のなかに織り込むことが考えられた。家族制度を支える封建的家族道徳の涵養と強兵のための愛国心の養成などを強く期待されて発布されたのが「教育勅語」であった。天皇は政治的にも道徳的にも絶対者となり、臣民の政治的自由はもちろん、学問、思想、信仰などの内心の自由さえも、天皇の名において干渉を受ける結果となった。

明治三十一年民法と「家」制度

戦前の日本の民法は、総則・物権・債権について定めた民法第一編・第二編・第三編（明治二十九年四月二十七日法律第八九号）と親族・相続について定めた民法第四編・第五編（明治三十一年六月二十一日法律第九号）とからなり、全体が明治三十一年七月から施行された。明治三十一年民法では、親族関係を有する者のうち、さらに狭い範囲の者を「戸主」及び「家族」として一つの「家」に属させる「家」制度が規定された。「戸主」は「家」の統率者として、家族に対する扶養義務を負う一方、戸主権（家族の婚姻・養子縁組に対する同意権、家族の入籍又は去家に対する同意権、家族の居所指定権、家族の入籍を拒否する権利、家族を家から排除する権利）が認められた。「戸主」は男性であることが原則とされた。「女戸主」もあり得たが、婚姻により夫が女戸主の家に入る（入夫《にゅうふ》婚姻）際は、当事者の反対意思表示がない限り入夫が戸主となるなど、「男戸主」に比べて異なる取扱いが規定された。「戸主」の地位は、「戸主」の家督権とともに家督《かとく》相続という制度により継承された。家督相続は、戸主が死亡したとき、戸主が引退したとき、戸主自身が婚姻し別戸籍に去ったとき、女戸主が入夫婚姻を行い夫に戸主を譲るとき、入夫婚姻により戸主となった夫が離婚により戸籍を出るとき、戸主が日本国籍を失ったときに行われた。通常は長男が家督相続人として戸主の地位を承継した。また、新たに「家」が設立される形態として「分家」「廃絶家再興」「一家創立」が、「家」が消滅する形態として「廃家」「絶家」が定められた。

このような「家」制度は、農民の家族生活や中小規模商工業の生産活動に適応するものでもあった。現実の家族生活のなかでも家父長の地位と権限は必要とされていた。この必要を公認したのが戸籍法であり民法であったともいえた。それだけではなく、「教育勅語」に基盤を置く家族制度イデオロギーに明確で具体的な姿を与えることが明治三十一年民法の役割であった。[2]

明治四十年刑法——尊属殺人罪・姦通罪・強姦罪

子や孫などの直系卑属による、親や祖父母などの直系尊属に対する殺人や傷害致死などの罪の法定刑を通常の殺人罪や傷害致死罪などよりも重くするという尊属殺等重罰規定は、明治十三年の旧刑法（七月十七日太政官布告第三六号）においてすでにみられた。旧刑法はこれに厳罰主義で臨み、自己の直系尊属に対する殺人の法定刑については死刑のみとし、情状酌量などによる刑の減免を禁止した。尊属殺以外の殺人罪の法定刑が死刑又は無期若くは三年以上の懲役であったことに比べると、尊属殺の法定刑は重くて選択の幅がなかった。

明治四十年の刑法（四月二十四日法律第四五号）でも尊属殺等重罰規定は維持されたが、重要な改正が行われた。尊属殺規定が「自己又は配偶者の直系尊属を殺したる者は死刑又は無期懲役に処す」（第二〇〇条）と改められた。法定刑に無期懲役が加わり、裁判官による刑の選択が可能になったことにも増して重要だったのは、自己の直系尊属だけでなく配偶者の直系尊属も加えたことであった。夫婦対等の原則が反映されたというよりは、「父母に孝を尽すべき」義務が配偶者の父母にまで拡大されたと見るべきであろう。現に当時の解説書によると、尊属殺は「祖先を尊崇《そんすう》し父母に孝を尽すべきを以て国体とする」我国にとって「最も重んずべき」罪であり、家族制度が強固で配偶者の直系尊属も自己の直系尊属と同様に尊敬する習慣があるため、尊属殺人罪において両者の尊属に対して同様の特例を設ける必要があったとされた。[3] 配偶者の直系尊属にまで拡張された尊属殺等重罰規定は、日本の家族制度及び国体を保持するためのシンボル規定となった。

旧刑法で規定され、明治四十年刑法でも引き継がれた姦通罪が廃止されたのは、敗戦後の昭和二十二年の刑法一部改正（十月二十六日法律第一二四号）によってであった。この姦通罪のみならず強姦罪も家族制度に対する罪とされた。強姦罪の法定刑は強制猥褻罪と比べてかなり重く設定されているが、この重罰は個人の性的な自由を保護するという理由からは説明できないものであった。家族制度の基盤をなす性秩序を外部から侵害する罪という位置づけによるものと説かれた。この位置づけは、強姦の被害者といえども合意の上と見なされれば、性秩序に対する罪の加害者に転落させられることを意味した。

2 大正期における「家」の崩壊

修身教科書

明治十二年の「教育令」(九月二十九日太政官布告第四〇号)によって、「修身科」は小学校の必修六教科の末尾の科目として追加された。「修身科」はやがて筆頭科目となり、時代の変遷とともにその性格や内容を変えていった。GHQから発せられた第四指令「修身、日本歴史及び地理停止に関する件」によって昭和二十年十二月に廃止されるまで、日本の教育の方向を決定づけてきた。明治二十三年の「小学校令」(十月七日勅令第二一五号)に基づく明治二十四年の「小学校教則大綱」(十一月十七日文部省令第一一号)では「教育勅語」が具体化された。「修身」はもとより「歴史」でも、「本邦国体の大要を知らしめて国民たるの志操《しそう》を養ふを以て要旨とす」(第七条)とされ、「地理」でも「愛国の精神」が強調された。「教育勅語」を軸とし、「修身」を核とし、「地理」「歴史」を包摂した形での戦前の天皇制道徳教育の原型が成立した。[4]

教科書の検定制度は明治十九年から発足し、一般に明治二十年頃から検定教科書が採用されたが、「修身」については文部省は教科書を用いない方針をとり、検定も行わなかった。しかし、明治二十四年に方針変更して教科書を使用することとした。検定を受けた教科書が明治二十七年四月から使用され始めた。明治後期に至ると、家内工業と結びついた家族形態は急速に解体の傾向をたどり、これに対する対策として、学校教育の場で全国的規模による家族制度イデオロギーを強化する措置が講じられることになった。この時代から修身教科書や歴史教科書に「家族国家観」が現われるようになった。明治四十年の「小学校令」の改正(三月二十一日勅令第五二号)で義務教育年限が従来の四年から六年に延長されたのを機会に、文部省は教科書の修正を行った。国家主義的色彩が強くなり、前近代的な家族倫理が近代的な道徳に代わって復活した。[5]
十九世紀末から二十世紀初頭にかけて世界的な傾向となった自由主義的・児童中心主義的な教育運動は、わが国にも大きな影響を与えた。第一次世界大戦（一九一四―一八年）終結後、平和主義的・国際協調主義的な「大正民本主義」の風潮が高まるなかで、新教育運動が展開された。修身教科書でも平和主義的・国際協調主義的な色彩が強くなり、前期で追加された国家主義・家族主義・儒教主義的な内容が大部分削除された。[6]

小家族化

紆余曲折を経つつも、第二次世界大戦の敗戦を迎えるまで、家族制度イデオロギーは、政治イデオロギーの基礎づけのために再編を繰り返しながらも強化されていった。しかし、家族制度イデオロギーと現実の家族の実態とは距離が開いていくようになった。明治以降急速に発達してきた日本の資本主義経済と産業化によって、大正期の日本では伝統的な「家」の役割は減退した。映画や大衆文化においては、「家」は大正以降、衰退していく傾向にあった。人々の日常生活のレベルにおいては、多くの国民は「家」という制度ではなく核家族を形成していた。

戦前の日本は家父長的家族（大家族）が多いといわれてきたが、大正九年の第一回国勢調査報告[7]で一家族の平均員数をみると、全国で家族数は一万一一一九家族、家族員数は五万八七人、一家平均員数は四・五人となっている。一家平均員数が一番多いのは岩手県郡部で六・〇人、次いで山形県郡部が五・七人、青森県郡部が五・五人となっている。これに対し大阪市は三・六人、東京市は三・七人である。農村部ほど一家族平均員数が多く、大都市ほど少なくなっている。大都市では家父長的家族（大家族）の崩壊がみられるといえる。

また、普通世帯一世帯平均人員を職業別に多い順でみると、農業五・四四人、水産業五・〇九人、商業四・六〇人、工業四・四〇人、鉱業四・二六人、交通業四・二一人、公務自由業四・一六人となっている。これは明治以降、賃金労働者、俸給生活者、小自営商工業者などのように家産ではなく個人の収入により生活を営む者が激増していった結果、家庭は生産の場ではなく「生活費」を得る消費の場となったことを示すものである。

日本は第二次世界大戦以前に、すでに小家族化の傾向を示していた。[8] にもかかわらず、敗戦まで「家」制度を規定した民法が改められることはなかった。家族制度はイデオロギーの性格をますます強めていき、夫婦中心の近代的小家族に次第に移行しつつある国民生活の動態と乖離した家父長制家族道徳が「家」観念と結びついて、第二次世界大戦の敗戦を迎えるまで存在し続けた。

3 戦時下の家族制度

聖戦下の国定教科書

関東大震災直後の大正十二年十一月には、「国民精神作興《さこう》（＝奮い立たせること）に関する詔書《しょうしょ》」が出された。民本主義や社会主義などの思想に対抗するためで、詔書は「国家興隆の本《もと》は国民精神の剛健に在り」とし、「忠孝義勇の美を揚《かか》げ（る）」ことを国民に求めた。昭和に入ると、世界恐慌（昭和四年）、満州事変（昭和六年）、五・一五事件（昭和七年）、国際連盟の脱退（昭和八年）などが連鎖的に起き、教育においても

遊戯会での舞踊「東郷さん」。広島・ときわ幼稚園。1940（昭和 15）年

日比谷公園で開催された少年産業戦士壮行会。1942（昭和 17）年

戦時体制が整備された。この期の国定修身教科書も、きわめて国家主義的な内容に大きく変わることになった。戦時体制を支える臣民としての精神的な心構えが説かれた。

昭和十六年には「国民学校令」(三月一日勅令第一四八号)が出され、全国の小学校は国民学校となり、決戦体制下の教育が行われた。教育は軍国主義一色に塗りつぶされ、「国民精神の作興」と戦力増強のための「皇民の育成」にすべてが向けられた。同年十二月には太平洋戦争に突入した。「修身科」の内容の半分以上は「国家に対する道徳」で占められるようになった。「神話」も歴史的事実として導入され、「聖戦」の貫徹が強調された。極端で異常なほどの超国家主義が説かれた。

道徳支配による家族国家

大正十四年に民法の親族編改正要綱が、また昭和二年には相続編改正要綱が公表された。しかし、民法改正は実現しなかった。代わりに政府が進めたのが、教育による家族道徳への介入であった。昭和十二年に文部省思想局は、学者たちを結集して『国体の本義』を編纂した。そこで展開されたのは「神国日本論」であり、皇室を宗家とする「家族国家」たる「国体」とそれを支える「忠孝一致」の道徳であった。太平洋戦争が開始される直前の昭和十六年、文部省教学局は『臣民の道』を著した。この『臣民の道』では「我が国家の理想は八紘《はっこう》を掩《おお》ひて宇《う》(=家)となす肇国《ちょうこく》(=建国)の精神の世界的顕現にある」と説かれ、「家族国家」を世界に拡大することが宣言された。翌年の昭和十七年、文部省社会教育局によって『戦時家庭教育指導要綱』が公表された。戦時下の家庭教育政策で問題とされたのは、いかに母親を戦時体制へ動員するかという点であった。家庭教育が国家統制の支配的秩序に組み込まれたことで、母親は戦時動員の対象として前面に押し出されることになった。[9]

防空演習。新潟市

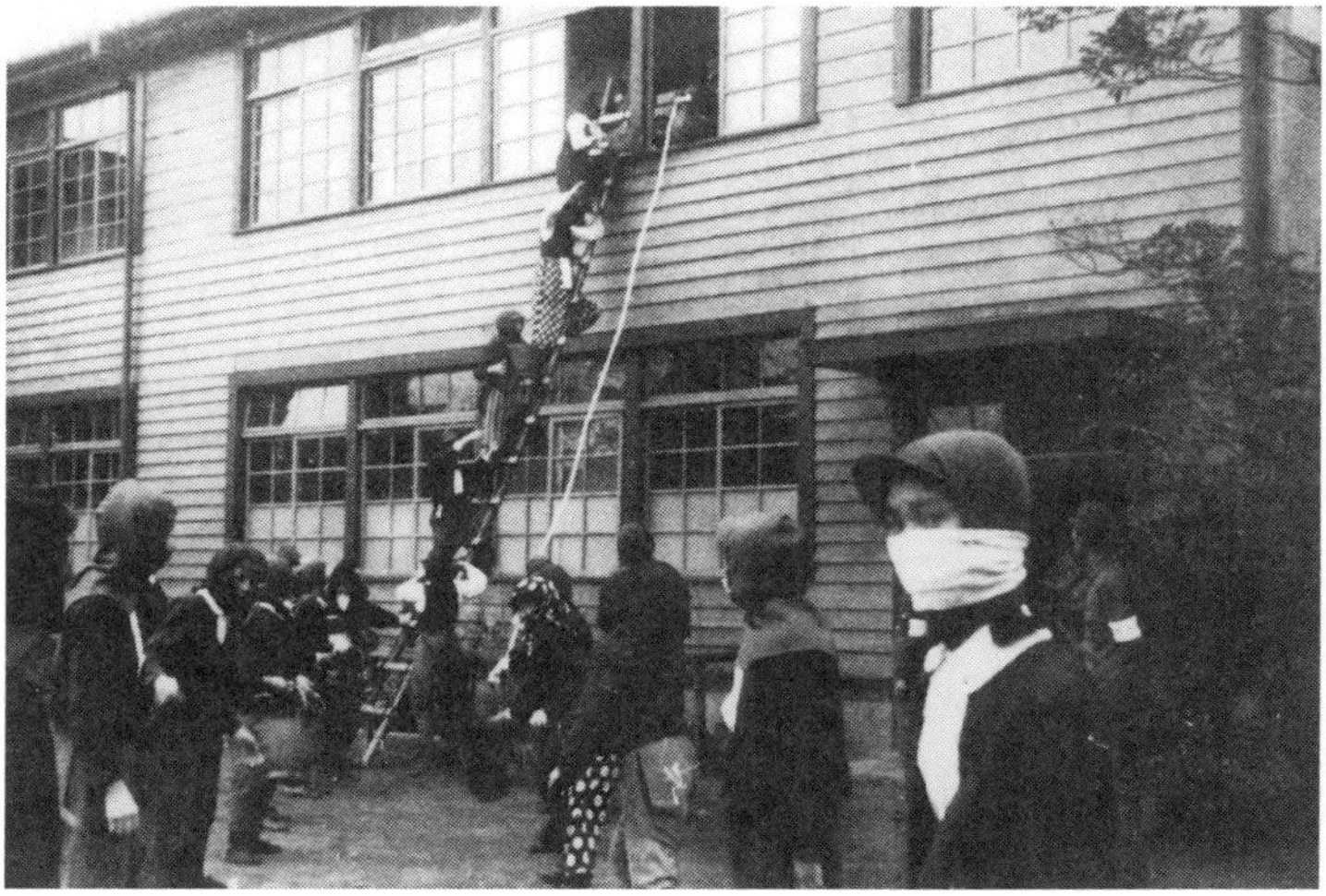

巣鴨女子校の防空演習。1943（昭和 18）年頃

学友が出征する学生を送る。詳細不明

大正十五年の法制審議会答申「刑法改正の綱領」では、「各罪に対する刑の軽重は本邦の淳風美俗を維持することを目的とし、忠孝其の他道義に関する犯罪に付ては特にその規定に注意すること」とされた。しかし、この点は、昭和十六年の刑法一部改正では盛り込まれていない。戦時下においては、家族制度イデオロギーの担保が法的制裁にではなく、道徳や教育に基づく倫理的・社会的制裁に求められたのであろうか。

家族制度は「法の支配」から離れ、過剰な精神主義の下に置かれることになった。戦時国家が採用したのは、国家を「法の支配」によってではなく「道徳・宗教の支配」によって基礎づけ運営するという方法であった。しかし、「国体」概念でさえも明確な定義を与えることは難しいというのが帝国議会での政府委員の答弁であった。そのような政府に「道徳・宗教の支配」の暴走を食い止めることはもはや不可能であった。

国策映画『陸軍』

太平洋戦争の開始後、『臣民の道』などで高唱された家族規範を忠実に再現したような国策映画も登場することになった。木下恵介監督の『陸軍』（昭和十九年公開）もその一つで、この『陸軍』のラストシーンは「戦時下の映画を扱った書物においてこのシーンに言及していないものは存在しない」といわれているほど有名な場面であった。

一切の台詞《せりふ》がなく、ただ軍楽隊のマーチの鳴り響くなか、息子はその他大勢の兵士にまぎれて行進する。息子の出征である。母親は見送る人々の群れのなかで必死に息子を探し、そしてみつけた瞬間に思わず駆け寄る。しかし、もはや息子に触れることはできない。母は行進の行列の中にいる息子を追い、ただ涙をためて見つめるのみである。やがて行進は過ぎていき、母はただ呆然と立ち尽くし、涙を流しながらその後をいつまでも見つめつづける。戦争を人為的な行為ではなく運命と受け止め、その不可抗力的な力に従順に従うしかない悲しみを、これ以上はない程に体現している母の涙と、そこに「美」を見出す精神。その与えられた運命としての現実が戦争であるとき、母と子の美しい愛情を理想化することは、転じて戦争という現実への無条件の参加を美しいものとして描くことが可能となる。[10]

『陸軍』のラストシーンについてはこのように紹介されて批評されている。治安維持法などで庶民のささやかな反戦運動でさえも徹底的に取り締まられた国民にとって、この母親の涙は「抗議の涙」ともいえた。

家族・友人に縁座制

「家」制度を通じた臣民の監視・管理との関係で見逃せないのは、昭和八年七月六日の大審院第一刑事部判決[11]である。原審の大阪控訴院は被告人に治安維持法違反で懲役六年を言い渡した。これに対し、被告人から上告がなされた。しかし、大審院は何ら実質的な理由を示すことなく上告を却下し、有罪が確定した。

この有罪判決で見逃せないのは、被告人の「罪となるべき事実」の一つして「田中清玄《きよはる》等と共に在りて其の家事一切を担当して同人等の党活動の便を図り」及び「多額の同党活動資金を調達して之を（内縁の夫たる――引用者）田中清玄等に交付し」という事実を認定し、これをもって「日本共産党の目的遂行の為にする行為を為したる」と評価されている点である。妻が夫のために家事を行うこと、あるいは夫のために金銭を用意することなどはごくごく自然の行為である。「教育勅語」が賞揚する行為でもある。にもかかわらず、夫が日本共産党中央委員長である場合にはこれが「自然の行為」とされずに、「日本共産党の目的遂行の為にする行為」とされている。本人のみならず、その家族、友人などに対しても治安維持法違反の罪の網をかけていく。中世の縁座制を想起させるようなこのような異常な法運用が大審院によって正式に是認され、判例に格上げされた。この縁座制を導き出したのはいうまでもなく、「家族は一心同体だ」という家族制度イデオロギーであった。

ちなみに、昭和十五年九月、内務省は、部落会、町内会の組織を総動員体制にあわせるべく整備すべき旨を内容とした「部落会町内会等整備要領」（内務省訓令第一七号）を発していた。

4　日本国憲法下の家族制度

戦後改革と「家」制度の解体

戦後改革においても、家族制度をどうするかは中心問題の一つとされた。昭和二十一年六月以来開催の第九〇回帝国議会での憲法審議などにおいて示された政府方針は、「新憲法ができても家の制度は廃止する必要はない」[12]というものであった。紆余曲折の改正論議の末、日本国憲法が制定された。その三大原則とされたのは、国民主権、基本的人権の尊重、平和主義であった。天皇制支配体制の下で「忠君愛国」「滅私奉公」を強制されてきた臣民は、名を「国民」と改められ、「主権者」とされた。

戦前の日本ではいかに人権が侵害されたかを示すかのように、詳細な人権保障規定が憲法に置かれた。第一三条ではすべて国民は個人として国政の上で最大の尊重を必要とすると規定され、第一四第一項では「法の下の平等」が謳われた。憲法第二四条ではこの「個人の尊重」及び「男女平等」は家族生活でも守られなければならないとされた。「家」制度の中核を構成した「戸主権」「家督相続」は憲法に反するものとなった。「家」制度は実質的に否定されたといってよかった。新聞でも「堅苦しい戸主権よさらば　男女は完全平等に」（新潟日報昭和二十二年五月四日）などと報道された。農村でも昭和二十一年の自作農創設特別措置法や改正農地調整法などによって推進された農地改革により、「家」制度は解体に向かった。

日本国憲法の制定を受けて、昭和二十二年四月、「日本国憲法の施行に伴う民法の応急的措置に関する法律」（昭和二十二年四月十九日法律七四号）が公布され、日本国憲法施行の日から施行された。

これらの規定に沿って民法の親族法・相続法が改正され、昭和二十二年十二月、新民法（昭和二十二年十二月二十二日法律第二二二号）が公布された。当時としては世界で最も男女平等度の高い立法であった。憲法や民法が想定したのは、夫婦中心の小家族であった。ただし、親族間の相互扶養義務を規定した新民法七三〇条については、親子関係を夫婦関係に優先させ孝道を尽くす点を強調して家族制度の擁護を図ったものであるとの指摘[13]もみられた。

「家」制度の廃止が及ぼした影響は大きかった。姦通罪は戦後の刑法一部改正（昭和二十二年十一月施行）で廃止され、戸籍法も全面改正され、昭和二十三年一月から施行された。教育基本法（昭和二十二年法律第二五号）も三月に公布・施行された。昭和二十三年六月の衆議院の「教育勅語等排除に関する決議」及び参議院の「教育勅語失効確認に関する決議」により、「教育勅語」も排除されることになった。ただし、「家」制度と同様、「教育勅語」についても、「孔孟の教えかモーゼの戒律とか云うようなものと同様なものとなって存在する」というのが当時の政府の考えで、強姦罪の位置づけも変更されることはなかった。昭和二十五年十日二十五日の最高裁大法廷尊属殺重罰規定合憲判決[14]でも「尊属殺等を重く処罰するのは、法が子の親に対する道徳的義務を特に重視したものであり、この子の親に対する道徳的義務は人類普遍の原理である」などと判示された。

「家」に代わる「世帯」の登場

課税、社会保障、住民登録、農業など、現実のさまざまな施策の場面では、個人単位ではなく世帯を単位とする「世帯主義」が規定されることになった。[15]昭和二十五年に制定された生活保護法（五月四日法律第一四四号）では、戦前の救護法のように年齢や労働能力によって給付対象を制限するのではなく、すべての生活困窮者に扶助を行う一般扶助主義が採用された。保護の範囲は生活扶助、教育扶助、住宅扶助、医療扶助、介護扶助、出産扶助、生業扶助、葬祭扶助に及び、公的扶助制度が確立されたともいえた。

国民生活の「最後のセーフティネット」という趣旨に基づいて、国家責任、無差別平等、最低生活保障、補足性の四つの原則が定められ、保護の実施も申請主義、基準及び程度、必要即応、世帯単位の四原則に基づいて行われるとされた。「保護は、世帯を単位としてその要否及び程度を定めるものとする」(第一〇条)というのが「世帯単位」の原則であった。「生活困窮という状態は個人というよりは生計を同一にしている世帯全体を見て初めて把握されるという社会通年に基づくものであり、このような認定をすることが合理的であると思われる」と理由が説明された。

しかし、真の理由は公的扶助制度の展開を最小限にとどめ、保護範囲と保護水準を抑制することにあった。全面的な社会保障政策の展開が困難なるがゆえに、世帯への依存度を強めたのである。このことは、かつて「家」が負わされた社会保障代替機能が今や「世帯」に求められることを意味した。扶養共同体として世帯は、民法の親族間扶養義務では正当化し得ない大きな負担を被ることになった。この負担を甘受させるために「家族制度復活論」が現われた。

この「世帯」を把握する手段を定めたのが、昭和二十六年制定の住民登録法(昭和二十六年六月八日法律第二一八号)であった。住民登録法は住民票を単位として作成されるため、住民票によって世帯を把握することが可能になった。住民票には戸籍の表示がなされるため、住民の身分関係を知る端緒ともなった。

農地法(昭和二十七年法律第二二九号)も「世帯主義」に拠ることになった。第二条第二項は「世帯員等」とは「住居及び生計を一にする親族」と、「当該親族の行う耕作又は養畜の事業に従事するその他の二親等内の親族」とを意味するとし、この「世帯員等」をもって農地の利用状況を判断する際の単位となる、すなわち、当該農地に対して正当な権限を有しているかどうかを判断する際の単位になるとされた。農村でも

「世帯主義」が「家」制度にとって代わることになった。

5 危機にある日本の家族

核家族の悲鳴

新自由主義の影響の下で、核家族は崩壊しつつある。それを示すさまざまな兆候が見られる。保護者がその監護する子ども（一八歳未満）に対し、身体的虐待、性的虐待、ネグレクト（育児放棄）、心理的虐待を行う「児童虐待」の急増もその一つである。平成二十三年度の全国の児童相談所の児童虐待相談対応件数は約六万件で、新児童虐待防止法（平成十二年五月二十四日法律第八二号）の施行前の平成十一年度の五・二倍に増加している。虐待死も五〇人を超えている。同居関係にある配偶者や内縁関係の間で起こる家庭内暴力（ドメスティック・バイオレンス）も、「配偶者からの暴力の防止及び被害者の保護等に関する法律」（平成十三年四月十三日法律第三一号）が平成十三年から施行され、平成十九年には保護命令の対象や内容を拡大するなどの法改正が行われるほど、深刻な状況にある。

平成二十四年度に全国の配偶者暴力支援センターで扱った相談件数は八万九四九〇件で、過去最高を記録している。また、警察庁が発表した犯罪情勢によると、平成二十年の親族間殺人事件検挙件数は四七三件に及び、殺人事件検挙総数八八四件に占める割合は五三・五％と半数に上がっている。平成二十二年の平均初婚年齢は男性三〇・五歳、女性二八・八歳で、晩婚化の傾向もうかがえる。結婚しない人も増えている。出生率も平成十七年には一・二六という最低出生率を記録し[16]、少子高齢化の大きな要因となっている。離婚率も平成二十年三一・八%、平成二十一年三六・六%、平成二十二年三五・五%、平成二十三年三五・六%、平成二十四年三五・一%となっている。[17] 一人暮らしも増えており、平成二十二年の国勢調査によると、一人暮らし世帯が全世帯の三一・二%と最多となっている。

まるで核家族から悲鳴が聞こえてくるかのようである。労働条件や貧困、福祉、医療、教育、子育て支援、ジェンダーなど、さまざまな問題のツケがまわされた結果、家族間の矛盾が高められ、求心力をはるかに上回る遠心力が働いて、家庭の形成・維持を困難なものにさせている。「家族の危機」といってよい。家庭の過剰負担をなくすとともに、国・自治体や社会が積極的にさまざまな家庭支援を行うことによって問題解決を図っていくべきだという見解も有力になっている。しかし、政府が採用したのはこれとはまったく異なった処方箋であった。

教育基本法改正と愛国心

教育基本法の改正は軍国主義への回帰という危惧を引き起こすため、戦後長く手をつけられないできた。しかし、教育改革国民会議の提言を受けて、遠山敦子文部科学大臣は平成十三年十一月、中央教育審議会に対して「新しい時代にふさわしい教育基本法の在り方について」を諮問した。中教審は平成十五年三月、教育基本法の改正を求める答申を提出した。平成十八年十二月、教育基本法が改正され、二十二日付で法律第一二〇号として公布、施行された。改正された主な点は、新教育基本法の第二条で「伝統と文化を尊重し、それらをはぐくんできた我が国と郷土を愛する」という文言が明記されたことである。教育基本法の改正に対応して改正された学校教育法も、「愛国心」について第二一条で、「我が国と郷土の現状と歴史について、正しい理解に導き、伝統と文化を尊重し、それらをはぐくんできた我が国と郷土を愛する態度を養うとともに、進んで外国の文化の理解を通じて、他国を尊重し、国際社会の平和と発展に寄与する態度を養うこと」と規定した。

これを受けて、中学校学習指導要領の「第一章　総則」の「第一　教育課程の一般方針」の二は「愛国心」について、「道徳教育は、教育基本法及び学校教育法に定められた教育の根本精神に基づき、人間尊重の精神と生命に対する畏敬の念を家庭、学校、その他社会における具体的な生活の中に生かし、豊かな心をもち、伝統と文化を尊重し、それらをはぐくんできた我が国と郷土を愛し、個性豊かな文化の創造を図るとともに、公共の精神を尊び、民主的な社会及び国家の発展に努め、他国を尊重し、国際社会の平和と発展や環境の保全に貢献し未来を拓《ひら》く主体性のある日本人を育成するため、その基盤としての道徳性を養うことを目標とする」と規定した。これに沿って、「新学習指導要領」の総則でも「伝統と文化を尊重し」「公共の精神を尊び」とともに「我が国と郷土を愛し」という表現が新たに加えられた。

このような教育改革を推進する側の政治家などからは、家族についても次のように説かれた。母性の崩壊と父性の欠落が児童虐待や子どもの非行、学級崩壊の原因である。父と子のかかわりのなかで、きっちりと家庭教育のなかで、規範であるとかしつけであるとかを教えていくべきである。男女が平等であり得るわけがない。父親から男的な役割が伝わり、母親から女的な役割が伝わることが必要だと。このような言説からうかがわれることは、伝統的な性別役割分業の再生産による家族の強化が「愛国心」と合わせて主張されているという点である。

児童虐待の厳罰化

児童虐待死について母親に殺人罪の成立を認め、厳罰を言い渡す判決が現われるようになっている。児童虐待死させた母親に懲役三〇年を言い渡した平成二十四年三月十六日の大阪地方裁判所判決[18]もその一つである。最高裁が平成二十五年三月二十五日、被告人の上告を棄却したために右の判決が確定した。

地裁判決は、「本件犯行の最中、被告人が遊興にのめり込んだのは、子供らを放置していることを忘れたいがためという色彩が強く、遊興のために子供らを放置したという見方は相当とは思われない。さらに、弁護人が指摘するとおり、被告人自身も実母から一時期、育児放棄を受けていた可能性があり、実母の育児放棄や継母からの差別的な養育が、被告人による子供らの育児放棄の背景として、全く関係していないとまでは言い切れない」というように母親側の有利な事情も認めた。しかし、このような事情も、「結果の重大さからすれば、被告人の刑責は極めて重いというべきであるが、既に指摘した犯行に至る経緯、背景等における酌《く》むべき事情、さらに、被告人に前科がないこと、被告人を支える人々の存在等も考慮した上、今後、本件で亡くなった子供らのような被害者が二度と出ることのないよう、行政を含む社会全般が、児童虐待の発見、防止に一層務めるとともに、子育てに苦しむ親に対して理解と関心を示し、協力していくことを願いつつ、被告人を、有期懲役の最高刑に処することとした次第である」とされるにとどまった。

伝統的な家族道徳観に裏づけられた検察官の「母親にあるまじき行為」という主張のインパクトは大きかった。

自民党憲法改正草案の家族

自民党憲法改正草案は平成二十四年四月に発表されたが、現行憲法第二四条についても修正を行い、新たに第一項を加え、現行の第一項及び第二項を新第二項及び第三項としている。新第一項とされたのは「家族は、社会の自然かつ基礎的な単位として、尊重される。家族は、互いに助け合わなければならない」という条項である。当局の説明によると、その趣旨として、「家族という単位を尊重することは、非嫡出子（婚外子）の相続分が半分であることや、夫婦別姓が選択できないことを合憲とする方向に働く変更です。また、家族が助け合えていないせいで貧しい場合には、国の保護が得られにくくなります」という点が掲げられている。非嫡出子の相続分を嫡出子の相続分の二分一とする民法の規定を違憲であると判断した最高裁判所決定[19]が平成二十五年九月四日に出されたが、この憲法改正が実現すると、この最高裁決定が逆に違憲になるというのである。

同改正については、ますます不十分となる公的扶助の代わりを家族に押しつけることを正当化しようとするもので、「家」制度のような男女の役割の固定化や、家事・育児・介護を家族のなかで女性に負担させることを意図しているのかもしれないといった多くの批判がみられる。的を射っているが、改正の趣旨として「世帯主義」が強調されているところから見て、この「世帯主義」を媒介として、性的分業論にとどまらず、伝統的な家族制度と家族イデオロギー自体の復活を図ろうとしているものといえる。戦時国家になった場合、この新第二四条第一項の規定する「家族の助け合い」が「総動員体制」の下で戦争遂行に協力するための、あるいは戦争遂行に適合する国、自治体、社会づくりに協力するための「家族の助け合い」に収斂せしめられることに注意しなければならない。

現在の日本が戦時直前の「準戦時」の状態にあるとすれば、現在の日本の家族もまた「準戦時」の状態にあるといえるだろう。

第二部　治安法制の論理

第七章　裁判所の役割――拡大解釈、限定解釈論

1　大日本帝国憲法下の裁判制度

天皇の絶対権

大日本帝国憲法下の裁判所制度を定めた基本法で、その面における憲法補充法ともいうべき裁判所構成法（明治二十三年二月十日法律第六号）は大日本帝国憲法の発布された翌年に公布され、同年十一月から施行された。すでに明治十九年にドイツ法の影響を受けて裁判所官制（明治十九年五月五日勅令第四〇号）が制定されていたため、裁判所制度が大きく変更されるという点はとくに認められなかった。ただし従来、布告、布《ふ》達《たつ》、達《たつ》などによってバラバラに規定されていた裁判所制度が裁判所構成法という一個の法律によって統一的、体系的に、しかもより詳しく規定されたことの意義は大きかった。裁判所構成法はその後、たびたび改正されたが、基本部分は維持され、第二次世界大戦での敗戦まで一度も改正のなかった大日本帝国憲法と一体となって戦前の日本の裁判所を制御することになった。

大日本帝国憲法は臣民の権利義務の規定を持ち、三権分立制を採用し、議会を置くなど、立憲制の装いをまとったが、内実は絶対主義的な性格の強い憲法であった。その三権分立制も、天皇の絶対権を三個の機関に行わせるというものでしかなかった。権力が国民の自由と権利を侵害するのを防止するために三権を相互

楊洲周延画「憲法発布略図」(部分)。1889 (明治 22) 年

大審院 (明治 29 年竣工)

チェックさせるという発想は見られなかった。

帝国議会も天皇制国家の議会でしかなかった。固有の立法権は認められず、天皇の立法権を助ける協賛機関にとどめられた。開会、閉会、停会、解散などはすべて天皇の命じるところとされた。そして、緊急勅令大権、独立命令大権、官制・任命大権、軍の統帥大権、軍の編成大権、外交大権、緊急財政大権、憲法改正発議大権など、およそ国政に関する重要な事項はすべて天皇が直接に行使することとされ、その分だけ議会の地位は低いものとなった。皇族・華族・多額納税者その他の勅選議員など特権的身分を持つ者で構成される貴族院が別に置かれ、衆議院と対等の権限を持ち、衆議院を牽制する役割を果たした。

菊の御紋の裁判所

司法も天皇制国家の司法であった。「菊の御紋の裁判所」であった。司法権の独立は一応規定されていたが、裁判所は「天皇の名に於て」その作用を行う天皇の代行機関と位置づけられた。立法におけるような天皇大権は司法では規定されなかったが、司法権と司法の権威は天皇に由来するものとされ、固有の司法権は認められなかった。法を忠実に解釈・適用することが司法の仕事であった。司法が議会をチェックすることは認められなかった。「悪法」といえども天皇の名で公布された以上、司法が「悪法」批判を行うことは天皇の権威を汚すこととされた。

それは行政の批判についても同様であった。大審院を頂点とする司法裁判所の裁判権は民事事件と刑事事件に限定された。司法裁判所とは別系統の行政裁判所が設けられ、この行政裁判所に行政事件の裁判権が与えられた。司法が行政をチェックすることは認められなかった。特別裁判所の設置も認められ、陸海軍の軍法会議などの特別裁判所に対しては通常の裁判所の権限は及び得ないとされた。

司法の劣位はそれだけではなかった。裁判官・検察官の人事をはじめ、司法行政の監督権は司法大臣にあった。司法大臣は各裁判所に対して司法行政上の監督権を持ち、各裁判所の長は、司法行政に関する限り、司法大臣の命を受けて司法行政の職務を行う官吏にしか過ぎなかった。大審院長の権限が及ぶのは大審院内に限られ、下級裁判所には及ばないとされた。司法行政権の裁判所からの剝奪こそは、戦前の日本の裁判制度の絶対主義的な性格を如実に示すものであった。

弁護士法（明治二十六年三月四日法律第七号）も公布され、五月から施行されたが、弁護士・弁護士会も天皇制国家の弁護士・弁護士会という性格が濃厚であった。弁護士会は所属地方裁判所の検事正の監督を受けることとされた。ときには国と敵対することもある弁護士・弁護士会の活動は、司法大臣、検察官の監督権によって大きな制約を受けた。

司法官僚

この「菊の御紋の裁判所」は当然のことながら、国民のためというよりは国家のためのものであった。裁判を通じて国法を国民生活のなかに具体化していくのに大いに与った。中心的な問題とされたのは、国益をいかに擁護するかということであった。「菊の御紋の裁判」を直接担う裁判官も、帝国大学出身者を中核として形成される司法官僚であった。ドイツでは参審制によって市民が裁判に参加することが制度化されたが、日本では市民参加は拒否された。裁判は司法官僚の独占するところとされた。「官僚司法」の徹底はドイツをはるかに超えるものであった。司法官僚には官僚特有の法意識が形成され、共有された。

「官僚司法」は天皇制国家による「上からの近代化」に照応して、二つの機能を有した。一つは政府の推し進める近代化政策を、具体的事件の争訟の処理を通じて実現するという機能であった。もう一つは、具体的事件の争訟の処理を通じて、天皇制国家を「下からの近代化」、あるいは権利運動や無産運動などから擁護するという機能であった。治安維持法下の裁判所が果たしたのは後者の機能であった。[1]

共謀共同正犯

立法批判を避けつつ「法の欠缺《けんけつ》」を救い、国益を擁護することも「菊の御紋の裁判所」の任務の一つであった。法の欠缺の補充の技法として類推という方法があった。類推とは、ある事案を直接規定した法規がない場合にそれと類似の性質・関係をもった事案について規定した法規を間接的に適用することで、この方法が広く用いられた。もっとも、刑法では「罪刑法定原則」によって類推は禁止されたが、「菊の御紋の裁判所」は「拡大解釈」と称して刑法の分野でも類推をしばしば行った。類推を超えた「拡大解釈」も多用された。

明治四十年の刑法（明治四十年四月二十四日法律第四五号）は、旧刑法（明治十三年七月十七日太政官布告第三六号）の立法方針を引き継いで、「二人以上共同して犯罪を実行した者は、すべて正犯とする」という共同正犯には「共謀共同正犯」は含まれないとした。共謀共同正犯とは、共同実行の意思の形成過程にのみ参加し、共同実行には参加しなかった形態の共同正犯をいう。しかし大審院は、明治四十年刑法施行直後の明治四十四年十月六日、この共謀共同正犯を詐欺罪について認める判決を言い渡した。[2] 数人が共謀して犯罪を遂行するために、その方法を画策した末に、共謀者中の一人にこの実効の任にあたらしめたときは、共謀者は右一人を使役し、もって自己の犯意を実行したもので、共同正犯の責任を負うと判示された。

ちなみに、この年の一月、大審院は幸徳秋水ら大逆事件の被告二四名に死刑判決（判例集未搭載）を下していた。日本の伝統的な共犯概念では、犯罪意思を形成する際に重要な役割を果たした「造意者」を中心に処罰すべきという考え方が有力であった。大審院もこの考え方に拠ったともいえたが、共謀共同正犯を認めた理由はそれだけではなかった。市民刑法に対する治安刑法の優位性を背景にして、治安刑法を支配する思想の危険性が犯罪の決定的な要素であるとする心情刑法の考え方の力も大きかった。

しかし、何よりも与ったのは、労働運動、農民運動、無産運動を弾圧するための強力な武器として活用していきたいという実務上の要請であった。共謀共同正犯を適用すると、「私はAと共謀したうえで犯罪の実行行為を行いました」というBの自白によって「私は共謀にも加わっていません」と主張するAを有罪とすることができた。これを利用して自白を競わせる「切り違え」尋問も行われた。明治三十三年に治安警察法（三月十日法律第三六号）が制定され、労働運動の弾圧も始まっていた。「共産党宣言」が初めて翻訳されたのは明治三十七年であった。

2　治安維持法下の裁判所の役割

治安維持法下の裁判所がどのような機能を果たしたかは、どのような判決が言い渡されたかを見れば一目瞭然である。

悪法批判を却下――昭和八年七月六日の第四次共産党事件判決[3]

第四次共産党事件のうち大阪地方裁判所に係属した治安維持法違反被告事件の上告審において、被告人はその上告趣意の中で、「日本共産党の目的達成に努力することは何等罪ではないと信して居ります」というように治安維持法批判を披歴した。これに対し、大審院は「本件上告は孰《いず》れも之を棄却す」という主文を言い渡した。その理由とされたのは「我日本臣民たる者は何人と雖《いえども》現行法律に服従すべきものにして之を否定することは国法の許さざる所なれば此の服従義務を否認する論旨は到底上告適法の理由とならず」などというものであった。

しかし、この上告棄却理由は被告人の上告論旨を正しく理解したうえで言い渡されたものとはいえない。被告人が主張したのは「日本共産党の目的達成に努力することは何等罪ではないと信して居ります」ということであって、「現行法律に対する服従義務を否認する」ことではなかったからである。にもかかわらず、大審院は両者を混同している。「悪法も法」で、国民はこれに服従する義務があるという理解に基づいているといえようか。

法益批判を却下――昭和四年五月三十一日の北海道共産党事件判決[4]

旭川地方裁判所に係属された北海道共産党事件の上告審において、弁護人は、違法とされる「国体」の学理上の意味は明らかに伝統的風俗習慣道徳にあり、このような意味の「国体」は変革することが不可能であって、「国体の変革」を目的とする行為は絶対的不能犯で、「絶対的不能の事実」を目的とする行為を断罪の対象とすることはできないと主張した。

しかし、昭和四年五月三十一日の大審院第四刑事部判決はこれに少しも応答することなく、「帝国に無産階級独裁の政府を樹立せんとするが如きは即我国体の変革を企図するものと云ふべし而して此の如き企図を遂行せんとするが為同法所定の行為を為すに於ては犯罪を構成すること多言を要せざるところ」とした。何故「多言を要せざるところ」かについては何ら理由は示されていない。わずかに理由らしきものとして「我帝国は万世一系の天皇君臨し統治権を総攬《そうらん》し給ふことを以て其の国体と為し」という点が挙げられている。「天皇君臨し統治権を総攬し給ふこと」と「無産階級独裁の政府を樹立せんとする」こととの関係如何については何ら検討されるところはない。「初めに結論ありき」の感が免れがたい。「国体変革」の罪が初めて適用された。

本判決により、「帝国に無産階級独裁の政府を樹立せんとする」こと、すなわち「プロレタリア独裁」は「国体変革」であるという解釈が確定された。以後、ほとんどの事件では、被告人と共産党の関係が推測されて「国体変革」の罪が適用された。

限定解釈論を却下——昭和五年十一月十七日の岡山無産者運動事件判決[5]

岡山地方裁判所に係属のいわゆる岡山無産者運動事件の上告審において、弁護人は法治主義に則って治安維持法を厳格解釈することの必要性を説いた。帝国議会での政府説明や判例の分析などを通して、当該結社が日本共産党を指す場合においては、たとえば「行為の主観的要件として日本共産党の存在の認識は単に存在の推定ではなくして確定的認識があることを要し、又共産党の目的を自己の行為の目的とする為には具体的に党の目的を知悉した上であることを要し、更に党そのものの為にする意欲は単に理論的に支持し、或いは感情的に共鳴することではなく積極的に之を実践化する意思があることを要する」「行為の客観的要素としては行為者が党の統制の下に置かれ、その機関により伝達された指令によって行為が為されることを要し、この連絡なくして自然発生的に為される場合は此の規定に該当しない」「又行為は党の目的の実現に対して何等の具体的因果関係を有しない行為、例えば日本共産党の存在する事実の告知又は日本共産党とコムミンテルン（ママ、共産主義インターナショナルの略称）との関係の解説等の如きは此の規定によって律せられるべきものではない」など、厳格解釈されるべきだと主張した。

弁護人が試みたこのような厳格解釈は、刑法の「明確性原則」からすればごくごく当然のことであって、本来は裁判所がしなければならない類のものであった。裁判所がしないために弁護人が代わりに行ったのである。しかも、それは説得力に富む緻密で用意周到な厳格解釈であって、賞賛に値するものであった。

しかし、昭和五年十一月十七日の大審院第五刑事部判決がこのような弁護人の主張に耳を傾けることはまったくなかった。原判決と同様に、「日本共産党を支持し其の指導の下に活動して無産階級の解放を期し又階級意識を高め農民組合労働組合を組織し団結の力に依り無産運動を起すべき旨を説示し、以て日本共産党の存在及活動を知了せしむると共に同党に共鳴し之を支持すべき旨を宣伝煽動したり」と認定された。

ずさんな事実認定——昭和六年七月九日の福島事件判決[6]

四・一六事件のうち水戸地方裁判所に係属のいわゆる福島事件について、昭和六年七月九日の大審院第一刑事部判決が言い渡された。上告が棄却され有罪が確定したが、同判決でも「罪となるべき事実」の認定はずさんであった。事実から出発してその構成要件該当性を判断するというのではなく、治安維持法の構成要件に該当するという規範的評価がはじめにあって、それに符合するような「事実」が列挙されただけである。したがって、どの判決・決定においてもワンパターンなものになっている。

たとえば、「無産者新聞の編集発行等の事務を手伝ひ中」とか、「労働運動に従事して居りたる」とか、「労働運動に従事せんことを協議し」とか、「工場の職工等を目標として労働運動に従事中」とか、「日本共産党が判示の如き目的を有する秘密結社なることを知りながら」とか、「日本共産党に入党方《かた》の勧誘を受くるや即ちに其の承諾を為し」とか、「党員章の交付を受け同共産主義の宣伝又は同党の拡大に関する行為を為したる」とか、「以て同党の目的遂行の為にする行為を為し」とかいった認定がそれである。本判決でも、この特徴が共有されている。「無産者新聞の編集発行等の事務の手伝ひ」についてもどのような「手伝ひ」なのか、「労働運動に従事」についてもどのような「従事」の形態なのか、「党員推薦の協議」についてもどのような「協議」なのか、「入党の承諾」についてもどのような「承諾」なのか、「共産党の拡大」についてもどのような「拡大に関する行為」なのかが問われるところは微塵もない。これでは「事実認定」を放棄しているとしかいえない。

有罪のための融通無碍な法解釈——昭和六年十一月二十六日の神戸事件判決[7]

四・一六事件のうち神戸地方裁判所に係属のいわゆる神戸事件について、被告人からの上告を棄却したのが本大審院判決であった。治安維持法違反の罪の特徴は、対象者の所為を「余さず残さず」厳罰に処すために、融通無碍に各罪を適用し得るようにしてあるという点であった。そのために、対象者の行為をA罪で処断することも、あるいはB罪で処断することも可能な構造になっている。すなわち、各罪はどちらかだけを適用するという関係ではなく、どちらも適用し得るという関係になっている。

これに対し、本上告審において弁護人は、事実の面からいっても規範の面からいっても、このような規定方法は不当であって、法適用・法解釈の場面でこれを是正する限定解釈の必要がある。これを結社加入罪と「結社の目的遂行の為にする行為」についていうと、前者の罪がかりに成立するとすれば、後者の罪はこれに包含・吸収され、いわば不可罰的事後行為となり、別罪を構成することは理論的にあり得ない。原審が両罪を包括一罪として一行為数罪に問擬したことは、法令解釈の誤りを犯したことになると主張した。

刑法理論的にみて正当な主張というべきであったが、大審院はこれを退けた。包括一罪だから包括一罪になるという「理由」以外の理由が示されることはなかった。立法者意思を尊重したといえなくもないが、「法の支配」に対する配慮はまったく見受けられなかった。必罰主義・厳罰主義という「裸の政策」判断が優先された。これを牽引したのは「思想判事」であった。

共産党との関係を認識する必要なし——昭和七年三月十五日の函館事件判決[8]

四・一六事件のうち函館地方裁判所に係属のいわゆる函館事件についての上告審において、弁護人は、治安維持法第一条第一項後段及び第二項後段にいう「結社の目的遂行の為にする行為」に該当するとされる「国体の変革又は私有財産制度の否認を目的とする結社の存在することを知りて当該結社を支持し其の拡大強化を図る行為」の標準的解釈とは何かを詳しく検討し、その主観的要件として「その行為者に於て組織の存在及其の目的を認識するのみならず、その組織の内容を知り又組織の拡大方法について知悉していなければならぬ」ことに加えて「行為の際組織の拡大強化を図ると云ふ一定の目標を有する意思を必要とする」こと、また客観的な要件として「行為が組織の拡大又は強化といふ結果を生ずべき実質を具備しなければならぬ」こと、すなわち、「組織の拡大とは組織構成員の数的増大を謂ひ、強化とは組織構成の高度化緊密化統制化、例へば切断せられたる連絡の回復セクト的行動の克服等を指すものである」ことが必要となると理解したうえで、この解釈によれば本件被告人の所為はこれらの要件を明らかに欠いており、したがって原判決が漠然と治安維持法第一条を適用したことは不当であると主張した。

当然の主張といえたが、本大審院判決はこの主張を退け、上告を棄却した。その理由とされたのは、「右犯罪の成立に付叙上事実以外、更に所論の如く被告人が日本共産党と組織上の関係を有し且詳細に同党の組織の内容又は組織拡大方法を知悉したるを要するものに非ず、又雑誌戦旗が新聞紙法に準拠して届出を為しあるものなれども、之が為に右犯罪の成立を妨ぐることなし」というものであった。弁護人が批判するように「実質を説明したるものではなく、ただ単に法文の字句を更により以上に抽象的言辞を以て置き換へたにすぎない」判決であった。本判決により、日本共産党等と直接の関係を有しない一般の合法的な文化的啓蒙的教育的団体などを日本共産党などの「外郭団体」と看做《みな》し、結社目的遂行罪で処断するという、治安維持法の法解釈の範囲を超えた著しい拡大適用に大審院のお墨付きが正式に与えられることになった。

外郭団体として処罰——昭和七年四月二十八日の武装メーデー事件判決[9]

昭和三年以降になると、もはや拡大解釈の枠を超えた「超拡大解釈」を行うことによって、文化団体や研究組織、雑誌社、さらには労働組合など、さまざまな団体を治安維持法第一条第一項、第二項などの規定する「結社目的遂行行為」の罪、すなわち「情を知りて（国体を変革することを目的とする）結社の目的遂行の為にする行為を為したる者は二年以上の有期の懲役又は禁錮に処す」という規定を用いて日本共産党の「外郭団体」として処罰し、取締ることができるとする一連の大審院判決が言い渡されている。いうまでもなく、それは類推ともいうべき当局の法運用に、大審院として正式にお墨付きを与えるためのものであった。

武装メーデー事件などのうち横浜地方裁判所に係属の被告事件について、被告人の上告を棄却した本判決もその一つであった。日本共産青年同盟及び日本労働組合全国協議会傘下の労働組合をもって日本共産党の「外郭団体」と看做し、同団体の活動家らを右「結社目的遂行行為」の罪に問擬するために本判決が採用した論理は、主として次の四点である。

その第一は「共産主義社会の実現」＝「国体の変革又は私有財産制度の否認」だという論理である。第二は「終局の目標」論である。たとえ当該労働組合が「其れ自体経済闘争を使命とし、従て国体の変革又は私有財産制度の否認を目的とするものにあらざる」としても「其の終局の目標」が「労働者の解放」、すなわち「共産主義社会の実現」にあるとすれば、当該組合は「国体の変革又は私有財産制度の否認」を目的とする結社だということができるという論理である。もっとも、そうだとしても、当該組合などが「共産主義社会の実現」（＝「国体の変革又は私有財産制度の否認」）の為の具体的な活動を行っていない以上、当該組合自体をもって「国体の変革又は私有財産制度の否認」を目的とする結社として治安維持法第一条で処罰することは難しい。そこから考え出されたのが、第三の「他力実現」論である。「治安維持法に所謂国体の変革又は私有財産制度の否認を目的とする結社とは、必しも其の結社独自の力によりて其の目的の実現を為し得る組織体たることを要せず、他の同一目的を有する結社と相俟《あいま》ちて右の目的の実現を為す結社も亦右に所謂結社たるものとす」という論理である。

しかし、この論理には問題が残った。「相俟ちて」といっても当該労働組合と日本共産党との間には「直接の関係」は存在しないからである。にもかかわらず、「相俟ちて」を肯定するために考案されたのが第四の「直接の関係」不要論である。「（日本共産青年）同盟が日本共産党との関係に於て常に受動的立場に在りとするの事情は、叙上の理に照らし寸毫も（当）該結社の右の性質を害するものにあらず」とされ、また、たとえ当該労働組合が日本共産党と直接の関係を有しないとしても、「共産主義社会の実現」（＝「国体の変革又は私有財産制度の否認」）という「共通の目的」の下に「其の経済闘争に於て苟《いやしく》も党又は同盟の指導の下に党及同盟の目的実現の為に寄与すべき機会あるに於ては、其の機会を捉へて党及同盟の目的達成を援助扶翼すると懈《おこた》らざるものなる」とされている。

「結社目的遂行行為」の罪の創設に際し、議会審議において、政府当局から同罪が成立するためには「結社目的遂行の意思」の存在が必要だと答弁されていたが、大審院はこの主観的要件を事実上外すことによって、治安当局が「日本共産党の支援」団体だと認定さえすれば「結社目的遂行行為」の罪で処罰し得るという便法に扉を大きく開いた。当該労働組合が独自の目的を持ち独自の活動を行っていたとしても、そのことは「結社目的遂行行為」の罪に問擬することには何ら支障にならないとされた。これら一連の判決により治安維持法の性格は大きく変容することになった。そして、それは治安維持法を改正して「支援結社」や「支援集団」の罪などを創設する呼び水になっていった。

目的遂行の為にする行為――昭和八年三月十四日の東京朝日新聞社従業員親睦団体事件判決[10]

東京地方裁判所に係属のいわゆる東京朝日新聞社従業員親睦団体事件の上告審において、弁護人から実体法と手続法の両面で弾劾が出された。そもそも新聞社といえども、従業員親睦団体の自主化運動を進めることが治安維持法にいう「国体を変革し私有財産制度を否認することを目的とする結社の目的遂行の為にする行為」を行ったといえるかについては多大の疑問を禁じ得ないが、それを措くとしても、目的罪である以上は「目的意思」、それも直接的な「目的意思」が必要で、本件の場合、それが明らかに欠けている。実体法上の弾劾はこのようなものであった。

しかし、本判決でも「目的意思」は不要だとされた。そして、「自主化運動の指導は畢竟《ひっきょう》社内に同党工場細胞を組織するの手段にして間接に共産党の目的遂行の為にする行為たること言を俟たず」と即断された。「目的遂行の為にする行為」は間接的なものでよいとされた結果、「目的遂行の為にする行為」の罪についでは主観的な要件も客観的な要件もほとんどないという状態に陥った。

因果関係の飛躍――昭和八年九月四日の労農同盟事件判決[11]

東京地方裁判所に係属のいわゆる労農同盟事件の上告審においても、弁護人から実体法と手続法の両面から弾劾が出された。実体法上のそれは、被告人の労農同盟員としての原判決判示の所為は何等有機的、直接的に日本共産党と関係のある行為ではなく、これをもって「日本共産党の拡大強化を目的とする行為」と問擬することは「因果関係の飛躍」であるという弾劾であった。

しかし、本大審院判決はこの弾劾を理由なしとして退けた。そして、「国体の変革並《ならび》私有財産制度の否認を目的とする結社の拡大強化を目的とする団体の存在する場合に於て、其の結社及団体の組織及目的を認識しながら其の団体の目的に属する活動を為すときは、仮令《たとえ》結社と有機的に直接の連絡を有せざるときと雖《いえども》其の行為は治安維持法第一条に所謂《いわゆる》結社の目的遂行の為にする行為に該当す」と判示した。「因果関係の飛躍」を被告人の主観で埋めるという論法が採用されている。

しかし、この行為者の主観は何ら実質的な要件とはなっていない。本判決によると、「結社の組織及目的に対する被告人の認識が新聞の記事に依りて得たるものなりと其の他の如何なる方法に依りて得たるものとは敢《あ》へて問ふ所に非《あら》ざるなり」とされているからである。これでは本件弁護人の指摘するように、「世のあらゆる反資本主義的行為」が治安維持法違反で処罰されるという不当な結果を招来することになりかねない。しかし、それはむしろ治安当局の望むところといえなくもなかった。本判例は「外郭団体」の取締りに猛威を発揮することになった。

自白は不要――昭和九年十月九日のナップ作家事件判決[12]

東京地方裁判所に係属のいわゆるナップ作家事件についての上告審判決である。本判決で注目されるのは、

「日本共産党かモスコーに本部を有する国際共産党の日本支部なること及同党が暴力革命に依り我国存立の大本たる君主国体を変革し無産階級独裁の政権を樹立し且私有財産制度を否認し共産主義社会を建設せんことを目的とする非合法の結社なることは、裁判所に顕著なる事実なるを以て証拠に依り之を認めたる理由を証明するの要なきものとす」と判示された点である。以後、これが判例となった。

日本共産党が治安維持法にいう「国体を変革することを目的とする結社」に該当するか、あるいはまた「私有財産制度を否認することを目的とする結社」に該当するか否かについては、従来の治安維持法違反被告事件において被告人、弁護人からさまざまな「合理的な疑問」が提示され続けてきたこと、そして、この「合理的な疑問」を裁判所が一貫して無視し続けてきたことは棚上げにされた。これまでは被告人などの「自白」調書などによって立証してきたが、治安維持法による検挙の対象が著しく広がった結果、このような「自白」を獲得することが困難になったことによるものであろうか。

共謀共同正犯の拡大――昭和十一年五月二十八日の共産党銀行強盗事件判決[13]

東京地方裁判所に係属のいわゆる共産党銀行強盗事件について、本連合部判決は、「窃盗罪又は強盗罪に付て其の謀議に与《あずか》りたる者は実行行為を分担せざるも共同正犯たる責を負ふべきものとす」という主文を言い渡した。「治安維持法第一条に結社の目的遂行の為にする行為と云ふは結社の目的遂行に資すべき一切の行為を包含する」という既存の大審院判例を前提にしたうえで、この「一切の行為」をさらに拡大解釈して、党資金獲得のための窃盗強盗も「結社の目的遂行の為にする行為」とし、「日本共産党の為に資金を獲得する行為は、其の得たる金員を未だ同党に供与せざるも治安維持法第一条に結社の目的遂行の為にする行為を為したるものとす」とするだけではなく、「日本共産党の為に資金獲得の手段を講ぜしむる目的を以て他人を党員に紹介することは、同党の目的遂行の為にする行為に該当するものとす」とされている。

三重の拡大解釈が許容されている。「他人の紹介」は窃盗強盗罪としては予備以前の行為であるために同罪で処罰することが困難なことから、「党資金の獲得」という主観的目的の存在を理由にして治安維持法の「結社の目的遂行の為にする行為」の罪による処罰の道を確保したものといえよう。犯罪は社会有害行為でなければならず、かつ、この有害性は具体的なものでなければならないという「行為原則」ないし「侵害原則」は無視されている。共謀共同正犯の展開にとっても画期的となる判決であった。対象となる罪が知能犯から粗暴犯にまで拡大されたからである。

治安当局と裁判所の一心同体

このように大審院は、弁護人の用いた「市民刑法の論理」をことごとく退けた。退けるにあたって理由らしい理由が示されることはなかった。一方的に断罪する。このような態度は中世の糺問《きゅうもん》主義裁判の特徴であった。裁判制度は被告人を有罪、それも簡易迅速に有罪にするための通過儀式に堕さしめられた。初めに結論ありきで、検察官の主張が最大限に尊重された。検察官の主張どおりに判決されたといった方が正しかった。法治主義、立憲主義の外皮はかなぐり捨てられた。

帝国議会と政府が治安維持法の「産みの親」だとすれば、裁判所は治安維持法の「育ての親」であった。裁判所が果たしたのは、大日本帝国憲法にさえも違反する治安維持法に司法の場でも「お墨付き」を与え、これを個々の争訟に適用するという役割であった。法実証主義によって「悪法」批判を退け、法に従う臣民の義務を強調する他方で、もはや法解釈とはいえない「拡大」解釈によって当局の「法治主義」を逸脱した法運用を是認した。裁判を受ける臣民の権利は事実上否定された。臣民は為政者の「無法」を甘受するしか道がなかった。

法解釈と事実認定は司法の技術的側面とされ、裁判の「生命線」とも譬えられるべきものである。しかし、治安維持法下の裁判所はこの「生命線」をあっさりと捨て去った。証拠に基づいて事実を厳格に認定するという技法を採ったうえで導き出された有罪判決ではなかった。初めに有罪判決がありきで、この有罪判決に合うような形に事実が加工された。遂には、治安維持法違反の事実に該当することは「公知の事実」だというような論法さえもが用いられるに至った。裁判所が採用した法解釈も、法曹の技法とは到底いえない代物であった。

「柔軟な法解釈」が日本の裁判所の伝統だといわれるが、治安維持法下の裁判所の法解釈は「柔軟な法解釈」の域をはるかに超えた融通無碍で無原則なものであった。「国体変革」結社、「私有財産制度否認」結社にあたるとするために「終局の目標」論が、また、「結社目的遂行行為」にあたるとするために「共産党との関係を認識する必要はない」という論理が考案された。治安当局と裁判所はもはや「一心同体」といっても過言ではなかった。実態は司法裁判所というよりは行政裁判所に近いものであった。

3　日本国憲法と裁判所の役割

権力分立制

日本国憲法の制定によって、権力分立制の内容は大きく変わることになった。貴族院は廃止され、新たに置かれた参議院も衆議院と同様に民選議員によって構成された。衆参両議院からなる国会は「国民主権」の下で、「国権の最高機関」「国の唯一の立法機関」とされた。憲法改正発議権、法律制定権、条約承認権、内閣総理大臣指名権、財政に関する諸権限、弾劾裁判所設置権など、国会の権限も広範にわたることになった。国政調査権、議員規則制定権、議員懲罰権、逮捕議員釈放請求権、議員資格争訟裁判権など、各議院が単独で行使する権限のほか、衆議院特有の権利としての内閣不信任決議権、参議院特有の権利としての緊急集会制度も認められた。およそ国政の基本となるような権限はほとんどが国会に属することになった。

司法についても、アメリカの裁判制度の強い影響を受ける形で大幅な改革がなされた。権力分立を徹底して、「法の支配」を確立し、人権保障の拡充強化をめざして再編成がなされた。最高裁判所を頂点とする司法裁判所は行政部から完全に切り離された。司法省は廃止されて、裁判所と検察庁も分離された。最高裁判所に「訴訟に関する手続、弁護士、裁判所の内部規律及び司法事務処理に関する事項について、規則を定める権限」(規則制定権)や独自の司法行政権が与えられ、司法権の独立が強化された。

通常の裁判所に、行政事件をも含めて一切の法律上の争訟を裁判する権限が与えられ、従来の行政裁判所は廃止された。行政機関による終審裁判も禁止されたことによって、日本国憲法の下では立法・行政に対する司法の地位は飛躍的に高まった。

日本国憲法第八一条が「最高裁判所は、一切の法律、命令、規則又は処分が憲法に適合するかしないかを決定する権限を有する終審裁判所である」と規定したことの意義もすこぶる大きかった。違憲立法審査権が裁判所に付与されたことから、裁判所は「憲法の番人」と称せられることになった。

田中コート

日本国憲法により裁判所の性格は一変されたが、裁判官は元のままであった。裁判への市民参加は相変わらず拒否され、職業裁判官が裁判官を独占し続けた。しかも、職業裁判官には公職追放の波が及ばなかったために、戦前の職業裁判官が新憲法下の職業裁判官にそのまま横滑りした。治安維持法下の裁判所を担った裁判官が引続いて新司法を動かし、新司法の下でも裁判官の法意識に変わりはなかった。[14]

新憲法下の裁判所はどのような役割を果たすべきかがさまざまなところで議論されたが、裁判所で落ち着いた結論は、「裁判所は国家機関であり、国益を擁護しなければならない」というものであった。第二代最高裁長官に田中耕太郎が就任して、「田中コート」（昭和二十五年三月三日―三十五年十月二十四日）が現出した。田中は第三次吉田茂内閣の推薦により参議院議員を辞職して最高裁長官に就任した。史上唯一、国会議員出身で閣僚経験者の最高裁長官で、就任時には新聞号外も出たほどであった。

長官就任直後には「私は国家の番犬になる」「法と秩序は国家生活において、ことに現在のような変革期では最低限の要請である。無秩序を克服することが基本的人権を尊重することになる」と述べた。また、昭和二十七年の「新年の辞」では、「エセ哲学、偽科学によって粉飾された権力主義と独裁主義は、人間の奴隷化においてファシズムに勝るとも劣らない。赤色インペリアリズムは世界制覇の野望を露骨に顕わし始めた」（裁判所時報九七号）と述べ、裁判官の立場としては尋常でないほど、革新陣営への敵意を剝き出しにした。昭和三十年の高裁長官・地家裁所長会同では、「最近、一部の有識者が現在係属中の事件（松山事件）に関し、裁判の実質に立ち入って当否を問題にし、その結果、裁判そのもの、あるいは裁判官の能力や識見に疑いを抱かせ、ひいては裁判に対する国民の信頼に影響を及ぼすおそれがあるような文章を発表していることは非常に残念である。裁判官としては世間の雑音には耳を貸さず、流行の風潮におもねらず、道徳的勇気をもって適正敏速に裁判事件の処理に最善の努力を払われたい」（裁判所時報一八四号）との訓示を行い、猛烈な批判を浴びた。

撮影・関口賢次郎「砂川基地反対闘争」昭和31（1956）年

数々の無罪判決が続出していたこの時代に、一〇年間の最高裁生活のなかで田中判事が書いた無罪判決や無罪意見は皆無であった。「駐留米軍は憲法九条二項違反で、被告人は無罪」とした原審を破棄し、「自衛権は何ら否定されたものではなく、わが憲法の平和主義は無防備・無抵抗を定めたものではない」と判断した砂川事件大法廷判決では、「安保条約が日本の防衛・世界平和と不可分な、極東の平和と安全の維持に必要である以上、米軍の駐留は憲法に反しない」との補足意見を述べた。松川事件第一次上告審でも、「多数意見は共同謀議を窮屈に解釈しすぎている。合意は黙示的でよい」とし、上告を棄却し有罪を確定すべきとする反対意見を述べた。黙秘権についても「(被告人の) 氏名黙秘は、不利益供述拒否権の濫用どころか、もはや権利として認められない」というのが田中の持論であった。

戦前、「思想検察」において主役を務め、公職追放された池田克《かつ》が「田中コート」で最高裁判事に就任した。田中の強い推薦によるものであった。日本国憲法が与えた役割に反して、裁判所は「公安検察」「公安警察」と並ぶ「公安司法」の支柱となった。[15]ちなみに、田中長官は砂川事件大法廷判決以前にアメリカのマッカーサー駐日大使と面会した際、「伊達判決は全くの誤り」として一審判決を破棄差戻しすることを示唆し、その後も上告審日程や上告審判決の結論方針をアメリカ側に漏らしていたという。また、田中は同大法廷判決の中で、「かりに……それ（駐留―引用者）が違憲であるとしても、とにかく駐留という事実が現に存在する以上は、その事実を尊重し、これに対し適当な保護の途を講ずることは、立法政策上十分是認できる」「既定事実を尊重し法的安定性を保つのが法の建前である」との補足意見を述べた。文字どおり「国家の番犬」を忠実に実践した。

4　国家の番犬

警察予備隊違憲訴訟

昭和二十五年八月に創設された警察予備隊が日本国憲法第九条に違反するとして、最高裁判所に行政訴訟が提起された。この行政訴訟について昭和二十七年十月八日の大法廷判決[16]は全員一致で訴えを不適法とした。その理由とされたのは「日本の裁判所は具体的な争訟事件が提起されないのに将来を予想して憲法及びその他の法律命令等の解釈に対し存在する疑義論争に関し抽象的な判断を下す権限はない」「警察予備隊に係る一切の無効確認を求める訴えは不適法で却下すべきである」というものであった。

警察予備隊が合憲か違憲かについては一切触れられなかった。学説では法律により最高裁判所に憲法裁判所的権限を与えることが可能であるとする少数説もあったが、最高裁はこれを退けた。アメリカ型の付随的違憲審査制に拠ったものであるともいえたが、違憲立法審査権を行使することに消極的な態度が生み出した判決という性格が濃厚であった。

終戦から三年後、当時の文部省が作った中高校生向け教科書『民主主義』では、多数決は用い方によって「民主主義そのものを根底から破壊するような結果に陥ることがある」と指摘されていた。「数の民主主義」の暴走から「質の民主主義」を守ることが違憲立法審査権の意義であった。第二次世界大戦後、多くの国々が法律に基づいて人権が蹂躙《じゅうりん》された苦い教訓から違憲立法審査制度を採用した理由もこの点にあった。

しかし、裁判所ではその理解が不足していた。議会と裁判所を比べた場合、「民意」をより反映しているのは議会であって、国民の選挙で選ばれた国会議員が制定した法律を国民から直接選ばれていない裁判官が違憲・無効とするのはできる限り控えるべきだ。このように考えられた。自身の手で裁判所を議会や行政府の劣位に置く――このような姿勢はのちに「消極司法」と揶揄《やゆ》されるようになった。

国鉄弘前機関区事件大法廷判決

池田克を最高裁判事に起用したことからも容易にうかがえるように、「田中コート」では、裁判所が「治安維持の一翼」を積極的に担っていくという方針の下に、公安事件について厳しい判断が下された。昭和二十八年四月八日の国鉄弘前機関区事件大法廷判決[17]も「国家の番犬」というべき判決の一つであった。

昭和二十三年の政令二〇一号を受けて国家公務員法などが改正され、官公労働者の争議行為を全面的に禁止する法制が確立され、争議行為の禁止規定違反の罪で起訴される事案も少なくなかった。裁判所の判断が注目されることになった。争議行為の禁止規定自体は合憲だというのが最高裁判所の一貫した態度であり、本大法廷判決はそのリーディング・ケースともいうべきものであった。

「国民の権利はすべて公共の福祉に反しない限りにおいて立法その他の国政の上で最大の尊重をすることを必要とするのであるから、憲法二八条が保障する勤労者の団結する権利及び団体交渉その他の団体行動をする権利も公共の福祉のために制限を受けるのは已《やむ》を得ないところである。殊《こと》に国家公務委員は、国民全体の奉仕者として公共の利益のために勤務し、且つ職務の執行に当っては全力を挙げてこれに専念しなければならない性質のものであるから、団結権団体交渉権等についても、一般の勤労者とは違って特別の取扱を受けることがあるのは当然である」というように判示した。「公共の福祉」や「全体の奉仕者」という論拠が呪文のように用いられ、処罰の根拠もこの呪文に求められた。しかし、このような抽象的、一般的な概念によって労働基本権の制限を根拠づけることには、学説のほとんどが反対であった。

練馬事件判決

判例の共謀共同正犯論は、練馬事件大法廷判決によって新たな段階に進むことになった。練馬事件とは、昭和二十六年十二月、某政党軍事組織の地域細胞の責任者であるYの連絡・指導に基づいてZ他数人が練馬警察署巡査のBを路上に誘い出し、鉄管や丸棒で後頭部を乱打し、よって間もなく脳挫傷により現場で死亡させたという被告事件であった。

昭和二十八年四月十四日の東京地裁判決及び昭和二十八年十二月二十六日の東京高裁判決はいずれも、現場における襲撃に参加しなかった右軍事組織の地区委員長のX、そしてYを含む全被告人について傷害致死罪の共同正犯を認めた。被告人から上告がなされたが、昭和三十三年五月二十八日の最高裁大法廷判決[18]は上告を棄却し、原審の有罪判決を維持した。最高裁はこの判決の中で、XとY、YとZなどと順次に共謀がなされた場合でもすべての者に共謀の成立を認めてよいと判示した。これによって共謀共同正犯の成立範囲は一層拡大し、判例の共謀共同正犯論は新たな段階に進むことになった。

本判決が示した共謀共同正犯の個人主義的な構成は、それまでの団体責任から個人責任への転換を図ったものとして学界では好意的に受け止められ、学説における共謀共同正犯の受容の端緒となり、共謀共同正犯を合憲とする学説が支配的となっていった。国民の意識のなかで団体主義から個人主義への価値観の転換が進行しつつあるという時代状況の下で共謀共同正犯を維持し、その拡大を図るためには、それまでの治安刑法ないし戦時刑法的な色彩を薄め、市民刑法的な装いを施す必要があったといえようか。

本判決が打ち出した謀議を認めるためには「厳格な証明」が必要だという判示部分も、裁判実務に影響を及ぼすことになった。昭和三十四年八月十日、最高裁は松川事件について練馬事件大法廷判決を引用し、本件謀議については厳格な証明があったといえないとして、原審の死刑四人を含む有罪判決を破棄し差し戻した。松川事件はその後、昭和三十八年九月十二日の最高裁判決によって全員の無罪が確定した[19]。

ポポロ座事件判決

昭和二十七年二月、日本国憲法第二三条が保障する大学の自治を揺るがしかねない事件が発生した。東大の公認学生団体の「ポポロ劇団」が同月、学内で大学の許可を得て松川事件をテーマにした演劇の上演を行ったところ、会場に私服の警察官四人がいるのを学生が発見し、三人の身柄を拘束して警察手帳を取り上げて謝罪文を書かせた。手帳の記載から大学内における長期にわたる内偵活動が明らかになった。手帳を取り上げるなどした学生は、その際に警察官に暴行を加えたとして、「暴力行為等処罰に関する法律」（大正十五年四月十日法律第六〇号）違反の容疑で起訴された。

第一審の東京地方裁判所は、昭和二十九年五月十一日の判決で無罪を言い渡した。学問の自由及び大学の自治と警察官の個人的法益とを比較すると前者がはるかに重要であるというのが、その理由とされた。控訴審の判決もこれを支持した。しかし、昭和三十八年五月二十二日の最高裁大法廷判決[20]は無罪判決を破棄し差し戻した。本件発表会は一般公衆が入場券を買って入場し得たものであり、「警察官が立ち入ったことは、大学の学問の自由と自治を犯すものではない」と判示された。大学内における長期にわたる内偵活動が勘案されることはなかった。

5　解釈改憲と裁判所――「法の支配」の守護から否定へ

黙示の共謀

裁判所による「柔軟な解釈」は、平成の時代に入っても続いている。近時、最高裁は共謀共同正犯の成立範囲をさらに広げる方向に舵を切ったかのようである。暴力団組長である被告人が車五台で都内を運行するにあたり、スワットと呼ばれる警護の組員五人がけん銃・実包を所持していたという事案について、平成十五年五月一日の最高裁決定[21]は、組長にもけん銃等所持罪の共同正犯を認めた。スワットらが自発的に被告人を警護するために本件けん銃を所持していたことを確定的に認識しながら、それを当然のこととして受け入れて認容していた。被告人とスワットらの間にけん銃等の所持につき黙示的に意思の連絡があったと判示された。

これには、学界から認容や黙示的意思だけで共謀共同正犯を認めるのは従来の判例の立場を超えているという評価が加えられた。被告人が暴力団だからといって問題の深刻さが解消される訳ではなかった。暴力団事件で開発され適用された論理が一般事件でも使われるようになるのは時間の問題だからである。

立川ビラ投函事件

日本の「表現の自由」については、いわば逆転現象がみられる。「反戦」と「差別」では逆方向になっている。「反戦」表現については、「表現の自由」よりも個人の住居の平穏を優先し、これを積極的に刑法的に規制する。これに対して、「差別」表現については、平等や人間の尊厳よりも「表現の自由」を優先し、これを「表現の自由市場」に委ねている。それをあらためて例証したのが立川ビラ投函事件であった。

平成十六年一月から二月にかけて、反戦ビラを配布する目的で、立川自衛隊官舎内に立ち入った三人が住居不法侵入の容疑で起訴された立川ビラ投函事件について、平成十六年十二月十六日の東京地裁八王子支部判決は被告人を無罪とした。①被告人らの各立入り行為の態様自体は、立川宿舎の正常な管理及びその居住者の日常生活にほとんど実害をもたらさない、穏当なものといえる。②被告人らの本件各立入り行為が居住者のプライバシーを侵害する程度は相当に低いものとみるべきである。③被告人らがことさらに居住者、管理者からの反対を無視して各立入り行為に及んだとはいえない。これらの理由を挙げて、本件各立入り行為の態様について相当性の範囲を逸脱したものとはいえないと判示した。

これに対し、検察官から控訴がなされた。①被告人らの各立入り行為はいわゆる可罰的違法性を欠くものではなく、原判断を是認することができない。②動機を正当なものとし、これを本件各犯行の違法性を否定する根拠とした原判決の判断は誤りである。③何人も、他人が管理する場所に無断で侵入して勝手に自己の政治的意見などを発表する権利はないというべきで、本件各立入り行為について刑法一三〇条を適用してこれを処罰しても憲法二一条に違反するということにもならない。④被告人らの各立入り行為の態様が相当性の範囲を逸脱していないとした原判決の判断は誤りである。⑤被告人らが立川宿舎に立ち入ったことにより生じた法益の侵害は極めて軽微なものというべきであるとした原判決の判断は誤りである。これらが控訴理由とされた。

平成十七年十二月九日の東京高裁判決は検察官の主張をことごとく支持し、無罪の原判決を破棄して被告人に罰金刑を言い渡した。「検察官の所論は、いずれの点でも理由があり、前記のとおり邸宅侵入罪の構成要件に該当する被告人らの各立入り行為が、いわゆる可罰的違法性を欠くとして違法性が阻却されるとはいえない。してみると、本件各行為がいわゆる可罰的違法性を欠くとして各被告人に対し無罪を言い渡した原判断には、刑法一三〇条の解釈、適用の誤りがあるといわざるを得ず、これが判決に影響を及ぼすことは明らかであるから、原判決は、全部破棄を免れない」とした。最高裁も平成二十年四月十一日の判決[22]で被告人の上告を棄却し、有罪が確定した。しかし、日本国憲法が、「反戦」表現よりも「差別」表現を優先しているとは到底考えられない。そこに、日本における「表現の自由」の基本的な矛盾がみられる。

元裁判官たちの発言

違憲だとの指摘が強い平和安全法制整備法案は平成二十七年七月十六日、衆議院本会議で可決され、参議院本会議でも九月十九日に可決され、成立した。違憲だという声は学界のみならず、元法制局長官からも上がっている。

たとえば、平和安全法制整備法案を審議した衆議院平和安全法制特別委員会は、この六月二十二日午前、有識者五人を招いて参考人質疑を行った。内閣法制局長官を務めた阪田雅裕《まさひろ》弁護士も野党推薦で見解を述べた。同弁護士は憲法違反とは言及しなかったものの、「中東・ホルムズ海峡での機雷掃海はこれまでの政府見解を逸脱している」と指摘し、集団的自衛権行使の前提となる「存立危機事態」の定義を改め、「わが国への攻撃が行われる明白な危険」を要件として法案に明記するよう求めた。[23] 同じく元内閣法制局長官の宮崎礼壹《れいいち》法政大学法科大学院教授も野党推薦で出席した。同教授は、法案のうち集団的自衛権の行使を認めた部分について「従来の政府見解とは相いれない。憲法九条に違反し、法案は速やかに撤回すべきだ」と述べ、法案の取り下げを要求した。[24]

元最高裁判事からも疑問の声が上がっている。同年七月九日、日弁連主催の平和安全法制整備法案に反対する集会が東京・永田町の衆議院第二議員会館で開かれた。会場には法曹関係者や国会議員ら二五〇人が集まり、日弁連の村越進会長から国会議員に対して、安保法案に反対する約二八万人分の請願署名が渡されたという。集会には平成十八年から平成二十四年まで最高裁判事を務めた那須弘平《こうへい》弁護士も参加した。「(平和主義を定めた)憲法の前文は、法律的効力を持たないというのが法律の世界の常識だが、歴史文書であり、祈りの文書として重要な意味がある。これを基本にして、国会に良識ある判断をしてほしい」「法案は法律的にも政治的にも認められない」と発言したという。

与党の参考人であるにもかかわらず、衆議院の憲法審査会に招かれたとき、「集団的自衛権の行使は違憲だ」と発言して大きな注目を集めた憲法学者の長谷部恭男《やすお》早稲田大学教授も本集会に参加した。また、同年七月九日のテレビ朝日の「報道ステーション」では、平成十三年から平成十八年まで最高裁判事を務めた濱田邦夫弁護士のインタビューが放送された。同弁護士の見解も「もちろん違憲です」ということであったとされる。今、日本は戦後最大の「法の支配」の危機を迎えている。

沈黙を続ける裁判所

政府・与党によると、合憲か違憲かを決めるのは憲法学者などではなくて最高裁判所だとされる。その最高裁は、相変わらず沈黙を守っている。「日本の裁判所は具体的な争訟事件が提起されないのに将来を予想して憲法及びその他の法律命令等の解釈に対し存在する疑義論争に関し抽象的な判断を下す権限はない」というのが、沈黙を守る根拠だとされるのであろう。しかし、成立した整備法に基づいて自衛隊が海外に派遣され、武力紛争に発展した場合、違憲訴訟を受けた裁判所はどのような判断を下すのであろうか。統治行為論で逃げるのであろうか。違憲状態だが自衛隊派遣及び武力行使自体は無効としないというのであろうか。それとも今回は明確に合憲とするのであろうか。いずれも裁判所の「自殺行為」である。

裁判所はかつて治安維持法を融通無碍に解釈運用し、多くの有罪判決を言い渡して、人権蹂躙の共同正犯者となった。今回も同じ轍を踏むのであろうか。

第八章　重罰化——死刑大国・ジャパン

1　近代の刑罰制度

残虐な前近代の刑罰制度

重罰化の象徴は、死刑制度とその執行に見ることができる。前近代ではみせしめの手段として死刑を残酷に演出するために、火刑、車裂き、鋸挽《ひ》き、釜茹《ゆ》で、石打ち、斬首、首吊り、凌遅《りょうち》刑（＝激しい苦痛を長時間にわたって与えるために、生身の人間の肉を少しずつ切り落としていく刑）、内臓抉《えぐ》り、八つ裂き、松の木折り、溺死刑その他、さまざまな形態の死刑が考案され、執行された。公開処刑も古今東西で行われた。身体に損傷を与える四肢の切断、宮刑（去勢）、鼻削ぎ、入れ墨などに加えて、身体に苦痛を与える鞭打ち、杖《じょう》刑などの身体刑も多用された。重い身体刑は受刑者の死につながった。身体刑と死刑は重なりつつ全体として刑罰の中核を占めた。

縁座《えんざ》制により刑罰は犯人の家族や一定の親族関係に立つ第三者にも及んだ。中世のヨーロッパでは自殺が罪とされ、自殺者の死体は燃やされたうえで町中を引きずり回され、ごみとして捨てられた。その際に遺族も処罰されたといわれている。

連座《れんざ》制は親族関係以外の理由で他人の犯罪について責任を負わされるもので、戦国時代の各大名の家法である分国法では加害者の在所、郷村までも連座させた。犯罪者のすべての財産を没収する全財産没収も猛威をふるった。土地、農地、家屋、家財道具その他、総てが没収されたために、本人のみならず家族全員がその日から路頭に迷うことになった。犯人・家族を助けることも禁止された。

刑罰制度こそは、その時代の国家のあり方を如実に示す鏡のような存在ということができる。前近代の刑罰制度が映し出したのは国家の残虐性、暴力性、非人道性、非合理性であった。

啓蒙主義とチェーザレ・ベッカリーア

近代を思想の面で導いた啓蒙主義は、国家の残虐性、暴力性、非人道性、非合理性を「光の哲学」の名において洗浄することを最大の課題の一つとした。身体刑に代えて懲役や禁錮などの自由刑が主張された。財産刑はその性格を変えるべきで、家族らに類が及ぶ全財産没収は禁止されるべきだとされた。

チェーザレ・ベッカリーア『犯罪と刑罰』（1807年版）の口絵

最大の問題は死刑であった。死刑廃止のほか、苦痛を少なくする死刑執行方法の提案もなされた。フランスの内科医師で国民議会議員であったジョゼフ・ギヨタン博士が考案したギロチン（Guillotine）は従来の処刑器よりも苦痛を与えないとして、一七九二年四月、立憲議会で正式に処刑道具として認められた。フランスではこのギロチンが死刑廃止の一九八一年まで使用された。

イタリアのミラノの侯爵の家柄に生まれた青年のチェーザレ・ベッカリーアが著した『犯罪と刑罰』は、啓蒙主義刑法論を示す代表作となった。同書は、刑罰というその時代のもっとも残虐な誤りを打ち倒すために集められ組織された文明の戦士たちが展開する壮大な諸思想の隊列であった。ベッカリーアは政教分離に基づき、国家刑罰権の基礎を神にではなく市民と国との社会契約に求めた。そして、この社会契約に基づき、「法律だけが各々の犯罪に対する刑罰を規定することができる」「法律で規定されていないどんな刑罰も科すことはできない」とし、社会契約に基づいて国家に付与された権限を逸脱する刑罰権の行使はすべて濫用であり不正であって、死刑や残虐な刑罰は社会契約に反するとされた。犯罪防止という観点から犯罪と刑罰の均衡も主張され、不均衡な刑罰は正当化されないと弾劾された。無辜を訴訟にかけると犯罪予防効果が損なわれるとして、無罪の推定にも注意を払わなければならないとされ、拷問の廃止も説かれた。[1]

『犯罪と刑罰』は、ヨーロッパ諸国における近代刑法の制定に多大の影響を与えた。ドイツの啓蒙主義刑法学者のホンメルは同書をドイツに紹介した。プロイセンのフリードリヒ二世も同書に賛意を表明した。オーストリアのマリア・テレジアも、同書から導かれるものが自分たちの法改革の意図だと公言した。ロシアのエカテリーナ大帝もベッカリーアを彼女の宮廷に招いた。啓蒙君主の指導によって、近代的な刑事立法が相次いで制定された。一七八七年のオーストリア刑法、一七九四年のプロイセン一般ラント法などがそれであった。

フランス一七九一年刑法

『犯罪と刑罰』の内容が民主主義的な色彩を濃くして全面的に法規範化されたのは、穏やかな「上からの近代化」ではなく、革命方式による急激な「下からの近代化」を実現したフランスにおいてであった。一七八九年のフランス人権宣言を受けて制定された一七九一年の刑法典によって法規範化されることになった。ナポレオン体制による修正を受けた一八一〇年刑法典でも近代刑法の基調が変わることはなかった。

ドイツでもフランス革命の自由主義的な思潮の影響の下に、一八一三年のバイエルン刑法典が制定された。警察国家的な発想の強い一八五一年のプロイセン刑法典は、ドイツ統一後の一八七一年ドイツ刑法典の母法となった。それはフランス型の「刑法の近代化」とは異なるドイツ型の「刑法の近代化」の道筋を示すものであった。

フランス一七九一年刑法典の原案では死刑が全廃されていた。国民議会の審議で修正され、「国家に対する罪」及び「個人に対する罪」のうち特に重大な幾つかの罪（国家の外部的安全に対する重罪、国家の内部的安全に対する重罪、憲法に対する重罪のほか、尊属殺・謀殺・毒殺及びこれらの未遂、予謀又は待伏せによる暴行、去勢）に絞って死刑が残されることになった。

フランス革命直後、国民議会議員であったル・プルティエ・ド・サンファルジョーが啓蒙思想の影響を受けて議会に提出したフランス史上最初の「死刑廃止法案」は否決された。ただし、九一年刑法典では「残虐な死刑」の廃止が規定されたため、死刑はギロチンによってのみ人道的に行うこととされた。火刑、車裂き、斬首などの残酷な処刑方法は、死刑としては認められないことになった。

フランス革命によって、量的にも質的にも死刑制度に大きな改革が施されることになった。今日、世界は死刑の廃止に向かっているが、その端緒はすでに近代刑法のなかで準備されていた。

2 戦前の日本の刑罰制度

旧刑法と死刑

明治十三年の旧刑法（七月十七日太政官布告第三六号）は、日本における近代刑法の起源とされるように「罪刑法定原則」を明文で規定し、身分による刑の差別（武士に対する刑としての閏刑《じゅんけい》）も廃止した。犯罪を重罪、軽罪、違警罪（今日の軽犯罪にあたる）に三分したうえで細別するとともに、その成立要件を明確に定めた。これらはフランス一八一〇年刑法典に倣《なら》ったものであったが、フランスよりも進んだ規定も多く見られた。

刑罰は単独で科し得る主刑と、主刑に付随して科し得る附加刑とから構成された。身体刑、贖罪金《しょくざいきん》（贖《しょく》銅金《どうきん》）は廃止され、縁座も禁止された。重罪に対する主刑とされたのは死刑（絞首刑だけ）、徒《と》刑（島地に派遣して所定の作業に服させる刑）、流《る》刑（島地の獄に幽閉する刑）、懲役（内地の懲役場で所定の作業に服させる刑）、禁獄（内地の獄に入れるが所定の作業は科さない刑で、重禁獄と軽禁獄に分かれる）である。軽罪に対する主刑とされたのは禁錮（禁錮場に留置し、所定の作業に服する重禁錮と、所定の作業は科さない軽禁錮とからなる）、罰金である。違警罪の主刑とされたのは拘留と科料である。

旧刑法で死刑が科されたのは、①天皇・三后・皇太子に危害を加えるなどした者、②内乱の首魁《しゅかい》及び教唆者、③外国に与《くみ》して本国に抗敵などした者、④交戦中敵兵を誘導して本国管内に入らしめるなどした者、⑤暴動の際、人を殺死などした者、⑥暴動の首魁及び教唆者で情を知ってこれを制さざる者、⑦謀殺・故殺をなしたる者、⑧毒物を施用して人を殺したる者、⑨祖父母・父母を謀殺したる子孫、⑩強盗人を死に致らしめたる者、⑪火を放て人の住居したる家屋を焼燬《しょうき》したる者、⑫火を放て人の乗載したる船舶汽車を焼燬したる者、である。皇室に対する罪、尊属に対する罪に対しても死刑が科されているのが特徴である。

ヨーロッパ法学に明るく、明治維新後は司法省に出使し、「新律綱領」の編纂にも参画した津田真道《まみち》は拷問のみならず死刑についても廃止論の先頭に立ち、明治八年には『明六雑誌』に「死刑は刑に非《あら》ず」という論文を発表した。しかし、津田自身も認めるように、当時の日本において死刑廃止論は時期尚早の議論であった。元老院がこれを受け入れることはなかった。

明治四十年刑法による死刑の拡大

一八七一年のドイツ刑法典を参照し、ドイツの新派刑法学を学んで帰国した刑法学者たちによって法典化されたために、明治四十年刑法典（四月二十四日法律第四五号）は、当時としてはもっとも主観主義的な刑法典であった。旧刑法で置かれた罪刑法定原則に関する明文規定も削除された。重罪、軽罪、違警罪の区別も廃止され、刑の種類は、死刑、懲役、禁錮、罰金、拘留及び科料を主刑とし、没収を付加刑とするとされた。違警罪の規定は明治四十一年の警察犯処罰令（明治四十一年九月二十九日内務省令第一六号）の定めるところに委ねられることになり、行政機関の制定する命令への罰則の包括的な委任という道が開かれた。

刑法の条文は圧縮されたために、犯罪の規定の仕方はドイツ刑法に比べてもはるかに包括的で、法定刑の範囲が広くなった。刑の量定に際して行為者の主観的事情が重視され、行為者の人格の反社会性の程度によって量刑が異なることになった。未遂犯の処罰についても、旧刑法の必要的減刑に代えて裁判官の裁量による任意的減刑が採用された。新派の主観主義の影響が濃厚であった。累犯加重や併合罪加重で法定刑が引き上げられた。

死刑は絞首して執行すると規定されたが、死刑が科される罪は拡大されている。死刑が科される者は、①天皇・太皇太后・皇太后・皇后・皇太子又は太孫に対し危害を加へるなどした者、②内乱に関する罪の首謀者、③外国と通謀して日本国に対し武力を行使させた者、④日本国に対して外国から武力の行使があったときにこれに加担してその軍務に服しその他これに軍事上の利益を与えた者、⑤放火して現に人が住居に使用し又は現に人がいる建造物・汽車・電車・艦船又は鉱坑を焼損した者、⑥激発すべき物を破裂させて人が住居に使用し又は現に人がいる建造物・汽車・電車・艦船又は鉱坑を損壊した者、⑦出水させて現に人が住居に使用し又は現に人がいる建造物・汽車・電車又は鉱坑を浸害した者、⑧現に人がいる汽車又は電車を転覆・沈没・破壊させよって人を死亡させた者、⑨鉄道若くはその標識を損壊し又はその他の方法により汽車若くは電車を転覆破壊し又は艦船を転覆・沈没・破壊した者、⑩水道により公衆に供給する飲料の浄水又はその水源に毒物その他人の健康を害すべき物を混入し、よって人を死亡させた者、⑪人を殺した者、⑫自己又は配偶者の直系尊属を殺した者、⑬人を死亡させた強盗、⑭女子を強姦し、よって女子を死亡させた強盗、とされた。

死刑が科される皇室に対する罪も「太孫」にまで、また、家族制度に対する罪も「配偶者の直系尊属」にまで拡大された。天皇制国家にとって二大柱ともいうべき皇室と家族制度について、重罰による保護の強化が図られている。

3　戦時下の死刑制度

改正刑法仮案による死刑の拡大

「刑法並《ならびに》監獄法改正調査委員会」は、昭和六年に総則部分、昭和十五年に各則を含めた「改正刑法仮案」を未定稿として発表した。①皇室に対する罪や内乱罪などの国家犯罪を拡大・強化したこと。②人身及び名誉に対する罪の法定刑を全般的に引き上げたこと。③不定期刑、保安処分などの刑事政策的な制度を積極的に採用したこと。これらが仮案の特徴であった。「各則案」で新設された章は「公の選挙に関する罪」「神社に対する罪」「礼拝所に対する罪」「安寧《あんねい》秩序に対する罪」「損壊の罪」「権利の行使を妨害する罪」の六つであった。明治四十年刑法では一四の罪について死刑が規定されていたが、仮案では二五の罪に拡大されている。「遺棄の罪」の中に「法律上の扶養義務の不履行」の罪も追加されている。

しかし、仮案が発表された直後、政府によって突如、調査委員会が廃止された。両法の改正は審議が終わらないうちに終息させられることになった。政府は「各則案」のうち、「安寧秩序に対する罪」の章を新設する部分を刑法の一部改正という形で実現する道を選んだ。

一部改正法案の「第七章の二　安寧秩序に対する罪」の内容とされたのは、①人心を惑乱《わくらん》することを目的として虚偽の事実を流布した者は五年以下の懲役若くは禁錮又は五千円以下の罰金に処す（第一〇五条第一項）、②銀行預金の取付其他経済上の混乱を誘発することを目的として虚偽の事実を流布した者は七年以下の懲役若くは禁錮又は五千円以下の罰金に処す（同条第二項）、③戦時、天災其他の事変に際し人身の惑乱又は経済上の混乱を誘発すべき虚偽の事実を流布した者は三年以下の懲役若くは禁錮又は三千円以下の罰金に処す（第一〇五条の四）、④戦時其他の事変に際し暴利を得ることを目的として金融界の攪乱《かくらん》、重要物資の生産又は配給の阻害其他の方法に依り国民経済の運行を著しく阻害する虞《おそれ》ある行為を為したる者は一年以上の懲役に処す（第一〇五条の五）、などであった。

一部改正法案では、その外、①公の競売、入札の公正を図るため並びに強制執行を免れる行為を処罰すべき規定を設けること、②失火罪の刑を加重すること、③公正証書の原本不実記載の罪を加重すること、④収賄罪の規定を整備すること、なども改正の目的とされた。改正案は可決成立し、昭和十六年法律第六一号として公布された。

治安維持法による重罰化

治安維持法に死刑が登場するのは、昭和三年の緊急勅令「治安維持法中改正の件」（六月二十九日勅令第一二九号）からである。国体を変革することを目的として結社を組織した者又は結社の役員其の他指導者たる任務に従事した者に対する法定刑の一つとして、死刑が規定された。

昭和十六年の新治安維持法では、死刑の対象犯罪が拡大された。①（国体変革又は私有財産制度否認を目的とする）結社を支援することを目的として結社を組織した者又は結社の役員其の他指導者たる任務に従事した者、②（国体変革又は私有財産制度否認を目的とする）結社の組織を準備することを目的として結社を組織した者又は結社の役員其の他指導者たる任務に従事した者、に対しても死刑が法定刑の一つとして新たに規定されることになった。

無期懲役刑の多用も目に付く。昭和三年改正法では、同じく国体を変革することを目的として結社を組織した者又は結社の役員其の他指導者たる任務に従事した者に対する法定刑の一つとされていた。新治安維持法ではそれが拡大され、国体を変革することを目的として結社を組織した者又は結社の役員其の他指導者たる任務に従事した者のほか、①（国体変革又は私有財産制度否認を目的とする）結社を支援することを目的として結社を組織した者又は結社の役員其の他指導者たる任務に従事した者、②（国体変革又は私有財産制度否認を目的とする）結社の組織を準備することを目的として結社を組織した者又は結社の役員其の他指導者たる任務に従事した者、③国体を否定し又は神宮若くは皇室の尊厳を冒瀆《ぼうとく》すべき事項を流布することを目的として結社を組織した者又は結社の役員其の他指導者たる任務に従事した者、④（国体を否定し又は神宮若くは皇室の尊厳を冒瀆すべき事項を流布する）目的を以て集団を結成した者又は集団を指導した者、に対しても無期懲役が法定刑の一つとされた。

新治安維持法では、禁錮刑が選択刑とされる罪も絞り込まれた。驚くべき重罰化であった。

斎藤隆夫の死刑批判

昭和三年の「治安維持法中改正の件」で治安維持法が死刑を採用したことについては、帝国議会で少なくない議員から疑問だとの質問が寄せられた。なかでも特筆されたのは、かの有名な「反軍演説」を行った斎藤隆夫のそれであった。議会承認を与えるか否かが議論された昭和四年三月二日の衆議院本会議において、斎藤は法案に反対の理由説明のなかで死刑批判を展開した。[2]

「刑罰の目的は犯罪者を苦めるにあらずして、犯罪者の身体を保護し、犯罪者の精神を教養し、犯罪者の人格を向上せしめて、以て一般の国民と共同の生活が出来るやうにする、是が刑罰の目的であると、……是は決して原司法大臣独特の説ではないが、本員は固《もと》より之に賛成するのであります、然るに犯罪者に向って死刑を科する、一度人を殺したならば、刑罰の目的と云ふものは、全然達することが出来ないのであります、人を死刑に処した後に、其人の身体を保持することは出来ない、其人の精神を教養することは出来ない、其人の人格を向上せしむることは出来ない、其人をして一般の民衆と共同生活を為さしむることは出来ないのである、故に立法は濫《みだり》に人を殺す所の法律を作るべからず、況《いわん》や立憲政治の下に於きまして、国民の代表の承諾を得ずして殺人法を制定するが如きは、政府として大に警《いまし》めなければならぬのであります」というものであった。

斎藤はその死刑批判を「明治大帝の御製の中に於て斯の如きものがある『罪あらば我を咎めよ天津神民は我身の生みし子なれば』」で締めくくっている。「国体の変革」をより重罰化する治安維持法改正案の厳罰主義を、その「国体の根本義」をもって批判しようとしている点が興味深い。それは斎藤だけではなく、無産党議員などを除いて、他の議員の反対討論にも共通に見られるところのものであった。学界における当時の死刑廃止論においても同様であった。[3]

4 戦時犯罪——個人法益の国家法益化

刑事手続の改正

昭和十五年の「改正刑法仮案」の公表以降、刑法全面改正作業は戦争で中断されることになった。そこで、太平洋戦争開戦直後の昭和十六年三月に「戦時犯罪処罰の特例に関する法律」(昭和十六年十二月十九日法律第九八号)が制定された。同法を廃止し、これに代わって制定されたのが「戦時刑事特別法」(昭和十七年二月二十四日法律第六四号)で、昭和十七年二月に公布された。

戦時刑事特別法では、刑事手続でも重要な改正が行われた。弁護人選任権の制限、機密保持を名目とした書類の閲覧・謄写の制限、警察官と検事作成の聴取書に対する一般的証拠能力の付与ないし証拠能力に関する制限の大幅緩和、本法で指定された罪に関する二審制の適用、有罪判決理由及び上告手続の簡素化などがそれであった。いずれも被疑者・被告人を速やかに起訴し、有罪とし、処罰することを意図したもので、昭和十六年の治安維持法の改正（三月十日法律第五四号）で治安維持法違反被告事件の刑事手続について採用されたものを、戦時下の重罪事件一般の刑事手続にも拡大しようとしたものであった。同法は以後三回にわたって改正され、検察官・裁判官の権限がさらに強化された。

戦時刑事特別法は昭和二十年に廃止されたが、刑事手続の特例措置中、検察官の強制処分権、警察官と検事作成の聴取書に対する一般的証拠能力の付与ないし証拠能力に関する制限の大幅緩和、判決における有罪理由の簡易な記述などは「日本国憲法の施行に伴う刑事訴訟法の応急的措置に関する法律」（昭和二十二年法律第七六号）を介して、戦後の新刑事訴訟法（昭和二十三年法律第一三一号）の中に移植されることになった。

戦時犯罪だから重罰に

戦時刑事特別法では、刑事手続についてだけではなく、刑法についても所要の改正が行われ、法定刑が引き上げられた。①戦時に際し燈火管制中又は敵襲の危険その他人心に動揺を生ぜしむべき状態ある場合の放火罪、②戦時に際し国政を変乱することを目的とする殺人罪、③戦時下の騒擾罪・公共防空妨害罪・公共通信妨害罪・ガス電気利用妨害罪・重要生産事業遂行妨害罪・生活必需品買占罪・往来妨害罪・住居等侵入罪・飲料水に関する罪、などの法定刑の上限は死刑・無期懲役とされた。

また、昭和十八年の改正では、国政変乱目的の傷害・逮捕・監禁・暴行・脅迫罪の法定刑の上限が死刑・

無期懲役・禁錮に、また、騒擾その他治安を害すべき罪の実行についての協議・煽動の法定刑の上限も七年以下の懲役・禁錮にされた。

この改正でとくに問題となったのは、戦時に際し国政を変乱しその他安寧秩序をびん乱することを目的として著しく治安を害すべき事項を宣伝した者を同じく七年以下の懲役・禁錮に処するという規定を追加することであった。濫用しないように万全を期す旨の東条英機《ひでき》首相の特別声明があってようやく可決された。

この重罰化では、その根拠に留意しなければならない。政府は昭和十七年一月二十二日に開催された第七九回帝国議会貴族院本会議において、提案理由を「御承知の通り大東亜戦争は国家総力戦であります。而してその目的の完遂を期しまする為には、国内の治安を確保し、国民をして安んじて職域奉公の誠を尽さしめると共に、国防上有害なる犯罪に付きましても、之が予防及鎮圧の為有効適切なる方策を講じますることが、此の際最も緊要なることと存ずるのであります」[4]というように説明した。

政府によると、個人的法益に対する罪も社会的法益に対する罪も国防上有害な「戦時犯罪」と性格が一変させられ、この「戦時犯罪」であることが重罰化の根拠とされている。個人的法益に対する罪として位置づけられてきた傷害・逮捕・監禁・暴行・脅迫罪も「国政変乱目的」が認められれば、死刑又は無期懲役・禁錮が科し得るとされた。

死刑・戦争・軍隊の密接な関係

戦時下では、すべての犯罪が「戦時犯罪」といえた。たとえ軽微な犯罪であっても、当該犯罪によって治安を乱すこと自体が国家総力戦の遂行に妨げとなると考えられた。すべての犯罪の保護法益は国家的法益化することになった。ここに国家的法益とはもちろん「市民刑法」にいうそれではなく、国家総力戦を遂行するために絶対に確保されなければならない「国内治安」そのものを意味した。

ここに至ると、刑法、刑事訴訟法の役割は完全に逆転することになった。刑法と「戦時刑法」とは、そして、犯罪と「戦時犯罪」とは、さらには、刑事手続と「戦時刑事手続」とは同義語となった。近代刑法は終焉を迎えた。いつも為政者は「安心・安全」を強調するが、その「安心・安全」もすべてが「国家のための国家による国家の安心・安全」に収斂された。

ちなみに、死刑を規定していたその他の法律として、陸軍刑法（明治四十一年四月十日法律第四六号）、海軍刑法（明治四十一年四月十日法律第四八号）、軍機保護法（昭和十二年八月十四日法律第七二号）、国防保安法（昭和十六年三月七日法律第四九号）などがあった。死刑と戦争及び軍隊が密接な関連があることは一目瞭然であろう。

5　戦後の日本の刑罰制度

刑法の一部改正

戦後の昭和二十二年十一月、刑法の一部改正（十月二十六日法律第一二四号）が施行された。皇室に対する罪の規定を削除したことが、もっとも重要な点であった。新憲法において天皇は日本国民統合の象徴たる特別の地位を有し、皇族もまたこれに伴って法律上特殊の身分を有するが、これらの地位と矛盾しない範囲において一般国民と平等な個人としての立場をも有することとなったので、その限りにおいて法的に異なった取扱いをすることは新憲法の趣旨に合致しないとの思想に基き、この改正を行わんとするもので、要するに個人の尊厳かつ平等の趣旨を徹底せんとするものであると趣旨説明された。

改正の第二は、戦争の放棄及び国際主義の原則に関するものである。戦争状態の発生並びに軍備の存在を前提とする現行の外患罪の規定を改めて、外国よりの武力侵略に関する規定としたこと。従来外国人が日本人に対しその法益を侵害する罪を犯した場合にはそれが外国で行われた場合にも日本刑法を適用することとなっていたが、諸外国の立法例にも鑑み、この種の国外犯についてはこれを当該国の刑法に譲り日本刑法の適用より除外したこと。外国において刑事裁判を受けた者に対し日本でさらに重ねて刑の言渡しをする場合において、犯人がすでに外国で刑の全部または一部の執行を受けていたときは、刑の執行を軽減又は免除することができるとなっていたのを、必ず軽減又は免除しなければならないとしたこと。これらである。

改正の第三は、国民の権利及び義務に関するものである。公務員による職権濫用、逮捕監禁、暴行陵虐の罪の法定刑を引上げ、この行為に対し厳罰を以て臨む趣旨を強調するとともに、一般の暴行、脅迫についてもその法定刑を引上げ、かつ暴行罪については従来、告訴がなければ公訴できない親告罪であったものを非親告罪とし、暴力否定の精神を重ねて明らかにして国民の自由権の保障を全うしようとした。重大な過失による致死傷を同じく重く処罰することにしたのも、人身の保護をこの機会に一層厚くしようとしたものにほかならない。さらに名誉毀損罪の法定刑を引上げることとしたのは、最近言論の自由がともすれば本来の道を逸脱して不当に人の名誉を傷つけることの多きに鑑み、社会生活上における個人の重要な権益たる名誉を不当なる攻撃より護らんとするもので、これまた人権保障の趣旨に出づるものであると趣旨説明された。

改正の第四は、姦通罪の規定の削除である。男女の本質的平等と夫婦の同権が憲法に明らかに規定された今日、従来のごとく妻の姦通のみを処罰する制度の改められるべきはいうをまたないところである。政府としては昨年の臨時法制調査会並びに司法法制審議会の答申に基づき、姦通罪はこれを廃止してこの問題の解決を夫婦間の道義と愛情とに委ねる趣旨の立法をした次第であると趣旨説明された。

改正の第五は、新憲法において国民の基本的人権の重要な柱の一つとされた言論出版の自由に対する保障に関するものである。第七章の二の「安寧秩序に対する罪」を削除したこと、第一七五条の猥褻文書図画頒布販売罪及び公然猥褻罪の法定刑を引上げたこと、名誉毀損に関するいわゆる事実証明の規定を新設したことがそれである。

「安寧秩序に対する罪」はいささか戦時色濃厚なる感があるのみならず、その規定がきわめて概括的で運用のいかんによっては言論抑圧の具に供せられるおそれがないとはいえないので、これをこの際削除することとした。また、第一七五条の猥褻文書図画頒布販売の罪の法定刑を引上げて最近見られるごとき出版の自由の行き過ぎを訂正し、そこに正しき軌道を確立せんとした。公然猥褻罪の法定刑を引上げたのもこれと相まって健全なる社会をつくらんとする念願に出でたるものにほかならない。公正なる批判が自由に行われることもまた社会の進歩発達のために欠《か》くべからざることであり、ここに言論出版の自由の重んぜられるべき理由があるから、いやしくも発表した事実の真実なる限り、時にこれによって人の名誉が若干害せられることがあっても、公正なる批判はこれを罰すべきではない。ここに新たに規定を設け、正当な目的のために公益に必要な事実の事項を発表した場合には名誉毀損罪を構成せざることとし、名誉の保護と言論の自由との間の調和を図った。このように趣旨説明された。

連合国向けに改革をアピール

本改正については、一部改正にとどまるが原理的には重要な意義をもつものだとして積極的に評価されるのが一般的である。しかし、果たしてそうであろうか。重要な改正はすべて見送られているといってもよい。

尊属加重処罰規定も廃止されていない。職権濫用の罪の改正も微温的なものである。

目玉とされた「皇室に対する罪」の削除も、「なお本改正につきましては、それがわが国民の伝統的なる感情に異常の衝撃を与うるにあらずやとの点を懸念するのでありますけれども、これらの罰条の存否がわが国民主化の問題の一環として、列国注目の的となっていることを考慮いたしまして、この際あえてこれを実行せんといたす次第なのであります。ただ天皇及び近親の皇族に対する名誉毀損罪について、被害者がみずから犯人を告訴することは、その地位に鑑み不適当であり、またこれを期待し得られませんので、この場合には内閣総理大臣が代って告訴権を行うことといたしました。なお外国の元首、使節に対する暴行、脅迫、侮辱罪の規定を削除し、外国の元首に対する名誉毀損については、その国の代表の告訴をもってこれを論ずることといたしたのも、これと同一の趣旨に出るものであります」と趣旨説明されている。連合国向けの改革アピールの要素が強いことが分かる。

国際主義という観点からの改正も「外国の裁判を尊重する趣旨を一層明らかにした」などと説明されており、ここでも戦勝国への配慮が色濃くにじむ。「安寧秩序に対する罪」の削除も、言論出版の自由の保障に対する政府の姿勢の一面を示すものであって、本一部改正では規制を強化する提案がなされている点に留意しなければならない。

死刑の存置

何よりの問題は死刑の存置である。「皇室に対する罪」や外患罪のうち間諜罪が削除されたことから、死刑が科される罪の数は、内乱の罪のうち首謀者、外患誘致の罪、現住建造物等放火罪、劇発物破裂現住建造物損壊罪、汽車等転覆等致死罪、水道毒物等混入致死罪、殺人罪、尊属殺人罪、強盗致死罪、強盗強姦致死罪というように確かに減少した。

しかし、この存置にあたって、日本国憲法第三六条が「公務員による拷問及び残虐な刑罰は、絶対にこれを禁ずる」と規定したのを受けて、死刑が「絶対に禁止される残虐な刑罰」にあたらないかどうかが議論されたふしはまったくない。憲法第三六条に対する政府の理解は、「(本一部改正では―引用者) 刑の執行猶予をなし得る場合を従来より広くし、懲役、禁錮についてはこれまでの二年以下を三年以下に引上げるとともに、五千円以下の罰金に処する場合にも執行猶予を附し得ることとした……新たにいわゆる前科抹消の規定を設けた……。この二点の改正によりまして、刑罰はその必要なる限界に止め、無用なる刑罰の弊を避くる趣旨を徹底し、かつ刑の不利益な効果が終生続くというような不合理を訂正いたしますことは、やがて新憲法における刑罰の残酷性禁止の規定の趣旨にも相通ずるものがあろうかと考える次第であります」というものであった。

死刑も含めて刑罰制度を全面的に見直し、戦時刑法の汚れを洗い落とすというような発想は見られなかった。治安維持法の廃止をGHQからの押し付けと受け身でとらえたに過ぎず、治安維持法から教訓を引き出すというようなことはまったくなかった。

死刑の問題は司法による違憲審査の場に上ることになった。しかし、「国家の番犬」[5]と自称するような裁判所に多くを期待することは難しかった。昭和二十三年三月十二日の最高裁大法廷判決は、死刑は憲法第三六条の禁止する「残虐な刑罰」にあたるという弁護士の主張を退けた。

その理由とされたのは、「憲法第一三条においては、すべて国民は個人として尊重せられ、生命に対する国民の権利については、立法その他の国政の上で最大の尊重を必要とする旨を規定している。しかし、同時に同条においては、公共の福祉という基本的原則に反する場合には、生命に対する国民の権利といえども立法上制限乃至《ないし》剥奪されることを当然予想しているものといわねばならぬ。そしてさらに、憲法第三一条によれば、国民個人の生命の尊貴《そんき》といえども、法律の定める適理《てきり》の手続によって、これを奪う刑罰を科せられることが、明かに定められている。すなわち憲法は現代多数の文化国家におけると同様に、刑罰として死刑の存置を想定し、これを是認したものと解すべきである」というようなものであった。

戦後の刑法一部改正でも存置された尊属殺加重規定の合憲性についても、昭和二十五年十月二十五日の最高裁大法廷判決[6]は、「刑法二〇〇条が、その法定刑として「死刑又は無期懲役」のみを規定していることは、厳に失するの憾《うら》みがないではないが、これとても、犯情の如何によっては、刑法の規定に従って刑を減軽することはできるのであって、いかなる限度にまで減刑を認めるべきかというがごとき、所詮は、立法の当否の問題に帰するもので、これがために同条をもって憲法に違反するものと断ずることはできない」と判示した。

菊池事件の死刑判決

菊池事件とは、昭和二十六年に国立ハンセン病療養所の菊池恵楓園《きくちけいふうえん》の近くの熊本県菊池郡（当時）で発生した爆破事件と殺人事件を指す。国立ハンセン病療養所への入所勧奨を受けていた郡内居住のハンセン病患者が勧奨業務に従事していた自治体職員を逆恨みして犯行に及んだとされた。

この菊池事件も出張法廷で審理された。熊本刑務所菊池医療刑務支所が園隣接地に開設されてからは同殺人事件の法廷も同支所内で開廷された。その置かれた場所だけでなく、法廷内も異様であった。法廷は消毒液の臭いがたちこめ、被告人以外は白い予防着を着用し、ゴム長靴を履き、裁判官や検察官は、手にゴム手袋をはめて証拠物を扱い、調書をめくるのに火箸を用いたとされる。証拠物を被告人が手にとってその証拠の証明力を攻撃する機会を与えようとしなかった。被告人は殺人事件についても無罪を主張したが、弁護人は弁護らしい弁護をしなかった。

弁護不在の下で熊本地裁は、昭和二十八年八月に死刑判決（判例集未搭載）を言い渡した。当時の量刑相場に反していたにもかかわらず、死刑が言い渡された。強制隔離政策への「反逆」がその理由とされた。出張法廷を生みだしたハンセン病差別・偏見は異常な法廷手続のみならず、この異常な手続を通じて異常な死刑判決までもたらした。控訴、上告したが、判決は確定した。

三度目の再審請求が棄却された翌日の昭和三十七年九月十四日、福岡拘置所に移送された事件本人に対し死刑が執行された。この死刑執行も異常であった。通常の「市民刑法」の論理では正当化し得ないものであった。そこで採用された論理は、「治安維持法下の法理」に近いものであった。

「犯罪・刑罰インフレ」

昭和四〇年代になると、死刑問題をめぐる様相に変化がみられようになった。一九六〇年以降の日本では、「犯罪・刑罰インフレ」と呼ばれるような現象が現出した。高度経済成長政策の本格的展開によってもたらされた複雑な利害対立やひずみを是正するという名目の下に、たとえば道路交通規制に見られるように国家が国民生活に全面的に介入するという事態が進行するなかで、国民生活の安全を確保するための各種の法規制が行われた。規制違反には余さず残さず厳罰を科すことによってその実行性を担保しようとする威嚇主義的な考え方が採用された。昭和四十六年十一月に法制審議会特別部会でまとめられた「改正刑法草案」もこの流れのなかにあった。

この重罰主義はそれまでのものと様相を異にしていた。治安維持法や菊池事件判決に見られるように死刑を象徴とする重罰主義ではなく、死刑に過度に依存しない重罰主義が採用された。「改正刑法草案」は、それ以前の「刑法改正準備草案」に比べて一定の改善を図った半面、外国元首・使節に対する特別保護規定、企業秘密漏示罪、公害罪、船舶・航空機の強奪・運行支配罪、準恐喝の新設や騒動の罪（旧騒擾の罪）の著しい強化など、一層の犯罪化、重罰化の方向を含んでいた。それゆえに、強い反対に会い、戦後の刑法全面改正作業は挫折することになった。

「改正刑法草案」で死刑が規定されたのは、①内乱の罪のうち首謀者、②外患誘致罪、③外患援助罪、④爆発物爆発致死罪、⑤殺人罪、⑦強盗殺人罪、⑧強盗強姦致死罪、であった。放火、出水による浸害、汽車等転覆致死、水道毒物混入致死、強盗致死等については、死刑を規定しないこととされた。

この点については、「昭和四十二年六月に総理府が行った全国世論調査によると、国民の大多数（七〇％）がその存置を希望している現段階において、直ちにこれを全面的に廃止することは適当ではないとする意見が強く、死刑は存置することに決定された。ただ、死刑を存置するとしても、その適用はなるべき制限してゆくのが望ましいという考え方から、現行法で死刑にあたるとされている罪のうち、放火、出水による浸害、汽車等転覆致死、水道毒物混入致死、強盗致死等については死刑を規定しないこととした」と解説されている。[7]

死刑の量刑基準

昭和五〇年代になると、死刑の量刑基準が最高裁によって示されるようになった。この判示をしたのは昭和五十八年七月八日の第二小法廷判決[8]であった。

「死刑制度を存置する現行法制の下では、犯行の罪質、動機、態様ことに殺害の手段方法の執拗性・残虐性、結果の重大性ことに殺害された被害者の数、遺族の被害感情、社会的影響、犯人の年齢、前科、犯行後の情状等各般の情状を併せ考察したとき、その罪責が誠に重大であって、罪刑の均衡の見地からも一般予防の見地からも極刑がやむをえないと認められる場合には、死刑の選択も許されるものといわなければならない」などと判示された。

死刑の存置については厳しい声がようやく国内外に広がりだしたことから、「究極の刑罰」として位置づけることによってその存置を図ったものと考えられる。「改正刑法草案」の死刑に対する態度と同様であった。最高裁が本判決に先立って、尊属殺加重規定を合憲としていた従前の態度を改めて違憲としたことも、これと軌を一にするものといえよう。違憲としたのは昭和四十八年四月四日の最高裁大法廷判決（刑集一八巻七号一五五頁）で、「刑法二〇〇条は、尊属殺を普通殺と区別してこれにつき別異の刑を規定している点ではいまだ不合理な差別的取扱いをするものとはいえないけれども、法定刑を死刑または無期懲役刑のみに限っている点において、その立法目的達成のため必要な限度を遥かに超え、普通殺に関する刑法一九九条の法定刑に比し著しく不合理な差別的取扱いをするものと認められ、憲法一四条一項に違反して無効であるとしなければならず」というように判示された。

このような「究極の刑」としての死刑の取扱いはしばらく続いたが、平成に入ると変更されることになった。それは、国際的な批判が強まれば強まるほどそれに反発するかのように、国が誤ったハンセン病強制隔離政策を強化し、ついには「終生絶対隔離政策」と呼ばれるものを生み出していった過程と類似している。

6 懲役と禁錮

生命刑、自由刑、財産刑

刑罰はそれが剝奪する法益の種類によって生命刑、身体刑、自由刑、名誉刑、財産刑などに分類されてきた。生命刑とは人の生命を剝奪する刑をいう。身体刑とは杖刑、鞭刑などをはじめとして、人の身体に侵害を加える刑のことをいう。自由刑とは身体の自由を剝奪する刑をいい、懲役と禁錮などがこれにあたる。名誉刑とは人の名誉を剝奪する刑をいい、公民権剝奪や停止などがこれにあたる。財産刑とは人の財産を剝奪する刑をいい、罰金、科料、没収などがこれにあたる。

現行刑法は生命刑としては死刑（絞首刑）を、また、自由刑としては懲役、禁錮、拘留を、さらに財産刑としては罰金、科料、没収を規定している。このうち、没収以外の刑は、独立に言い渡すことができる主刑とされ、没収は主刑に付随して言い渡すことができる付加刑とされている。

懲役とは定役（刑務作業）を科す自由刑で、定役に服さない禁錮とは区別されている。懲役・禁錮には無期と有期があり、有期の期間は一月以上二〇年以下とされている。ただし、一月未満に軽減し、あるいは三〇年以下に加重することができる。有期禁錮よりも有期懲役の方に、法定の刑期が長いものが多い。この面でも懲役は重罰といえる。拘留は受刑者を一日以上三〇日未満、拘留場に拘置する刑で、短期自由刑と呼ばれる。通学、通勤、家事・育児ができなくなるなど、本人の社会生活に及ぼす影響は想像以上に大きいのに対して、改善更生のためのプログラムの実施は期間が短かすぎて困難であるなど、弊害の方が多いといわれている。

現行刑法は懲役を中心的な刑として、多くの犯罪で法定刑として規定している。これに対し、禁錮が定められている犯罪は限られている。①内乱に関する罪（首謀者、謀議参加者・群衆指揮者、付和随行者・暴動参加者）、②国交に関する罪のうち私戦予備及び陰謀罪、中立命令違反罪、③公務の執行を妨害する罪のうち公務執行妨害及び職務強要罪、④騒乱の罪のうち騒乱罪、多集不解散罪、⑤出水及び水利に関する罪のうち水利妨害及び出水危険罪、⑥礼拝所及び墳墓に対する罪のうち礼拝所不敬及び説教妨害罪、⑦汚職の罪のうち公務員職権濫用罪、特別公務員職権濫用罪、特別公務員暴行陵虐罪、⑧過失傷害の罪のうち業務上過失致死傷罪、⑨名誉に対する罪のうち名誉棄損罪、について規定されている。それも多くは、「懲役又は禁錮」という形で規定されている。

懲役が規定されずに禁錮だけが規定されているのは、内乱首謀者（死刑又は無期禁錮）、内乱謀議参与者・群衆指揮者（無期又は三年以下の禁錮）、内乱付和随行者・暴動参加者（三年以下の禁錮）、私戦予備及び陰謀罪（三月以上五年以下の禁錮）、中立命令違反罪（三年以下の禁錮）だけである。爆発物取締罰則（明治十七年十二月二十七日太政官布告第三二号）が定める爆発物使用罪（死刑又は無期若くは七年以上の懲役又は禁錮）及び同使用未遂罪（無期若くは五年以上の懲役又は禁錮）でも、無期禁錮が選択刑の一つとされている。無期禁錮は死刑、無期懲役に次ぐ重い刑で、有期懲役よりは上位に位置するとされている。

破廉恥罪と非破廉恥罪

現行刑法は刑の軽重を定め、一般に禁錮よりは懲役を重い刑とし、有期の禁錮の長期が有期の懲役の長期の二倍を超えるときは禁錮の方が重いとしている。しかし、右に見たように、懲役と禁錮の使用方法には大きな開きがみられる。これには、立法者が採用してきた破廉恥罪と非破廉恥罪という区別が大きく与っている。

破廉恥罪は、窃盗罪、強盗罪、殺人罪、贈収賄罪、放火罪などのように、法律に違反するだけでなく道徳的にも非難に値するとされるものをいうのに対し、非破廉恥罪は、例えば、「国事犯」や「政治犯」などのように、法律には違反するものの、困窮する人々を救うといった高い志に基づく行為で、動機などの面で人々から高く評価されるようなものをいうとされる。

現行刑法の立法者は、それまでの立法例に倣って、破廉恥罪については懲役を、非破廉恥罪については禁錮というように使い分けているといえる。禁錮が少ないのはそのためである。

禁錮刑廃止論

法律の上では刑としては禁錮よりは懲役の方が重いとされるが、実際に受刑者が感じる辛さはそれとは別のものがある。禁錮囚には定役が科されないものの、懲役囚が定役に服しているあいだ、禁錮囚は原則として房内で正座することが求められるからである。そのためもあって、禁錮囚も願い出により刑務作業を行うことができるという「請願作業」の制度を利用して、禁錮囚の多くは刑務作業に従事している。たとえば、平成二十六年三月末現在の数字でみると、八〇%以上の者が刑務作業に従事している。懲役と禁錮の区別は有名無実になっているといってもよい。

それだけではなく、禁錮刑を廃止して自由刑を懲役刑に一本化すべきだという自由刑単一化論も有力になっている。多くの犯罪においては「懲役又は禁錮」という形で規定されており、どちらを選択するかは裁判官の判断に委ねられている。しかし、破廉恥罪か非破廉恥罪かの判断は曖昧で、裁判官の判断にあたって適切な基準とはなり得ない。およそ犯罪であれば、道徳的にも非難に値し、すべて破廉恥罪であるとする方がわかりやすい。非破廉恥罪の柱の一つとされてきた過失犯についても懲役が選択刑として導入されるようになっている。刑務作業を科すことが不名誉なことであるという考え方はもはや時代遅れで、現在では、刑務作業は受刑者の矯正及び社会復帰を図るための重要な処遇方法の一つとなっている。すなわち、「受刑者に規則正しい勤労生活を送らせることにより、その心身の健康を維持し、勤労意欲を養成し、共同生活における自己の役割・責任を自覚させ助長するとともに、職業的知識及び技能を付与することにより、円滑な社会復帰を促進することを目的とする」ものであり、これらが単一刑論の論拠とされている。

刑務作業

しかし、禁錮刑を廃止して懲役刑に一本化すれば自由刑の問題が解消するかというと、必ずしもそうとはいえない。懲役の中核を占める刑務作業には解決すべき多くの問題が伏在しているからである。

法務省の発表によると、平成二十四年一月末現在、刑務作業は全国七七の刑事施設（刑務所、少年刑務所及び拘置所）において実施されており、約五万七千人の受刑者（懲役受刑者又はいわゆる換刑処分として就業する義務のある労役場留置者のほか、就業の義務はないが申出により就業することができる禁錮受刑者及び拘留受刑者）が就業している。受刑者の作業時間は、矯正指導を行う時間と合算して、原則として一日につき八時間を超えない範囲内と定められている。受刑者らは木工、印刷、洋裁、金属及び革工などの業種から、各人の適性などに応じた職種が指定されて就業している。

刑務作業の種類には、生産作業、社会貢献作業、職業訓練及び自営作業の四つがある。このうち、社会貢献作業は、労務を提供する作業であって、社会に貢献していることを受刑者が実感することにより、その改善更生及び円滑な社会復帰に資すると刑事施設の長がとくに認めるもので、矯正局長が認可した作業をいう。

職業訓練は、受刑者に免許若しくは資格を取得させ、又は、職業的知識及び技能を修得させるための訓練をいう。この職業訓練は、法務大臣訓令「受刑者等の作業に関する訓令」に基づき実施されており、平成二十三年度においては溶接科、小型建設機械、フォークリフト運転科、情報処理技術科、電気通信設備科、理容科、美容科、ホームヘルパー科、などの六一種目が実施されている。

自営作業は経理作業（炊事、洗濯、清掃等の施設の自営に必要な作業）と営繕作業（施設の改修等の直営工事に必要な作業）に分かれる。刑事施設の自営及び直営工事に必要な作業を受刑者が刑務作業の一環として行っているというのが、日本の刑務作業の特徴である。欧米との違いの一つで、欧米では施設内処遇はコストがかかるために施設内処遇に代えて社会内処遇が活用されるようになっている。日本の場合は、施設内処遇に欧米のようにはコストがかからないために、施設内処遇ではなく、施設内処遇に代えて社会内処遇に加えて社会内処遇も実施するという動きとなっている。

国が民間企業などと作業契約を結び、受刑者の労務を提供して行った刑務作業に係る収入は、すべて国庫に帰属する。平成二十二年度の刑務所作業収入は約四七億円となっている。

作業に就いた受刑者らには作業報奨《ほうしょう》金が支給される。作業報奨金の支給は原則として釈放の際、本人に対してなされるが、在所中であっても、その趣旨を損なわない程度で、所内生活で用いる物品の購入や家族あての送金などに使用することも認められている。平成二十三年度予算における作業報奨金の一人ひと月当たりの平均計算額は約四七〇〇円となっている。一年では約六万円、十年では約六〇万円ということになる。問題は、社会との関係が切れた、あるいは家族との関係が切れた受刑者が社会復帰のためにアパート等を借りて再就職先が見つかるまでの生活費を、この約六〇万円で賄えるかである。少額すぎて賄えないのではないかといった指摘が寄せられている。職業訓練についても、その意義は確かであるが、職業訓練と再就職先とは結びついておらず、今のところは右の意義は理念的なものにとどまり、社会復帰のための一助となりえていないのが現状である。受刑者の社会復帰を現実化していくためには、まだまだ乗り越えなければならない課題が多い。「社会を明るくする運動」といった社会の側の「善意」に期待するだけでは、解決が困難であろう。

「社会の敵」というラベリング

懲役を多用する立法者の動きについて注意しなければならないことは、請願作業が多いからとか、刑務作業の積極的意義が重視されるようになったからとかの理由では決してないということである。立法者が懲役刑を多用する意図はあくまでも重罰化にある。選択刑に懲役刑を加えたり、禁錮を懲役に代えたりすることによって、法定の刑期を大幅に長くするとか、あるいは、そのことによって道徳的にも許されない犯罪（者）だという認識を社会に定着させるといった点が、それである。人々の意識が非破廉恥罪から破廉恥罪に変化したから刑罰を重くしたとか、懲役刑を加えたとかいった理由は口実の面が強い。

それを例証するのが、自動車交通事故に対応するという理由で繰り返し行われてきた業務上過失致死傷罪の重罰化である。もともと自由刑は三年以下の禁錮だったのが、五年以下の懲役又は禁錮となり、ついには危険運転致死傷罪（致死の場合は一年以上二〇年以下の懲役、致傷の場合は一五年以下の懲役）という新たな犯罪類型を創設することにより、過失犯にもかかわらず故意犯の傷害罪ないし傷害致死罪に匹敵する重罰となったからである。

治安維持法違反被告事件の量刑において裁判所が懲役刑を多用する動きを示したことについても、このような重罰化という観点から理解しなければならない。共産党員から合法左翼へ、そして、ついには自由主義者や民主主義者、反戦主義者などへと拡大する治安維持法違反事件の被告人について、量刑を通して「社会の敵」だというラベリングを行ったとみなすべきであろう。

7 「究極の刑罰」の現在

国連からの勧告

第四四回国連総会は一九八九年十二月、いわゆる死刑廃止条約（「死刑廃止を目指す市民的及び政治的権利に関する国際的規約第二選択議定書」）を投票にかけ、賛成五九、反対二六、棄権四八で採択した。日本はアメリカ、中国などと共に反対票を投じた。本条約の採択を受けて、国連総会は全世界的な死刑廃止をめざして、二〇〇七年十二月以来、死刑存置国に対し死刑の廃止を視野に入れた死刑執行の一時停止などを求める決議を繰り返し行ってきている。ちなみに、二〇一四年十一月現在、国連加盟国一九三か国のうち一三七か国が死刑を法律上ないし事実上廃止するに至っている。

日本は先進国の中では死刑廃止に踏み切っていない数少ない国の一つということから、国連から死刑廃止についての勧告を受け続けている。たとえば、日本から提出された報告書に対する国連拷問禁止委員会の二〇〇七年八月付「審査の結論及び勧告」のうち死刑に関する勧告の部分は、「締約国は、死刑執行の即時モラトリアム及び減刑のための措置を採ることを検討し、恩赦措置の可能性を含め手続上の改革を行うべきである」などというものであった。また、国連自由権規約委員会の二〇〇八年十月付のそれは、「世論調査の結果如何にかかわらず、締約国は、死刑廃止を前向きに考慮し、公衆に対して、必要があれば、廃止が望ましいことを伝えるべきである。廃止までの間、Ｂ規約第六条の二に従い、死刑は最も重大な犯罪に厳しく限定されるべきである」などというものであった。

国連拷問禁止委員会の二〇一三年六月付のそれも、「死刑確定者に対し、恩赦、減刑、及び執行停止を実際上可能にすること」「死刑廃止の可能性を検討すること」などというものであった。国連自由権規約委員会の二〇一四年八月付のそれも、「死刑の廃止を十分に考慮すること、あるいはその代替として、死刑の対象となる犯罪の数を、生命喪失をもたらす最も重大な犯罪にまで削減すること」「死刑の廃止を目的とする第二選択議定書への加入を検討すること」などというものであった。

欧州評議会の決議

死刑廃止条約の外、一九八三年四月の「人権及び基本的自由の保護のための欧州条約の第六議定書（欧州人権条約）」、一九九〇年六月の「死刑を廃絶する人権に関する米州条約議定書」、二〇〇二年二月の「人権及び基本的自由の保護のための欧州条約の第一三議定書」などで、死刑廃止のための国際条約が調印されている。これらの条約で特筆すべきは欧州連合（ＥＵ）のそれである。日本とアメリカは欧州人権条約のオブザーバー国となっているが、二〇〇一年六月の欧州評議会の議員会議は、オブザーバー国である日本とアメリカの死刑制度に関して決議を行っている。

決議内容のうち主な点は、「議員会議は、場所のいかんにかかわらず死刑執行を非難し、特に、人権の尊重を約したオブザーバー国における死刑執行について懸念を有している」「議員会議は、死刑制度に対する公衆の高い支持のような両オブザーバー国における死刑制度廃止に対する種々の障害を認識するが、これらの障害は欧州の経験が示すように克服することができ、また、克服すべきものである」「議員会議として、日本と米国に対して次に掲げることを要求する。①遅滞なく死刑執行に関するモラトリアムを実施し、死刑制度廃止に向けた必要な手段を採ること。②死刑囚房現象の軽減（執行にかかわるすべての秘密性及び権利と自由のすべての不必要な制限の終了並びに判決後及び上訴後の司法的見直しへのアクセスの拡大を含む。）を目的として、死刑囚房における条件の改善を図ること」などというものであった。

しかし、このような欧州評議会の決議に対して日本政府はどのような姿勢で臨むのかという議員質問に対して、政府の答弁は旧態依然としたものであった。[9]

「死刑制度の存廃等の問題については、基本的には、各国において、当該国の国民感情、犯罪情勢、刑事政策の在り方等を踏まえて慎重に検討し、独自に決定すべきものと考えている。政府としては、死刑の存廃は、国民世論に十分配慮しつつ、社会における正義の実現等種々の観点から慎重に検討すべき問題であるところ、国民世論の多数が極めて悪質、凶悪な犯罪については死刑もやむを得ないと考えており、多数の者に対する殺人、誘拐殺人等の凶悪犯罪がいまだ後を絶たない状況等にかんがみると、その罪責が著しく重大な凶悪犯罪を犯した者に対しては、死刑を科することもやむを得ず、死刑を廃止することは適当でないと考えている」などというものであった。

まるで、世界の動きに反発し、一人だけ世界に背を向けて対抗しているかのようである。死刑を象徴とするかつての重罰主義に戻っている。日本型の重罰主義を誇っているかのようである。しかも、その根拠は「世論の支持」だけでしかない。かつて満州事変が勃発したとき、「世論」は戦争拡大を熱狂的に支持した。死刑を支持する「世論」が戦争を支持する「世論」に結びつかないという保証はない。

世論を背景にした死刑判決・執行の増加

矯正統計年報によると、平成十二年から平成十五年までの四年間で新たに死刑囚となった者は五人だったのに対して、平成十六年から平成十九年までの四年間には六九人が新たに死刑囚となった。

平成十九年八月に法務大臣に就いた鳩山邦夫は、平成二十年八月までの約一年間に一三人の死刑執行命令書に署名した。三年間を超える死刑の中断の後、平成五年三月二十六日に死刑が再開されてから、一人の法務大臣が署名した死刑執行命令書の数としては最多を記録した。死刑の執行は、法務大臣の命令による。その命令は、判決確定の日から六か月以内にこれをしなければならないと刑事訴訟法に書かれている以上、死刑執行を命令するのは法務大臣の職責であるというのが、鳩山の持論であった。

死刑が依然として存続することの理由としては、広い国民世論の支持が挙げられる。二〇〇五年三月に内閣府が行った世論調査で、二〇八四人の回答者のうち八一・四％の人が死刑を支持した。死刑支持が八〇％を超えたのは初めてのことであり、死刑に反対する人はわずか六％だった。[10]

ここで注意しなければならないのは、犯罪が増加したから死刑が増えたわけではなく、死刑が増えたから犯罪が減少したというわけではないということである。日本における殺人事件やその被害者の数は刑罰の運用と関係なく一貫して減少している。

しかし、「世論」では新自由主義やマスメディアの犯罪報道などの影響もあって死刑支持が増え、この「世論」を背景として死刑判決と死刑執行が増えている。ちなみに、一九九三年三月二十六日以降の死刑被執行者は一〇三人で、二〇一五年六月二十五日現在の死刑確定者は一三〇人である。

死刑と無期懲役のあいだ——光市事件判決

日本型の重罰化を下支えするかのような最高裁判決も現れている。光市事件に関する平成十八年六月二十日の最高裁第三小法廷判決[11]がそれである。

原審が被告人に無期懲役を言い渡したことから、検察官から量刑不当で上告がなされた。本最高裁判決は検察官の主張を容れて、原判決を破棄し、差し戻した。本判決からわかることは、死刑の量刑基準が質的に、すなわち、「極刑がやむをえないと認められる場合」でなければ死刑を科すことができないから、「死刑回避を相当とするような特に有利に酌むべき事情」がなければ死刑を科すというように大きく修正されていることである。

死刑は「究極の刑罰」とされてきたが、新しい量刑基準では死刑と無期懲役刑との違いは質的な絶対的なものというよりは量的な相対的なものにすぎないということになろう。死刑が一度執行された場合、剝奪された生命は永遠に戻ってこないことは無視されている。

死刑と無期懲役との間には質的な違いがあるにもかかわらず、両者の違いは量的な相対的なものとされた場合に生じる「冤罪」の責任は誰が負うのであろうか。「公共の福祉」（国益）のためには「多少の犠牲」が出てもやむを得ないということであろうか。「国家のための国民」という発想がますます強まっている。

第九章　思想犯の厳罰化——治安維持法と民主主義・自由主義・反戦主義

1　思想犯の形成と展開

思想犯・政治犯・国事犯

「思想犯」とは、国家体制に相反する思想をもつという理由に基づいて罰せられる罪及び罰せられる人をいう。典型は治安維持法違反の罪及びその罪で罰せられる人である。「思想犯」に近い概念として「国事犯」や「政治犯」がある。「国事犯」や「政治犯」についても、一般に次のように定義されている。「国事犯」とは、国家の政治的秩序を侵害するという理由に基づいて罰せられる罪及び罰せられる人をいう。たとえば、内乱罪や騒擾《そうじょう》罪（現騒乱罪）などがこれにあたる。「政治犯」とは、ある国の政治体制の中で反政府的とされる態度ないし言動をとったり、反政府的とみなされる組織を作ったりするなど、抵抗運動・反政府運動・革命運動などを展開したという政治的な理由に基づいて罰せられる罪及び罰せられる人をいう。

内乱の罪などが規定されるのは明治十三年の旧刑法においてであるが、「思想」という言葉が公式に登場するのは、元老の山県有朋が明治四十一年九月に宮内大臣を通じて天皇に提出した社会破壊主義取締法私案「社会主義又は社会破壊主義の思想を鼓吹して国家の安寧を害し社会の秩序を紊乱《びんらん》せんとする者に関する件」においてである。また、「政治犯」という言葉が公式に登場するのは大正八年四月の朝鮮総督府制令第七号

「政治に関する犯罪処罰の件」においてである。

内乱の罪などの「国事犯」は格別、「政治犯」ないし「思想犯」は、国家がどのような言動を「反政府的」とするか、あるいはどのような思想を「国家体制に相反する思想」とするかは時代によって異なるために、相対的だということに注意しなければならない。取締りの対象、範囲も異なり、取締りの方法も異なる。時期区分して詳しく見る必要がある。

明治維新以降の戦前の日本の「政治犯」ないし「思想犯」は四期に区分して見ることが可能であろう。

［思想犯処罰規定の形成・展開］

第一期　明治二十二年二月　大日本憲法発布――明治二十三年十一月　帝国議会開設

第二期　大正十五年四月　治安維持法公布まで

第三期　昭和三年六月　治安維持法中改正法公布まで

第四期　昭和二十年八月　敗戦まで

自由民権運動の弾圧

取締る側と取締られる側とを対抗軸として第一期の思想犯をめぐる動きを一瞥すると、民撰議院設立建白書の政府への提出から国会期成同盟の発足、そして衆議院議員選挙へと至る自由民権運動などの発展と、新聞紙条例、讒謗律《ざんぼうりつ》の公布から集会条例の公布を経て集会及政社法の公布へと至る取締法の発展とが照応しているることが容易に理解される。これらの取締法による厳しい弾圧と議会開設という「ムチ・アメ」政策によって、自由民権運動の指導者であった豪農、豪商は議会開設に満足して、体制の中に取り込まれていった。

ちなみに、讒謗律（明治八年六月二十八太政官布告第一一〇号）第一条で規定された罪は、①凡《およ》そ事実の有無を論ぜず人の栄誉を害すべきの行事を摘発公布する者、之を讒毀《ざんき》（＝悪口を言い、人を傷つけること）とす、②人の行事を挙るに非ずして悪名を以て人に加へ公布する者、之を誹謗《ひぼう》（＝悪口を言いふらして、人を傷つけること）とす、としたうえで、③著作文書若くは画図・肖像を用ひ展観（＝展覧）し若くは発売し若くは貼《ちょう》示《じ》して人を讒毀し若くは誹謗する者は、下の条別に従て罪を科す、などというものであった。

また、新聞紙条例（明治二十年十二月二十九日勅令第七五号）で規定された主なものは、①重罪軽罪の予審に関する事項は公判に附せざる以前に於て之を記載することを得ず（第一六条）、②傍聴を禁じたる訴訟に関する事項はこれを記載することを得ず（同条）、③刑律に触れたる罪犯《ざいはん》を曲庇《きょくひ》するの論説を記載することを得ず（第一七条）、④刑事の被告人又は刑律に触れたる犯罪人を救護し又は賞恤《しょうじゅつ》する（＝ほめたたえる）為にする文書を掲載することを得ず（同条）、⑤治安を妨害し又は風俗を壊乱するものと認むる新聞紙は内務大臣に於て其発行を禁止し若くは停止することを得（第一九条）、であった。

保安条例（明治二十年十二月二十五日勅令第六七号）で規定された主な罪は、①凡そ秘密の結社又は集会は之を禁ず、犯す者は一月以上二年以下の軽禁錮に処し、一〇円以上百円以下の罰金を附加す（第一条）、②屋外の集会又は群集は予め許可を経たると否とを問はず、警察官に於て必要と認むるときは之を禁ずることを得、其命令に違ふ者、首魁教唆者及情を知りて参会し勢を助けたる者は三月以上三年以下の軽禁錮に処し一〇円以上百円以下の罰金を附加す（第二条）、③皇居又は行在所を距《へだ》る三里以内の地に住居又は寄宿する者にして内乱を陰謀し又は教唆し又は治安を妨害するの虞《おそれ》ありと認むるときは、警視総監又は地方長官は内務大臣の認可を経（て）、期日又は時間を限り退去を命じ三年以内同一の距離内に出入、寄宿又は住居を禁ずることを得、退去の命を受けて期日又は時間内に退去せざる者又は退去したるの後更に禁を犯す者は一年以上三年以下の軽禁錮に処し仍《なお》五年以下の監視に付す（第四条）、などであった。

さらに集会及政社法（明治二十三年七月二十五日法律第五三号）で規定された主な罪は、①第六条（政談集会は屋外に於て開くことを得ず—引用者）を犯したる発起人及講説論議者は一一日以上六月以下の軽禁錮又は五〇円以下の罰金に処す（第一七条）、②第八条（帝国議会開会より閉会に至るの間は議院を距る三里以内に於て屋外の集会又は多衆運動をなすことを得ず—引用者）に背《そむ》きたるときは発起人及教唆者を一一日以上六月以下の軽禁錮又は百円以下の罰金に処す（第一九条）、③第一一条（凡そ集会に於て罪犯を曲庇して会同することを得ず—引用者）を犯したる者は一月以上六月以下の軽禁錮又は二〇円以下の罰金に処す（第二〇条）、などだ。

この期の「思想犯」の中心が言論、出版、集会に置かれていることが分かる。為政者がいかに言論などを怖れていたかを如実に示すように、徹底した規制が行われている。讒謗律を除けば直罰規定は少なく、禁止規定違反を刑罰で担保する形式が採用されている。刑罰も文字どおり「政治犯」ということから、比較的短期の軽禁錮及び罰金である。それが変化し始めるのは次の第二期からである。

ただし、自由民権運動の影響下に発生した「過激事件」（騒擾事件）の代表例とされる秩父事件については厳罰が用いられ、首謀者とされた七人に対しては刑法の兇徒聚衆《きょうとしゅうしゅう》罪などが適用されて死刑判決が下されたほか、約一万四千人が処罰されている。

労働運動・社会主義運動・非戦運動・独立運動の弾圧

同じく第二期の「思想犯」をめぐる動きを時系列で見ると、次のような特徴が浮かび上がる。この期においては民主主義の担い手が自由民権運動から労働運動、社会主義運動、非戦運動などに移る。大正六年十一月にロシア革命が起ると、日本国内でも革命運動の先駆的な動きが見られるようになる。大正十一年七月には日本共産党が創立される。「思想犯」もこれらの運動を対象として構成されることになる。明治四十四年八月には早くも警視庁に特別高等課が設置されている。

この期の「思想犯」の取締りに猛威をふるったのは治安警察法（明治三十三年三月十日法律第三六号）である。自由民権運動の抑圧に用いた集会及政社法や兇徒聚衆罪などでは日清戦争後盛んになりつつあった労働運動などには対応できないと考えられたことから、同法は制定された。集会・結社の届け出を義務とし、軍人・警察官・宗教家・教員・学生・女子・未成年者の政治結社加入と女子・未成年者の政談集会参加を禁止したほか、集会に対する警察官の禁止・解散権、結社に対する内務大臣の禁止権を規定した。

同法における主な罰則規定は、①第八条第一項の制限若くは禁止の命（屋外集会等の規制―引用者）に違背し又は解散を命ぜられたる後仍《なお》退散せざる者は二月以下の軽禁錮又は三〇円以下の罰金に処す（第二三条第一項）、②第八条第二項の禁止（結社の禁止―引用者）の命に違背したる者は六月以下の軽禁錮又は一〇円以下の罰金に処す（第二項）、③第九条（集会における犯罪についての講談等の禁止―引用者）に違背し又は第一〇条の中止（集会における講談論議の中止命令―引用者）に違背したる者は三月以下の軽禁錮又は一〇円以上五〇円以下の罰金に処す（第二四条）、④第一二条（集会現場からの退去命令等―引用者）に依り退去を命ぜられたる後仍退散せざる者は一月以下の軽禁錮又は二〇円以下の罰金に処す（第二六条）、⑤秘密の結社を組織し又は秘密の結社に加入したる者は六月以上一年以下の軽禁錮に処す（第二八条）、⑥第一六条の禁止（街頭行動等の禁止―引用者）の命に違背したる者は一月以下の軽禁錮又は三〇円以下の罰金に処す（第二九条）、などだった。

治安警察法でも直罰規定は少なく、禁止規定違反を刑罰で担保する形式が採用されている。刑罰も文字どおり「政治犯」ということから、比較的短期の軽禁錮（一部は重禁錮）及び罰金である。労働組合や農民組

北九州市・八幡製作所で起きた大争議のデモ。1920（大正 9）年

堺利彦の葬列。1933（昭和 8）年 1 月

合の活動規制について規定が置かれていることも、この期の「思想犯」の特徴といえよう。

しかし、この治安警察法によっても、労働運動、社会主義運動などを潰滅させることは困難であった。過激派のみならず穏健派も含めた徹底した弾圧→普通選挙・議会政治の運動から無政府主義・直接行動への転換→過激な行動→さらなる弾圧、という循環をたどっても、労働運動、社会主義運動などは間もなく復活した。政治・経済・社会の深まる矛盾が、それを必然化した。加えて共産主義も台頭するようになった。

これでは思想犯を取締まることができないのではないかという危機感が政府部内に拡がり、社会破壊主義取締法私案や過激社会運動取締法案など、新たな治安立法が模索されたものの反対にあって難航したが、大正十五年の治安維持法（大正十四年四月二十二日法律第四六号）の制定により、それが実現することになった。

革命運動等の弾圧

治安維持法案は大正十五年二月十八日夕、第五〇回帝国議会に提出され、翌十九日、衆議院に緊急上程された。衆議院本会議は同十九日、同法案に関する第一読会を開き、政府の趣旨弁明を求めた。

「国に於きまして、無政府主義者、共産主義者其他の者の運動が近年著しく発展を見るに至りまして、殊に露国、独逸の革命に関する過激なる情報は一部の者を刺激致しまして、其運動を一層深刻に導きたるの虞《おそれ》があります、続いて其一部の者は外国の同志と通謀し、又は海外より資金を仰ぎ、過激なる運動を計画実行せんとする者があります、運動自体も組織的且つ大規模に行はれんとする所の状況に在ります、而《しこう》して最近各種の社会運動も漸次熾《さかん》ならんとするの状況に在りますのを奇貨《きか》と致しまして、是等に対しても危険なる思想行動を鼓吹し、以て運動を悪化せしめ、又は社会主義的過激運動と提携せしめるやうに努めつつあるやうな次第であります」というのが若槻禮次郎国務大臣（内務大臣）の趣旨説明であった。[1]

2 特高警察

特高警察の創設と展開

政府は大逆事件の落着後の明治四十四年八月、警視庁訓令を改正して警視総監官房高等課から特別高等課を分離独立させた。特高課は社会運動の取締りや、新聞・雑誌・出版物・著作物から碑文・墓標までの検閲に当たることになった。そのために課に特別高等係と検閲係が置かれた。併せて、内務省警保局保安課に社会運動取締りの専任職員が新たに置かれた。翌明治四十五年十月には大阪府にも特高課が設置された。これらが大正末期から昭和初期にかけての「悪名高い」「特高警察」のはじまりであった。

社会運動の取締りは警視庁、大阪府以外の道府県では、高等課または保安課が担当していた。しかし、労働組合運動、社会主義運動が高揚し、大正十一年には日本共産党が結成されたことから、大正十五年に治安維持法が公布されるまでの間に、北海道、神奈川、長野、愛知、京都、兵庫、山口、福岡、長崎の九道府県に特高課が設けられた。

特高警察が全国に拡げられたのは治安維持法が改正された昭和三年で、同年七月、すべての県警察部に特高課が設けられ、その機構も大幅に拡張された。主要警察署には特高主任が、各警察署には特高係専務が置かれた。内務省警保局の専任職員も増員され、新たに司法警察権を有する警務官及び警務官補が設けられた。大がかりな一斉検挙などの場合は、警務官などが地方に出張して全国各地の特高課を指揮できるようにされた。警視庁の特高課は昭和七年には外事課を合併して、特高部に昇格した。

撮影・桑原甲子雄「桜田警視庁前」 1936（昭和6）年

特高部は、外事課（亜細亜係・欧米係）、特高課（第一係（治安維持法違反関係）・第二係（他の主管に属しない特高警察関係））、労働課（第一係（左翼労働運動）・第二係（右翼労働運動））、内鮮課（内鮮・台湾関係）、検閲課（新聞・雑誌・出版物・碑文・墓標の検閲）、調停課（労働争議関係）の六課六係を擁した。日本の全体主義体制が進んだ昭和十一年になると、「特高警察」は再び拡充された。警視庁では特高課が三課に分かれた。各警察署には特高係が置かれた。[2]

超エリートの特高警察官

「特高警察」は、内務省がその人事権を握った。各道府県の特高課長は「指定課長」「指定警視」と呼ばれ、内務省が道府県に指定すべき人物を指定していた。一般警察官の中でも特高警察官は超エリートであった。特高警察官の数は大きい警察署で七、八人、小さな警察署で二、三人、警視庁特高部では多い時は六〇〇人、大阪府警察部では一五〇人くらいといわれている。「特高警察」の活動費の機密費は、中央から直接手渡された。警察は中央集権的であったが、特高警察はより中央集権的であった。各地の情報は、この中央集権機構を通して警保局に集められた。

特権を与えられ自負に燃えた特高警察官は、「国体」「私有財産制度」の現場の守護者として「赤狩り」に狂奔した。容疑者をスパイし、拷問を用いた取調べを行うのが「特高警察」の任務であった。戦前の日本の警察は「法の支配」の枠外に位置した。取締り対象者の身柄拘束についても、行政執行法（明治三十三年六月二日法律第八四号）の定める行政検束制度（翌日の日没までと限られた）や、違警罪即決例（明治十八年九月二十四日太政官布告第三一号）及び警察犯処罰令（明治四十一年九月二十九日内務省令一六号）の定める短期の拘留制度（最高二九日まで）などが濫用された。

特高警察官の権限濫用はひどいもので、対象者の人権などは完全に無視された。検束が切れる夕方には容疑者をいったん警察署の門前にまで出して再び検束したことにして検束期間の制限を乗り越えた。被疑者を留置したままで帳面の上でだけ一度釈放したことにする方法も採用された。最高二十九日の拘留についても、一旦釈放したことにしてさらに拘留を言い渡す「蒸し返し」や、拘留の切れた被疑者を別の警察署に運び、あらためて拘留を言い渡す「たらい廻し」の方法が日常茶飯事のように行われた。二、三か月位の不当拘束は普通のように行われ、一九三〇年代になると、被疑者は虱《のみ》や南京虫の巣窟《そうくつ》で留置場生活を半年も一年も送らなければならなくなった。その間、風呂にも入れなかった。[3]

このような濫用は、帝国議会でも人権蹂躙として大きく取り上げられた。しかし、そのような人権蹂躙問題は存在しないというのが、政府の公式答弁であった。治安維持法には「一般の刑法」に適用される「法の支配」に係る法原則は適用されない。これもしばしば繰り返された政府答弁であった。[4]

虐殺

昭和七年十月、特高警察のスパイの手で警視庁特高警察に逮捕された日本共産党幹部の岩田義道《よしみち》は、四日後、遺体になって夫人に引き取られた。地下の共産党中央委員会は岩田の労農葬を呼び掛けた。東京本所公会堂で労農葬が行われることになった。しかし、警視庁は葬儀委員をすべて検束し、葬儀場も警察隊によって占拠させた。つめかけた労働者、農民、市民など約千人をかたっぱしから検束して葬儀を蹴散らしてしまった。

岩田の死から三か月あまり後の昭和八年二月、代表的なプロレタリア文学の作家の小林多喜二《たきじ》が築地警察署に留置された。その七時間後には死体になっていた。小林の遺体は翌日、自宅に運ばれた。近親者や作家仲間などが見守るなかで医師が検査したが、ひどい状況であった。激しい苦痛に頬はこけ、目はくぼみ、左のこめかみには直径三センチの打撲傷を中心に五、六か所の傷跡があり、赤黒く皮下出血していた。帯を解き、着物を拡げ、ズボン下を脱がせると、下腹から膝頭にかけて一面に皮下出血していた。太ももは普通の二倍ほどに膨れ上がり、赤黒い内出血は陰茎から睾丸に及び、異常に腫れていた。左右の太ももにはきりや釘で突いたような穴が十数か所もあり、皮膚が破れて肉が露出していた。向こうずねにも深く削ったような傷跡があった。右手の人さし指が骨折し、歯もぐらぐらになって僅かについているだけであった。

しかし遺体解剖は警視庁の手が回っていて、どの大学病院でも断られた。特高警察官は弔問に小林家を訪れる人たちをかたっぱしから検束した。葬儀を催すことも許さなかった。[5]

3　思想検察

思想検事の創設

司法省と裁判所は、治安維持法の成立と二度の改正を分担ないし主導する一方で、同法をはじめとする治安諸法令を運用して「思想司法」と呼ぶべき機能を創出した。その運用の実質的な主体となったのが「思想検察」であり、その機能を人的に体現したのが「思想係検事（思想検事）」であった。

三・一五事件の直後の昭和三年五月末、司法省は思想検事の全国的配置に先立って、刑事局長名で思想検事の任務に関する「思想係検事事務分掌規準」（昭和三年五月二十六日秘第九五一号）を各検事長・検事正宛に通牒している。

この「事務分掌規準」の特徴を挙げると、「思想犯事件」の定義にあたっては行為類型だけではなく行為者類型も勘案されており、そこから「詭激《きげき》（＝過激）危険思想懐抱《かいほう》（＝心に抱く）者の犯したる普通犯罪事件」も「思想犯事件」として位置づけられているという点が第一である。第二は思想犯事件の個人的要因の調査項目として、本人の「精神状態」「教育職業等の経歴」「思想悪化の経路及直接動機」「家庭の資産、職業、犯罪経歴等」「其の他個性調査上参考と為るべき事項」が挙げられている点である。起訴猶予や執行猶予、仮釈放などの判断資料などに供するとともに、思想犯の一般予防や特別予防を図るうえでの参考資料にも供することなどを意図したものといえよう。行為のみならず行為者の人格・性格、思想信条、交友関係、成育歴などをも俎上に乗せるという日本型刑事裁判の特徴が、ここではより濃厚に看取される。第三は思想犯事件の社会的要因の調査に関わるが、調査の範囲が「工場、鉱業其他産業機関」「出版機関及娯楽機関」

3.15 事件で逮捕され、治安維持法違反の判決を受けて退所する共産党員たち。1929（昭和４）年

「教育及宗教機関」「社会事業機関」「其の他思想犯に関係する諸般施設」などに及んでおり、そのなかに「警察検察裁判行刑感化機関」も含まれているという点である。連携機関の動向も承知しておく必要があるということであろうか。

「左傾的及反動的詭激思想を懐抱する個人竝《ならび》団体の分布及活動状況の調査」や「管内に於る各種の争議団結及解放運動等にして将来事犯の惹起するの虞あるものの調査」も地方裁判所思想係検事の処理事項とされていることも併せ勘案すると、思想係検事による「思想犯事件の社会調査」は、「個別事件のための社会調査」というよりは「治安事象の動向分析のための社会調査」といった性格がより強かったといえよう。「社会科学プロレタリア芸術等を攻究し」などとされていることも、これと関わるように見受けられる。

検察組織が一体となって思想犯事件の処理に当たるために、司法大臣→検事総長→（検事長）→控訴院思想係検事→地方裁判所思想係検事というように、指揮系統を明示している点も、特徴の一つに追加し得よう。思想検事が戦後、公安検事に容易に転身を図り得た理由の一つも、右の思想係検事の事務の広範性に存した。

思想犯保護観察法の施行後の昭和十三年六月に開催された思想実務家会同において、長谷川明・東京刑事地方裁判所検事局検事が「従来のやうに思想検事が事件の捜査に追はれまして、調査事務の上に多くを注ぎえないと云ふ状態は、絶対に宜しくないと考へる次第であります」などと述べている点も[6]、ここで付言しておかなければならない。これによると、「思想国防戦」のためのいわば調査・企画部といった位置づけが思想検察に与えられており、興味深い。

思想検察が国体護持と結びつく

司法省刑事局の拡充・整備にともない、検事局もまた、昭和十四年八月、昭和十六年八月の二度にわたって拡充をみた。昭和十六年の拡充の中心は、東京刑事地方裁判所検事局思想部の増強にあった。官制上の定員は九人となり、思想検察の第一線をいちだんとリードすることになった。このとき、思想検事の数的拡充にとどまらず、思想検察強化策も打ち出された。

新治安維持法の施行にともなって、司法省・検察機構の拡充が進められた。まず、昭和十六年五月には、刑事局第五課・第六課の事務量が激増したとして、属《ぞく》(戦前の官職の一つ)二人が増員された。対米英開戦が迫ってきた昭和十六年九月、池田克《かつ》刑事局長は検事長・検事正に「非常事態に対処すべき思想検察運用方針」を通牒し、思想検事には普通事件の分配を少なくしてなるべく専任とすべきことを述べている。そして、同年十一月、「思想司法」全体の大幅な拡充が実現する。思想検事の拡充は四回目であるが、今回の規模は最大で、思想検事数が最大規模になった。思想検事の官制上の定員は七八人、内訳は大審院検事局が一人、控訴院検事局が七人、地裁検事局が七〇人である。五一ある地裁検事局で官制上、まだ未配置なのは一四検事局に減った。全国の思想検察事務の統括者として、勅任の思想検事が大審院検事局に配置された。

思想検事の関わる領域と任務が膨張したことは、昭和三年制定の「思想係検事事務分掌規準」をまったく不十分なものとさせた。そのため昭和十七年一月、全二二カ条におよぶ「思想検察規範」が制定された。池田刑事局長は同年二月、臨時思想実務家会同においてこの「規範」の運用方針を指示するにあたり、「思想検察こそは、凡《あら》ゆる反国家的思想とそれに基く反抗とを防遏《ぼうあつ》することに依り、国防思想の醇化を図り、皇基《こうき》（＝天皇が国家を統治する基礎）を永久に存続維持せんとするもの」と述べ、特高警察に負けじと「陛下の検察官」意識を強調した。こうして思想検察は「国体護持」と結びつくことで、全検察および司法部全体のなかでも、ますます圧倒的に優位な位置を占めていく。思想検事そして思想判事は、まさに「思想国防の支柱」（昭和十七年七月の思想実務家会同における池田刑事局長の指示）とされたのである。

特高警察が防諜や「流言飛語」の取締りを中心に、「民心の動向」に監視と統制を加えていったのと軌を一にして、思想検察の任務も「国民思想」の監視に行き着いた。[7]

思想検事が主導する裁判

思想検察は、治安維持法の拡張解釈を開発・定着させるとともに、起訴・公判・行刑・保護観察、そして昭和十六年からは予防拘禁に至る「思想司法」を一元的に掌握・指揮することに努め、一九三〇年代半ばになると特高警察と肩を並べる存在になっていった。

特高警察に対する優位性を発揮することは、当初の目論みのようにはいかなかったが、行刑と保護観察における思想検事の関与は圧倒的であった。それは裁判においても同様であった。この優位性を端的に示したのが、昭和十三年六月に開催された思想実務家会同における神戸地方裁判所の中川種次郎判事の発言であった。「私としましては是は先程申しましたやうに、日本無産党への加入罪を認定すべきものであると思ひますが、更に（検察官の）皆さまのご教示を仰ぎましたら誠に幸ひと思ひまして、本問題を提案致しましたやうな訳であります」と発言したからである。

この中川の問題提起に対しては、思想検事からの返答が直ちに示されている。[8] 東京刑事地方裁判所検事局の思想検事として人民戦線事件（昭和十二年）やゾルゲ事件（昭和十六―十七年）などを担当し、のちに司法省刑事局第六課長（のちに思想課長）として戦時下の思想検事を指揮し、戦後は公職追放になったものの、追放解除後、法務省刑事局長、東京高検検事長を経て検事総長に就いた当時東京刑事地方裁判所検事局検事であった井本台吉の発言がそれであった。井本は同会同で、治安維持法の適用対象団体を日本共産党など以外にも拡大するための「社会情勢の変化への対応」を名目とした「柔軟な法解釈・運用」の必要性を力説した。判事に対してもこのような法解釈・適用を受け入れるように迫ったものといえよう。[9]

思想検事が優位を占めるなかで、治安維持法などの運用は思想検事に任せればよいというような笠にかかった発言も多くみられるようになった。思想検事の「指導」する裁判に誰も異論を唱えられないような状況が生まれていった。それは思想犯事件にとどまらずに一般の刑事事件にも広がっていった。他方で、思想検事に消極的に追随するだけにとどまらずに、自らも積極的に思想犯事件に対処していこうという思想判事が登場してきた。それもまさに思想検事の要望を背景にしていたといえよう。

4　大審院判決から見る治安維持法下の思想犯――昭和九年以降

昭和三年の法改正とその後の「拡大解釈」により、治安維持法の取締りの対象は著しく拡大することになった。思想犯の意味も変質することになった。昭和九年以降の大審院判決からこの変質をうかがうことにしよう。

司法官赤化事件判決――昭和九年十一月一日第一刑事部判決[10]

司法官赤化事件のうち東京刑事地方裁判所に係属の治安維持法違反被告事件について、原審の東京控訴院は二人の被告人に対し懲役三年及び懲役二年を言い渡した。これに対し、被告人から上告がなされた。しかし、大審院は「本件上告は孰《いず》れも之を棄却す」という主文を言い渡した。その主な理由は、「(被告人の)所論は畢竟《ひっきょう》原判決の認定せざる事由に基き又は原判決と異る独自の見解を以て原判決の擬律《ぎりつ》(＝法適用)を非難するものにして採用するを得ず、論旨理由なし」というものであった。

「司法官赤化事件」という呼称に接すると、どんな大きな事件が司法界に起こったかと思われるが、その実質は弁護人の指摘するように「友情に出た」「友人に対する」「微細の金の寄付」であり、「宿泊場所としての自宅の提供」などであった。司法官が社会科学研究会を結成して共産主義思想などを学ぶということも、当時の時代状況からすれば決して特異な行為ではなかった。にもかかわらず、当該友人が共産党関係者だということから、右の「友情に出た行為」も「党の活動資金を提供し」とか「党活動に多大の便宜を与へ」とかされ、「社会科学研究会の結成」などとあわせて、「日本共産党の目的遂行の為にする行為を為したるものなり」とされた。

「日本共産党の目的綱領」は新聞などからも入手することは可能であり、当時の人々であれば誰でも大なり小なり享有するところのものであった。しかし、自白調書ではこの「新聞情報」が日本共産党の熱烈な支持者が抱くところの「核心的な認識」として構成され、それが「目的遂行を為したり」の根拠とされた。党員の妻が治安維持法違反の罪で有罪とされたことはすでにみたが、共産党員の友人らを治安維持法違反の罪で有罪としたところに「司法官赤化事件」の意義があった。

全協機関紙事件判決——昭和十年三月十八日第一刑事部判決[11]

金沢地方裁判所に係属のいわゆる全協機関紙事件について、原審の名古屋控訴院は被告人に対し懲役二年を言い渡した。これに対し、被告人から上告がなされた。大審院は「本件上告は孰れも之を棄却す」という主文を言い渡した。

その主な理由とされたのは、「苟《いやしく》も日本共産党と主義目的を同じくする日本労働組合全国協議会の機関紙として其の主義主張を宣伝煽動するところの秘密出版物なる右労働新聞の原稿を作成し且之を印刷に附し以て頒布の準備行為を完したる以上業《ぎょう》に既に同協議会の目的遂行の為にする行為としての犯罪構成要件を充実したるものに係り治安維持法違反の行為としては何等欠《か》くることなしと謂《い》ふ可《べ》く」というものであった。

そこから、本判決の判決要旨も、「日本共産党と主義目的を同じくする日本労働組合全国協議会の機関紙として其の主義主張を宣伝煽動する秘密出版物たる労働新聞の原稿を作成し且之を印刷に附し以て頒布の準備行為を為すことは治安維持法第一条に所謂結社の目的遂行の為にする行為に該当す」とされた。

内務省警保局が「司法当局と打合せの上」採択し府県警察に指示した、警保局長より各府庁県長官宛「全協は創立の当初（昭和三年十二月二十五日）より国体の変革を目的とする結社にして、最近（昭和七年九月）其行動綱領中に「君主制の廃止」を加え本来の目的を表面に掲げ其の運動一層矯激《きょうげき》（＝過激）となりたるを以て、従来の処理方針を改め全協自体を治安維持法第一条第一項所定の結社として取扱ふこと」という全協取締方針（昭和八年五月三日警保局甲第一七号）が、本判決によって正式に是認されることになった。本判決の何よりの意義もこの点に存した。その結果、全協に加入することが治安維持法第一条第一項後段の「国体の変革を目的とする結社に加入する」罪に、また全協の為にする活動が同項後段の「国体の変革を目的とする結社の目的遂行の為にする行為を為す」罪に問擬されることになった。

いわゆる「外郭団体」それ自体を直接「国体の変革を目的とする結社」と看做《みな》すことによって、治安維持法第一条にいう「国体の変革を目的とする結社」の適用対象を拡大したという点に、この期の法適用の特徴が認められた。これによると、「全協と主義目的を同じくする労働組合」などに加入すること、あるいは当該労働組合などのために活動をなすことも、治安維持法第一条第一項後段の「国体の変革を目的とする結社の目的遂行の為にする行為を為す」罪で検挙することが可能となった。治安維持法の適用対象は著しく拡大されることになった。

ちなみに、昭和十年三月四日、日本共産党は最後の党幹部一名が検挙されて壊滅に至る。このような流れのなかでは、日本共産党を名目として治安維持法違反に問うことが段々と難しくなってきたということであろう。

産業労働調査所事件判決――昭和十一年十二月一日第一刑事部判決[12]

いわゆる産業労働調査所事件のうち東京刑事地方裁判所に係属の治安維持法被告事件について、原審の東京控訴院は「被告人を懲役一年に処すべきものとす」などと言渡した。これに対し、被告人から上告がなされた。大審院は「本件上告は之を棄却す」という主文を言い渡した。その理由とされたのは、「治安維持法第一条に規定する結社に加入し且其の目的遂行の為に為したる数個の行為は連続犯を構成せずして包括一罪を構成するものなることは当院判例の示す所なるも、右は意思継続の上之を為したる場合に限るものにして意思継続せずして之を為したるときは包括一罪として之を処断すべきものに非ず」というものであった。本判決の判決要旨も、「治安維持法第一条に規定する数個の行為にして継続意思に出でざるものは包括一罪を為すものに非ず」とされた。

かつて大審院は、治安維持法違反の罪はそれぞれが独立しているために「包含・吸収」の関係にはないが、「包括性・継続性」のゆえにこれらは排他的な関係にはなく、重複的に適用することもできるとし、結社加入罪と「結社の目的遂行の為にする行為」の罪とは包括一罪として一行為数罪に問擬した。本判決はこれを限定し、「犯意継続の場合」に限るとした。厳罰化を図るためであるが、二重処罰という批判は免れ難い。

人民戦線事件判決――昭和十三年十一月十六日第五刑事部判決13

昭和十二年十二月十五日払暁、全国一八府県において日本無産党、日本労働組合全国評議会（全評）およびこれらの理論的指導者と目される「労農派グループ」の関係者四四六名が一斉検挙された。日本無産党および全評は治安警察法により結社禁止処分に付された。

翌昭和十三年二月一日早朝、九府県において「労農派グループ」の「残留分子」と東大教授大内兵衛《ひょうえ》、同助教授有沢広巳《ひろみ》、同木村義太郎などを含む「労農教授グループ」など三五名も検挙された。これがいわゆる人民戦線事件である。かつての三・一五事件や四・一六事件などと異なり、結社への関わり方は千差万別であるにもかかわらず、等しく治安維持法第一条を適用しようとしたところに事件の特異性が存した。

この人民戦線事件のうち千葉地方裁判所に係属の治安維持法違反被告事件について、原審の東京控訴院は「被告人を懲役二年に処し」などと言い渡した。これに対し、被告人から上告がなされた。大審院は「本件上告は孰れも之を棄却する」という主文を言い渡した。

ここでも驚くべき拡大解釈の追認が認められた。「治安維持法第一条第一項第二項に所謂結社の目的遂行の為にする行為とは国体の変革又は私有財産制度の否認を目的とする結社なることを認識しながら之を支持し其の拡大強化を図る意図の下に為さるる一切の行為を指称する」という公式見解の下に、ときには拷問さえも含む厳しい取調べなどによって獲得された当該被告人らの「自白」などに基づいて、当該被告人に「(当)該結社を支持し之を拡大強化する意図」が存すると認定することができれば、「(当)該結社と具体的関連性を有せず」かつ「其の外観に於て同結社の目的と何等の関連なき」合法な評論活動や出版活動などさえもが目的遂行罪に問擬し得るとされた。判例にいう「一切の行為」は文字どおり「一切の行為」とされた。大審院による拡大解釈の追認は今や極限にまで達した。これにより治安維持法の適用対象は飛躍的に拡大することになった。どこでもみられるような人々の日常的な「合法活動」さえもが、治安維持法の対象とされた。治安維持法はその性格を大きく変えつつあった。

天理本道教団事件判決——昭和十六年七月二十二日第四刑事部判決[14]

いわゆる天理本道《ほんみち》教団事件のうち山口地方裁判所に係属の治安維持法違反被告事件について、原審の広島控訴院は被告人に対し、懲役三年及び懲役二年を各言い渡した。これに対し、被告人から上告がなされた。大審院は、「本件上告は孰れも之を棄却する」という主文を言い渡した。

ここでも著しい論理の飛躍がみられた。結社は「一定の共同の目的遂行の為に組織せられた特定複数人の継続的団体」でなければならないところ、天理本道はこの要件を欠き、結社とはいえない。この点は譲って仮に結社だとしても、天理本道は「国体変革を目的とした結社」ではない。そもそも天理本道には「国体変革の目的」を達成することは不可能である。このように弁護人は訴えた。

しかし、大審院はこれらの疑問に何ら答えることなく、「治安維持法に所謂結社とは特定多数人が共同の目的を遂行せんが為任意に結成せる継続的団体を云ふものとす」「同法第一条の結社組織罪又は結社加入罪は苟も同法条の規定するが如き目的を有する結社を組織し又は斯《かか》る目的を有する結社又は斯る目的を有する結社なることの情を知りて之に加入したるときは直に成立し、其の結社の目的遂行の為にする手段が適切可能なることを要せざるものとす」とし、本件上告を棄却したからである。

問題は「目的遂行の為にする手段が適切可能なることを要せざるものとす」とされている点である。いわゆる迷信犯を含む「不能犯」については、可罰未遂犯と区別して不処罰とするというのが判例及び通説であるが、宗教団体の宗教活動を治安維持法違反の罪で問擬するために、目的遂行罪については不能犯の考え方は認められないとされたものである。ここでも治安維持法がその性格を大きく変えつつあったことが看取される。

時代の暗転は人々に不安を与え、多くの人々を宗教団体に走らせることになった。新興の宗教団体も数多く生まれた。天理本道もその一つであった。本件弁護人をして「低調妄昧な教義に説伏される者が在り得ようか」と断じられたにもかかわらず、数千人の人々が天理本道の信者となったのも、未来への不安からであった。この信者の数の多さとそれによる社会的影響力に怯《おび》えた当局が、教団幹部の治安維持法違反での検挙に踏み切った。これには、「甘露台《かんろだい》なる神格者が日本を支配する」というその教義にも増して、その「絶対平和主義」という教義が大きく与ったように見受けられる。

「家国」への絶対服従義務に背く罪

治安維持法の時代に入ると、「思想犯」の主な対象は無政府主義、共産主義に置かれることになった。問題は無政府主義、共産主義を取締る理由であり、自由主義、民主主義の擁護という観点からではもちろんなく、天皇制絶対国家ならではの理由づけがなされている。

それを明示しているのが、山県有朋によって「社会主義破壊取締法私案」とあわせて天皇に提出された「社会破壊主義論」である。「概して社会主義と称するも素《もと》より種々の分派あり、言論行動に於いて極《きわめ》て危激なる者、稍々《やや》穏当なるに似たる者との別はあり、然れども其の理想目的とする所は一に帰着し其の要求は現在の国家社会の組織を変更するに非ざれば之を現実にすることを得ざるべき性質のものなり、故に安寧秩序の為に一切之を禁制すべきなり」「我が建国の大本は民族固有の家制に出づ、父祖仁慈の保護の下に子孫あい依りて敬愛の一国を成す之を家とす、而して父祖に対するの崇敬と子孫に対するの慈愛とは之を父祖に遡り子孫に及ぼし以て家の観念を拡張し此の民族の建国を固《かたく》したるなり、我が万世一系の皇位は畏《かしこく》も天祖の霊位にして民族の之を仰ぐ民族始祖の存するが如し」というように述べられている。

このように「家族制度」と「天皇制」を合わせた「家国《かこく》」を社会主義者と対置させ、「社会破壊主義」を弾圧する理由とされている。[16] 同じような図式は、治安維持法案の提案者においても共有されていたと考えられる。この「家国」こそ戦前の日本の「思想犯」を貫くキーワードであった。そして、この「家国」思想からは徹底した取締りと並んで、思想善導対策として国民教育の普及や労働者保護、疾病、養老その他の保険が思想犯対策として重視されることになる。

現に山県も大逆事件における一二名の「逆徒」の処刑と引き換えに下賜された御内帑金《ごないどきん》一五〇万円を元に、財界から寄付を集めて恩賜財団済世会《さいせいかい》を設立した。戦前の代表的な刑法学者の一人、牧野英一も治安政策と社会政策を統合した「刑事政策」という概念を提唱した。牧野のいう教育、保護、医療、福祉なども、治安という観点から恩恵として上から下される日本的な性質のものでしかなかった。[17]「家国」の主《あるじ》の「慈愛」は家族感情に基づくがゆえに、容易に「敵意」に反転し得た。

「家国」が思想犯を貫くキーワードであれば、民主主義・自由主義・反戦主義などであっても「思想犯」の対象となり得た。「家国」の民《たみ》に求められる絶対的な服従を民主主義や自由主義や反戦主義などを理由として拒否したり、忌避したり、回避したりすることは、立派に「思想犯」を構成し得た。ここに至ると、「思想犯」とは「家国」への絶対服従義務に背く罪といえた。

そして、戦争が泥沼化し、国が「家国」の民に課す絶対的な服従義務の内容を質量の面で引き上げれば引き上げるほど、義務違反の違法性の程度は質量の面でより重くなる結果、刑罰の質量も格上げされることになった。治安維持法違反の罪の重罰化や拷問を含めた苛酷な取調べなどにみられる残虐性、残酷性、非合理主義、教条主義などを牽引したのも、この絶対服従義務違反の罪に潜む、「慈愛」の裏返しとしての「敵意」であった。菊池事件の死刑判決にもみられたところのものであった。

九州帝国大学の入営学徒壮行式。1943（昭和 18）年 10 月 19 日

1939（昭和 14）年、国民徴用令が公布された。
軍属として徴用された中年の技術者たち。

5 横浜事件の再審と免訴

横浜事件

特高警察は昭和十七年、雑誌『改造』八月号・九月号に掲載された社会政治学者の細川嘉六《かろく》の「世界史の動向と日本」という論文を共産主義の「偽装宣伝」であるとして同号を発売頒布禁止処分にし、細川を新聞紙法違反の容疑で逮捕した。逮捕の意図は「世界史の動向と日本」の「共産主義的傾向」を追及することにあった。しかし、自分も写っていた一枚の集合写真がもとで、事件は「泊《とまり》事件」を経て、日本最大の言論弾圧事件の「横浜事件」にまで拡大していくことになった。

昭和十七年七月、富山県の東北隅、北陸本線沿いの泊町で、同町出身の細川は、法要で帰省するおり、新著『植民史』の出版記念も兼ねて出版関係者らを招いて泊町の料理旅館「紋左《もんざ》」と「三笑楼《さんしょうろう》」でささやかな宴会を開いた。出席者は細川のほか、西沢富夫（南満鉄東京支社調査部）、平舘利雄（同）、西尾忠四郎（同）、木村亨（中央公論社出版部員）、相川博（『改造』編集部員。細川論文担当者）、小野康人（『改造』編集部員）、加藤政治（東洋経済新報社社員。『植民史』の編集者）の八人であった。宴会では出席者全員の記念写真が撮された。神奈川県の特高警察は昭和十八年五月、かねてマークしていた西沢、平舘の「満鉄グループ」を検挙し家宅捜索を行った際、偶然、この写真を発見した。この写真を唯一の証拠として、同特高は、西沢、平舘らの「満鉄グループ」と細川らの「編集者グループ」が合体して共産党再建準備会の「泊会議」を開催し、共産党再建に暗躍しているという一連のストーリーを描き、木村、相川、小野、加藤を一斉検挙した。これがいわゆる「泊事件」である。

この「泊事件」が発端となり、その後、改造社と中央公論社をはじめ、朝日新聞社、岩波書店、満鉄調査部などに所属する関係者ら約六〇人が次々に治安維持法違反の容疑で検挙された。政治経済研究会事件、改造社並びに中央公論社左翼グループ事件、日本編集者会・日本出版社創立準備会事件、日本評論社左翼グループ事件、岩波書店事件など、次々と事件が仕立て上げられていった。特高は被疑者を革や竹刀で殴打して、失神すると気づけにバケツの水をかけるなど、激しい拷問を行い、四人が獄死した。『改造』や『中央公論』も廃刊となった。これが「横浜事件」である。神奈川県の特高警察が行ったことからこの名がつけられた。

「横浜事件」の判決が言い渡されたのは、玉音放送が流された直後の昭和二十年八月から九月にかけてで、治安維持法が廃止される約一か月前のことであった。駆け込みの言渡しで、約三〇人が執行猶予付きの有罪を言い渡された。

ただし、当時の公判記録はＧＨＱによる戦争犯罪の追及を恐れた政府関係者によってすべて焼却されたために残っていない[18]。

治安維持法の廃止と公職追放

政府は敗戦後も「共産主義革命」の危機に対処する必要があるとして、治安維持法の運用を相変わらず続けた。天皇制が残る以上は治安維持法第一条を残すべきというのが、政府の考えであった。政府は政治犯の釈放も否定したため、哲学者の三木清が昭和二十年九月に獄死した。

昭和二十年十月四日、ＧＨＱから人権指令「政治的、公民的及び宗教的自由に対する制限の除去の件（覚書）」が出されたことから、内務省は翌五日、各府県に特高警察機能の停止を通牒し、六日には各警察部の特高課・外事課・検問課の廃止を指示した。内務省警保局保安課・外事課・検閲課の廃止は十三日に指示された。司法省も同月五日、刑事局長から検事総長・検事長・検事正宛に「政治犯の身柄釈放に関する件」を通牒し、併せて、勾留・検束中の被疑者について「暴行虐待行為を絶対に禁止」することを指示した。七日にはそれらの被疑者の即時釈放については検事局と協議して措置すべきことが指示された。また、八日には司法大臣から「治安維持法、国防保安法其の他思想関係法規の廃止に伴ふ思想関係の通牒及思想事務廃止の件」が訓令された。これにより司法省の思想関係事務は停止されることになった。

東《ひがし》久邇宮稔彦王《くにのみやなるひこおう》内閣は「人権指令」を拒絶し総辞職したが、後継の幣原《しではら》喜重郎《きじゅうろう》内閣はこれを受け入れ、同月十五日、「「ポツダム」宣言の受諾に伴ひ発する命令に関する件に基く治安維持法廃止等の件」（昭和二十年勅令第五七五号）が発布された。思想犯取締りの元締めであった司法省刑事局の思想課も、十五日の司法省分課規定改正により廃止となった。

治安維持法の廃止は同月十一日、司法大臣名で閣議に請議され、十三日に閣議決定、天皇の裁可、十五日に公布、即時施行という手続をたどった。思想犯保護観察法や関連の勅令、朝鮮総督の制令など八つの法令も同時に廃止となった。「人権指令」により罷免された特高関係者は、内務大臣、警保局長以下、四九九〇人に及んだ。ただし、司法省関係の罷免は保護観察所職員及び保護観察審査会職員の一一八五人に限られ、司法大臣、刑事局長らは留任した。思想検事も保護観察所長を兼務している者だけが公職追放の対象とされた。「人権指令」で特高警察がともかくも解体されたのに対し、「思想検察」は保護観察関係者を除いて、その中枢から末端までほとんど無傷であった。

こうした不徹底さをいくらか是正することになったのが、昭和二十一年一月四日のＧＨＱ／ＳＣＡＰの日本政府宛の「公務従事に適せざる者の公職よりの除去に関する件」という指令にもとづく公職追放であった。政府はポツダム勅令として同年二月に「就職禁止、退官、退職等に関する件」（昭和二十一年勅令第一〇九号）

を公布し、「特高警察及思想検察等前歴者」に対しては四月末日までに審査を完了する予定をたて、その追放細目基準を定めた。ただし、この第一次公職追放の審査において公職追放の該当者となった者のうち、特高関係者は三一九人、思想検察関係者は二五人にしか過ぎなかった。思想検察関係では「人権指令」の罷免を免れていた泉二新熊《もとじしんくま》、正木亮《あきら》、三宅正太郎、池田克《かつ》、森山武市郎《たけいちろう》、戸沢重雄、清原邦一《くにかず》、太田耐造、井本台吉らが含まれていた。しかし、同関係者の多くはすでに弁護士に転身していたために、この公職追放は名前だけという面が強かった。

治安維持法の廃止に伴い、公判中の被告は免訴となった。人民戦線事件の山川均《ひとし》、荒畑寒村、加藤勘十、鈴木茂三郎や横浜事件の細川嘉六も、上告中の大審院からそれぞれ免訴の言渡しを受けた。身柄を拘束されていた者も拘束が解かれた。「政治犯」（受刑者、公判中ないし予審中の者、警察ないし検事局で捜査中の者を含む）四三九人、保護観察下にあった者二〇二六人、予防拘禁下にあった者一七人が期限の十日までに釈放ないし処分が解除された。

恩赦も、ＧＨＱの諒解を得たうえで十月十七日を期して実施されることになった。この恩赦は「人権指令」以前から計画されていたが、治安維持法と特高警察による弾圧・抑圧が糾弾されることになったために、急遽、刑の言渡しの事実自体が残る「特別特赦」から、刑の言渡しを受けた者のその刑が将来にわたって無効となる「大赦」の適用に切り替えて実施された。

この恩赦によって「政治犯」の政治的復権は実現されたが、保護観察下及び予防拘禁下にあった者、さらに「人権指令」以前に仮出獄・満期出獄となっていた者、保護観察が解除されていた者、東京予防拘禁所から退所していた者に対する刑の言渡しの事実は残されていた。衆議院議員選挙の実施を控えてこれらの人々の政治的復権を図る必要に迫られたＧＨＱ／ＳＣＡＰは、十二月十九日、日本政府宛に「釈放政治犯人に対する参政権の復活」という覚書を発した。治安維持法に限定せず、国防保安法・治安警察法などによる者も対象となり、「選挙権並公職に就くの権」回復のための「立法的 並《ならびに》 行政的措置」をとることが指令された。司法省では同月二十五日に閣議に請議し、枢密院の諮詢《しし》(=意見を聞くこと)を経て、二十九日、勅令「政治犯人等の資格回復に関する件」を公布した。[19]

再審免訴判決

有罪判決を受けた横浜事件の関係者・遺族らは、まったくの「でっち上げ」だと主張して名誉回復を求め続け、再審請求を繰り返した。第一次請求、第二次請求は棄却されたが、元中央公論編集者の妻ら、元被告人五人の遺族が申し立てた第三次再審請求について横浜地裁は平成十五年四月十五日、再審を開始する決定を言い渡した。検察官からの即時抗告の申し立てを受けた東京高裁も、平成十七年三月十日の決定でこれを退け、検察官が特別抗告を断念した結果、再審開始決定が確定することになった。

再審公判は横浜地裁で開かれたが、同地裁は平成十八年二月九日の判決で、「免訴事由の存在により公訴権が消滅した場合には、裁判所は実体上の審理を進めることも、有罪無罪の裁判をすることも許されないのであり、この理は、再審開始決定に基づいて審理が開始される場合にも異なるものではない」などとして、旧刑事訴訟法三六三条二号及び三号により、被告人五名に対して免訴を言い渡した。控訴を棄却された遺族らは最高裁に上告したが、最高裁も平成二十年三月十四日の第二小法廷決定で、[20]「再審でも刑の廃止や大赦があれば免訴になる」として遺族らの上告を棄却した。同年十月に開始決定された第四次再審公判でも、横浜地裁は平成二十一年三月三十日、免訴を言い渡した。

ただし、同地裁判決(LEX/DB二五四五〇四四二)は「なお書」で、刑事補償による被害救済について言及した。

刑事補償判決

この説示などを受けて、第四次再審請求の遺族五人は国に対する刑事補償請求を平成二十一年四月三十日に横浜地裁に行った。そして、横浜地裁は平成二十二年二月四日、遺族五人に対して請求どおり計約四七〇〇万円の刑事補償を認める主文を言い渡した（LEX／DB二五四四六二五六一）。

「理由」のうち、重要な点の第一は拷問などを含む苛酷な取り調べについて、「泊会議に参加したことから治安維持法で検挙されたA ら被疑者は、特高警察官から受けた拷問の回数、内容、程度等に各々差異があるのは当然であるものの、ほぼ各口述書に記載された通り、治安維持法違反の嫌疑により警察署に検挙された直後ころから、当時劣悪な環境にあった警察署留置場に勾留されている間、糧食の授受を制限され、取調べ中には、相当回数にわたり、厳しい脅迫を受け、時には失神させられるような暴行を伴う激しい拷問を加えられ、生命の危険を感じるなどした結果、特高警察官らの強制誘導に屈して、やむなく虚偽の自白をして手記を作成したり、取調べの先行している関係者らの供述に沿う形で、特高警察官らの思い描く内容の手記を同人らの言うがままに作成したり、これらに基づいて作成された同様の内容の訊問調書に署名指印したりすることなどを余儀なくされたことが合理的に推認されるところである」と判示している点である。

重要な点の第二は、「関係各証拠を検討しても、C らが泊で宿泊し、遊興したこと以外に、共産党再建準備会を開催し、その後の活動方針を決定したという事実を認定するに足りる証拠は存在しないのであるから、再審公判で実体判断のための審理を進めていたとしても、いわゆる泊会議の事実は、認定することはできなかったものと判断される」「大赦及び刑の廃止という事実がなく、再審公判において裁判所が実体判断をすることが可能であったならば、Aは無罪の裁判を受けたであろうことは明らかであり、刑事補償法二五条一項の「無罪の判決を受けるべきものと認められる充分な事由」があったものということができる」として、横浜事件が冤罪だったということが明言されている点である。

重要な点の第三は、この冤罪に関して警察官はもとより、裁判官も検察官も責任は免れないとしている点である。

本判決の要旨は、平成二十二年六月二十四日付の官報第五三四〇号及び読売新聞、朝日新聞、しんぶん赤旗に横浜地裁の名前によって公告された。[21]

威力を発揮中の公安条例

横浜事件の被検挙者のうち三三人が昭和二十二年四月に、同人らを取り調べた警察官多数を横浜地方裁判所検事局に対し告訴したところ、三名の警察官が横浜地裁に特別公務員暴行陵虐致傷罪で起訴され、昭和二十四年二月二十五日の同地裁判決は警察官に対し懲役一年六月及び懲役一年を言い渡し、同有罪判決は最高裁の昭和二十七年四月二十四日の上告棄却判決で確定していた。右の刑事補償請求訴訟でも冤罪が事実上認められ、検察官、裁判官の責任も認められた。しかし、有罪判決を受けた警察官は「日本国との平和条約」（サンフランシスコ条約）発効時の大赦により、全員免訴となった。また「重大な過失があった」とされた裁判官及び検察官に対しては、そもそも何らの調査も処分もなされていない。これで問題が解決したといえるのだろうか。

より大きな問題は、治安維持法の教訓が生かされることなく、団体等規正令（昭和二十四年四月四日政令第六四号）、「昭和二十三年七月二十二日附内閣総理大臣宛連合国最高司令官書簡に基く臨時措置に関する政令」

（昭和二十三年七月三十一日政令第二〇一号）、破壊活動防止法（昭和二十七年七月二十一日法律第二四〇号）など、敗戦後も引き続いて為政者の意のままに「思想犯」処罰規定が定められたことである。

公安条例についても触れておきたい。占領下、屋外集会や集団行進などの民衆運動を取締るために全国各地の地方自治体で公安条例が制定された。先駆けとなったのは、占領軍の勧告を受けて昭和二十三年七月に制定された大阪市の公安条例であった。デモの外、集会も規制の対象とされた。届出制とされたものの公安委員会や警察による大幅な制限規定も置かれ、罰則も最高二年の懲役に及ぶなど、厳しい内容のものであった。占領軍はこの大阪市条例を歓迎し、軍政部を通じて各府県市町村に条例制定を勧告した。昭和二十四、二十五年中にほとんどの自治体で制定されることになった。なかでも重要だったのは「東京都集会、集団行進及び集団示威運動に関する条例」（昭和二十五年七月三日条例第四四号）であった。

同条例についての最高裁の判断は主権回復後の昭和三十五年に示されたが、国民の自由よりは公安を優先するものであった。

昭和三十三年九月、全日本学生自治会総連合会主催で学生約三千人が東京都千代田区紀尾井町の清水谷公園から同港区芝公園まで集団行進を行った。集団行進の先頭に立って蛇《だ》行進や渦巻《うずまき》行進を誘導したなどとして同条例違反の罪で被告人が起訴された。東京地方裁判所は昭和三十四年八月、無罪判決を言い渡した。条例の定める規制方法は、憲法上とくに重要視されなければならない表現の自由に対するものとしてやむを得ない限度を超えたものというべきであり、同条例は憲法に違反するものと解さざるを得ないとされた。検察官からの控訴を受けた東京高裁は、事件を最高裁に移送した。最高裁は昭和三十五年七月二十日の大法廷判決[22]で、無罪判決を破棄した。国家、社会は表現の自由を最大限度に尊重しなければならないことももちろんであるが、表現の自由を口実にして集団行動により平和と秩序を破壊するような行動又はさような傾向を帯びた行動を事前に予知し、不慮の事態に備え、適切な措置を講じ得るようにすることは、けだし止むを得ないものと認めなければならないと判示された。

最高裁は「市民刑法の論理」によってではなく「治安刑法の論理」によって合憲判決を導いた。かつて最高裁は昭和二十九年十一月二十四日の大法廷判決[23]で、届出制か許可制かをもって違憲か合憲かの判断基準としていたが、本大法廷判決では許可制を採っても違憲ではないとされた。公安条例は二十一世紀に入ってもデモなどの規制に威力を発揮している。

第十章　「秘密」をめぐる罪――特定秘密保護法の未来

1　特定秘密保護法

国会審議

平成二十五年十月二十五日に閣議決定された「特定秘密の保護に関する法律案」は同年十一月七日、第一八五回国会に上程された。政府・与党による数の力を頼みにした強行採決が目立った。国会の討論では、「本法案は、国民の基本的人権を初め、憲法原理にかかわる重大な法案であるにもかかわらず、わずか二週間余りの審議で、中央公聴会も行わず、質疑を打ち切り、討論さえ認めませんでした。質疑権、発言権を踏みにじる、議会制民主主義蹂躙の暴挙であり、我が国の議会政治に重大な汚点を残すものであります」[1]などの反対意見も表明され、注目を集めた。

しかし、法案は衆議院本会議で強行採決により、「起立（賛成）多数」で委員長報告どおり修正議決された。参議院本会議でも賛成二一二票、反対八二票で可決され、法律は成立した。同法は十二月十三日に法律第一〇八号として公布され、平成二十六年十二月十日から施行された。

スパイ防止法案

国家秘密の保護に関連する既存の法律としては、アメリカ合衆国軍隊の機密を犯す罪などを定めた「日本国とアメリカ合衆国の間の相互協力及び安全保障条約第六条に基づく施設及び区域並びに日本国における合衆国軍隊の地位に関する協定の実施に伴う刑事特別法」（昭和二十七年五月七日法律第一三八号）、あるいは日米同盟に係る「特別防衛秘密」について、同秘密を取扱う国の行政機関の長に対し「保護上必要な措置」をとることを義務づけるとともに、「特別防衛秘密」を探知・収集した者に対する罰則を規定し、「特別防衛秘密」を他人に漏らした者を国家公務員法や自衛隊法の守秘義務違反の罪よりも重く処罰することとした「日米相互防衛援助協定等に伴う秘密保護法」（昭和二十九年六月九日法律第一六六号）が存した。

これだけでは不十分だとして、昭和六十年六月六日に議員立法という形で「国家秘密に係るスパイ行為等の防止に関する法律案」が第一〇二回国会に提出された。内容は防衛・外交上の「国家秘密」の探知・収集、外国通報、他人漏示及びこれらの未遂を処罰することによって「国家秘密」の保護に関して罰則網の整備を図ったものである。不当方法探知収集・業務者知得領有国家秘密の外国通報及び外国通報国家安全阻害の罪については予備・陰謀・教唆・せん動も、また他人漏示については業務者過失漏示も処罰するとされている。死刑、無期懲役刑も選択されている。しかし、同法律案は反対が多く、審議未了で廃案となった。

平成二十三年にも、外交や治安に関する国家機密を公務員が漏えいした場合の罰則強化を柱とする「秘密保全法」の制定が検討されたが、内閣法制局から「法の必要性が弱い」などの指摘を受け、法案の国会提出が見送られた。

公務員の守秘義務違反に対して罰則を定めた法律規定としては、右の「日米相互防衛援助協定等に伴う秘密保護法」のほか、国家公務員法（昭和二十二年十月二十一日法律第一二〇号）第一〇九条第二号、地方税法

（昭和二十五年七月三十一日法律第二二六号）第二二条、地方公務員法（昭和二十五年十二月十三日法律第二六一号）第六〇条第二号、外務公務員法（昭和二十七年三月三十一日法律第四一号）第二七条、自衛隊法（昭和二十九年六月九日法律第一六五号）、国税通則法（昭和三十七年四月二日法律第六六号）第一二六条などがみられる。

特定秘密をチェックできない

特定秘密保護法については、「（同法は――引用者）ＮＳＣ法と相俟《あいま》って日本の軍事国家化、秘密国家化、憲法改悪、日米軍事同盟の世界同盟化の道を推し進めることになるであろう。しかし、この道は、日本とアジア、中東、アフリカ、ヨーロッパそしてアメリカとの矛盾を拡大し、戦争とファシズムへと進み、日本は世界の『孤児』になるであろう」[2]との指摘もみられる。同法は「特定秘密の指定」「適性評価」「特定秘密の提供」「適正な運用を図るための仕組み」「罰則等」の五つの柱からなる。

「特定秘密」と名称されているが、「国家秘密に係るスパイ行為等の防止に関する法律案」に比べて、保護される「国家秘密」の範囲ははるかに広がっている。防衛及び外交上の秘密に限られていない。にもかかわらず、この拡大された「特定秘密」の指定は、もっぱら為政者の裁量に委ねられている。「特定秘密」と名称されているが、実質は「不特定秘密」に近い。これではどのような情報であっても「特定秘密」に指定することが可能となる。「特定秘密」とする期間の制限もないに等しい。「特定秘密」に指定された以上、どのような情報かを知ることができなくなるために、国民が当該情報をもって「特定秘密」に指定されるにふさわしい情報かどうかをチェックすることは不可能となる。国民の「知る権利」に、ひいては「知る権利」によって実質的に支えられる「国民主権」に与える影響は甚大である。民主主義を実質的に否定するものといっても言い過ぎではない。

「適正評価の実施」で注目されることは、調査事項が広範に及んでいる点である。「特定有害活動及びテロリズムとの関係に関する事項」では、調査被対象者の交友関係が徹底的に調べられることになろう。問題があった場合には、「特定秘密」を取り扱う可能性のある職務・職場から外されることも予想される。

「特定秘密の提供」で注目されることは、「特定秘密の指定」の場合とは異なり、「特定秘密の提供」、なかでも各議院又は各議院の委員会若くは参議院の調査会、裁判所、情報公開・個人情報保護審査会などへの提供に関しては、「特定秘密の保護に関し必要な措置を講じ、かつ、日本の安全保障に著しい支障を及ぼすおそれがないと認めたとき」というように厳格な要件が付せられている点である。提供を受けた国会、裁判所などは提供された「特定秘密」を審議・審理などに供する場合、非公開や秘密会にするといった措置を講じなければならないであろう。同法の規定する漏えいなどの罰則の適用も受けることになる。三権分立制の形骸化が危惧される。

「適正な運用を図るための仕組み」についても、このような仕組みで適正な運用を図ることができるかは大いに疑問である。有識者会議の人選は政府が行うこととされており、その独立性、公平性については疑問が残る。近時、政府による有識者会議の濫用が顕著となっている。国会報告も実質的なチェックができるような情報が提供されないとすれば、単なる追認機能しか持たないということになろう。

漏えい等に対する罰則

特定秘密保護法で規定されている罰則は多岐にわたる。その一つは、漏えい行為についての罰則規定である。保護される「国家秘密」の範囲がはるかに拡大されたことから、「国家秘密に係るスパイ行為等の防止に関する法律案」に比べると法定刑は比較的抑えられている。死刑、無期懲役刑は選択されていない。ただし、スパイ防止法案と同様に、未遂処罰規定、過失犯処罰規定のほか、教唆・煽動処罰規定も置かれている。スパイ防止法案には見られなかった独立共謀罪が挿入されている。これ以降、独立共謀罪を広くさまざまな法律で規定するための橋頭保にしようとされたためであろうか。

罰則の二つ目は、取得行為への罰則規定である。ここでも、未遂処罰規定、教唆・煽動処罰規定のほか、独立共謀罪が挿入されている。第二三条の漏えい行為、第二四条の取得行為が未遂に終わった場合において共謀犯が自首したときは、刑を減軽し又は免除すると規定し、犯行前における共謀者からの「密告」を誘引している。

各界から強い反対の声

特定秘密保護法案については各界から強い反対の声が寄せられた。特定秘密保護法が戦争の準備、遂行のために立案されたものであり、日本の平和と民主主義を脅かす危険な要因をはらむものだという認識が各界において広く共有されていることがうかがわれる。全国紙から地方紙に至るまで数多くの新聞社が社説などで法案の危険性について懸念と反対の意思表明をしたのも当然といえる。衆議院本会議で強行採決された十一月二十六日の翌日の十一月二十七日の社説などだけを見ても次のようになる。

朝日新聞「特定秘密保護法案——民意おそれぬ力の採決」
秋田魁新報「秘密保護法案　禍根を残す強行採決だ」
茨城新聞（論説）「秘密保護法案衆院通過『知る権利』極めて危うい」
岩手日報（論説）「秘密法案衆院通過　恐ろしい社会への一歩」

愛媛新聞「秘密保護法案衆院通過　強行採決は説明責任の放棄だ」
沖縄タイムス「『秘密法案衆院通過』　数の暴挙は許されない」
神奈川新聞「『秘密法』の衆院可決　立法府の魂を捨てるな」
河北新報「秘密法採決強行／疑念払拭へ審議尽くせ」
岐阜新聞「特定秘密保護法案　国民の『知る権利』が危機」
京都新聞「秘密保護法案　数の横暴は許されない」
神戸新聞「秘密法案採決／『数の力』で押し切るのか」
熊本日日新聞「秘密法案衆院通過　強行採決は巨大与党の横暴」
高知新聞「[秘密保護法案]　将来に禍根を残す強行採決」
佐賀新聞（論説）「秘密保護法案衆院通過　問題は残されたままだ」
山陰中央新報（論説）「特定秘密衆院通過／『知る権利』が危うくなる」
山陽新聞「秘密保護法　なぜ拙速に成立急ぐか」
信濃毎日新聞「秘密保護法　強行採決　議会政治の自滅行為だ」
中国新聞「秘密保護法案裁決　国民の懸念置き去りに」
東奥日報「国民の懸念を置き去り／『秘密法案』衆院通過」
東京新聞「特定秘密保護法案　国民軽視の強行突破だ」
徳島新聞「秘密法案衆院通過　『知る権利』踏みにじるな」
新潟日報「特定秘密保護法案採決　強行は国民主権の冒瀆だ」
西日本新聞「秘密保護法案　改めて廃案を求める」

日経新聞「秘密保護法案の採決強行は許されない」
福井新聞（論説）「特定秘密保護法案強行可決　強権政治　知る権利どこへ」
北海道新聞「秘密保護法案、衆院通過　ノーを突き付けて廃案に」
毎日新聞「秘密保護法案衆議院通過　民主主義の土台壊すな」
宮崎日日新聞「秘密保護法案衆院通過　『知る権利』の後退は明らかだ」
琉球新報「秘密法衆院通過　世紀の悪法を許すな　良識の府で廃案目指せ」

刑事法研究者の反対声明

平成二十五年十一月六日付で発表された「特定秘密保護法の制定に反対する刑事法研究者の声明」は、「一　特定秘密保護法案の現状と基本的性格」「二　特定秘密保護法案における秘密指定の問題点」「三　特定秘密保護法案は憲法の基本原理を否定する」「四　特定秘密保護法は、刑法および刑事訴訟法の原則をゆがめる」「五　結論」からなる。このうち、「特定秘密保護法案の現状と基本的性格」では、「法案の軍事立法としての基本的性格」を直視することが重要だとされている。

「特定秘密保護法案は憲法の基本原理を否定する」という表題において、「憲法の平和主義に反する」「憲法の国民主権の原理に反する」「憲法が保障する基本的人権を広範囲に侵害する」ことが説かれている。基本的人権の侵害の内容とは「プライバシー権を侵害する」「報道・表現の自由を侵害する」「学問の自由を危うくする」という点である。

他方、「特定秘密保護法は、刑法および刑事訴訟法の原則をゆがめる」という表題では、「罰則は罪刑法定主義に反し、憲法三一条違反である」「特定秘密保護法は、刑事裁判における適正手続保障に違反する」ことが説かれている。

2 戦前の国家秘密保護法

思想犯処罰規定と国家秘密保護法は「車の両輪」

特定秘密保護法が日本と私たちの未来にどのような影響を及ぼしていくのか。そして、今、私たちは何をしなければいけないのか、何をしてはいけないのか。これらの点を正しく理解し、主権者として正しく行動していくためには、戦前の日本の国家秘密保護法の教訓からできるだけ多くのことを学ばなければならない。この教訓を十分に学んでこなかったがゆえに、特定秘密保護法が成立したともいえる。

それでは戦前の日本の国家秘密保護法とはどのようなものだったのであろうか。ここで注意しなければならないことは、戦前の日本においては思想犯処罰規定と国家秘密保護法とは、天皇制国家の「家国《かこく》」体制を支える「車の両輪」の関係にあったという点である。

「家国」の主《あるじ》が思想犯罰則規定を通じて民《たみ》に求める絶対的な服従とは当然のことながら、インフォームド・コンセントに基づいて発生する双方向的なものではない。「知る権利」の否定のうえに成立する、上から押しつけられた一方的な義務である。どのような政策であってもそれを無条件で受け入れ、支持することが民には求められた。民が国の情報を共有し、検討を加えることを許さなかった。「家国」の主は民に国政に関する情報を知らせることさえも望まなかった。「見ざる」「言わざる」「聞かざる」という態度が民に求められた。「家国」の主は民の批判を極度に恐れた。立憲制を採用したが、臣民には「権利主体性」は認められず、あくまでも「保護の客体」でしかなかった。上から一方的に与えられる施策に黙って従い、協力することが臣民に求められた。この体制を法的に擁護するのが国家秘密保護法であった。

その意味で思想犯処罰規定と国家秘密保護法は、その形成・展開の過程が原則的に照応している。ただし、思想犯処罰規定が主に国内の問題状況を意識して制定されているのに対して、国家秘密保護法は対外戦争並びに国際社会における日本の地位などといった国際的な問題状況を意識して制定されているために、この照応には微妙なズレがみられる。

戦前の国家秘密保護法の形成及び展開

前述したように、明治維新以降の戦前の日本の「政治犯」ないし「思想犯」は四期に区分することができる（一九八頁）。これに対して、戦前の日本の国家秘密保護法の形成・展開は三期に区分して考察するのが適当であろう。

［国家秘密保護法の形成・展開］

第一期　昭和六年九月　満州事変まで
第二期　昭和十六年七月　国防保安法制定まで
第三期　昭和二十年八月　敗戦まで

国家秘密保護法の形成・展開の第一期は、思想犯処罰規定の形成・展開のうちの第一期、第二期、第三期及び第四期の前半に照応する。同第二期は、思想犯処罰規定の形成・展開のうちの第四期の中半に照応する。

第三期は、思想犯処罰規定の形成・展開のうちの第四期の後半に照応する。思想犯処罰規定と国家秘密保護法の複雑な関係を垣間見ることができる。

満州事変までの国家秘密保護法

この期は日清戦争、日露戦争、第一次世界大戦を経験しているが、国家秘密保護に関する主な法規定としては、出版法（明治二十六年四月十三日法律一五号）における国家機密文書等の出版制限規定、旧刑法（明治十三年七月十七日太政官布告第三六号）及び明治四十年刑法（明治四十年四月二十四日法律第四五号）における間諜罪規定、陸軍刑法（明治十四年太政官布告第六九号及び明治四十一年四月十日法律第四八号）及び海軍刑法（明治十四年十二月十八日太政官布告第七〇号及び明治四十一年四月十日法律第四八号）における軍事機密漏泄罪規定、要塞地帯法（明治三十二年七月十五日法律第一〇五号）における要塞地帯での水陸の形状測定等の禁止規定等、軍港要港規則（明治三十三年四月三十日海軍省令第七号）における秘密保護規定、新聞紙法（明治四十二年五月六日法律第四一号）における軍事又は外交に関する事項の掲載禁止・制限規定、官吏服務紀律（明治二十年七月三十日勅令第三九号）における機密漏えい禁止規定、旧軍機保護法（明治三十二年七月十五日法律第一〇四号）における軍事上秘密事項・図書物件の探知・収集及び知得・領有秘密の漏えい・交付・公示・伝説等の処罰規定、軍用電信法（明治二十七年六月六日法律第五号）における漏えい処罰規定がみられる。

旧刑法の「間諜罪」の特徴としては、①改定律例にみられたような国家機密一般の保護規定は置かれておらず、軍情機密だけに限定されており、純然たる外交機密は除外されていること、②戦時の場合の敵国に対する漏泄《ろうせつ》のみが処罰されていること、③刑罰は無期流刑であり、狭義の外患罪よりも法定刑が軽いこと、④戦時同盟国の軍情機密も日本のそれと同じように保護されていること、などの点があげられる。この規定により軍事機密の保護に刑法典上の根拠が与えられることになった。

日露戦争後に制定された明治四十年刑法の「間諜罪」規定でも、間諜罪の成立は戦時に限られた。戦時同盟国の軍事機密を日本のそれと同じように保護していることも同様である。ただし、①行為態様、方法等の限定がなくなり、包括的な規定になっていること、②予備・陰謀罪が新設されたこと、③間諜罪は国家への忠誠義務に違反する破廉恥罪とされた結果、禁錮刑は排除され、法定刑に死刑が加えられたこと、などは旧刑法とは異なる点であった。この「間諜罪」規定は、刑法典と同時に施行された改正軍刑法の「軍事機密漏泄罪」の規定とともに、旧軍機保護法を中心とする帝国主義段階の機密保護法制に安定的な基礎を与え、それを仕上げるという意味を持ったものといってよい。[3]

陸軍刑法及び海軍刑法などの規定も、これに合わせて改正された。軍刑法の「間諜罪」規定も、包括的に軍事機密を保護するという規定方法を採用した。死刑を規定するなど、法定刑も引き上げられた。ただし、ここでも間諜罪の成立は戦時に限られた。

他方、日清戦争と日露戦争の中間の時期に制定された旧軍機保護法は、わずか八ヵ条からなるものであった。軍機保護法の実質的推進者であった中村雄次郎陸軍次官は明治三十一年十二月十二日に開催された第一三回帝国議会の衆議院本会議において法案の趣旨を説明するなかで、第六条の未遂犯処罰規定がポイントだとしている。[4] 同法では併せて予備罪も規定されている。その結果、日本の軍事秘密保護法体制は日露戦争後の明治末頃までには一応の整備がなされた。[5] その主柱は軍機保護法であり、これを刑法と出版法、新聞紙法などの各種法令が支える構成をとった。

昭和十二年成立の改正軍機保護法

明治期に一応の完成を見た国家秘密保護法は法制面を見る限り、その後三十年近く大きな変化は見られなかった。しかし、昭和十一年の二・二六事件を契機として軍部独裁が実現し、軍事秘密の刑法的保護は強化されていった。その骨格となったのが改正軍機保護法（昭和十六年三月十日法律第五八号）や軍用資源秘密保護法（昭和十四年三月二十五日法律第二五号）などであった。

昭和十二年七月に対中全面戦争に突入するなかで、ナチス・ドイツの全権委任法（一九三三年三月二十三日制定）に比すべき国家総動員法（昭和十三年四月一日法律第五五号）が制定された結果、他の国家秘密も軍事秘密に吸引されて軍事的色彩を帯びることになった。国家総動員法の秘密保護規定により「総動員」に関連した「秘密の網」が広く張られ、その影響は経済生活のみならず国民生活全般に及んだ。「スパイ防止」を口実に、国家の国民に対する監視や国民の相互監視も強められた。この期には「総動員秘密」「軍用資源秘密」「国家機密」といった新しい概念も登場した。[6]

昭和十二年には新聞紙法第二七条に基づく陸軍大臣の軍関係記事掲載禁止命令（七月三十一日）及び海軍大臣の軍関係記事掲載禁止命令（八月十六日）のほか、外交関係記事掲載禁止命令（十二月十三日）も出されている。国家総動員法で新設された秘密保護関係の規定は、①政府は、戦争時に国家総動員上必要な時は、勅令によって新聞紙その他の出版物の掲載について制限又は禁止をすることができる（第二〇条）、②総動員業務に従事した者がその業務遂行に関して知得した当該官庁指定の総動員業務に関する官庁の機密を漏泄又は窃用したときは二年以下の懲役又は二千円以下の罰金に処する（第四四条第一項）、③公務員又はその職にあった者が職務上知得した当該官庁指定の総動員業務に関する官庁の機密を漏泄又は窃用したときは五年以下の懲役に処する（同条第二項）、というものであった。

この期の国家秘密保護法の中核を占めるのは改正軍機保護法である。軍機保護法の全面改正法律案は昭和十二年七月二十七日、第七〇回帝国議会に続いて再び第七一回帝国議会に提出された。この改正案は陸軍省、海軍省、内務省、司法省が協力し、なかでも陸軍省が中心となって作成した。同改正法律案は八月七日に可決成立した。同法案が貴族院に提出されてわずか一〇日後のことで、異例のスピード審議となった。この改正軍機保護法は同年八月十四日に法律第七二号として公布され、十月十日より施行された。法案提出から施行までわずか三か月足らずのことであった。

これも昭和六年九月の柳条湖事件、そして昭和十二年七月の盧溝橋事件と日中間の局地紛争が全面戦争化しようとするなかで、「時局の関係は至急本法案の成立を必要とする次第でありますので、何卒速に御審議御協賛あらんことを切望致す次第でございます」（昭和十二年八月三日の衆議院軍機保護法改正法律案委員会における杉山元《げん》陸軍大臣の趣旨説明）とされた結果であった。全面改正する理由も同陸軍大臣から、「現行軍機保護法は、約四〇年以前の制定に係るものでありまして、情勢の進展に伴っておりませぬことは固より、内容不備であって、到底現代の要求に適して居らぬのであります」などと説明された。[7]

このように改正軍機保護法は、「完ぺきな秘密保護を期する」ために規制の網を拡げ、網の目も細かくした。本法律案の主要な改正点として杉山大臣が列挙するのは、①軍事上の秘密の種類範囲を明にしたこと、②刑罰の範囲を適切にしたこと、③「スパイ」団を編成した者などを処罰する規定を設けたこと、④軍事上秘密保護の必要ある特定空域、土地又は水面において測量、気象観測、撮影等を禁止、制限したこと、⑤秘密の演習、実験を秘匿するために一定の土地、空域、水面に対し臨機短期間の立入の禁止若くは制限を為し得るようにしたこと、⑥外国船舶の不法入港に対する罰則規定を設けたこと、である。

このうち、軍事上の秘密の種類範囲を規定した理由は、旧軍機保護法の第一条が「軍事上秘密の事項又は図書物件」と規定するだけで、何が軍事上の秘密に該当するかについて明確に定義していなかったために、国民は何が軍事上の秘密であるかを知らぬままこれを収集し、犯罪者としての嫌疑を受けることもあり、他方、取締る側も検挙取締りの準拠が明確でないために捜査を遅疑《ちぎ》（＝ぐずぐずし）逡巡するという事態もあった。そこから、改正法案ではその第一条第一項で、この法律が対象とする「軍事上の秘密」とは「作戦、用兵、動員、出帥《すいし》其の他軍事上秘密を要する事項又は図書物件を謂う」とし、その第二項で「前項の事項又は図書物件の種類範囲は陸軍大臣又は海軍大臣命令を以て之を定む」とされた。

陸・海軍大臣が省令の軍機保護法施行規則をもって定めるとされた「軍事上秘密を要する事項又は図書物件の種類範囲」は、同改正法成立後の陸軍の軍機保護法施行規則をみると、①宮闕《きゅうけつ》（＝皇居）守衛に関する事項、②国防、作戦又は用兵に関する事項、③編制、装備又は動員に関する事項、④国土防衛に関する事項、⑤諜報、防諜又は調査に関する事項、⑥運輸、通信に関する事項、⑦演習・教育又は訓練に関する事項、⑧資材に関する事項、⑨軍事施設に関する事項、⑩図書物件に関する事項、の一〇項目について、それぞれ秘密保護の対象が定められている。規定は詳細で網羅的であるが、複雑多岐にわたり、秘密という事柄の性質上、明確化という点では本質的に限界があった。

罰則の整備

改正軍機保護法による罰則の整備を見ると、①探知・収集した軍事上の秘密の漏泄・公示の罪（第四条）、軍事上の秘密の探知又は漏泄を目的とする団体の組織・加入の罪（第六条）、業務によって知得・領有した軍事上の秘密の過失による漏泄・公示の罪（第七条）、防禦営造物又は軍事施設の周囲の地域での測量・撮影等の禁止違反の罪（第九条）、防禦営造物・軍事施設又はその周辺への侵入の罪（第一〇条）、特定の区域内の航空・気象観測・測量・撮影等の禁止違反の罪（第一二条）、演習・実験区域での出入り禁止違反の罪（第一三条）、開港場以外の特定の区域内での外国船舶の出入り禁止・制限違反の罪（第一四条）等を新設したこと、②公示の罪や「外国若くは外国の為に行動する者」への漏泄等の罪について加重類型（第三条第二項、第一一条第二項）を新設したこと、③撮影、模写、測量等の禁止の対象を防御営造物に準ずる軍事施設にまで拡大したこと、④予備罪の増設（第一六条第一項）や誘惑・煽動罪の新設（第一六条第二項、第一七条）など、前段階類型を大幅に拡充したこと、⑤法定刑の範囲を拡大し引き上げたこと、などがその内容である。

本改正で新たに死刑が選択刑とされた罪は、①業務に因り軍事上の秘密を知得し又は領有したる者之を公にし又は外国若くは外国の為に行動する者に漏泄したとき（第三条第二項）、②軍事上の秘密を探知し又は収集したる者之を公にし又は外国若くは外国の為に行動する者に漏泄したとき（第四条第二項）、である。

軍機保護法の全面改正は、戦時機密保護法制の口火を切るものであり、その規制の形態及びイデオロギーはその後の軍用資源保護法（昭和十四年四月七日法律第七六号）、国防保安法（昭和十六年三月七日法律第四九号）のモデルとなった。[8]

現実に適用された事例もかなりの数に上った。[9] 実際の運用例は軽微な事例がほとんどだった。ちなみに、平成二十五年十一月十八日の東京新聞記事は、「改正軍機保護法は乱用される。内務省がまとめた外事警察概況などによると、三七年の摘発人数は三八人だったが、三八年五〇人、三九年二八九人（四〇年は不明）と年々増加。趣味で写真を撮影していて軍事施設を写してしまったというケースも多く、起訴率は四％にも満たなかった。このため、四〇年には憲兵本部司令部長が『法の解釈に適切さを欠くものがある』と現場に注意している」と解説したうえで、軍機保護法違反の摘発例を紹介している。

冤罪事件の発生

他の国家秘密保護法と同様、軍機保護法の下でも多くの冤罪事件が発生した。太平洋戦争が開戦した昭和十六年十二月八日に発生した「宮澤弘幸《みやさわひろゆき》・レーン夫婦軍機保護法違反冤罪事件」もその一つであった。「樺太に旅したときに偶然見かけた根室の海軍飛行場を友人のレーン夫婦に話した」という容疑で、当時北海道帝国大学の二年生だった宮澤弘幸は特高警察の取調べを受け、軍機保護法違反の罪で札幌地裁に起訴され、昭和十七年十二月十六日、懲役十五年の判決を言い渡された。宮澤は取調べ中の拷問と過酷な服役生活で結核になり、敗戦後釈放されたが二七歳の若さで亡くなった。『ある北大生の受難――国家秘密法の爪痕』（花伝社、二〇一三年）の著者の故上田誠吉弁護士と一緒に事件の追跡調査をした藤原真由美弁護士は、「秘密保護法ができれば、同じような事件が繰り返されかねない」と危ぶんでいる[10]という（次章参照）。

3　国防保安法

軍用資源秘密保護法

軍用資源秘密保護法案は昭和十四年二月二十日、第七四回帝国議会の衆議院に提出され、三月十七日、貴族院本会議において原案どおり可決された。そして、同年三月二十五日に公布され、六月二十六日から施行された。前年の昭和十三年三月二十四日には国家総動員法が制定されているが、軍用資源秘密保護法はその国家総動員に関する秘密事項のうち軍機保護法の及ばない軍用資源に関する情報の外国への漏洩《ろうえい》を防ぐことを目的として制定された。

軍機保護法が保護する軍事上の秘密は統帥及び統帥に密接に関連する秘密で、実質秘主義を採用し、軍外に出ることを防止することを目的としたのに対し、軍用資源秘密保護法の場合は当該秘密が国外に漏れることを防止しようとしたもので、指定秘主義が採用された。第二条が定める二五項目の事項について陸軍大臣、海軍大臣（官庁の管理に属するものに係わるときは主務大臣）の命令により指定された軍用資源秘密について、設備の遮蔽《しゃへい》を始めとする秘密保護措置の権限を規定するとともに、スパイ行為の取締り規定を設けた。指定秘主義を採用したことから、軍用資源秘密の探知・収集などの罪も目的罪として規定されている。[11]

議会の審議では「結局完全に「スパイ」を防禦するには、日本国内全部に煙幕を張らなければならぬと云ふことになりはしないか、さうなりますと、新聞紙上にも統計に基礎を置いた確実な報道も論説もなくなる、学校の講義に於ても統計を基礎にした論説も報道もなくなる、書官庁の書籍文書の上に於ても統計を基礎にした報道がなくなる、民間に於いても亦同様である、斯う云ふことになりますと、此の「スパイ」を防禦することに依る国の利益と云ふものと、防禦することに依って生ずる国の不利益と云ふものを比較研究して見ますると、余りに消極的に「スパイ」を防禦すると云ふ方面にのみ頭が行きます時は、私は其の防禦に依って達成しようとする目的を貫徹する上に於て、却て逆の効果を来しはしないかと云ふことを非常に憂へて居るのでありますす」[12]というような鋭い指摘も見られたが、耳が傾けられるということはなかった。

国防保安法の概要と提案理由

戦時国家秘密保護法にとってもっとも重要な意味をもち、これを完成させたのは昭和十六年の国防保安法の成立であった。第二次近衛文麿《ふみまろ》内閣は昭和十五年七月に成立したが、近衛首相は昭和十六年一月二十一日に開催の第七六回帝国議会の貴族院本会議における施政方針演説のなかで、「内は、国家総力発揮の国防国家体制を整備し、国是《こくぜ》（＝基本的な国政の方針）遂行に遺憾なき軍備を充実するの要あり、外は、大東亜の新秩序建設を根幹とし、先ず其の重心を支那事変の完遂に置き、国際的一大変局を達観して、機に臨み適切なる施策を講じ、国運の一大進展を期するの要、特に切なるものがあるのであります」などと発言した。

この姿勢方針に沿って、近衛内閣は一月二十二日、国家総動員法改正法律案、治安維持法改正法律案などと並んで国防保安法案を第七六回帝国議会に提出することを決定した。国防保安法案は一月二十九日、帝国議会に政府法案として提出され、一月三〇日の衆議院本会議に緊急事案として上程された。原案どおりに可決成立し、昭和十六年三月七日に法律第四九号として公布され、同年五月十日から施行された。

秋山要《かなめ》・司法省刑事局長の答弁によると、国防保安法は「治安維持法の一つの特別法と云ふやうなことになるのではないかと考へます」（昭和十六年二月十四日開催の貴族院国防保安法案特別委員会）とされた。昭和十六年の改正治安維持法が取締り対象を飛躍的に拡大したのに照応して、国防保安法も規制の対象を著しく拡大し、軍事機密のみならず国家機密全般を規制の対象にした。同法案は、国家機密の漏泄・公示、探知・収集などの処罰を定めた第一章と、国防保安法事件や軍機保護法事件などについて特別手続を定めた第二章とからなっていた。

昭和十六年一月三十一日に開催の衆議院国防保安法案委員会における柳川平助《やながわへいすけ》国務大臣（司法大臣）の提案理由の説明[13]によると、国防保安法と名称されているものの、その実質は戦時国家秘密保護法と呼ぶべきものであったことが分かる。同法第一条が、「本法に於て国家機密とは国防上外国に対し秘匿することを要する外交、財政、経済其の他に関する重要なる国務に係る事項にして左の各号の一に該当するもの及之を表示する図書物件を謂ふ」と規定した所以である。

なぜ批判的世論が形成されなかったのか

国防保安法案の帝国議会での審議過程については、「国防保安法の制定過程は、帝国議会における審議過程をみる限りでは、戦時議会、翼賛議会という厳しい時代的条件下にあったにも拘らずかなり厳しい批判が活発に行われた過程であった」「特に貴族院の法案修正派は、国防保安法に対し国民が密かに抱いていた不安、懸念、憂慮を踏まえ、国家機密の無限定性、広範囲性、構成要件的不明確性に対する批判と捜査検察権限拡大強化に対する批判とを行い、その危険性（政治的謀略に用いられる危険性、言論を委縮させる危険性、経済活動を阻害する危険性など）を指摘した」[14]という分析が見られる。

問題はこのような批判的視点が「世論」となったかである。世論を形成することはついになかった。その理由の一つは、刑法学者が国防保安法案に対してとった態度である。反対という姿勢をとる者はいなかった。国防保安法案が貴族院で可決された直後に「国防保安法案」[15]を著した牧野英一も、この法律が世の不安を招いていることを認めつつ、「この法案の性質として、かような概括的な方法を採ることは当然である」としたうえで、国民の不安は「法律の錯誤論」の発達により解決されるべきであると主張しただけであった。「国防保安法の若干の検討」[16]を著した団藤重光も、法第一条の「国家機密」概念が伸縮性をもつ価値的概念であることに国民の不安があることを認めつつ、「厳密な概念定義を企図した立法者の努力を――それが果たして成功といへるかは暫く措くとして――多とすべきだと思ふ」と述べるにとどまった。積極的に賛意を表明する者もみられた。ナチス刑法理論の紹介に力を注いでいた木村亀二《かめじ》も、その一人であった。木村は「(社会時評) 国防保安法の意義」[17]という論稿のなかで、法案の趣旨に「強い賛意」を表明した。

批判的論調が世論を形成し得なかった理由の第二は、在野法曹界の動きにある。当時の在野法曹は、帝国弁護士会における東亜新秩序建設攻究委員会の設置（昭和十五年一月）及び精勤協力委員会の設置（同年八月）、日本弁護士協会有志による新体制弁護士連盟の結成（同月）、山岡万之助を会長とする東亜法曹協会の設置（同月）などに見られるように総動員体制への協力体制づくりを進めていた。このようななかで、国防保安法に対しどのような態度をとったかは明らかであった。日本弁護士協会は国防保安法に沈黙の態度を守り続けた。帝国弁護士会は、国防保安法のうち捜査検察権限の拡大強化、弁護権の制限及び控訴審の廃止を中軸とする特別刑事手続の創設については反対の態度を明確に示したものの、実体法関係の規定については、「軍事行政上の会議に対する規定を欠くのは均衡を失する」という理由で、「御前会議、枢密院会議、閣議の次に軍事参謀官会議、師団長会議を加ふ」という修正案を提示した。「国家機密」の範囲を拡大しようとする態度さえもとった。

理由の第三は、当時の言論界のあり方にあった。当時の言論界には言論統制に迎合し、「高度国防国家体制」（戦争体制）づくりに積極的に協力する動きが強く、国防保安法に批判的論調を示すことを一切しなかった。

国防保安法に対する不安、懸念、憂慮は、手続関係規定に対する批判の形をとって強く表明されたものの、実体関係規定に対する批判と連動して展開されることはなかった。この点にこそ国防保安法に対する世論の反応、対応の特徴があり、時代的状況、すなわち戦時性が反映していた[18]。

国家機密は「自然秘」――範囲は不明確

一九三〇年代前半までは、「軍事機密」及びそれに準じる「外交機密」以外の「国家機密」については、主に新聞紙法や出版法によって出版・発売・頒布の次元で規制するという方法が採用されていた。漏泄や探知・収集を直接処罰するという方式は採用されてこなかった。国家総動員法上の「官庁機密」については漏泄などを処罰するという方式が導入されたが、それを全面的に展開させたのが国防保安法であった。

国防保安法では、「軍事機密」のみならず「国家機密」が保護の対象とされ、かつ、この「国家機密」が「軍事機密」と同レベルで保護されることになった。国政の中心部分が「国家機密」とされ、「軍事機密」に匹敵する分厚い「機密の壁」に閉ざされた結果、国民の「知る権利」は完全に消滅することになった。[19]

軍機保護法の場合、第一条で「本法に於て軍事上の秘密と称するは作戦、用兵、動員、出師其の他軍事上秘密を要する事項又は図書物件を謂ふ」と規定していた。しかし、このように部分的にしても「国家機密」の内容・範囲についての定義規定を法律中に置くと、外国が「国家機密」の一端を察知する手掛かりになりかねないとして、国防保安法では手掛かりになるような定義規定は法律中に一切置かれなかった。ここに「国家機密」の範囲が不明確となる本質的な要因があった。帝国議会の審議でも議論の中心になったのは、この「国家機密」の範囲と法の運用の問題であった。

秋山刑事局長は昭和十六年二月三日の衆議院国防保安法案委員会において、国防保安法上、「国家機密」の概念は明確だと答弁した。同様の発言は、貴族院国防保安法案特別委員会の林博太郎委員長からもみられた。昭和十六年二月二十七日の貴族院本会議における委員長報告の中での「自然秘と云ふのは、誰が見ても、自然に見て、作為しない前に其の秘密其のものが客観的に存在をして居る、それだから、是は国家の機密であるかどうかと云ふ事を大臣が告示すると云ふやうな、其の手続をする前に、すでに国家の極めて秘密なるものが存在して居るのであるから、之を自然秘と云ふのである」[20]という発言がそれであった。

しかし、このような説明によって問題が解決することは何もなかった。「国家機密」を取扱う者のなかにも不安、懸念、憂慮は拡がりかねなかった。そこで政府は同法案が成立した後、国防保安法施行令（昭和十六年勅令第五四二号）を発布した。

興味深いのは、当時政府委員の一人であった大竹武七郎《ぶしちろう》・刑事局第一課長がその著『国防保安法』（羽田書店、一九四一年）において、施行令第二条にいう「標記」の有無と罰則の適用について次のような解釈を載せている点である。すなわち、標記の有無は、その図書物件が「国家機密」であるか否かということを認定する資料の一つに過ぎない。たとえ標記がなくても、記載されている事項が「国家機密」に属するものであり、そのことを知りながらこれを漏泄し又は公表すれば漏泄又は公表の故意犯が成立し、過失により漏泄すれば過失漏泄罪が成立する。故意の認定は、国防上外国に対し秘匿する必要のある外交、経済その他に関する重要な国務に係る事項であることを知っていたというだけで十分である。仮に国家機密を記載した文書を一通作るべき場合に密かに二通タイプを打ち、内一通を持っていた場合には、その文書に国家機密の標記がなくても当然、国家機密を表示する図書に該当する。[21]

この解説をみると、政府委員が議会で「自然秘」だということを強調していた理由も明らかとなる。「国家機密」は「自然秘」であり、秘密指定、あるいは「標記」の有無に関わりなく国防保安上の犯罪は成立する。しかも、故意の成立には「自然秘」の認識は不要で、「自然秘」とされ得るような「国防上外国に対し秘匿することを要する外交、財政、経済其の他に関する重要なる国務に係る事項」と云うことを認識していれば、故意犯は成立する。このような理由から、「自然秘」だということが強調されたのである。

このような「結果責任」は、近代刑法がその中核とする「明確性の原則」「責任原則」と対極に位置した。

国家機密に関する犯罪類型

国防保安法が規定する国家機密に関する犯罪類型は、次の四つに区分され得る。①業務上知得又は領有した国家機密の外国又は他人への漏泄又は公表（第三条、第六条、第七条）、②外国への漏泄又は公表目的による国家機密の探知又は収集並びにその探知又は収集した国家機密の外国への漏泄又は公表（第四条）、③上記以外の原由により知得又は領有した国家機密の外国への漏泄又は公表（第五条）、④以上の未遂（第一一条）、教唆、誘惑又は煽動（第一二条）、予備又は陰謀（第一三条）。

その特徴の第一は、「業務に因り」国家機密を知得し又は領有した者が漏泄、公示する場合は重く罰するとしている点である。第二は、機密の「公示」と「外国若くは外国の為に行動する者への漏泄」とは同等に扱っている点である。第三は、「外国若くは外国の為に行動する者、外国人」に対する漏泄やそれを目的とした探知・収集を重く処罰している点である。第四は、業務者過失機密探知漏泄なども処罰するとしている点である。第五は、未遂をはじめ前段階類型を広く処罰している点である。

死刑が法定刑として科されているのは、①業務に因り国家機密を知得し又は領有したる者之を外国（外国の為に行動する者及外国人を含む。以下之に同じ。）に漏泄し又は公にしたとき（第三条）、②外国に漏泄し又は公にする目的を以て国家機密を探知し又は収集したる者、之を外国に漏泄し又は公にしたとき（第四条第二項）、である。

無期懲役が法定刑として科せられているのは、右の外、①第三条又は第四条に規定する原由以外の原由に因り国家機密を知得し又は領有したる者、之を外国に漏泄し又は公にしたとき（第五条）、②外国と通謀し又は外国に利益を与える目的を以て治安を害すべき事項を流布した者（第九条）、③外国と通謀し又は外国に利益を与える目的を以て金融界の撹乱、重要物資の生産又は配給の阻害其の他の方法に依り国民経済の運行を著しく阻害する虞《おそれ》ある行為を為した者（第一〇条）、である。

他の法令に類例を見ないような厳罰主義といえる。臣民に「見ざる」「言わざる」「聞かざる」という、およそ考えられないような異常な生活を無理強いするために、このような異常な重罰が必要になったということであろうか。新治安維持法の重罰主義に匹敵した。この面でも両者は近似していた。

ゾルゲ事件

そうなると問題は、国防保安法の運用ということになる。前掲・小田中『国防保安法の歴史的考察と特定秘密保護法の現代的意義』一五〇頁以下で、『外事警察概況』や『思想月報』などの検討に基づいて、多くの事例が紹介されている。[22]これに関して補足しておきたいのは、ゾルゲ事件である。「二〇世紀最大のスパイ事件」といわれると驚くが、通常ならば合法の情報取材活動や取材情報の分析活動などが極刑に問われた事件だからである。[23]

ゾルゲ事件とは、ロシア生れのドイツ人のリヒアルト・ゾルゲが昭和八年九月、フランクフルター・ツァイツング紙の記者として来日し、以後八年余にわたって、コミンテルン（第三インターナショナル）のスパイとして、近衛内閣のブレーンであった尾崎秀実《ほつみ》らの協力を得て、日本とドイツの政治及び軍事に関する最高機密情報を入手してソ連に通報したというスパイ容疑で、昭和十六年十月に警視庁特高部特高第一課及び同外事課によって検挙された「国際諜報団事件[24]」である。

治安維持法違反、国防保安法違反、軍機保護法違反、軍用資源秘密保護法違反で一〇〇人以上の人が取調べを受けたが、昭和十七年四月までに合計三九人（うち外国人四人、女性六人）の逮捕者が出た。内務省警保局によると、このうち「諜報機関員」一七人、「情を知らざる者」一八人であった。最終的に「諜報機関員」とされ、裁判までいって刑が確定したのは一七人である。

ゾルゲらは、昭和十七年五月に国防保安法違反、軍機保護法違反、軍用資源保護法違反、治安維持法違反などにより起訴された。ゾルゲと尾崎の予審は同年十二月に終わり、翌昭和十八年五月三一日に東京刑事地方裁判所第九部の法廷で第一回公判が公開禁止ではじまった。弁護にあたったのは官選弁護人一人だけであった。尾崎の公判は超スピードで進められ、開かれた公判はわずか七回にすぎなかった。九月には国防保安法違反その他により次のような判決が下された。

リヒアルト・ゾルゲは死刑（ロシア革命記念日の昭和十九年十一月七日に巣鴨拘置所で死刑執行）、尾崎秀実は死刑（同）、ブランコ・ド・ヴーケリッチは無期懲役（昭和二十年一月十三日獄死）、マックス・クラウゼンは無期懲役（昭和二十年十月九日釈放）、アンナ・クラウゼンは懲役三年（昭和二十年十月七日釈放）、小代好信《こしろよしのぶ》は懲役一五年（昭和二十年十月八日釈放）、田口右源田《うげんた》は懲役一三年（昭和二十年十月六日釈放）、水野成《しげる》は懲役一三年（昭和二十年三月二十二日獄死）、山名正実は懲役一二年（昭和二十年十月七日釈放）、船越寿雄《ふなこしひさお》は懲役十年（昭和二十年二月二十七日獄死）、川合貞吉《ていきち》は懲役一〇年（昭和二十年十月十日釈放）、九津見房子《くつみ》は懲役八年（昭和二十年十月八日釈放）、秋山幸治は懲役七年（昭和二十年十月十日釈放）、北林トモは懲役五年（昭和二十年一月服役中危篤となり仮釈放後の二月九日病死）、菊池八郎は懲役二年（釈放日不明）、安田徳太郎は懲役二年・執行猶予五年、西園寺公一《きんかず》は懲役一年六月・執行猶予二年、犬養健《たけし》は無罪。[25]

このうち、小代以下の判決の言渡しは遅れた。宮城、河村は審理中に獄死していた。ゾルゲ・尾崎ら、被告の大部分は大審院へ上告したが、すべて弁論なしに検事の意見を聴いただけで戦時刑事特別法第二九条により上告理由なしとしてすべて棄却されて刑が確定した。尾崎は裁判の間ついに転向することはなかった。上申書を出して「転向」を認めれば極刑は避けられる可能性は高かったが、最後までコミュニストとしての信条を貫き通した。日本の最初の女性社会主義者の一人、九津見房子も右のように懲役八年を言い渡され、和歌山刑務所に収容された。従前の刑期も含めると、獄中生活は通算して一〇年を超えた。

敗戦後、獄中の生存者八名は他の政治犯たちと一緒に釈放され、長い間、国民の眼から閉ざされてきた事件の真相がようやく明らかになり始めた。「祖国を救うために命を賭けて行動した愛国者」の尾崎秀実に対して、一周忌に続いて追悼講演会が盛大に開催された。彼の獄中書簡集『愛情はふる星のごとく』（世界評論社、昭和二一年）はベストセラーとなって広範な読者を獲得した。[26] ただし、ゾルゲ事件の関係資料は、公職追放を恐れた者らの手によってほとんど焼却ないし秘匿された。

小田中は外諜関係事案の検討から、「気のつく点」として次の点を列挙している。全外諜関係犯罪事件の七割強が、警察段階で処理（釈放）されていることが第一である。事件別にみれば、軍機保護法違反事件及び軍用資源秘密保護法違反事件の警察段階処理率が高い反面、国防保安法違反事件のそれは低いこと、外国人事件の場合は低い比率を示していることが注目される。第二に気がつくのは、無罪が出ていることである。一九四二年において軍機保護法違反事件が、有罪三〇件・無罪七件、国防保安法違反事件が有罪二一件・無罪三件、要塞地帯法違反事件が有罪一七件・無罪五件となっている。これらの数字は、外諜関係事件で無罪が比較的多く出ている感じを抱かせる。これは外諜関係事件で、ずさんな起訴が行われたことを示すものと思われる。第三に気がつくのは、外国人事件で多いのが国防保安法違反事件であったことである。[27]

処罰の網が拡げ過ぎられたために、この網に引っ掛かる事件も多く、検挙しても検察官に送致するまでもない事件、あるいは送致しても起訴するまでもない事件が多かったということであろうか。しかし、これらをもって、国防保安法違反事件の処罰が緩やかだとしえないことはいうまでもない。それは、ゾルゲ事件などからも明らかであろう。

特定秘密保護法と国防保安法・改正軍機保護法との類似

小田中は国防保安法の詳細な検討を通じて、国防保安法が現代において持つ歴史的教訓をまとめている。[28]

この教訓に付け加えたいのは特定秘密保護法と国防保安法の近似性である。

特定秘密保護法については、改正軍機保護法との類似性が指摘されている。しかし、より近いのは改正軍機保護法よりも国防保安法である。特定秘密保護法では国防保安法と同様に、「軍事秘密」及びこれに準じる「外交秘密」に限定せずに、広く「国家秘密」全体を保護しているからである。現在の日本は「治安国家」という様相が濃厚である。このような状況にあっては、特定秘密保護法が謳う「特定有害活動の防止に関する事項」や「テロリズムの防止に関する事項」の下で、広く「国家秘密」が「特定秘密」とされる可能性は強い。

理由の第二は、特定秘密保護法では国防保安法と同様に、「軍事情報」及びこれに準じる「外交秘密」とその他の「国家秘密」とが同じレベルで保護されているという点である。国政の中心部分が「特定秘密」だとして、「軍事秘密」に匹敵する「分厚い機密の壁」におおわれることになった。

理由の第三は、その他の「国家秘密」についても国防保安法と同様に、探知収集行為などを処罰している点である。国防保安法と同様に、「特定秘密」の指定制度と「自然秘」概念とを使い分けている点も気になる。これでは「結果責任」が押し付けられることになるからである。特定秘密保護法が日本の民主主義と国民生活に与える影響は、改正軍機保護法の比ではない。改正治安維持法や国防保安法のそれに近いものがあることに注意しなければならない。

もっとも、戦前と現在とでは大きな違いがある。戦前の場合は軍部の暴走によりまず戦端が開かれ、この既成事実に追随して治安取締関係なり秘密保護関係なりの法整備が図られた。これに対して、現在は日本国憲法第九条の厳しい縛りがあるためにこのようなやり方はできない。そこで外堀、そして内堀を埋める形で法整備が図られ、最後に誰も反対できないようにして戦端を開く。このような違いがある。戦前は改正軍機保護法から国防保安法へと向かったが、現在は特定秘密保護法から軍機保護法に向かう可能性もあり得る。その意味では、特定秘密保護法をもって改正軍機保護法との間に近似性を求めることもよく理解できるところである。

教訓に付け加えたいことのもう一つは、法曹・ジャーナリスト・法学者の責任という点である。国防保安法の制定に至る戦前の秘密保護法の形成・展開を顧みると、それを阻止し得なかった原因のかなりの部分は法曹・ジャーナリスト・法学者がその責任を放棄し、必要な反対の行動をとらなかったことに求められるからである。この過ちを二度と繰り返してはならないということが教訓の第二である。併せて、次の教訓も付け加えておきたい。

（宮澤弘幸・レーン夫婦軍機保護法違反冤罪事件の―引用者）宮沢さんのような、何でも見てやろうという好奇心のかたまりのような、進取の気性に富んでいる人、思ったことを素直に話し行動する人は、自由で民主的な社会でこそ評価され、社会的な成功を手にすることもできる。しかし、いったん国家が戦争に向かって走り出す時、ベクトルは真逆になる。価値観が戦争遂行に一元化され、自由な活動が制限されていく社会では、宮沢さんのような存在は「要注意人物」としてマークされる。そして、樺太を旅行した際に偶然見かけた、根室の海軍飛行場のことを友人のアメリカ人夫妻に話したなどという「ちっぽけな」ことが、「軍事秘密の漏えい」とされるような事態が引き起こされるのだ。太平洋戦争に向かおうとする日本で、「スパイ」の多くは、実はこうして「つくられた」のではなかったか。

もし、これからの日本が再び戦争をする国に向かい、国家秘密を保護する法律ができたとしたら、国民の誰もが「スパイ」となる危険にさらされるだろう。[29]

第十一章　儀式化する刑事裁判

1　軍機保護法違反事件——ある北大生の受難

戦時特別措置計画に基づく一斉検挙

刑事裁判で扱われる「罪となるべき事実」の性質のために、刑事裁判が有罪判決を言い渡すためだけの単なる儀式となる場合がある。国家秘密保護法違反事件などの場合がそれである。そこでは「国家秘密」を探知・収集したこと、あるいは「国家秘密」を漏泄・公示したことなどが罪に問われるが、罪の中身となる何が「国家秘密」であるかは法廷でも「秘密」にされる結果、何をしたか何をしていないかが不明なために、被告人・弁護人が防御の基本である、検察官の有罪の主張に対して「合理的な疑問」を呈示することがそもそも不可能となるからである。

このような国家秘密保護法違反事件の刑事裁判の実態を、ここでは第九章、十章で触れた「宮澤弘幸《みやさわひろゆき》・レーン夫婦軍機保護法違反冤罪事件」を通して垣間見ることにしたい。

その前に「特別措置計画」に基づく一斉検挙に触れておかなければならない。「特別措置計画」は、日米開戦に際して国がとるべき治安対策として、内務省警保局や憲兵隊などの治安当局が定めたものである。[1]

この計画に基づいて、全国の特高警察は内務省の指示により、日米開戦の日の昭和十六年十二月八日の午前七時より「外諜容疑者」の一斉検挙に乗り出した。検挙はその後も続き、被検挙者は一二六人にも及んだ。憲兵隊も五三人を検挙した。被検挙者を国籍別にみると、アメリカ人二九人、イギリス人四三人、カナダ人三人、オランダ人七人、フランス人一〇人、旧ロシア人三人、ポルトガル人三人、デンマーク人二人、中国人二人、ギリシャ人一人、トルコ人一人、ポーランド人一人、ノルウェー人一人、ドイツ人一人、インド人一人、日本人六一人になる。[2]

一斉検挙はこれにとどまらなかった。特高警察は右のような「外諜容疑者」の一斉検挙とは別に、十二月八日の対英米宣戦布告に伴う非常事態に即応するため、十二月九日早朝を期し、主要なる者に対し一斉に検挙検束の措置を断行し、「被疑事件の検挙二一六（令状執行一五四）、予防検束一五〇、予防拘禁三〇（令状執行一三）、計三二九六名に達するの状況」[3]も作り上げた。

このように、「太平洋戦争は、真珠湾攻撃という侵略と、「思想犯事犯容疑者」の大量検挙という弾圧とによって、開始された」[4]のであった。

北海道での検挙

宮澤弘幸とレーン夫婦らの検挙も、このような「戦時特別措置計画」のなかの「外諜容疑者」一斉検挙によるものであった。北海道では「戦時特別措置」の一環として、十二月八日に宮澤、レーン夫妻とレーン一家の女中の石上シゲの外、小樽高商教師のアメリカ人のダニエル・ブルック・マッキンノム、宣教師のカナダ人のエティエンヌ・ラポルト、北大工学部助手の渡邊勝平《しょうへい》が検挙された。

宮澤は、昭和十五年四月に北海道帝国大学工学部電気工学科に進学し、検挙された当時、同電気工学科二年生であった。宮澤は日米開戦のニュースを伝えにレーン家を訪れた直後に、北大構内で特高警察に検挙された。ハロルド・メシー・レーンとその妻ポーリン・ローランド・システア・レーンは当時、共に北大予科英語教師で、宮澤は北大入学以来、このレーン夫妻とは師弟の関係を超えて、家族同様の親しい交際を重ねてきていた。十二月十七日に北大農学部農学科を卒業して間もない黒岩喜久雄、会社員の丸山護《まもる》が、また、昭和十七年三月七日には大槻ユキが検挙された。黒岩は北大に進学後、レーン夫妻の知己を得ていたことで検挙された。北海道での「戦時特別措置」で検挙された者は合計一〇人に上った。

検挙された者のうち、エティエンヌ・ラポルト、石上シゲ、大槻ユキは嫌疑不十分だとして釈放された。その他の者は昭和十七年四月に軍機保護法違反、陸軍刑法違反などの容疑で起訴され、札幌地方裁判所で有罪判決を受けた。

見当違いの認定

宮澤弘幸

宮澤・レーン夫婦事件を詳しく調べた上田誠吉は、宮澤を有罪とした第一審判決に対して厳しい批判を浴びせている。批判の第一は、同判決が宮澤について「極端なる個人自由主義思想及反戦思想を抱懐するに至り、遂に我が国体に対する疑惑乃至《ないし》軍備軽視の念を生ずるに至る処」と認定した点に向けられている。見当違いの「思想」認定だとして、「宮沢の戦車学校訓練体験記には、「反戦」のひとかけらもない。むしろ陸軍への好感が語られている」「宮沢が「極端なる個人自由主義思想」「我が国体に対する疑惑乃至軍備軽視の念」などというものと無縁であったことは、これまでもふれてきたように、事実として確認できる。宮沢が判決の描くような思想の持ち主であった、という「自白」をした時期があったとするならば、それは拷問の産物である。拷問は、拷問する者の「思想」を刻印する「自白」を生み出すからである[5]と批判されている。

批判の第二は、判決によると「根室に海軍飛行場がある」ということが軍機とされ、そのことをレーン夫妻に話したことが罪となるべき事実の一つとされたが、「根室に海軍飛行場がある」ことはリンドバーグが飛来した昭和六年以来、天下公知の事実で、それがどうして軍機になるのかという点である[6]。

批判の第三は、宮澤にとってレーン夫妻は「他人」であったかという点である。この点に疑問を呈した上田はそれにとどまらず、「宮沢は危うかった、といわなければなるまい。レーンが「外国の為に行動する者」に仕立てあげられ、その依頼によって各地を旅行して軍機を探知してまわり、それをレーンに報告していた、とされたならば、宮沢の運命はどうなっていたか。そして、特高警察の狙いはそこにあったのではないか。そのような筋書きの「自白」を得ようとして、宮沢に対する激しい拷問が行われた疑いがある」と指摘している[7]。

釈放と死

宮澤は昭和十八年六月、網走刑務所の門をくぐった。昭和二十年に入ると体を壊して病舎に入る身となった。六月には網走刑務所から仙台の宮城刑務所に移監された。

八月十五日、日本は敗戦を迎え、長かった戦争が終わった。十月四日、連合国軍最高司令官総司令部は日本政府に対し、「政治的、市民的及び宗教的自由制限の除去に関する覚書」を発した。治安維持法、国防保安法、軍機保護法などによって拘禁されている思想犯受刑者の釈放はもはや時間の問題だと察知した司法省は、電信により刑務局長名で刑務所長宛てに「思想犯受刑者の釈放に関する通牒」を発した。これにより、宮澤も十月十日、宮城刑務所を出所した。

しかし、宮澤の体は一段と衰えを示していた。四年に近い拘禁生活、とくに網走での二年間は宮澤の心身を深く傷つけていた。母、弟、妹と一緒に数年ぶりに家族団欒の生活を、東京千代田区富士見町で始めた。体調が少しずつ良くなっていくかのように思われたが、家族が揃って新宿に出かけ、一人で留守をしていた昭和二十一年十二月のある日、宮澤は突然、洗面器一杯の喀血《かっけつ》をした。肺結核が進行していたのである。家族は宮澤の治療に全力を傾けたが、病状は進む一方であった。宮澤は「必ず回復して北海道で何があったのかを洗いざらい書いて出版する」と言い続けたが、二度と起き上がれなかった。昭和二十二年二月二十二日、宮澤はついに帰らぬ人となった。享年二十七歳であった。[8]

裁判だったのか

宮澤・レーン夫婦事件を振り返ってあらためて感じるのは、これが刑事裁判かという疑問である。審理も異常、事実認定も異常、法解釈も異常、量刑も異常だったからである。

何よりも異常だったのは判決文の中で「伏字」が用いられている点である。治安維持法違反事件の刑事裁判も異常であったが、「伏字」が使われることはなかった。ここに治安維持法違反事件とは異なる国家秘密保護法違反事件の特徴があった。この「伏字」こそは刑事裁判がついに完全に儀式になってしまったことの何よりの例証であり、象徴であった。

2　戦時における検察官司法の強化

戦前の刑事訴訟法の形成及び展開

刑事裁判が有罪判決を言い渡すためだけの単なる儀式となる場合のもう一つとして、裁判官ではなくて検察官が有罪か無罪かを、そして有罪の場合の量刑を事実上決める、いわゆる「検察官司法」の場合がある。この「検察官司法」を軸とした戦前の日本における刑事手続の展開については次のような時期区分が有力である。[9]

第一期（明治初年─明治四十年）

前半（明治初年─明治十四年）、中半（明治十五年（治罪法施行））、後半（明治二十二年（明治憲法発布）─明治四十年）

第二期（明治四十一年─昭和二年）

前半（明治四十一年（明治刑事訴訟法改正作業本格化、検察官僚台頭）─大正十二年）、後半（大正十三年（大正刑事訴訟法施行、捜査検察機関の強制捜査権限拡大）─昭和二年）

第三期（昭和三年─昭和二十年）

前半（昭和三年（陪審法施行、思想検察体制確立）─昭和十五年）、後半（昭和十六年（国防保安法、治安維持法改正）─昭和二十年）

検察官制度及び予審制度の採用

明治四年七月に布告《ふこく》「自今（＝今より）刑部省《ぎょうぶ》弾正台《だんじょうだい》（を）被廃（し）司法省（を）被置（＝置かれる）候事」及び「従来刑部省弾正台にて取掛候事務一切（を）其省へ引受可（く）取計（う）事」により旧岩村藩邸に司法省が設置されるまで、刑法官（のちの刑部省）と並んで犯罪の糾弾と行政警察を併せ行う弾正台が置かれた。しかし、弾正台は現在の検察制度とは明らかに異なるものであった。

公的な訴追者として検察官制度が確立されたのはフランスにおいてであった。地方勢力や偏見から超越して公共の利益のために捜査を指揮し訴追を行うために、一八一〇年に検察官制度が設置された。これによって国家（検察官）訴追主義が誕生することになった。他方で予審制度（instruction préparatoire）も採用された。重罪事件の場合、予審判事（juge d'instruction）による予審と控訴院重罪公訴部による予審を経て重罪院の審理に付されるというものである。

この予審と同様の機能をもつ制度として、予備審問制度（preliminary hearing）がある。主にコモン・ローの国の制度で、正式の刑事裁判に先立って、当該案件を審理（起訴）するに足りる証拠があるか否かを判断する手続をいう。ただし、予備審問と予審とでは刑事手続に対する考え方が大きく異なった。予備審問が捜査・訴追機関の提出する証拠によって裁判官などが起訴の当否を判断するだけなのに対して、予審では強制捜査権を持つ予審判事が自ら積極的に証拠を収集することが認められるからである。

フランスの検察官制度はプロイセン、ドイツ、ロシア、そして、日本へと継受された。日本には明治五年の司法職務定制（明治五年八月三日太政官無号達《たっ》）によって導入された。近代的なフランスの検事制度を採用しながらも、従前の律令系体制下の弾正台に似た機能を検事に求めたものであった。予審制度も明治十三年に制定された治罪法（明治十三年太政官布告第三七号）によって導入された。

治罪法はボアソナードによって起草され、フランス法の影響を受けたもので、国家訴追主義や起訴独占主義が宣明され、律令系法制の名残が一掃された。予審制の下で予審判事が直接証拠収集に当たった。しかし、治罪法には当初から国情に合致しない点や法律の不備があったことから、ドイツ人のオットー・ルドルフの起草に基づいて、明治二十三年二月、裁判所構成法（明治二十三年二月十日法律第六号）が制定され公布された。明治二十二年に大日本帝国憲法が制定されたのに伴って治罪法を改正する必要が生じたことから、明治（旧々）刑事訴訟法（明治二十三年十月七日法律第九六号）が制定されたが、同刑訴法は治罪法の条文を多少の訂正をしただけで起草されたものであった。同法により検察制度の骨格（裁判所の一部局とする趣旨ではないが検事局を裁判所に付置すること、検事の任官資格や俸給についても裁判官と同一とすること、検察官の職務権限を定めること）が形づくられた。

同法でも、予審制度に変更が加えられることはなかった。大正（旧）刑事訴訟法（大正十一年五月五日法律第七五号）でも、予審制度が維持された。大正刑訴法はドイツ法の影響を受けて制定されたものであるが、治罪法、明治刑訴法と同様に大陸法型の刑訴法であった。予審制度が廃止されたのは、昭和二十三年に制定の現行刑事訴訟法（昭和二十三年七月十日法律第一三一号）によってであった。昭和二十二年四月の検察庁法（昭和二十二年四月十六日法律第六一号）及び現行刑訴法により、現在の検察官及び検察庁が誕生した。

検察官制度が日本に導入されたものの、当初は検察官の地位は決して高いものではなかった。「上からの近代化」を強力に推し進める明治政府の下では、そもそも司法の地位が低く、行政官庁であっても検事局のような司法関連の部局には予算も人材も集まらなかった。司法の領域で大きな権限をもっていたのは裁判所であった。治罪法以来、予審制度が採用されたことも、検察官の地位を低くしていた。

予審制度とは、検察官が請求した事件について予審判事と呼ばれる裁判官が公判前にこれを審理する制度で、公判を開くまでもなく手続を打ち切るべき事件については予審限りで被告人を解放するという自由主義的な側面と、公判前に非公開の手続で綿密に証拠収集を遂げ、公判における有罪判決をほとんど完全に準備するという糺問《きゅうもん》主義的な側面とを併せ持つ制度であった。

治罪法は、明治八年の判事職制通則（太政官布告第九一号）以来行われてきた起訴前の「下調べ」を廃止し、起訴前の予審のみを規定した。治罪法は私訴《しそ》（＝私人による訴追）を認めていたことから、民事原告人から起訴があったとき、又は検察官から起訴があったときは、予審判事は検事又は被告人を呼び出して尋問し、必要があれば被告人の身柄を拘束するほか、真実発見のために必要な証拠収集も行った。予審中の被告人尋問はもっぱら予審判事が行い、検察官が関与することはなかった。予審調書も公判における証拠として認められた。証拠価値は高かった。

予審制度が採用されたことから、明文規定はなかったものの、学説上は検察官の公訴については起訴法定主義が採用されているものと理解されていた。しかも、予審制度のもとでは強制処分はもっぱら予審判事の権能とされ、司法警察官吏や検察官には現行犯の逮捕権しか与えられなかった。そのために検察官は原則として任意捜査しかできず、一応の捜査を終えればほぼすべての事件を予審に送らなければならなかった。しかも、任意捜査は多くの人員を擁する警察組織に委ねられることが多かったために、検察は発足当時から予審判事と警察の狭間に置かれて、その権限は大きなものではなかった。[10]

検察官司法への道

日露戦争後の日本資本主義の発達に伴い、社会運動が本格的な展開を開始したのに対し、国は社会政策を推し進める他方で、社会運動を抑圧する体制の確立強化を図った。この治安政策的刑事手続政策の主たる担い手となったのが特高警察（明治四十四年に警視庁内に特別高等警察課を設置）であり、司法権独立の制肘《せいちゅう》をまったく受けずに治安政策的観点に基づく刑事手続政策をストレートに遂行しうるところの疑似司法官僚たる検察官僚であった。

「検察官司法」を形成するための萌芽的な動きは、すでにいろいろな場面でみられた。たとえば、検察官が実際は強制的な被疑者取調べ、勾留、捜索、差押などを本人の承諾を口実として行うという捜査実務もその一つであった。行政検束や違警罪即決例も濫用された。検察官が作成した聴取書に証拠能力を付与する判例が明治三十六年頃に確立したことも、その一つであった。起訴便宜主義の事実上の確立も、その一つであった。[11]

明治十八年から認められた「微罪不処分」という名目で起訴猶予にする権限を最大限に活用して、検察は事件の詳細を把握して公訴提起の精度を挙げることに全力を注いだ。この検察の努力は次第に実を結び、検察は刑事司法制度のなかで大きな力を得ていくことになった。法的に認められた制度ではなかったが、起訴猶予処分は事実上の慣行として定着し拡大していった。明治四十二年には刑事統計年表に「起訴猶予」という欄が新設されるまでになった。

起訴猶予処分の急増に反比例して、予審免訴や無罪判決は激減していった。その結果、大正刑訴法（旧刑訴法）では、絶対主義的起訴便宜主義が明文化されることになった。「強制処分は予審判事のみが行使できる」という原則も大正刑訴法では後退した。「急速を要する」場合に検事が勾引状及び勾留状を発付することを認め（第一二三条及び第一二九条）、また検事や司法警察官吏による逮捕も例外的に認めた（第一二四条）。捜査書類の証拠能力も大幅に容認された。

他方、検察は明治末期から大正期初めにかけて、明治四十二年の日本製糖汚職事件（日本製糖社の取締役による有力衆議院議員二〇名への贈賄事件）や大正三年のシーメンス事件（ドイツのシーメンスによる日本海軍高官への贈賄事件）などの大規模収賄事件、明治三十八年の日比谷公園焼打ち事件（日露戦争の講和条約のポーツマス条約に反対する国民集会をきっかけに発生した暴動事件）や明治四十一年の赤旗事件（東京神田の錦輝館《きんき》で開かれた山口義三《ぎぞう》の出獄歓迎会の閉会間際に出席者の無政府主義グループが革命歌を歌いつつ会場外へデモ行進を始めたところ、警戒中の警官隊が襲いかかり大杉栄、堺利彦、山川均、荒畑寒村らが逮捕された事件）、明治四十三年の大逆事件（幸徳秋水ら多数の社会主義者・無政府主義者が明治天皇暗殺を計画したとして大逆罪の容疑で検挙された事件で、検挙者は全国で数百名に上り、二四名に死刑が宣告された）などの思想公安事件などを積極的に摘発することによって、政治に対する影響力も強めていった[12]。

明治四十二年頃からは、検察官僚の裁判官に対する司法行政上の優位性が明白となっていった。捜査機関としての検察機関の警察機関に対する地位の向上も、明治四十二年、四十三年頃から見られだした。このような検察官の権限拡大は、検察官と被告人が中心となる公判手続の当事者主義化への論理的契機を用意する他方で、従前の糺問主義的予審判事司法との間で緊張を高めていった[13]。予審制度の廃止と司法警察官の直属化という検察の願いは、大正刑訴法では実現されなかったが、検察は通常起訴、略式起訴、起訴猶予、不起訴という四つの選択肢を入手することにより、事件処理についての強力な権限を握ることになった。

起訴猶予制度が明文化されたことから、その運用は一段と活発化した。大正七年に四〇・二％であった起訴猶予率は大正十二年には五割を超え、昭和四年五五・〇％、昭和六年五九・五％、昭和九年六三・九％と上昇していった[14]。

大正期から昭和初期になると、検察は機構的にも手続的にも刑事司法を掌握するに至った。もはや「糺問主義的検察官司法」と呼んでよいほどであった。昭和九年の帝人事件（帝人株取得をめぐる大疑獄事件で、斎藤実内閣を総辞職に導いた）など、内閣の存亡にも影響を与える巨大官僚組織へと変貌していった。[15]

治安維持法違反事件などに係る「思想司法」を牽引したのも、裁判所ではなく「思想検察」であった。昭和十六年の治安維持法の全面改正と国防保安法（昭和十六年三月七日法律第四九号）の制定などにより、刑事手続も戦時ファシズム体制のなかに繰り込まれていった。このような流れのなかで検察が狙ったのは、強制処分権の獲得と取調べで入手した自白調書などの証拠能力の獲得であった。[16]

国防保安法と新治安維持法による検察官の権限強化

国防保安法のうち、国防保安法事件や軍機保護法事件などについて刑事の特別手続を定めた第二章のなかで検察官の強制処分権などに関して定めた規定は、①検事は被疑者を召喚し又はその召喚を司法警察官に命令することを得（第一七条）、②被疑者正当の事由なくして前条の規定に依る召喚に応ぜず又は刑事訴訟法第八七条第一項各号に規定する事由あるときは検事は被疑者を勾引し又はその勾引を他の検事に嘱託し若くは司法警察官に命令することを得（第一八条）、③勾引したる被疑者は指定せられたる場所に引致したる時より四八時間内に検事又は司法警察官之を訊問すべし、その時間内に勾留状を発せざるときは検事は被疑者を釈放し又は司法警察官をして之を釈放せしむべし（第一九条）、④刑事訴訟法第八七条第一項各号に規定する事由あるときは検事は被疑者を勾留し又はその勾留を司法警察官に命令することを得（第二〇条）、⑤検事は被疑者を訊問し又はその訊問を司法警察官に命令することを得（第二五条）、⑥検事は公訴提起前に限り証人を訊問し又はその訊問を他の検事に嘱託し若くは司法警察官に命令することを得（同条）、⑦検事は公訴提起前に限り押収、捜索若は検証を命じ又はその処分を他の検事に嘱託し若くは司法警察官に命令することを得（第二六条）、⑧検事は公訴提起前に限り鑑定、通訳若くは翻訳を命じ又はその処分を他の検事に嘱託し若くは司法警察官に命令することを得（同条）、などであった。

これらの規定に関する柳川平助国務大臣（司法大臣）の昭和十六年一月三十一日開催の第七六回帝国議会衆議院国防保安法案委員会における提案理由説明は、「その犯罪が、直接に国家の安危《あんき》に関し、又之を検挙致しますことが政治、外交等にも重大なる影響を及ぼす虞れがあります、又是等の犯罪が組織的、団体的犯罪であります特質に鑑みまして、其の検挙の時期、方法等に付ても慎重なる考究を要するのであります、仍《よっ》て現行刑事訴訟法上犯罪捜査の中心機関たる検事をして、直接捜査の任に当らしめ、司法警察官は其の命令を受けて活動せしむることと致したのであります、此の目的を完遂するには、検事に相当範囲の強制捜査権を附与し、敏速かつ適正なる活動をなし得るやうにする必要があるのでありますので、其の規定を設けました」[17]というものであった。

昭和十六年の新治安維持法（昭和十六年三月十日法律第五四号）のうち、刑事手続を定めた第二章のなかで検察官の強制処分権などに関して定めた規定は、国防保安法のそれとほぼ同様であった。昭和十六年二月八日に開催の第七六回帝国議会衆議院本会議における柳川平助国務大臣（司法大臣）による新治安維持法案の提案理由説明のうち、刑事手続に関する部分も、「本法施行以来の実蹟に徴し、且つ思想犯罪事件の特質に鑑みまして、捜査機関の捜査手段を強化致し、其の迅速適正を期すると共に、裁判手続も亦之を極めて敏速化し、且又過去に於て此の種手続に関し屢々《しばしば》行はれた、所謂法廷闘争を防止する為の制度を設くる必要があるのであります、捜査及び審判に関する現行刑事訴訟法の規定は極めて不備でありまして、斯かる現下の必要を十分に充し得ませぬので、其の不備を補ひ、其の完璧を期することとは喫緊の要務であります」[18]というものであった。

昭和十六年二月十二日に開催された衆議院治安維持法改正法律案委員会では、冒頭で三宅正太郎政府委員

（司法次官）から、法律案提出の理由がより詳しく説明された。そのうち検事の強制捜査権に関する部分は、「大体に於て四つの事項を其の主要なるものと致すのであります、其の一は捜査機関に相当広汎なる強制捜査権を認めたことで、其の二は公判手続に於て控訴審を省略することに致したことであります、其の三は弁護士の指定及び其の数の制限に関する規定を設けたことであります、其の四は管轄移転を為し得る場合を拡張致したことであります」[19]というものであった。

検察官に強制捜査権を付与することの意義

これらの司法大臣及び政府委員の説明によると、検察官に強制捜査権を付与することの意義には二つの側面があることが分かる。一つは予審判事に対するものである。この面においては検察官の狙いは達成された。「検察官司法」という悲願の実現がようやく最終段階に入ることになった。裁判官がこれに抵抗することはなかった。

もう一つの面は、司法警察官を検事の直属下ないし主導下に置くという司法警察官に対するものであった。国防保安法の構成要件の不明確性・広範囲性と強制捜査権の拡大強化によって、これらの事件捜査においては人権蹂躙問題が多発するのではないかという疑問に対する政府の回答が、この検事の主導性であった。検事が捜査全般を主導することから人権蹂躙問題の発生を食い止めることができるとした。「焼け太り」の回答という色彩が濃厚であったが、この面では司法省の狙いは実現しなかった。これに対する特高警察の反発は大きかった。国防保安法の公布は昭和十六年三月七日であったが、公布直後の四月から五月にかけて内務省警保局並びに警視庁特高部と東京（刑事）地方裁判所検事局との間でトラブルが発生した。

検事局が警保局保安課に宛てた指示では、「召喚状、勾引状、勾留状は検事自らこれを発するか司法警察官に命令して之を発せしむる、何れに依るかは各具体的場合に依り之を決す、（中略）予め之が取扱の一般原則を定むるの要あるを認めず」ということのほか、「捜査に行政検束を利用するの慣行は治安維持法及び国防保安法違反事件に関しては全然検事の指揮を受くるの遑《てい》なき（＝できない）急速を要する極めて例外の場合を除き之を行わざることとす」ということも記載されていた。しかし、昭和十六年四月三十日に警保局保安課長が各庁府県警察部長宛に発した通課「改正治安維持法実施に関する件」に添付された「警視庁と東京地裁検事局との申合事項」（改正治安維持法実施に伴ふ各種取極事項）第一五項では、「新法律により被疑者の検挙、留置、接見、移監等各般の事項は殆ど全部検事の指揮を要する要式行為となりたるも、かかる要式行為に拘泥して司法警察官と検事との間に複雑なる内部手続を設定するは敏速隠密を尊ぶ此の種事件の検挙上不便甚からざるものあるを以て要式行為として之を尊重すべきも、検事と警察官との緊密なる連絡を通して事案の取扱を極力敏速且簡易化する様努むべきものとす」とされていた。

司法省は国防保安法事件及び治安維持法違反事件の強制捜査について検事主導性を確保しようとしたが、その効果は上がらなかった。昭和十七年二月十七日に開催された臨時思想実務家会同では、警察から捜査関係情報の提供も含めて協力を得られないために「無力を痛感する」などの悲観的感想が現場の検事から相次いで出された。憲兵隊が統帥権を盾にとって「検事の指揮を排除せんとする傾向」が顕著だという指摘もなされた。[20]

このように検事の主導性が確保されないということは、人権蹂躙問題が発生してもこれを防止する術がないことを意味した。懸念どおり人権蹂躙問題が多発した。警察当局は依然として行政検束を捜査手段として利用し、検察当局も行政検束の濫用を防遏《ぼうあつ》し捜査の一元化を図るためと称して、強制捜査権を「果敢」に発動した。それは嫌疑なき人身拘束の横行であり、人権蹂躙の拡大に外ならなかった。[21]「検察官司法」の実現は人権蹂躪の拡大をもたらした。

証拠能力に関する制限の撤廃

検察官に強制捜査権を付与したこととの関連で見逃すことができないのは、捜査官が作成した「被告人其の他の者の供述を録取したる書類」についての証拠能力に関する制限を撤廃する動きである。大正刑事訴訟法は右の制限について、「被告人其の他の者の供述を録取したる書類にして法令に依り作成したる訊問調書に非《あら》ざるもの、左の場合に限り之を証拠とすることを得　一　供述者死亡したるとき　二　疾病其の他の事由により供述者を訊問すること能はざるとき　三　訴訟関係人異議なきとき」（第三四三条第一項）と規定していた。

また、陪審法（大正十二年四月十八日法律第五〇号）は右の制限について、①証拠は別段の定ある場合を除くの外、裁判所の直接に取調べたるものに限る（第七一条）、②左に掲ぐる書類図画は之を証拠と為すことを得　一　公判準備手続に於て取調べたる証人の訊問調書　二　検証、押収又は捜索の調書及之を補充する書類図画　三　公務員の職務を以て証明することを得べき事実に付公務員の作りたる書類　四　前号の事実に付外国の公務員の作りたる書類にして其の真正なることの証明あるもの（第七二条）、③裁判所、予審判事、受命判事、受託判事其の他法令に依り特別に裁判権を有する官署、検察官、司法警察官又は訴訟上の共助を為す外国の官署の作りたる訊問調書及之を補充する書類図画は左の場合に限り之を証拠と為すことを得　一　共同被告人若くは証人死亡したるとき又は疾病其の他の事由に因り之を召喚し難きとき　二　被告人又は証人公判外の訊問に対して為したる供述の重要なる部分を公判に於て変更したるとき　三　被告人又は証人公判廷に於て供述を為さざるとき（第七三条）、④前二条の場合の外裁判外に於て被告人其の他の者の供述を録取したる書類又は裁判外に於て作成したる書類図画は供述者若くは作成者死亡したるとき又は疾病其の他の事由に因り召喚し難きときに限り之を証拠と為すことを得（第七四条）、⑤証拠と為すことに付訴訟関係人の異議なき書類図画は前三条の規定に拘らず之を証拠と為すことを得（第七五条）、などと規定していた。

このような制限を撤廃させることも、国防保安法及び新治安維持法において戦時刑事特別手続を定めることの狙いの一つであった。国防保安法はその第三七条で、「第一六条に規定する罪に該《あた》る事件（陪審法第四条に規定するものを除く）は之を陪審に付せず」と定めて、同法適用事件を陪審に付さないことを規定した。ちなみに、陪審制度は「陪審法の停止に関する法律」（昭和十八年四月一日法律第八八号）により同年四月一日から停止させられることになった。

しかし、制限の撤廃はそれだけにとどまらなかった。国防保安法第二五条及び新治安維持法第二六条は、同法の適用事件については検事に被疑者や証人を訊問する権限及びその訊問を司法警察官に命令する権限を与えるとともに、その結果作成された書面をもって「法令に依り作成された訊問文書」（大正刑訴法第三四三条第一項）に該当するとして証拠能力を与えることとした。これにより検察官は、「検察官司法」を支えるもう一つの強力な武器を手中に収めることになった。捜査官の言いなりの供述をときには拷問などを加えて被疑者その他の者から引き出すだけではなく、この獲得された供述調書をもって有罪判決の重要な決め手とすることが可能となり、それは刑事裁判の儀式化に大いに与ることになった。

戦時刑事特別法及び裁判所構成法戦時特例

戦時刑事特別法（昭和十七年二月二十四日法律第六四号）も、「第一章　罪」と「第二章　刑事手続」とからなる。第二章のうち、検察官の強制捜査権などに関する規定は、「地方裁判所の事件と雖《いえど》も刑事訴訟法第三四三条第一項に規定する制限に依ることを要せず」（第二五条）というものであった。これにより供述調書などの証拠能力の制限を定めていた大正刑訴法第三四三条第一項全体の適用自体がやめられることになった。地方裁判所の事件といえども同項の適用はなくなり、検察官、司法警察官の聴取書など、法令により作成した訊問調書にあらざるものがすべての事件で証拠能力を有することとなった。国防保安法及び治安維持法における戦時特例措置は全刑事事件に拡がった。

もっとも、検察官の強制捜査権を全事件に拡大する規定はさすがに置かれていない。これが実現するのは不思議なことに戦後の日本国憲法の下においてである。

控訴審の省略については、裁判所構成法戦時特例案の規定するところとされ、同じ第八三回帝国議会に同特例案が提出された。同特例案も戦時刑事特別法案とともに成立し、同特例は昭和十七年二月二十四日法律第六二号として、また戦時刑事特別法は昭和十七年二月二十四日法律第六四号としてそれぞれ公布された。裁判所構成法戦時特例のうち刑事手続に関する部分では、特殊の限られた罪についての控訴審の省略（第四条）の外、区裁判所における刑事事件の事物管轄の拡張（第二条）や上告手続に関する特例（第五条及び第六条）が規定された。

略式命令の拡大

戦時刑事特別法はその後、昭和十八年に一部改正されている。同一部改正法（昭和十八年十月三十一日法律第一〇七号）では略式《りゃくしき》命令の範囲が拡大されているが、主だった規定は、①検事（は）事案の内容に照し相当と認むるときは区裁判所の管轄に属する事件に付地方裁判所に公判を請求することを得、此の場合に於ては刑事訴訟法第三五六条但書の規定は之を適用せず（第二五条の二）、②区裁判所は事案の内容単純にして犯罪の成立明白なりと認むる事件に付略式命令を以て一年以下の懲役若くは禁錮又は拘留を科することを得（第二九条の二）、③左に掲ぐる罪に関する事件に付前項と同一の条件あるときは前項の規定に拘らず略式命令を以て三年以下の懲役を科することを得　一　第五条第一項の窃盗の罪　二　第一七条の罪（戦時における住居侵入の罪）　三　刑法第一八五条の罪（賭博の罪）　四　刑法第二三五条の罪（窃盗の罪）及其の未遂罪　五　昭和五年法律第九号第二条及第三条の窃盗の罪（第二九条の二）、などというものであった。

ちなみに、簡略な刑事手続を規定したものとして、すでに大正二年に刑事略式手続法（大正二年四月九日法律第二〇号）が制定されていた。

この略式命令手続も、刑事裁判を儀式化する第三の場合といえよう。言い渡される刑が比較的軽いこと及び被告人がそれに同意していることを理由として、必要な手続を踏まずに有罪を言い渡す手続だからである。提案する政府当局自身も認めているように、平時では例外的にしか容認されない手続であった。それゆえに戦時刑事手続だとしてその拡大が提案されたことに、略式手続の意義があった。「平時の手続」では決してないのである。

興味深いのは、「自白獲得のために被告人との取引ないし恫喝《どうかつ》の可能性を検察機関へ付与することを意味する略式手続は、区裁判所管轄事件の拡大とあいまって刑事手続における検察機関の比重の増大に貢献したのである」[22]という分析である。

公判手続の簡易化はその他のところにも及んでおり、①刑事訴訟法第六〇条第二項第七号の規定に依り公判調書に被告人、証人、鑑定人、通事又は翻訳人の訊問及供述を記載するには其の供述の要領のみを明確にするを以て足る（第二二条の二）、②裁判所又は予審判事相当と認むるときは証人又は鑑定人の訊問に代へ書面の提出を為さしむることを得（第二二条の三）、という規定も、昭和十八年改正で追加されている。

裁判所構成法戦時特例

昭和十八年に、裁判所構成法戦時特例も改正されている。同戦時特例（昭和十八年十月三十一日法律第一〇五号）の改正のうち、刑事手続に関する主な点は、区裁判所の事物管轄をさらに拡張したこと、第一審の判決に対しては控訴できないとしたことである。昭和十八年十月二十六日に開催された第八三回帝国議会貴族院本会議における岩村通世《みちよ》国務大臣（司法大臣）による裁判所構成法戦時特例、戦時民事特別法及び戦時刑事特別法の一部改正についての提案理由説明は、「大東亜戦争は今や苛烈なる決戦連続の段階に入り、政府は断乎国内態勢の強化方策を樹立致しまして、国家の総力を挙げ、倍々《ばいばい》聖戦目的に集中致しますこととなったので、司法の部内に於きましても、之に即応し、銃後の治安の確保を図ると共に、司法の一層敏活なる処理を為し、愈々《いよいよ》其の効果を発揮する為、右三法（裁判所構成法戦時特例、戦時民事特別法、戦時刑事特別法―引用者）に必要な改正を為さんとする次第でございます」[23]というものであった。

被告人側からの「疑問」の提起を可能な限り封じ込め、可能な限り簡易迅速に有罪判決を言い渡す。手続を略式化し、有罪判決文も簡易に書くことを認める、有罪判決に対する控訴も認めない。このような刑事裁判の儀式化をもって、司法大臣によると「司法の一層敏活なる処理」「司法の効果の発揮」とされている。それは権力者が「権力の一極集中」ないし「ファシズム体制の構築」をもって「迅速なる政治決定システム」の確立と誇るのと同様であった。「無罪推定の原則」に基づき「疑わしいときは被告人の有利に」という観点から、被告人側の提起する「疑問」が有罪判決を下し得ない「合理的な疑い」に当たるかどうかを丹念に検討するという刑事裁判の意義が顧慮されることは、もはやなかった。

司法が「法の支配」の擁護者から否定者に転じるなかで刑事裁判は戦時化し、儀式化していった。この刑事裁判では、「無法」が「合法性」の衣をまとって闊歩することになった。

3　戦後における検察官司法の温存

応急措置法――予審制度の廃止

日本国憲法（昭和二十一年十一月三日憲法）の制定に伴って刑事訴訟法の全面改正の問題が浮上した。しかし、憲法の施行日（昭和二十二年五月三日）までに全面改正を行うことは難しいということから、「日本国憲法の施行に伴う刑事訴訟法の応急的措置に関する法律」（昭和二十二年四月十九日法律第七六号）がひとまず制定されることになった。

昭和二十二年三月二十九日に開催の第九二回帝国議会貴族院本会議で木村篤太郎《とくたろう》国務大臣（司法大臣）により提案理由説明がなされたが、日本国憲法の制定のために刑事訴訟法を全面改正する必要があると述べられるものの、日本国憲法前文で記されたような日本国民の思いが語られることも、戦前の刑事裁判に対する反省が盛り込まれることもまったくなかった。腐心されたのは、日本国憲法の制定と「検察官司法」の強化とをいかにうまく結びつけるかであった。[24]

ちなみに、木村は長く在野法曹として活動したが、幣原喜重郎《しではらきじゅうろう》内閣によって検事総長に登用され、吉田茂内閣では司法大臣として初入閣し、日本国憲法の署名に名を連ねた。その後、公職追放されたが、追放解除後間もなく吉田茂内閣の法務総裁（のちに法務大臣）として再入閣した。法務総裁（法務大臣）としては自ら立案した破壊活動防止法（昭和二十七年七月二十一日法律第二四〇号）の制定に尽力した。公職追放され破壊活動防止法の制定に尽力した者が、戦後の刑事訴訟法の形づくりの要に当たったということになる。木村は弁護士会会長も務めたが、この時期、弁護士及び弁護士会の果たした負の役割は大きかった。
応急措置法の制定により検察は、戦前でさえも実現し得なかった予審制度の廃止という悲願を達成した。同廃止を日本国憲法の「迅速な公開裁判を受ける権利」から説明するところに司法省の巧妙さがあった。令状主義という枠がはめられたものの、検察官の強制捜査権を刑事手続一般に拡大することにも成功した。旧刑事訴訟法第三四三条の復活を阻むこともできた。
現行刑事訴訟法（昭和二十三年七月十日法律第一三一号）の制定に当たって、この応急措置法の方針が変えられることはなかった。昭和二十三年五月二十八日に開催された第二回国会衆議院司法委員会における木内曾益《つねのり》政府委員（検務長官）による現行刑事訴訟法案の提案理由説明のうち、「いわゆる聴取書または尋問調書等の人の供述に代わるべき書面」の証拠能力についての説明は、「憲法実施のための応急的措置としては、それで憲法の要求する最小限度を充たしていると思うのでありまするが、今回の改正に当っては、新たなる見地よりこれを再検討することといたしたのであります」というものであった。[25]
この再検討は、旧刑事訴訟法第三四三条の復活を意味するものではもちろんなかった。不思議なことに戦時下の特別な刑事手続とされたものが、日本国憲法下の刑事訴訟法において、「平時の手続」の化粧を施して恒久的な居場所を確保することになった。GHQが要求した起訴陪審の導入は、「検察司法」に矛盾することから頑なに拒否された。検察審査会が設置されただけであった。しかし、検察審査会は不起訴をチェックする制度であって、起訴陪審の機能をもつものではなかった。公判陪審の導入も、いずれ時期がくれば導入方法を検討するということで棚上げにされた。ここでも司法省の巧妙さが見られた。捜査機関による強制捜査権の濫用をチェックするための第三者機関の設置も見送られた。付審判請求手続が定められただけであった。戦時刑事特別法で拡大された区裁判所の略式命令も、簡易裁判所の行う略式手続というように「平時の手続」に衣替えして規定された。

九九・九％の有罪率

「検察官司法」を象徴するのは無罪率である。刑事裁判の儀式化を示すバロメータといってもよい。年度によって変化が認められるのか、戦前と戦後とでは違いがあるのか、この経年変化に詳しいのは前述の「刑事裁判統計」[26]である。無罪率だけでなく、捜査、公訴、第一審、控訴審、上告審その他の刑事手続上のデータについても経年変化を知ることができる。

この「刑事裁判統計」などによって地方裁判所及び簡易裁判所を合わせた刑法犯及び特別法犯の戦後の「無罪率」（無罪率＝無罪人員／終局人員総数）を年次別に見ると、昭和二十三年から昭和二十六年までの間は一％台で推移していたが、昭和二十七年からは一％を、そして、昭和五十年からは〇・五％も割り込み、昭和五十八年から昭和六十三年までは〇・一％台で推移。平成七年から平成十五年までは平成九年を除いて〇・一％も割り込み、平成十六年からは〇・一％台で推移している。

戦前の地方裁判所及び区裁判所を合わせた無罪率のうち、昭和期のそれを「刑事裁判統計」などで見ると、戦争の拡大に伴って「検察官司法」が強化され、無罪率は下がっているが、それでも戦時下の無罪率の方が戦後の無罪率よりは相当高い。昭和十三年〇・九六％、昭和十四年〇・五二％、昭和十五年〇・六一％となっている。戦前の陪審裁判の無罪率と比較すると、その差はもっと拡がる。「刑事裁判統計」などによると、陪審裁判の昭和十八年までの平均無罪率は一四・七五％となっている。戦後の無罪率は陪審裁判の無罪率の約一五〇分の一である。

令状の却下率

令状の却下率も、刑事裁判の儀式化の進行状況を示すものといえよう。これも「刑事裁判統計」などによって平成に入ってからの逮捕状の却下率を見ると、却下率が〇・〇四％から〇・〇七％で推移している。差押・捜索・検証許可状の却下率を平成で見ると、平成に入っても却下率が依然として減少しているのが特徴である。

略式手続がどれくらいの割合を占めているのか、年度によって割合に変化が見られるのかも刑事裁判の儀式化を考えるうえで欠かせないデータとなる。これも経年変化に詳しい「刑事裁判統計」などによって簡易裁判所の新受人員中、通常第一審のそれと略式のそれを同じく平成で見ると、さすがに近時の比率は一対三三になっているが、一番開いたときは通常第一審一に対して略式七九となっていた。ちなみに昭和二十四年は八万一一八九人に対して三七万九五一三人で、一対四・七である。儀式化は戦後に入ってより加速しているといえようか。刑事手続の面からみると、今の日本は戦時下にあるといってもよい。

強化される「検察官司法」

戦時刑事手続の特質と歴史的意義については次のような指摘が見られる。[27]

戦時刑事手続は、法外的暴力＝人権蹂躙の許容、放任、それへの依存、その「合法化」という実質を持ち、強制捜査権限の拡大・強化や捜査書類（聴取書）への証拠能力付与による刑事手続の検察一元化と、被告人の基本的権利の剝奪（弁護権の制限、公訴権の剝奪など）により、簡易、迅速な刑罰権の実現を意図したものであった。それは、日本ファシズムの人民統治の中枢装置として国民を無権利状態に陥れ、戦争遂行体制の構築と維持に大きな役割を果たした。

戦時刑事手続は、敗戦、ポツダム宣言受諾、戦後民主的変革によってその存立基盤を奪われ、崩壊に向かった。そして、この手続を将来に向けて法的に廃絶する作業は、日本国憲法の制定作業の中で始められた。憲法第三一条以下の刑事手続条項は、まさにその成果に外ならない。

しかし、日本国憲法の制定に引き続いて行われた刑事手続改革作業（現行刑事訴訟法、検察庁法の制定作業）は、戦時刑事手続の完全な廃絶を志向する人権思想と、根強く温存された戦時刑事手続のイデオロギーとの鋭い相克、対立の中で進められ、複雑なプロセスを辿った。

その結果、戦後刑事手続は、憲法の刑事手続条項の枠組の制約があるとはいえ、予審廃止、捜査検察機関の強制捜査権限の拡大・強化、控訴審の簡易化（事後審査強化）など、戦時刑事手続の重要部分を再編しつつ継受することになったのである。

敗戦に伴う新憲法の制定という荒波を被っても、「検察官司法」は縮減に向かうどころか、反対に一段と強化された。これには敗戦に伴う治安の悪化という時期的要素が大きく与った。現行刑事訴訟法自体が応急的な法典だったという点も大きかった。問題が棚上げにされ、先送りにされた。いずれ時期を見て、日本国憲法との整合性を確保するために全面的な見直しを行なわなければならない法典だということは、政府自身も認めるところであった。しかし、二十一世紀に入ってもこのような方向での見直しは行われていない。反対に「検察官司法」をさらに強化する方向での見直しが続いている。

第十二章　裁判（官）統制――上訴の制限と三審制の解体

1　戦時下における控訴審の解体

解体の経過

訴訟制度上、三つの審級を設け、第一審の判決に対して不服のある当事者に控訴を認め、さらに上告も認める制度を三審制という。三審制の下では裁判の当事者が希望する場合、合計三回まで審理を受けることができる。三つの審級は必然的なものではないが、慎重・公正な判断をするという観点から三審制を採用している国は多い。戦前の日本も三審制を採用してきた。しかし、戦争の影はこの三審制にも及ぶことになった。控訴審の解体は、国防保安法（昭和十六年三月七日法律第四九号）及び新治安維持法（昭和十六年三月十日法律第五四号）でまず導入され、それが裁判所構成法戦時特例（昭和十七年法律第六二号）で一般の刑事事件にも拡大され、最後に裁判所構成法戦時特例の改正法（昭和十八年十月三十一日法律第一〇五号）で全刑事事件に及ぼされる、という経過をたどった。

提案理由説明

どのような理由に基づいて、司法省は控訴審を解体したのであろうか。控訴審の解体についての司法省の提案理由説明が問題となる。昭和十六年二月十三日に開催された第七六回帝国議会貴族院国防保安法案特別委員会における柳川平助国務大臣（司法大臣）による国防保安法の当該規定についての説明は、「犯罪の性質に鑑みまして、訴訟の促進と訴訟の過程に於て国家機密、軍事上の秘密等が外部に漏れることを防止せむとするために設けたのであります[1]」というものであった。

また、昭和十六年二月十二日に開催された第七六回帝国議会衆議院治安維持法改正法律案委員会における三宅正太郎政府委員（司法次官）による新治安維持法の当該規定についての提案理由説明は、「元来此の種事案は其の実体的（ママ）内乱予備に該当致すのであります、現行刑事訴訟法が内乱予備事件を大審院の特別権限に属せしめ、一審制を採用致した立法趣旨に鑑みまするならば、此の種事案は極めて敏速に処理致すことが必要であることは申すまでもない所であります、仍《よっ》て本案に於ては審判手続を敏速化する為め控訴審を省略するを適当と認め、第一審の判決に対し控訴を許さざる旨を規定致した次第であります[2]」というものであった。

さらに、昭和十七年一月二十六日に開催された第七九回帝国議会貴族院「戦時に於ける領事館の裁判の特例に関する法律委員会」における岩村通世《みちよ》国務大臣（司法大臣）による裁判所構成法戦時特例の当該規定についての説明は、「今回の大東亜戦争中に限り適用致す趣旨の下に、裁判所及検事局の本来の機能を昂《たか》め、裁判検察の運行を迅速且的確にし、以て国内治安の維持と国民権義《けんぎ》（＝権利と義務）の保全等に付き、司法本来の職責の遂行に遺憾なからしむるのであります、特に戦時下第一線竝《ならび》に占領地域に相当多数の司法部職員を深発せしむるの必要をも考慮し、且現在に於て既に予想されるる交通上の問題をも参酌しつつ、……裁判所構成法にも、今次戦争の現段階下に於て、是非共必要なりと思量する最小限度の応急臨時の特例を設け度《た》いと存ずるのであります、……現在裁判所構成法の原則として居る訴訟の三審制の一部を改め、……刑事に付きましては、戦時下に於ける国内の治安を確保し、国防経済の完遂に資し、併せて防諜の完璧を期する為に、特に事件処理の迅速を図らねばならぬ種類の犯罪を必要最小限に取上げて、之に関する訴訟審（＝控訴審）を省略することに致しました」[3]などというものであった。

最後に、昭和十八年十月二十六日に開催の第八三回帝国議会貴族院裁判所構成法戦時特例中改正法律案委員会における岩村通世国務大臣（司法大臣）による同改正法の当該規定についての説明は、「刑事訴訟に於きましては、同法第四条の規定に依りまして、戦時刑事特別法の罪、経済事件の大部分、思想事件の一部等に付、何れも第一審の判決に対し控訴をなすことを得ず、直接上告をなすことを得るものとして、一部の訴訟に付きまして二審制を採用して居ったのでありますが、今回其の範囲を拡張致しまして、民事及刑事の訴訟に付全面的に二審制を採用し、第一審判決に対しては控訴をなすことを得ず、直接上告をなすことを得るものと改め、区裁判所のなしたる判決に対する上告は、総て控訴院の管轄に属せしむるのでございます」[4]などというものであった。

控訴審の解体の理由

司法省によると、控訴審をすべての刑事事件について省略することとした理由として、①有罪判決の迅速な言渡しによって刑罰の有する犯罪の抑止効果をより高めることにより、戦時下の治安維持に遺漏なきようにすること、②戦時下の裁判所の負担を軽減し、本来の職務の遂行に遺憾なからしむること、③戦時下の検察官の負担を軽減し、本来の職務の遂行に遺憾なからしむること、④刑事裁判を通じた国家秘密の漏泄などを防止し、大東亜戦争下の防諜に完璧を期すこと、などが挙げられている。司法省の本音が、③及び④にあることがうかがえる。公判廷が検察官の起訴を追認する場に化した以上、公判対策に費やされる検察官のエネルギーはできる限り省力化して、その分を捜査などに差し向けたいということであろうか。

旧刑事訴訟法の下では控訴審は裁判をもう一度一からやり直す「覆審《ふくしん》」と位置づけられていたことも、控訴院の解体に与ったといえよう。二度手間を省きたいという点がそれである。防諜という理由が挙げられている点も興味深い。弁護活動などを通して国家秘密などが漏れる恐れがあると危惧されたものといえる。これは裏返すと、防諜という理由から弁護活動を大幅に規制したい、規制しなければならないということであろう。残された二審、すなわち、第一審と上告審において、そのような訴訟指揮が行われたものと想像される。

2　三審制の復活

日本国憲法と司法改革

戦前の日本の裁判制度の骨格は明治憲法の下で、基本的にはドイツの制度を継受して形成された。戦後は、これが大きく改革されることになった。日本国憲法の下で、アメリカの制度の強い影響を受けて再編成された。主な改革は、次のようなものであった。

第一は司法権の独立が強化されたことである。明治憲法の下では司法権の独立は、制度的には必ずしも十分に保障されていなかった。裁判官・検察官の人事をはじめ、司法行政の監督権は司法大臣が握っていた。戦後は司法省が廃止され、裁判所と検察庁も分離された。最高裁判所を頂点とする司法裁判所が行政部から完全に切り離された。そして、日本国憲法第七七条一項及び第二項は、「最高裁判所は、訴訟に関する手続、弁護士、裁判所の内部規律及び司法事務処理に関する事項について、規則を定める権限を有する」「検察官は、最高裁判所の定める規則に従はなければならない」と規定し、最高裁判所に規則制定権を与えた。司法行政も、司法権の独立性を確保するために最高裁判所を最上級機関として各裁判所が行うこととされたことである。

改革の第二は、通常の司法裁判所に行政事件も含めて一切の法律上の争訟を裁判する権限が与えられたことである。明治憲法の下では、大審院を頂点とする司法裁判所は民事事件と刑事事件の裁判権しか持っていなかった。行政事件の裁判権は別系統の行政裁判所が持っていた。これに対して、日本国憲法第七六条第一項及び第二項は、「すべて司法権は、最高裁判所及び法律の定めるところにより設置する下級裁判所に属する」「特別裁判所は、これを設置することができない。行政機関は、終審として裁判を行ふことができない」と規定した。これにより従来の行政裁判所は廃止された。

改革の第三は、日本国憲法第七八条が、「裁判官は、裁判により、心身の故障のために職務を執ることができないと決定された場合を除いては、公の弾劾によらなければ罷免されない。裁判官の懲戒処分は、行政機関がこれを行ふことはできない」と規定し、裁判官の身分を保障したことである。裁判官が外部から不当な圧力を受けず、その職責を十分に果たせるよう、裁判官に特別な身分保障を与えたものである。これにより裁判官の分限については、裁判官分限法（昭和二十二年十月二十九日法律一二七号）がとくに定められることになった。

改革の第四は、憲法第八一条によって、裁判所に対し、「一切の法律、命令、規則又は処分が憲法に適合するかしないかを決定する」権限である違憲立法審査権が認められたことである。そして、最高裁判所は「終審裁判所」とされた。立法及び行政に対する司法の地位を飛躍的に高めることになった。

日本国憲法と審級制度

日本国憲法は第七六条で、「すべて司法権は、最高裁判所及び法律の定めるところにより設置する下級裁判所に属する」と規定した。日本国憲法は少なくとも最高裁判所での審理と下級裁判所での審理という複数の審級を想定していると理解されている。問題は二審制か三審制かである。最高裁は審級制度をどう定めるかは法律上の問題であると繰り返し表明してきた。

たとえば、昭和二十三年七月十九日の最高裁大法廷判決[5]がそれである。

「最高裁判所の裁判権については、違憲審査を必要とする事件がその管轄に属すべきことは憲法上要請されているところであるが、その他の事件の裁判権については法律の定めるところに一任されたものと解するを相当とする」「審級の問題は、法律が諸般の事情を考慮して適当に定むべきものである。されば明治憲法及び裁判所構成法は廃止せられ、代つて日本国憲法及び裁判所法が新に実施せられるに際し、廃止となつた各裁判所において従来受理していた一群の訴訟事件を処理するに当つて、冒頭記載のように取扱う規定を設けたと言つても、立法の上で国民の基本的人権は十分に尊重せられておるから憲法第一三条に違反するものではない。又かかる特殊性を有する一群の従前事件は、一団として立法上平等に取扱われており、国民は人種、信条、性別、社会的身分又は門地によつて毫も差別待遇をうけていないから、所論のごとく憲法第一四条に違反するものでもない。次に国民は冒頭に述べる順序に従つて純然たる司法裁判所において裁判を受ける権利が保障されているから、所論のごとく憲法第三二条、第七六条第二項に違反するものと言うこともできない」というように判示されている。

裁判所法及び現行刑事訴訟法

日本国憲法が審級制度についてとくに規定することはなかったが、昭和二十二年の裁判所法（四月十六日法律第五九号）は三審制度を復活させた。これにより、刑事訴訟においては、控訴はすべて高等裁判所が審理を行い、第一審が簡易裁判所の場合でも第二審は高等裁判所、第三審は最高裁判所であるとされた。現行刑事訴訟法（昭和二十三年七月十日法律第一三一号）も三審制度を前提としたうえで、「控訴」という項目の下に第三七二条から第四〇四条の規定を設けた。

昭和二十三年五月二十八日に開催された第二回国会衆議院司法委員会における木内曾益《つねのり》政府委員（検務長官）による現行刑事訴訟法案の提案理由説明のうち、上訴に関する説明は、「控訴及び上告は、現行制度を改め、控訴審はこれを原判決の当否を審査する、いわゆる事後審とし、上告審は、原則として、憲法違反または判例違反のみを審査する審級といたしたのであります。これは第一審においてきわめて徹底した直接審査主義、公判中心主義を採用いたし、第一審にすべての攻撃及び防禦の資料を集中致し、鄭重《ていじゅう》にその審理をすることに基づいたので、控訴審を現行法通り覆審とする必要が認められないからであります。これに伴い、審級制度もこれを改め、地方裁判所または簡易裁判所の第一審の判決に対する控訴はすべて高等裁判所がこれを管轄するものといたし、これに関する裁判所法の改正法律案は、引き続き国会に提出する考えであります」[6]というものであった。

三審制度を復活させたものの、戦前のように控訴審を「覆審」とせずに「事後審」とすることによって控訴審の負担の軽減に努めている。負担軽減は上告審についても同様で、上告審を「法律審」とするだけでなく、原則として憲法違反又は判例違反のみを審査する審級としている。上訴審の負担軽減は戦前だけではなく、戦後の司法政策においても引き継がれていることに注意しなければならない。そこにいう負担の軽減とは、裁判所の負担軽減だけではなく、検察官の負担軽減も意識されていることは、想像に難くないところであろう。第一審も含めた負担軽減、そして、そのための訴訟の迅速化は、戦後の最高裁判所の司法政策において最大の柱に据えられることになる。

上告理由をこのように限定することは憲法違反だという訴えに対して、昭和二十三年二月六日の最高裁大法廷判決は、[7]「三審制を採用する裁判制度において上告審をもって純然たる法律審即ち法令違反を理由とするときに限り上告をなすことを得るものとするか又は法令違反の外に量刑不当若しくは事実誤認を理由とする上告を認め事実審理の権限をも上告審に与えるかは一に諸般の事情を勘案して決定せらるる立法政策の問題である。言いかえればこれをいづれに定めるかは立法上の当否の問題ではあるが憲法上の適否の問題ではあり得ない。果して然らば旧憲法時代において刑事訴訟法第四一二条の規定により量刑不当をもって上告の理由となすことを許しておったに拘わらず日本国憲法の施行に伴ふ刑事訴訟法の応急的措置に関する法律第一三条第二項の規定により前示刑事訴訟法の規定の適用を排除し刑の量定甚しく不当なりと思料すべき顕著なる事由があるときでも上告の理由となすことができないと定めても毫《ごう》も国民の基本的人権を侵害することにはならない」と判示した。

昭和二十三年三月十日の最高裁大法廷判決[8]もまた、事実認定ないし刑の量定に対する非難を上告の理由として認めるか否かについて、「憲法は審級制度を如何にすべきかに付ては第八一条において「最高裁判所は、一切の法律、命令、規則又は処分が憲法に適合するかしないかを決定する権限を有する終審裁判所である」旨を定めて居る以外何等規定する処がないから此の点以外の審級制度は立法を以て適宜に之れを定むべきものである」と判示した。

こうして最高裁によると、審級制度には憲法第八一条（＝最高裁判所は「終審裁判所」）以外の制約は存在しないことになった。最高裁の司法政策については制約をできる限り排除したいということであろう。戦時下のように再び控訴審を廃止することも、立法政策としての当否は別にして、法的には可能だとされた。

違憲判断や独自の法解釈の乱発を制御

最高裁判所にとって、第一審は事実問題と法律問題を併せて一から自ら判断する「事実審」、控訴審は第一審と同じ立場で事件そのものを審理するのではなく、第一審判決の事実判断と法律判断を事後的に審査する「事後審」、上告審は第一審および控訴審の法律判断だけを事後的に審査する「法律審」と整理される上訴制度の意義とは何だったのであろうか。日本国憲法第三二条は、「何人も、裁判所において裁判を受ける権利を奪われない」と規定した。第三七条第一項及び第二項も「すべて刑事事件においては、被告人は、公平な裁判所の迅速な公開裁判を受ける権利を有する」「刑事被告人は、すべての証人に対して審問する機会を充分に与へられ、又、公費で自己のために強制的手段により証人を求める権利を有する」と規定した。戦前の三審制の解体の過程に鑑みた場合、これらの規定の実効性を担保するのが上訴制度の意義と考えられるべきであろう。

一九六六年十二月十六日に国連総会で採択された「市民的及び政治的権利に関する国際規約」（B規約）は第一四条第五項で、「有罪の判決を受けたすべての者は、法律に基づきその判決及び刑罰を上級の裁判所によって再審理される権利を有する」と規定した。

現行刑事訴訟でも、戦前の反省のうえに立って、このように理解されたのであろうか。残念ながら、否といわざるを得ない。それは上告理由を憲法違反又は判例違反に限ったことからも明らかであろう。前述の木村司法大臣の説明にもみられるように、最高裁判所は上訴制度の意義を、被告人にとっての意義ではなく最高裁判所にとっての意義に求めたからである。

それでは何故、上告理由として憲法違反又は判例違反が掲げられたのであろうか。負担軽減という理由ももちろんあるが、それ以上に大きかったのは日本国憲法が保障した「裁判官の独立」という点ではなかったかと考えられる。この「裁判官の独立」を盾にして、下級審の裁判官が日本国憲法によって与えられた違憲判断を「乱発」しないか。あるいは、下級審の裁判官が日本国憲法の保障する基本的人権の尊重を重視するあまり、「公共の福祉」の制約を外れたような独自の法律解釈を「乱発」しないか。このような危惧から、下級審の裁判官がたとえ独自の違憲判断、あるいは独自の法解釈を示しても最高裁判所で当該違憲判断、あるいは独自の法解釈を最終的にチェックし、このチェック済の判断を「判例」とすることによって違憲判断、あるいは独自の法解釈の「乱発」を制御する。このような理由から上告理由として憲法違反又は判例違反が掲げられたものと考えられる。

日本国憲法の施行直後、最高裁判所が立て続けに刑事手続上の重要な争点を取り上げて合憲判断を下し、「上からの判例形成」を強行していったこととも、それは符合する。最高裁判所、そして政府にとっての上訴制度の意義は、何よりも「公共の利益」（国益）の擁護という観点からの「裁判（官）統制」にあったということになる。三審制の復活をもって単純に歓迎というわけにはいかなかった。

3　検察官上訴

検察官上訴と二重の危険

日本国憲法第三九条は、「何人も、実行の時に適法であった行為又は既に無罪とされた行為については、刑事上の責任を問われない。又、同一の犯罪について、重ねて刑事上の責任を問われない」と規定した。しかし戦後の現行刑事訴訟法においても、検察官による上訴が認められた。そこで、検察官上訴はこの憲法第三九条に違反するのではないかとの疑問が、同条が採用したとされる「二重の危険」の法理との関係で寄せられることになった。英米法では、下級審の無罪又は有罪の判決に対して検察官が上訴し、有罪又はより重い刑の判決を求めることは「二重の危険」の法理に反するとされていたからである。

「二重の危険」の法理を陪審員による裁判の場合と職業裁判官による裁判の場合とで異なって理解することは間違いではないか。被告人の刑事手続による負担は、職業裁判官による場合であっても陪審による場合と遜色ないのではないか。迅速な裁判の要請に反することも看過し難い。根本的な問題は無罪判決によって一旦生じた「合理的な疑問」を消すことは控訴審においてもできないのではないかという点である。原審と証拠関係が異ならなければ「合理的な疑い」が消えることは論理的にあり得ないからである。もっとも、新たな証拠によって「合理的な疑い」が消える場合もあり得るが、そのような犯罪の更なる立証活動を許すということはまさに「二重の危険」の法理に反する。加えて、そのような更なる立証活動を許すということは控訴審をもって原審の継続と捉えなければならないということになるが、戦後の控訴審は続審ではなく事後審とされているのである。検察官上訴によって控訴審が被る負担が控訴審における被告人のための誤判救済活動を減退させないかも問われるべきである」[9]と批判される。

上訴の道が閉ざされる事態

このような疑問に対して、昭和二十五年九月二十七日の最高裁大法廷判決[10]は合憲の判決を言い渡した。その理由は、「元来一事不再理の原則は、何人も同じ犯行について、二度以上罪の有無に関する裁判を受ける危険に晒《さら》さるべきではないという、根本思想に基くことは言うをまたぬ」「そして、その危険とは、同一の事件においては、訴訟手続の開始から終末に至るまでの一つの継続的状態と見るを相当とする。されば、一審の手続も控訴審の手続もまた、上告審のそれも同じ事件においては、継続せる一つの危険の各部分たるにすぎないのである。従って同じ事件においては、いかなる段階においても唯一の危険があるのみであって、そこには二重危険（ダブル・ジェパーディ）ないし二度危険（トワイス・ジェパーディ）というものは存在しない。それ故に、下級審における無罪又は有罪判決に対し、検察官が上訴をなし有罪又はより重き刑の判決を求めることは、被告人を二重の危険に晒すものでもなく、従ってまた憲法三九条に違反して重ねて刑事上の責任を問うものでもないと言わなければならぬ」というものであった。

昭和二十五年十一月八日の最高裁大法廷判決[11]でも、「同一事件においては、訴訟のいかなる段階においても唯一の危険があるのみであって、そこには二重危険というものは存在しないのであるから下級審における無罪又は有罪判決に対し、検察官が上訴をなし有罪又はより重き刑の判決を求めることは、被告人を二重の危険に曝すものでもなく、従ってまた憲法三九条に違反して重ねて刑事上の責任を問うものでないことは当裁判所の判例（昭和二十四年新（れ）第二二号同二十五年九月二十七日大法廷判決参照）とするところであるから本件において検事が附帯控訴をしたこと及び第一審で無罪となった事実を原判決が有罪としたことは、いずれも憲法三九条に違反するものであるということはできないのである」と判示された。

最高裁判所が検察官上訴にお墨付きを与えたことの影響は大きかった。戦後の刑事裁判における三審制が進むべき方向が、大きく枠づけられることになった。三審制といっても実際には被告人側からの上訴の道が閉ざされているというような事態も現出することになった。第一審の無罪判決に対して検察官が控訴し、控訴審で有罪判決が言渡された場合がそれである。この場合、上訴の手段は上告しかないが、戦後の審級制度では上告審は事実審ではなく法律審だとされたからである。控訴審の審理のみならず、第一審の審理にも影響が及ぶことになった。検察官上訴が第一審裁判官をして無罪判決を言い渡すことを消極的にさせてしまいかねないのではないかとの危惧も、的中することになった。

4 より狭くなった上訴理由

狭められた被告人の上告権

控訴理由及び上告理由の上訴理由がどのようになっているかも、被告人の上訴権が制限されているかどうかを判断するうえで大きな要素となる。

現行刑事訴訟法（昭和二十三年七月十日法律第一三一号）の上告理由には厳密な意味での「上告理由」のほか、「上告受理事由」（裁判所の規則の定めるところにより、最高裁が自ら上告審として事件を受理できるとするもの）及び「職権破棄事由」がある。これに対し、戦前の旧刑事訴訟法（大正十一年五月五日法律第七五号）が定める「第三編　上訴」のうち、「第三章　上告」における上告理由に関する規定は、このような区別を認めていない。この旧刑事訴訟法の上告理由に関する規定には、国防保安法（昭和十六年三月七日法律第四九号）や新治安維持法（昭和十六年三月十日法律第五四号）も、あるいはまた戦時刑事特別法（昭和十七年二月二十四日法律六四号）も手を触れていない。

上告申立事由については、現行刑事訴訟法（昭和二十三年七月十日法律第一三一号）よりも旧刑事訴訟法の方が広いことがわかる。右の職権破棄について、現行刑事訴訟法は第四一一条において、上告裁判所は、①判決に影響を及ぼすべき法令違反、②甚だしい量刑不当、③判決に影響を及ぼすべき重大な事実誤認、④再審請求該当事由、⑤原判決後の刑の廃止等、の事由があって、原判決を破棄しなければ著しく正義に反するときは、判決で原判決を破棄することができると規定している。これを裏返せば、「原判決を破棄しなければ著しく正義に反するとき」という要件、いわゆる「著反正義」要件を欠くときは「職権破棄事由」には該当しないことになる。

しかし、旧刑事訴訟法の場合は、この「著反正義」要件は付されていない。具体的事例における当事者救済の範囲は、現行法の方が旧法よりも狭くなっている。日本国憲法によって「違憲立法審査」という役割が新たに与えられたことから、その分だけ負担軽減を図ろうとして、「職権破棄事由」について「著反正義」要件を新たに付け加えて上告審の門戸を狭めたものと見受けられる。現行法の制定過程において最高裁判所が裁判所の負担軽減という観点から控訴審の事後審化と上告理由の制限を提案し、この提案が受け入れられた結果であった。[12]

ダブルスタンダードの運用

この「著反正義」要件の上乗せが、上告審の破棄率、とりわけ被告人側からの上告申立に基づいて原判決などを破棄する、この破棄率の低さの一助になっていることは疑いのないところであろう。

この新たに付け加えられた、不明確で裁量的な運用が可能な「著反正義」要件が、「高度の司法政策判断として活用される余地」[13]は多分にあった。現にこの狭い門戸を通過させて、「法令解釈の誤りが被告人に有利に働いた」原判決の是正を求めた検察官の訴えを最高裁が認めた例が少なからずある。

たとえば、①学生運動や争議行為について違法性を否定した原判決を是正した例[14]や、②期待可能性の判断を「誤って」無罪とした原判決を是正した例[15]、などがそれである。原判決が無期懲役としたが、検察官側が死刑を求めて上告したのに対して原判決を破棄した例[16]もみられる。

その反面、被告人の防御権の侵害について、「著反正義」要件を理由に原判決が維持された例として、①召喚手続に瑕疵があり被告人が出頭できなかったが、弁護人が出頭していたとして原判決が維持された例[17]、②必要的弁護事件で弁護人抜きに開廷されたが、原判決が維持された例[18]、③国選弁護人の選任時期が遅れたが原判決が維持された例[19]、④弁護人の一人に公判期日の通知がされなかったが、他の弁護人が十分弁護したとして原判決が維持された例[20]、などが散見される。[21]

法令違反・事実誤認・量刑不当

それでは、現行刑事訴訟法の「控訴理由」はどのようになっているのであろうか。第三七七条以下で規定されているが、これらの理由のうち重要なものは「法令違反」「事実誤認」「量刑不当」である。そのほか、「再審理由」も「控訴申立理由」とされている。「法令違反」はその法令が手続法か実体法かに応じて「訴訟手続に関する法令違反」と「法令適用の誤り」に細別されている。さらに、「訴訟手続の法令違反」は「絶対的控訴理由」としての法令違反（第三七七条、第三七八条）と「相対的控訴理由」としての法令違反（第三七九条）に区分されている。「絶対的」か「相対的」かの違いは当該手続違反が判決に影響を及ぼすことの立証を要するか否かの違いである。立証を要しないとされているのが「絶対的控訴理由」で、立証を要するとされているのが「相対的控訴理由」である。

「法令適用の誤り」も判決への影響が要件とされており、「相対的控訴理由」になる。「事実誤認」にいう「事実」とは、厳格な証明（証拠能力があり、かつ適法・有効な証拠調べを経た証拠により証明されること）の対象とされる犯罪事実、すなわち、構成要件該当事実、違法性・有責性を基礎づける事実、刑の加重・減免事由たる事実を指すとされる。単なる訴訟法の事実や量刑事実は含まれない。

問題は「誤認」の意味である。控訴審が判断資料として用いることのできる証拠、すなわち、原審で取り調べられた証拠及び控訴審で適法に提出された証拠から認定されるべき事実と、原審認定の事実とが食い違うことを意味するとされる。刑事訴訟法上の証明は「真実そのものを目標とする論理的証明」ではなく、「通常人なら誰でも疑を差挟まない程度に真実らしいとの確信を得ることで証明ができたとする」、それゆえに「反証の可能性が残されている」歴史的証明[22]ということによる。

「刑の量定が不当である」というのも、宣告刑は処断刑の範囲内であるが重すぎるか、軽すぎるために相当でないことをいう。処断刑の範囲を逸脱した量刑や、必要な刑の加重減免をしないときは量刑不当ではなく、法令適用の誤りとして取扱われる。そこに「刑」とは主刑にとどまらず、付加刑たる没収、未決拘禁日数の算入、罰金・科料の換刑処分も含む。

これに対し、旧刑事訴訟法では「控訴理由」について格別の規定は設けられていない。控訴の理由は制限されず、申立人は申立理由を主張する機会もなかった。控訴審の手続には第一審の公判手続に関する規定が包括的に準用された（第四〇七条）。控訴審公判は、人定訊問の後、検事による「被告事件の要旨」の陳述

（第三四五条第一項）によって開始された。控訴裁判所は控訴の対象となった事件の全体について、審判をやり直す義務と権限を持った。証拠調の範囲が原審のそれによって限定されることもなく、新事実・新証拠も制限されなかった。[23] 控訴審が覆審だと位置づけられたことによるものであった。

上告理由だけではなく控訴理由も、戦後の日本国憲法下の現行刑事訴訟法の方が戦前の旧刑事訴訟法よりも狭くなっている。被告人の上訴権をも事実上制限しているといってよい。

事後審と控訴理由

これには、現行刑事訴訟法が「控訴理由」を掲げたのは「事後審」制を採用したからであって、裁判所の負担軽減のためとは必ずしもいえないというような反論があるかもしれない。確かに控訴理由と裁判所の負担軽減とは直接結びつくものではない。しかし、そもそも事後審制が主として裁判所の負担軽減という観点から構想されている以上、この事後審制を前提にして帰結された控訴理由についても負担軽減の影が及んでいると見るのが自然ではないか。

書面主義と被告人尋問に依拠する旧法時代なら、覆審も可能であったが、口頭弁論主義、公判中心主義の強化された現行法の下では、もはや覆審構造を維持するのは困難となったというのが事後審化の背景事情である。このような説明[24]にしばしば接する。しかし、裁判員裁判の公判廷でさえも書面中心主義がまだまだ強いと当局自身が認めているような状況にあっては、事後審制をもって公判中心主義の帰結と説くことは誤導の面があるのではないか。

相対的控訴理由に関する昭和三十年六月二十二日の最高裁大法廷判決[25]も、ここで紹介しておきたい。[26] 立法の段階だけではなく法運用の面でも、控訴理由をできるかぎり制限して控訴審の負担を軽減しようとする姿勢を垣間見ることができる。

5　上訴制度の運用

最高裁の姿勢

このように「裁判（官）統制」が三審制の意義だとすれば、裁判所の裁量による職権主義的な三審制の運用が行われることは当然に予想されるところであった。この裁判所の裁量による職権主義的な運用に関わって、興味深い最高裁判決が出されている。

一つは上告審における事実の取調べに関する昭和四十一年十二月九日の最高裁判決[27]である。「上告審において、別件の証言速記録の謄本を取り調べるにあたっては、公判にこれを顕出するをもって足りる。上告審は、右の方法で取り調べた証言速記録の謄本を、被告人等の捜査官に対する自白調書の任意性に関する原判断の当否を判断する資料とすることができる」と判示されている。

もう一つは新たな証拠の取調べに関する昭和五十九年九月二十日の最高裁決定[28]である。「右（刑訴法三八二条の二第一項にいう——引用者）「やむを得ない事由」の疎明の有無は、控訴裁判所が同法三九三条一項但書により新たな証拠の取調を義務づけられるか否かにかかわる問題であり、同項本文は、第一審判決以前に存在した事実に関する限り、第一審で取調ないし取調請求されていない新たな証拠につき、右「やむを得ない事由」の疎明がないなど同項但書の要件を欠く場合であっても、控訴裁判所が第一審判決の当否を判断するにつき必要と認めるときは裁量によってその取調をすることができる旨定めていると解すべきであるから（最高裁昭和二十六（あ）第九二号同二十七年一月十七日第一小法廷決定・刑集六巻一号一〇一頁、同昭和四十二年（あ）第一二七号同年八月三十一日第一小法廷決定・裁判集刑事一六四号七七頁参照）、原審が前記前科調書等を取り調べたからといって、所論のようにこれを違法ということはできない」と判示されている。

これらによると、上訴審の運用に関する最高裁の姿勢が透けて見える。控訴審における「新たな証拠の取調べ」の可否は裁判所の裁量に委ねるべきであり、上告審における「事実の取調べ」はできる限り簡易化を図りたいという点がそれである。

国にとっての、そしてまた、最高裁判所にとっての三審制の本質的な意義が被告人の防御権の保障に置かれていないとすれば、被告人の上訴権を制限しても三審制に何ら反するものではないということになろう。

現実には二審制として機能

実務上、上告の申立ての大半は職権破棄事由によるものである。「刑事裁判統計」などによると、控訴率に比べて上告率はかなり高い。年度によって上告率に大きな違いは認められない。三七％から四一％の間でほぼ推移している。平成十年から平成十六年の間は比較的高く、平均すると四〇・五になる。これに次いで高いのは昭和四十二年から昭和五十年の間で平均すると四〇・〇％で、低いのは昭和五十八年から昭和六十三年の間で平均すると三四・七％である。上告率の推移からは、上告審の機能は戦後ほぼ一貫しており、変化が見られないといえる。

このように三七％から四一％の間で推移しているからといって、被告人の側から見て上告審が機能しているかというと、否と言わざるを得ない。前述の「刑事裁判統計」及び最高裁事務総局『司法統計年報――刑事編』、最高裁事務総局刑事局『〇〇年における刑事事件の概況』などによって上告審における破棄率を年次別に見ると、被告人側からの訴えが理由ありとして原判決などが破棄される破棄率は、昭和六十年以降の落ち込みが目立つ。平成元年を除いて平均すると、〇・一六％となるからである。控訴した以上は、あるいは控訴審で検察官側の主張が認められた以上は上告せざるを得ないということで、いわば「だめもと」で被告人側も上告をしている構図が浮かび上がる。

上告審は実際には機能していないのではないか。日本の刑事裁判の審級は現実には二審制になっているのではないか。このような見方が裏付けられた形になっている。

それは最高裁判所の望むところであったといえるかもしれない。下級審の裁判官がたとえ独自の違憲判断、あるいは独自の法解釈を示しても最高裁判所で当該違憲判断、あるいは独自の法解釈を最終的にチェックし、このチェック済の判断を「判例」とすることによって違憲判断、あるいは独自の法解釈の「乱発」を制御するという役割を上告審は果たせばよいのであって、それ以上の過剰負担を義務的に負わせる必要は基本的にはないというのが、そもそもの制度設計だったからである。

低下し続ける控訴率

それでは控訴率はいかがであろうか。上告率と同じように経年変化が見られないのであろうか。これも「刑事裁判統計」などによると、上告率と異なり、控訴率は一貫して低下し続けている。無罪率の低下とほぼ同じような傾向を示している。昭和五十九年から平成十一年までは一桁台に落ち込み、八％台から九％台で推移している。検察官側からの控訴率と被告人側からの控訴率の内訳は不明であるが、おそらくは被告人側からの控訴率が下がったために、全体がこのようなことになっているものと推測される。被告人側があきらめて控訴しなくなっているると思われる。

同じく「刑事裁判統計」などによって控訴審における破棄率（総数、被告人側、検察官側）を年次別に見ると、被告人側の破棄率は一貫して減少している。昭和三十一年から昭和五十四年までは二〇％台で推移していたが、昭和五十五年からは一〇％台に落ち込み、平成七年以降は一六％を切り、平成二十三年には一〇％を割り込んでいる。これに対して、検察官側の破棄率は昭和三十四年の五八・九％、昭和三十九年の五六・三％を除くと、ほぼ六〇％台から七〇％台で推移している。平均すると七二％となる。控訴審は検察官側からの控訴に対しては門戸を大きく開いているのに対して、被告人側からの控訴に対しては門戸を少ししか開けていないことがわかる。

検察官と弁護人とでは上訴に臨む態度が異なるといわれるが、破棄率におけるこの開きはやはり看過し得ない。現行刑事訴訟法の下では控訴審は「事後審」だと位置づけられているが、この事後審の運用は被告人側にではなく検察官側に向けられた片面的なものになっている。これと反対の「逆事後審制」も主張されているが、絵に描いた餅にとどまっている。右の片面的な運用によると、破棄率が昭和五十五年から一〇％台に落ち込んだのに対して、控訴率が少し後れて昭和五十九年から一桁台に入ったということもよく理解できる。

ただ、平成十二年からは平成十七年を除いて再び一〇％に戻った理由は不明である。内閣に設置された司法制度改革審議会で司法制度改革の一環として「刑事司法制度の改革」が議論され、そのなかで「被疑者・被告人の公的弁護制度の整備」が提案されたことが、弁護士の上訴活動に影響を及ぼしたといえようか。もっとも、平成二十二年からは再び一桁台に戻っており、控訴しない被告人・弁護人という全体状況に大きな変化は見られない。控訴審が被告人側の主張に耳を傾けないとみられることが被告人側の控訴率を引き下げていることは否めない事実であろう。被告人の上訴権を事実上制限していることになる。

必罰主義による片面性

この片面性こそが、日本の戦後の刑事裁判における三審制の特徴だといってよい。いわば必罰主義という観点から三審制が運用されているのである。この必罰主義を示す判例も少なくない。

検察官に対し訴因変更を促したり命令したりする裁判官の義務に関する昭和四十三年十一月二十六日の最高裁決定[29]もその一つである。本決定は、例外的に裁判所が検察官に対して訴因変更を命じなければならない場合とはどういう場合か、その具体例を最高裁が示したものである。ここでも、検察官の不注意によって有罪とすべき者を誤って無罪とするようなことがあってはならないという最高裁の必罰主義の傾向を垣間見ることができる。

下級審の判決であるが、昭和五十六年十一月二十四日の大阪高裁判決[30]も必罰主義を示すものの一つとし得よう。変更後の訴因では無罪となるような場合は、検察官から請求のあった訴因変更を単純に許可すべきではないとし、訴因変更を認めて直ちに無罪の判決をした原判決を破棄したからである。

このような必罰主義が戦時下でどのような結果をもたらしたかを忘れてはならない。必罰主義の対象とされたのは「思想犯」であり「秘密をめぐる罪」などであったからである。そして、「思想犯」や「秘密をめぐる罪」などに問擬《もんぎ》されたのは「特別な人々」の「特別な行為」ではなく、「普通の人々」の「普段の生活」だったからである。同じ必罰主義といっても、時代によってその意味するところは大きく異なるのである。取締り当局が一度罪だと疑えば、「普通の人々」の「普段の生活」であっても罪になったのである。

必罰主義と事後審制

戦後の三審制の柱をなす「必罰主義」と「事後審制」との関係についても次のような判例が見られる。一つは昭和四十二年五月二十五日の最高裁判決[31]である。控訴審が覆審や続審ではなく事後審であり、従って、「控訴審裁判所が、検察官の訴因、罰条の追加変更を許すことは違法とはいえない」が、「控訴審裁判所が右追加変更された訴因、罰条について審理判決することのできるのは、あくまでも、一審判決に事実誤認ないし法令違反があることを理由に控訴審でこれが破棄されることが前提」でならなければならないと判示されている。必罰主義と事後審制との調整を図ったものといえよう。

もう一つは控訴審における職権調査の限界に関する昭和四十六年三月二十四日の最高裁大法廷決定[32]である。同じように必罰主義と事後審制との調整が図られている。本大法廷決定によれば、「事後審査も当事者の申し立てた控訴趣意を中心としてこれをなすのが建前であって、職権調査はあくまで補充的なものとして理解されなければならない」とされている点が注目される。本決定については、最高裁判所は審判の対象設定権が当事者たる検察官にあるという観点から、当事者主義を根拠とした特別の「攻防対象限定論」ともいうべき判例理論を創出したものと考えるべきであろうとの指摘[33]もみられる。

6　下級審裁判官の官僚化

状況証拠による有罪認定

最高裁が「裁判（官）統制」を通じて必罰主義の浸透を図った結果、必罰主義は下級審に定着した。かつて最高裁は平十九年十月十六日の決定[34]において、状況証拠による有罪認定について次のように判示した。「刑事裁判における有罪の認定に当たっては、合理的な疑いを差し挟む余地のない程度の立証が必要である。ここに合理的な疑いを差し挟む余地がないというのは、反対事実が存在する疑いを全く残さない場合をいうものではなく、抽象的な可能性としては反対事実が存在するとの疑いをいれる余地があっても、健全な社会常識に照らして、その疑いに合理性がないと一般的に判断される場合には、有罪認定を可能とする趣旨である。そして、このことは、直接証拠によって事実認定をすべき場合と、情況証拠によって事実認定をすべき場合とで、何ら異なるところはないというべきである。本件は、専ら情況証拠により事実認定をすべき事案であるが、原判決が是認する第一審判決は、前記の各情況証拠を総合して、被告人が本件を行ったことにつき、合理的な疑いを差し挟む余地のない程度に証明されたと判断したものであり、同判断は正当であると認められる」

当然の判示といえなくもないが、「合理的な疑い」を差し挟む余地のない程度に証明されたかどうかの判断は結局、裁判官の自由心証に委ねられる以上、本決定の意義は情況証拠だけで有罪判決を下すことに道を開いた点にあるといえた。

その後、状況証拠による有罪判決が定着するようになった。その反面、最高裁から見ても「行き過ぎ」の有罪判決が散見されるようになった。

控訴審判決の是正

最高裁による「行き過ぎ」の是正は控訴審の判決にも及んでいる。日本国憲法は「裁判官の独立」を謳ったが、最高裁判所は司法行政権や三審制などを活用して「裁判（官）統制」を陰に陽に推進してきた。この統制の行き着く先は「裁判官の官僚化」になる。この官僚化がどこまで進んだかを示す出来事が近時起こっている。最高裁が高裁の有罪判決を破棄する事例がみられるという点である。小田急線痴漢被告事件に関する平成二十一年四月十四日の最高裁第三小法廷上告審判決も、その一つである。[35]

公訴事実の要旨は、「被告人は、平成十八年四月十八日午前七時五十六分ころから同日午前八時三分ころまでの間、東京都世田谷区内の小田急電鉄株式会社成城学園前駅から下北沢駅に至るまでの間を走行中の電車内において、乗客である当時一七歳の女性（以下「A」という。）に対し、パンティの中に左手を差し入れその陰部を手指でもてあそぶなどし、もって強いてわいせつな行為をした」というものである。第一審の東京地裁は、被害を受けたとするAの供述に信用性を認め、公訴事実と同旨の犯罪事実を認定して、被告人を懲役一年十月に処した。被告人からの控訴に対し、東京高裁も、第一審判決の事実認定を是認して、控訴を棄却した。これに対し、本最高裁判決は次のように判示し、原東京高裁判決を破棄自判して無罪を言い渡した。

「本件のような満員電車内の痴漢事件においては、被害事実や犯人の特定について物的証拠等の客観的証拠が得られにくく、被害者の供述が唯一の証拠である場合も多いうえ、被害者の思い込みその他により被害申告がされて犯人と特定された場合、その者が有効な防御を行うことが容易ではないという特質が認められることから、これらの点を考慮した上で特に慎重な判断をすることが求められる。（略）同駅までにAが受けたという痴漢被害に関する供述の信用性にはなお疑いをいれる余地がある。そうすると、その後にAが受けたという公訴事実記載の痴漢被害に関する供述の信用性についても疑いをいれる余地があることは否定し難いのであって、Aの供述の信用性を全面的に肯定した第一審判決及び原判決の判断は、必要とされる慎重さを欠くものというべきであり、これを是認することができない。被告人が公訴事実記載の犯行を行ったと断定するについては、なお合理的な疑いが残るというべきである」必罰主義の浸透が「行き過ぎた」必罰主義を結果した。そこで、「裁判（官）統制」を通じてこの「行き過ぎ」の是正に最高裁が自ら乗り出したということであろうか。三審制が最高裁でも「行き過ぎ」だと感じるほどの下級審裁判官の必罰主義をもたらしたことに留意しなければならない。かりに戦時下になった場合に、このような裁判官が行う刑事裁判とは、どのようなものであろうか。

7　解釈改憲――ソフトな制限がハードな制限に切り替わる

ソフトな制限

上訴権の制限は戦時下においては、控訴審の省略という形で実現され、戦時下の特例措置とされた。戦後は三審制を復活させつつ、上告審の門戸を戦前以上に狭めたうえで、控訴審を事後審とし、「二重の危険」を確定力と結びつけることによって検察官上訴を強引に合憲と結論した。検察官上訴による控訴については容認、被告人側の控訴については棄却というように片面的に運用することによって、控訴審を必罰主義の「牙城」とした。その影響を受けて必罰主義は第一審にも定着することになった。今や必罰主義に「行き過ぎ」が見られるほどになった。上訴権を放棄して「争わない」、正確にいうと「争えない」被告人、弁護人も現出するに至った。控訴率が一貫して低下し続けている。低下は死刑判決に対しても及んでいる。

戦後における被告人の上訴権の制限は、戦前のようなハードな方法によってではなく、いわばソフトな方法によって行われていることがわかる。審級制度をどうするかは法律による司法政策上の問題であって、日本国憲法の制約はないと最高裁は判示したものの、日本国憲法との関係を意識せざるを得なかったものと思われる。ソフトな方法だけに、問題の所在が見えにくくなっている。

事後審制についても、控訴審における「事実誤認」（刑事訴訟法第三八二条）の審査は原審の心証（事実認定）と控訴審の心証（事実認定）の比較であり、無理に「事後審」として説明するよりも、端的に控訴審は「争われた限りでの判断のやり直し」（続審）であることを認めるべきではないかという問題提起[36]もなされていた。しかし、それも裁判員制度の導入に伴って、「とりわけ裁判員制度が導入され、一審判決の重みが増した改正後は、事後審であるという建て前は動かせないと思われる[37]」といった議論に戻っているのが現状である。

自民党憲法草案

自由民主党は平成二十四年四月二十七日に「日本国憲法改正草案」を決定し、公表した。同草案のうち、「第六章　司法」に関する主な改正点は、①第七六条第二項を改正して「特別裁判所は、設置することができない。行政機関は、最終的な上訴審として裁判を行うことができない」と規定すること、②第七七条第二項を改正して「検察官、弁護士その他の裁判に関わる者は、最高裁判所の定める規則に従わなければならない」と規定すること、③第七九条第六項を改正して「最高裁判所の裁判官は、全て定期に相当額の報酬を受ける。この報酬は、在任中、分限又は懲戒による場合及び一般の公務員の例による場合を除き、減額できない」と規定すること、④第八二条第一項及び第二項を改正して「裁判の口頭弁論及び公判手続並びに判決は、公開の法廷で行う」及び「裁判所が、裁判官の全員一致で、公の秩序又は善良の風俗を害するおそれがあると決した場合には、口頭弁論及び公判手続は、公開しないで行うことができる。ただし、政治犯罪、出版に関する犯罪又は第三章で保障する国民の権利が問題となっている事件の口頭弁論及び公判手続は、常に公開しなければならない」と各規定すること、などである。③の「裁判官の報酬を減額できる条項」を規定したことがポイントだと説明されている。

それでは、日本国憲法の「第三章　国民の権利及び義務」のうち、刑事関係について定めた規定の部分の自民党改正草案はいかがであろうか。主な点は、①第三三条を改正して「何人も、現行犯として逮捕される場合を除いては、裁判官が発し、かつ、理由となっている犯罪を明示する令状によらなければ、逮捕されない」と規定すること、②第三六条を改正して「公務員による拷問及び残虐な刑罰は、禁止する」と規定すること、などである。

ここでも、被告人の上訴権の制限に関わる特段の改正はみられない。現在のソフトな方法による問題処理に特段の支障は生じていないと考えられた結果であろうか。

ただ、被告人の上訴権の制限との関係で気になるのは、基本的人権の一般規定についての改正の部分である。第一二条と第一三条を改正して、各「この憲法が国民に保障する自由及び権利は、国民の不断の努力により、保持されなければならない。国民は、これを濫用してはならず、自由及び権利には責任及び義務が伴うことを自覚し、常に公益及び公の秩序に反してはならない」及び「全て国民は、人として尊重される。生命、自由及び幸福求に対する国民の権利については、公益及び公の秩序に反しない限り、立法その他の国政の上で、最大限に尊重されなければならない」と規定しているからである。

このように基本的人権が、法律の定めるところにより保障されるとした大日本帝国憲法下の「臣民の権利」と実質的には同じように、「公益」や「公の秩序」によって制約を受けることになると、この「公益」や「公の秩序」を理由とする制約は被告人の上訴権にも及び、「公益」や「公の秩序」を理由として被告人の上訴権をより制限しても憲法上は合憲だということになろう。もっとも、それは最高裁判所が長年にわたって実践してきたところのものといえるかもしれない。最高裁はソフトな方法によって、戦時下にも劣らないほどの制限を被告人の上訴権に加え続けてきたからである。

ちなみに、右「憲法改正草案」では日本国憲法第九七条も削除されている。第九七条というのは、「この憲法が日本国民に保障する基本的人権は、人類の多年にわたる自由獲得の努力の成果であつて、これらの権利は、過去幾多の試錬に堪へ、現在及び将来の国民に対し、侵すことのできない永久の権利として信託されたものである」という規定である。「侵すことのできない永久の権利」というのが削除の理由で、基本的人権といえども相対的な権利にすぎないとしたいのであろう。

ソフトな制限について注意しなければならないのは、それが何時、ハードな制限に切り替えられるかわからないことである。前述したように、最高裁などによると、三審制度を採用するかどうかは立法政策の問題であって、憲法上の制約はないとされているのである。

第十三章　司法改革という名の換骨脱胎

1　アメリカの要望

小さな政府・大きな司法

「二十一世紀の我が国社会において司法が果たすべき役割を明らかにし、国民がより利用しやすい司法制度の実現、国民の司法制度への関与、法曹の在り方とその機能の充実強化その他の司法制度の改革と基盤の整備に関し必要な基本的施策について調査審議すること」を目的として、司法制度改革審議会が内閣に設置され、第一回目の会議は平成十一年七月に開催された。

この設置に当たって、アメリカ政府は平成十二年六月九日付で「米国政府の意見表明」を発表した。「はじめに」では、「米国政府は、司法制度改革審議会に対しここに謹んで以下の意見を提出いたします。米国は、日本経済を再活性化し司法制度の基盤を整備するため日本が努力するなかで、貴審議会の職務はきわめて重要なものであると確信します。それは、日本を国際ビジネス・金融センターとして発展させていくうえで不可欠なものだからです」と述べられていた。

なぜ、アメリカ政府がこのように関心を示したかというと、司法制度改革はアメリカ政府が日本政府に求める改革のいわば最終段階に位置していたからである。アメリカ政府は平成六年以来、毎年、日本政府に対して「年次改革要望書」を提出してきた。この要望は当初、「規制緩和」を日本に求めるものであった。それがなかなか実現されなかったことから、「規制緩和」の実現には「行財政改革」を図る必要があるとして、アメリカ政府は次に第二段階の要望として「行財政改革」を日本政府に示した。いわゆる「大きな政府」を「小さな政府」にするという改革であった。この「小さな政府」と車の両輪になるのが「大きな司法」であった。「大きな政府」を「小さな政府」にし、「規制緩和」した結果、発生するさまざまな紛争を司法によって事後的に処理する。そのためには司法を「小さな司法」から「大きな司法」に改革しなければならない。この対日要望が起点となって、平成の司法制度改革がスタートすることになった。

舞台が民事裁判から刑事裁判へ

アメリカが司法制度改革の念頭に置いていたのは、主として民事裁判であった。市民参加の舞台も民事裁判であった。しかし、日本政府はこれに強く反対した。民事裁判に市民が参加する事態になると、行政訴訟などに大きな影響が出ることは必定だと考えたからである。そこで市民参加の舞台は、民事裁判から刑事裁判へと移されることになった。民事裁判に比べて刑事裁判の場合、市民が参加しても影響は少ないと考えられた。正確にいうと、影響の少ないような刑事裁判への市民参加の形態が検討されたというべきである。それが裁判員制度であった。

裁判員制度は陪審制度とも大きく異なり、ドイツの参審制度とも大きく異なった。まさに特殊日本的な制度であった。なぜ、陪審制度ではなく裁判員制度になったかというと、「検察官司法」に影響を与えないようなものにしたためである。陪審制度では「検察官司法」に深刻な影響がでることは必定であった。

その結果、当初は市民参加に消極的であった最高裁判所も、裁判員裁判の下で迅速裁判が実現できるとして容認に回った。[1] 検察庁も、裁判員裁判の下で重罰化が実現できるとして賛成に回った。[2] 日本弁護士連合会及びこれと連携する刑事法の研究者が裁判員制度を支持したのは不思議だが、表向きの理由は「刑事裁判への市民参加は検察官司法を改革する契機となり得る」というものであった。契機となり得ないからこそ裁判員制度が提案されたにもかかわらず、このように主張された。弁護士会の実際の支持の理由は、裁判員制度の導入に伴う起訴前国選弁護制度の創設であった。

司法制度改革審議会は平成十三年六月十二日、「司法制度改革審議会意見書――21世紀の日本を支える司法制度」をまとめて内閣に提出した。同意見書は「はじめに」「今般の司法制度改革の基本理念と方向」「国民の期待に応える司法制度」「司法制度を支える法曹の在り方」「国民的基盤の確立」「今般の司法制度改革の推進」「おわりに」からなっている。裁判員制度の導入について触れているのは、「国民的基盤の確立」のなかの「国民的基盤の確立（国民の司法参加）」の箇所である。

2　裁判員制度で何が変わったか

司法に対する国民の理解の増進

司法制度改革審議会の意見書を受けて、政府は「裁判員の参加する刑事裁判に関する法律案」を閣議決定し、国会に上程した。衆議院本会議には平成十六年三月十六日に付議され、四月二十三日の衆議院本会議で、裁判員等又はこれらの職にあった者による秘密漏示罪の罰則の変更、国民が裁判員として裁判に参加しやすい環境を整備する努力義務を国に対して課す規定及び施行三年後の見直し規定の追加などの修正を行ったうえで、法案が可決された。五月二十一日の参議院本会議でも衆議院修正案が可決された結果、同法は成立した。平成十六年五月二十八日に法律第六三号として公布され、一部の規定を除き、平成二十一年五月二十一日から施行された。

同法第一条は、「この法律は、国民の中から選任された裁判員が裁判官と共に刑事訴訟手続に関与することが司法に対する国民の理解の増進とその信頼の向上に資することにかんがみ、裁判員の参加する刑事裁判に関し、裁判所法（昭和二十二年法律第五九号）及び刑事訴訟法（昭和二十三年法律第一三一号）の特則その他の必要な事項を定めるものとする」と規定し、裁判員制度を導入することの趣旨が、司法制度改革審議会意見書が説くように、「司法に対する国民の理解の増進とその信頼の向上に資すること」にあることを明定した。

戦後の日本国憲法の制定に伴う刑事手続の改革においては、日本国憲法と刑事訴訟法の規定の間に大きな乖離が生じたが、裁判員制度の導入を契機としてこの乖離を埋めていこうというような発想は、司法制度改革審議会にも政府にも裁判所にも検察庁にもなかった。あくまでも現行刑事訴訟法の枠組みを所与の前提としたうえで、刑事裁判に対する「国民の理解の増進とその信頼の向上に資する」という以上のものではなかった。

運用の状況

最高裁事務総局によって、「法曹が払ってきたエネルギーは、我が国の司法制度の歴史の中でもまれなほどに膨大なものがある」と自負される裁判員制度は、平成二十一年五月二十一日の施行以来、六年余りを経過した。このうち、平成二十四年五月末までの約三年間の裁判員裁判対象事件の事件数や裁判結果について概観すると、新受人員総数は四八六二人であり、新受人員を罪名別にみると、強盗致傷（二四・四％）、殺人（二〇・九％）で半数近くを占めている。次いで現住建造物等放火（九・五％）、覚せい剤取締法違反（八・四％）、傷害致死（八・二％）、（準）強姦致死傷（七・一％）、（準）強制わいせつ致死傷（五・八％）、強盗強姦（四・八％）、強盗致死（強盗殺人）（二・七％）と続いている。

年度ごとにみても、この罪名の傾向に大きな変動はみられない。終局人員総数は三八八四人であり、新受人員総数の七九・九％となっている。各年では、制度施行翌年の平成二十二年以降は、新受人員にほぼ見合った終局人員数となっている。[3]

問題は、この裁判員制度によって刑事裁判がどのように変わり、あるいは変わらなかったかである。右の最高裁事務総局「検証報告書」によって、これを見ていくことにしよう。

被告人の保釈

まずは変わった点であるが、裁判員の選任手続や公判前整理手続などが新たに加わった点などを除くと、真っ先に挙げられるべきは被告人の保釈であろう。裁判員裁判の導入により、公判前整理手続が集結した段階での保釈は認められやすい傾向が出てきているとの指摘が裏付けられた結果となっている。公判前整理手続において公判審理が実質的に先取りされた結果、「証拠隠滅のおそれ」などの保釈の除外事由が減少したことによるものといえよう。

裁判員対象事件である傷害致死罪の事案について、公判前整理手続が終了した段階における保釈を許可した東京地決平成二十二年四月七日によると、「被告人が目撃者に対する罪証隠滅工作をし、それが効を奏する可能性はそれほど高いとはいえない上、被告人には前科がなく、自衛隊員として長期間勤務していたなど身上関係が安定していること等の事情を考慮すれば、公判前整理手続が終結して公判期日まで二か月足らずの期間がある現段階において、目撃者等との接触禁止等の条件を付した上、保釈保証金額を五〇〇万円と定め、裁量により被告人の保釈を許可した原裁判は、その裁量権を逸脱した不当なものであるとはいえない」とされた。

量刑

変わった点の第二は、量刑である。求刑と量刑の関係の変化、それも重罰化の方向への変化が次のように検証されている。すなわち、殺人既遂罪など八つの罪名について、量刑分布（同じ罪名の判決人員全体に占める割合）を、裁判官裁判と裁判員裁判とで比較すると、殺人未遂、傷害致死、強姦致傷、強制わいせつ致傷及び強盗致傷の各罪で、実刑のうち最も多い人数の刑期が、重い方向へシフトしている。上記八つの罪名のうち有期懲役刑の実刑判決が下された事件について、判決と求刑の関係を比較すると、裁判官裁判では九七・九％、裁判員裁判では九四・二％の事件で求刑を下回る量刑がなされている。裁判員裁判では、求刑どおり（一二六件、五・〇％）又は求刑を上回る判決（二二件、〇・九％）が少なくない。

元東京高裁判事の原田國男によると、最高裁判所の「裁判員制度の運用等に関する有識者懇談会」の配布資料に基づいて、新しい量刑傾向が、「性犯罪、すなわち、強姦致傷と強制わいせつ致傷については、従来の裁判官裁判より量刑のピークが重いほうにシフトしている傾向がうかがわれる。強姦致傷では、いずれも執行猶予になった件数は少ないけれども、執行猶予率は、裁判員裁判のほうが低い」「実刑のピークは、現住建造物等放火と覚せい剤取締法違反（営利目的輸入）以外の罪では、一ランク重いほうにシフトしている」[4]と分析されている。

執行猶予、とりわけ保護観察付き執行猶予の増加という傾向についても次のように検証されている。すなわち、上記八つの罪名について、有罪判決を受けた被告人のうち、執行猶予付き有罪判決を受けた被告人の割合を裁判官裁判と比較すると、裁判官裁判の一三・〇％から一五・六％にわずかながら増加している。殺人既遂、殺人未遂、強盗致傷及び現住建造物等放火については、執行猶予に付される率が上昇している。同じく八つの罪名について、執行猶予付き有罪判決を受けた被告人のうち、保護観察に付された割合を裁判官裁判と比較すると、裁判官裁判の三五・八％から五五・七％に大幅に増加している。

原田においても、「執行猶予率は、殺人既遂と強盗致傷とでは、裁判官裁判よりも裁判員裁判のほうが高く、殺人未遂、傷害致死、現住建造物等放火では、両者はあまり変わらないが、裁判員裁判のほうがやや高く、逆に、強姦致傷では、裁判員裁判のほうが低い」「保護観察率については、……裁判官裁判では、三六・六％であるのに対して、裁判員裁判では、五九・二％と明らかな差が出ている」[5]と分析されている。

上訴審

この量刑面での変化に関わって影響がみられるのが上訴審である。上訴審に及ぼした影響についても、次のように検証されている。すなわち、裁判員裁判対象事件のうち、判決人員の多い一五の罪名について、裁判官裁判時代と控訴率を全事件で比較すると、裁判官裁判時代は三四・三％、裁判員裁判では三四・五％であり、控訴率はほとんど変わらない。控訴審の終局人員及び控訴理由別内訳をみると、裁判官裁判時代と比較して、検察官が控訴した事件の終局件数が少なくなり、検察官からの控訴申立自体が顕著に減少していることがうかがわれる。控訴審の結果を裁判官裁判時代と比較すると、事実誤認を理由として第一審判決を破棄した割合は、裁判官裁判時代の二・六％が裁判員裁判では〇・五％、量刑不当を理由として破棄した割合は五・三%が〇・六%、判決後の情状を理由として破棄した割合は八・四%が五・〇%と、明白な低下傾向を示している。

控訴審における事実の取調べの実施状況を比較すると、事実取調べの行われた事件の割合は、第一審が裁判官裁判の場合は七八・四%であったのに対し、裁判員裁判の場合は六三・一%に低下している。そのなかでも、被告人質問とそれ以外の証拠調べが併せて行われた事件の割合は、第一審が裁判官裁判の場合に四一・〇%だったものが、裁判員裁判の場合は二三・九%とほぼ半減している。検察官からの（上告の—引用者）申立ては、双方申立ての一件にとどまっている。強盗致傷、殺人以下の一五の罪名について、裁判員裁判の上告審における破棄率（破棄人員数÷上告審終局人員数）を裁判官裁判時代と比較すると、裁判員裁判の破棄率は〇・三八%、裁判官裁判時代のそれは〇・四一%である。このように検証されている。[6]

上訴審が、検察官サイドに傾斜した第一審の「是正」の場ではなく、「追認」の場になっている傾向がうかがわれる。

ちなみに、前記「検証報告書」によると、第一審が裁判官裁判（控訴審の終局が平成十八—二十年）のときの控訴審終局処理人員は二四五五人で、破棄人員（破棄率）は四三一人（一七・六%）、そのうち、事実誤認を理由とする破棄有罪は四九人、量刑不当を理由とする破棄有罪は一二九人、判決後の情状を理由とする破棄有罪は二〇七人、事実誤認を理由とする破棄無罪・一部無罪は一〇人である。

これに対し、第一審が裁判員裁判（控訴審の終局が制度施行——平成二十四年五月末）のときの控訴審終局処理人員は八〇四人で、破棄人員（破棄率）は五三人（六・六%）、そのうち、事実誤認を理由とする破棄有罪は一人、量刑不当を理由とする破棄有罪は五人、判決後の情状を理由とする破棄有罪は四〇人、事実誤認を理由とする破棄無罪・一部無罪は三人である。

書面審理

それでは、裁判員裁判によっても変わらなかったことは何であろうか。日本型刑事裁判手続のほとんどは変わらなかったといってもよいが、その主なものの第一は、日本型刑事裁判の象徴ともいうべき公判における書面審理という点である。審理に長期を要する事件の増加や公判前整理手続の長期化も、ある意味では、変わらなかったことの一つに付け加えることができるかもしれない。裁判員制度の実施に当たって、裁判所などは裁判員の負担の軽減などを理由に公判審理の迅速化などにとくに意を注いでいたにもかかわらず、結果はこのようになった。

無罪率

無罪率も変わらなかったことの主なものである。裁判官裁判（平成十八―二十年）の終局人員七五二二人、有罪人員七二二四人、有罪・一部無罪一九人、無罪四四人（判決人員に対する割合〇・六％）に対して、裁判員裁判（制度施行―平成二十四年五月末）の終局人員三八八四人、有罪人員三七七九人、有罪・一部無罪一〇人、無罪一八人（同〇・五％）となっているからである。大きな変化は見られない。むしろ微減している。無罪が出ていない罪種も少なくない。

裁判員制度の導入は日本の刑事訴訟の意義に「国民の理解」という新たな点を加味したといってよいが、それが現実に果たした役割というと、重罰化以外は見るべきものがないのが実情である。

3 裁判員裁判による重罰化

量の面

死刑も変わらなかったことの一つである。裁判員裁判（制度施行—平成二十四年五月末）の有罪人員三七六九人のうち、死刑は一四人である。殺人既遂についてみると、裁判官裁判（平成二十年四月一日—二十四年三月末）では判決人員五三一人に対して死刑は七人、裁判員裁判（制度施行—平成二十四年五月末）では判決人員四九六人に対して死刑は六人となっており、量的にはほとんど変化は見られない。問題は質の面である。次に見るように「行き過ぎた」死刑判決が上訴審で是正されているからである。

裁判員裁判による死刑判決の破棄

第一審の千葉地方裁判所（裁判員裁判）が平成二十三年六月三十日の判決で認定した「罪となるべき事実」は、「被告人は、平成二十一年十月二十日夜頃から翌二十一日未明頃までの間に、千葉県松戸市内のマンションの当時二十一歳の女性方居室に侵入した上、帰宅した同女性に対し、金品強取の目的で、包丁を突き付け、両手首を縛って、その反抗を抑圧して、金品を奪うとともに、殺意をもって、同女性の左胸部を同包丁で三回突き刺すなどし、同女性を左胸部損傷による出血性ショックにより死亡させて殺害した上、同じ頃に、合計三回にわたり、強取に係るキャッシュカード等を使用した現金窃盗に及ぼうとし、うち一回は既遂、その余の二回は未遂に終わり、同じ頃、一五名が現に住居に使用する前記マンションに放火し、前記女性の死体を焼損するなどして強盗殺人の犯跡を隠蔽しようと企て、前記居室内に侵入した上、死体付近に置かれた衣類等にライターで火を放ち、前記マンションの前記居室内を焼損するとともに、同女の死体を焼損した」というものであった。本件被告人は昭和五十九年と平成十四年にそれぞれ懲役七年の判決を受けて、平成二十一年九月に刑務所を出所したばかりであった。

このような事実認定に基づいて、同裁判員裁判は、被告人に検察官の求刑通り死刑を言い渡した。これに対し、控訴審の東京高等裁判所は平成二十五年十月八日の判決で、被告人に死刑を言い渡した第一審判決を破棄し、無期懲役の判決を言い渡した。上告審の最高裁判所第二小法廷も平成二十七年二月三日の決定[7]で、第一審（裁判員裁判）の死刑判決を破棄した控訴審判決を是認した。最高裁が示した理由は概要、「本事件が被害女性の殺害を計画的に実行したとは認められず、殺害態様の悪質性を重くみることにも限界がある事案であるのに、本事件以外の事件の悪質性や危険性、被告人の前科、反社会的な性格傾向等を強調して死刑を言い渡した第一審判決は、本件において、死刑の選択をやむを得ないと認めた判断の具体的、説得的な根拠を示したものとはいえない」というものであった。

最高裁判所は、本決定とあわせて、同日付で、第一審の東京地方裁判所が平成二十三年三月十五日に言渡した死刑判決（裁判員裁判）を破棄し、無期懲役が相当であるとした控訴審の東京高等裁判所の平成二十五年六月二十日判決は是認できるとする決定[8]を下した。両決定が相まって、第一審の死刑判決については、たとえそれが裁判員裁判によるものであったとしても、上訴審において三審制の意義を踏まえて「慎重性及び公平性の確保」などの観点から十分に検討されなければならないことをあらためて下級審に指示したものと見受けられる。

最高裁がこのように死刑について指導性を発揮するのは、死刑が「高度な司法政策」に属する事柄で、下級審の「過不足のある」判断に任すべきではないと考えているからであろう。ここでは「行き過ぎ」がチェックされたことになる。

4　国連の勧告

死刑判決への上訴取下げ

死刑判決について被告人が控訴したが、その後、これを取り下げた場合、この取下げは有効、それとも無効なのであろうか。有効だということになると死刑判決が確定することになる。この点について判示したのが、平成七年六月二十八日の最高裁判決[9]である。「死刑判決に対する上訴取下げは、上訴による不服申立ての道を自ら閉ざして死刑判決を確定させるという重大な法律効果を伴うものであるから、死刑判決の言渡しを受けた被告人が、その判決に不服があるのに、死刑判決宣告の衝撃及び公判審理の重圧に伴う精神的苦痛によって拘禁反応等の精神障害を生じ、その影響下において、その苦痛から逃れることを目的として上訴を取り下げた場合には、その上訴取下げは無効と解するのが相当である。けだし、被告人の上訴取下げが有効であるためには、被告人において上訴取下げの意義を理解し、自己の権利を守る能力を有することが必要であると解すべきところ（最高裁昭和二十九年…七月三十日第二小法廷決定・刑集八巻七号一二三一頁参照）、右のような状況の下で上訴を取り下げた場合、被告人は、自己の権利を守る能力を著しく制限されていたものというべきだからである」と判示された。

最高裁はこのように一般の判断枠組みを死刑判決にも持ち込み、「精神の障害」による意思能力ないし訴訟能力の有無によって取下げが有効か無効かを判断している。本件では無効とされたが、このような判断基準では取下げが無効となる場合は極度に限定されることになり、死刑事件の特殊性と重大性が軽視されることになる。問題は自己決定・自己責任に委ねてよいのかで、死刑判決についての控訴取下げの場合は別途の配慮が必要であろう。

裁判所はかつて死刑判決後、弁護人不在下での控訴取り下げについて、憲法第三七条第三項の弁護人依頼権は判決確定まで間断なく保障されるものではないとして、取下げ無効の訴えを退けた。[10] しかし、弁護人の存在の不可欠性は明らかであろう。[11]

死刑判決に控訴しない被告人

被告人が控訴しない場合、現行の三審制は死刑事件だからといって特別扱いせずに、第一審の死刑判決に対して被告人側が控訴権を放棄したときは当該死刑判決が確定するとしている。しかし、このように控訴権の放棄を認めることは、被告人の上訴権の制限の一つ、それも極めて大きな一つと考えられないだろうか。

これまで家族に迷惑をかけ続けてきた。第一審で死刑判決が言い渡されたが、犯罪被害者らが控訴断念を強く迫っている。社会もマスメディアの犯罪報道などの影響もあって控訴断念を求めている。そのような激しい逆風のなかで控訴すると、家族は社会からまた厳しいバッシングを受けることになる。家族にもう二度と会えないが、死刑判決を甘受し、控訴しないことがせめてもの家族に対するお詫びだ。こう考えて控訴を断念する被告人も少なくない。ある被告人は上告を取り下げ、死刑に服することとした事情を知人に宛てた書簡の中で次のように綴っている。[12]

（上告を取り下げた―引用者）大きな理由は、自分の存在が家族の負担となり、苦しめ続けているから……

ということになるでしょうか。キレイ事も交じえれば被害者、ご遺族のためにということにもなります。（略）もともと私は控訴や上告をすべきではなかったのです。今更ながら後悔しています。と同時に今が潮時ではないかと思います。私は本当に情けない、しょーもない、弱い人間です……。今まで家族が苦しみ続けてきたこと、これからも苦しみ続けること、その全てを受け入れることも私の受けるべき罰だと思います。今現在ですら私の存在自体が負担になっているわけですし、これ以上、家族には精神的にも経済的にも私のことで迷惑や負担をかけたくないし、自分自身が変化しなければいつまで経っても家族と同じトラブルを繰り返すばかりですから、これからは一歩前に進み、現実的に迫る死刑と日々向き合いながら誰にも甘えることなく、改めて本当に心から反省したうえで、なおかつ刑に服そうと、死を迎えようと考えました。（略）

ハンセン病強制隔離政策を下支えした「無らい県運動」などが作出し助長したハンセン病差別・偏見によって家族が迫害されるのを恐れて、家族を守るために自らハンセン病療養所に入所する道を選んだハンセン病患者、あるいは、家族が社会から迫害されるのを恐れて転向し、自ら戦地に赴き戦死した元思想犯の姿と重なって映る。自己決定権を理由にこのような放棄を認めることは「人間の尊厳」に反し、著しい人権侵害になるのではないか。それは「自殺する権利」を認めることに等しい。しかし、刑法第二〇二条は、自殺関与及び自殺幇助を犯罪として処罰しているのである。

義務的上訴制度の必要

国連の自由権規約人権委員会は、二〇〇八年十月十五日及び十六日に開催された会合で、日本政府から提出された第五回定期報告書を審査し、同十月二十八日及び二十九日に開催された会合で「総括所見」を採択した。そのうちの「主要な懸念事項と勧告」の一七のなかで、「死刑と上訴」について次のように日本政府に対して勧告した。

委員会は、有罪とされ死刑を言渡されても上訴権を行使しない被告人の数が増加していること、裁判所が再審開始を決定するまでは、死刑確定者と再審請求を担当する弁護士との面会に刑事施設職員が立会い、監視をすること、再審や恩赦の請求に死刑の執行を停止する効力がないことを、懸念を持って留意する（規約六条、一四条）。

締約国は、死刑事件においては、（上訴審における）再審査を義務的とする制度を導入し、また死刑事件の再審請求や恩赦の出願による執行停止効を確保すべきである。執行停止の濫用を防止するため、恩赦の出願の回数には制限が設けられてもよい。締約国は、また、再審に関する死刑確定者と弁護士との間のすべての面会について厳格な秘密性を確保すべきである。

同じような内容の勧告は、国連拷問禁止委員会からも日本政府に対して寄せられた。日本政府から提出された報告書に対する二〇〇七年八月七日付の「条約第一九条に基づき締約国から提出された報告書の審査拷問禁止委員会の結論及び勧告」は、その「主な懸念事項及び勧告」の二〇のなかで「死刑と上訴」の問題を取り上げて、次のように勧告した。

委員会は、特に以下の事項について、死刑確定者が法的保護措置を享受することが制限されていることとを深刻に懸念する。

a 死刑確定者が、上訴中に弁護人と刑務官による立会いなしで接見することが認められていないことを含め、弁護人と内密に連絡を取ることについて、死刑確定者に対して制限が課されていること。また、検査されることなく通信を行う代替手段がないこと、及び確定判決が下された後に国選弁護人と連絡を取る方法がないこと。

b 死刑事件について、義務的上訴制度が欠如していること。

c 再審手続又は恩赦の要請があっても、刑の執行が一時停止されないこと。

d 精神的疾患を患っている可能性のある死刑確定者を発見する検査制度がないこと。

e 過去三〇年間、死刑判決が減刑された例がないこと。

日本政府の回答

しかし、自由権規約人権委員会の「総括所見」などに対する日本政府の回答は、「政府は我が国の刑事訴訟手続においては、三審制の下で有罪の認定及び刑の量定等について上訴が広範に認められ、また、死刑事件では必ず付される弁護人にも上訴権が付与されており、現に、死刑判決がなされた多数の事件で上訴がなされている状況にある」などというものであった。

この回答について、日本弁護士連合会は平成二十二年一月二十二日付で、「自由権規約委員会の総括所見に対する日本政府コメントに関する意見書」を発表した。意見書の内容のうち、「死刑と上訴」に関する部分は、「この(日本政府の――引用者)回答は、実質的な回答となっていない。上訴権を行使しないまま死刑が確定し、執行された人の数は、一九九三年以来二六名に上り、被執行者全体の三割を超えている。この中には、第一審で無期懲役判決を受けながら、控訴審において死刑を言い渡され、上告することなく刑が確定した人も二名含まれている。二〇〇九年は、死刑を執行された七名のうち、過半数の四名について、第一審限りで死刑が確定していた。本来、生命刑である死刑判決には、誤りは決して許されない。その刑罰としての特殊性と重大性ゆえに、刑事訴訟法における控訴、上告の制度について、死刑判決が下された事件については、被告人がそれを望むかどうかに関わりなく、控訴審、上告審における審理が確実に実施されるよう、必要的上訴制度が導入されるべきである」というものであった。

研究者の側からは義務的上訴制度に加えて、第一審、控訴審、上告審、いずれもが死刑相当と判断しない限り死刑は認められないなどの提案もなされている。[13] アメリカでは死刑判決を言い渡すには手厚い弁護を含めた誤判回避のための「スーパー・デュープロセス」保障が必要だとされ、それが死刑廃止の理由の一つとされている。しかし、日本では義務的上訴制度さえも実現されていないのが現状である。

5　刑事訴訟の目的のさらなる変質

少年法改正と犯罪被害者の当事者化

平成十九年六月二十日、「犯罪被害者等の権利利益の保護を図るための刑事訴訟法等の一部を改正する法律」が、参議院本会議で可決・成立し、六月二十七日に法律第九五号として公布された。犯罪被害者等の権利・利益の保護という観点からの法改正はその後も続いている。

平成二十年の少年法の一部改正もその一つである。改正法案は第一六九回国会に上程された。平成二十年五月二十二日に開催の衆議院本会議における提案趣旨説明は次のようなものであった。[14]

「平成十六年には犯罪被害者等のための施策の基本理念等を定めた犯罪被害者等基本法が成立し、これを受けて平成十七年に閣議決定された犯罪被害者等基本計画には、法務省において、平成十二年に改正された少年法のいわゆる五年後見直しの検討において、少年審判の傍聴の可否を含め、犯罪被害者等の意見、要望を踏まえた検討を行い、その結論に従った施策を実施することが掲げられております。また、少年法第三七条第一項に掲げる成人の刑事事件に、より適切に対処するため、その裁判権を家庭裁判所から地方裁判所等に移管することが必要であるとの指摘がかねてからなされております。そこで、この法律案は、犯罪被害者等基本法等を踏まえ、少年審判における犯罪被害者等の権利利益の一層の保護等を図るため、少年法を改正し、所要の法整備を行おうとするものであります」

法案は平成二十年五月十一日、参議院本会議で可決され成立、同年六月十八日、法律第七一号として公布された。これらの改正により、まるで刑事訴訟法の目的の一つに「犯罪被害者等の権利・利益の保護」が付け加わったかのようである。

犯罪被害者の権利要求

犯罪被害者らによる刑事裁判への当事者参加の要求は、それだけではなかった。たとえば、「全国犯罪被害者の会（あすの会）」は会長名で早くも平成十六年七月八日、「訴訟参加制度案要綱」を発表している。上訴の権利も犯罪被害当事者らに認めようとしている点が目につく。問題はこのような参加要求と戦後の日本の三審制を貫く「検察官司法」「裁判（官）統制」「必罰主義」などという国家的な要請との関係である。利害が一致する場面だけではなく、矛盾する場面も認められるからである。利害が一致する場面では、裁判官も検察官もこれまで当事者の要求に理解を示し、これを立法においても裁判実務においても尊重し、「検察官司法」「裁判（官）統制」「必罰主義」などの強化に活用してきたし、今後も尊重し活用し続けることは間違いがないところであろう。

しかし、矛盾する場面ではいかがであろう。たとえば、「訴訟参加人は、裁判所の許可を得て、公訴事実の同一性の範囲内で、検察官から独立して訴因を設定することができるものとする」という要求はいかがであろう。公訴独占主義ないし起訴便宜主義に抵触する可能性は強い。「訴訟参加人は、無罪判決に対して、上訴することができるものとする」という要求も同様である。検察官がリードしてきた量刑相場に変調をもたらし、ひいては「裁判（官）統制」を乱すことも考えられる。「権利主体」という主張自体が日本の刑事訴訟には馴染まないというような批判が返ってくる可能性が強い。

犯罪の被害者は誰かということも重要である。戦時下になれば個人的法益に対する罪が国家的法益に対する罪に化すために、当該犯罪の被害者も個人ではなく国家に転じることになるからである。個人をもって「犯罪の被害者」とする発想そのものが否定されることになる。

それでは、このように利害が矛盾する場合、被害当事者らは国家にとってどのような存在になるのであろうか。ここで想起しなければならないことは、前述の宮澤・レーン事件の第一審の有罪判決が宮澤をもって「極端なる個人自由主義思想」と認定し、宮澤と「犯人像」とが一致する旨を認定しているという点である。戦時下においては犯罪被害当事者らといえども、治安を乱す「加害者」に仕立て上げられる虞《おそれ》が強いのである。「恩恵としての保護」を求めるのではなく「権利主体性」を主張すること自体が、「極端なる個人自由主義思想」と認定され得るのである。「犯罪の加害者」と「犯罪の被害者」とは相対的だということに注意しなければならない。道路交通事故においては「加害者」及び「被害者」という名称は用いられない。それに代えて「第一当事者」及び「第二当事者」という名称が用いられる。ともにトラブルを引き起こした「当事者」だというわけである。戦時刑法が採用するのもこのような考え方である。被疑者・被告人が「権利主体性」を主張するのも、犯罪被害者らが「権利主体性」を主張するのも、共に犯罪となり得るのである。

ここで付言しておきたいのは、犯罪被害者らによる次のような指摘があることである。

江戸時代の敵討《かたきう》ちでもなく、被害者やその遺族を蚊帳の外に置く近代司法制度でもなく、被害者遺族が心を恢復させるための第三の道を探し始めた、と言っていいかもしれません。敵討ちは、長谷川君も僕も崖の下にいて、僕が長谷川君をそこからさらに深い奈落《ならく》の底に突き落とすことです。近代司法制度では、裁判官や法務省が、彼を奈落の底に突き落とすのです。僕が求めているのは、彼をさらに突き落とすのではなく、僕が崖の上に這い上がることなのです。成功するのか否かはわかりませんが、何もしないで崖の下で一生恨みつらみを言って終えるより、崖を這い上がる第三の道を求めたいと思いました。その第三の道が僕にとっては「確定死刑囚になった加害者と面会する権利を求める」ことだったのです。[15]

刑事手続のカウンセリング機能

取調べの可視化に関わって、検察官などから、刑事手続の刑事政策的機能（カウンセリング機能）を強調する見解が再び発表されている。「取調べは証拠の収集といった観点からのみ必要とされるものではなく、犯人に真に反省悔悟《かいご》を促し、可能な限り早期に被害回復を実現するといった刑事政策的な目的を実現する重要な手段[16]」となっているというような主張がそれである。これについては、次のように批判が見られる。

「このようなカウンセリング機能について、それ自体を完全に否定する必要はないと思われる。もし、検察官や警察官の取調べによって、被疑者・被告人が十分な反省悔悟をするに至り、それが将来の更生に繋がるのであれば、それ自体は素晴らしいことであり、何ら否定する必要はないからである」

「しかし、カウンセリング機能が取調べの本質、もしくは、重要な機能であるとまでは考えられない。取調べの本質が、それによって作成された供述調書が証拠として裁判で採用される以上、証拠収集の一環として被疑者の供述を得るための捜査方法であることに間違いないからである」

「そして、取調べの本質が証拠収集であるからこそ、供述の強要という事態が生じる危険性があり、その危険性を防止するために可視化が必要なのである。その意味で、カウンセリング機能を強調する見解は、証拠収集という取り調べの本質や危険性を隠蔽してしまうものといえる」[17]

証拠収集という取り調べの本質や危険性を隠蔽という点は、そのとおりであろう。しかし、この批判には、従来も「無罪の推定ということからくる特殊性は十分に尊重しながら、一定範囲における矯正処遇的接し方、とくに、被拘禁者に押しつけるのではない、任意の接触という形での処遇は、きわめて重要なことである」[18]と説かれていたことを看過している面がある。

あらためて指摘するまでもなく、戦後の日本の検察官は捜査、公訴に始まり、公判、上訴を経て、矯正、更生保護に至るまで、実に広範な権限を与えられている。裁判官とは比較にならないほどである。公判及び上訴は検察官の守備範囲の一部でしかない。「検察官司法」は矯正及び更生保護にまで及ぶのである。検察官が捜査、起訴と公判及び上訴とを、あるいは公判及び上訴と矯正・更生保護とを結びつけようとするのみならず、捜査、起訴と矯正、更生保護とを結びつけようとするのは、むしろ当然のことといえよう。日本の刑事裁判の三審制は、「検察官司法」を介して捜査、起訴と、そして他方では矯正、更生保護と緊密に連携していたのである。

そのモデルとされたのは、いうまでもなく思想犯保護観察であり思想犯予防拘禁であった。捜査、起訴の側から矯正、更生保護を眺め、期待する役割を挙げると、その筆頭は再犯防止のための「保安処分」、それも社会防衛のための「保安処分」ということになるからである。戦後の日本の刑事裁判の三審制は、底流では思想犯保護観察や同予防拘禁の影響を強く受けていたのである。刑事手続のカウンセリング機能の強調は、古くて新しい主張といえる。

未解決の大逆事件

刑事訴訟の目的については変質の動きが近時強まっている。「法の支配」を緩和する動きが目立つ。ここで教訓とされるべきは、大逆事件である。

明治四十三年五月、全国各地で多数の社会主義者、無政府主義者が明治天皇の暗殺を計画したという理由で検挙された大逆事件の刑事裁判は、同年十二月十日から大審院一号法廷で開廷された。人定質問後、今後の裁判は公開しないことが裁判長から告げられた。そして、翌明治四十四年一月十八日には二四人の被告人に対し大逆罪で死刑、二人に対し爆発物取締罰則（明治十七年十二月二十七日太政官布告第三二号）違反で有期懲役刑が言い渡された（判例集未搭載）。判決公判だけは公開された。「審理非公開」「一審限りで終審」というのは大日本帝国憲法及び当時の裁判所法の下では適法な手続であったが、それでも「疾風の如き迅速な裁判」と極刑というのは、やはり異例の措置という感は否めなかった。[19]

東京控訴院検事時代に捜査主任として大逆事件の捜査にあたった小山松吉が、昭和四年頃に司法部内で行った講演を印刷してマル秘で部内だけで配った「日本社会主義運動史」によると、大逆事件の処理について政府部内には、「有史以来の大事件であるから法律を超越して処分しなければならぬ、司法官たる者、この際訴訟手続などに拘泥すべきでない」という意見があったとされる。[20] 天皇制国家に対する反逆者に対しては、「法の支配」（上訴権の保障など）を及ぼす必要はないということであろう。このような論理がその他の刑事事件にも拡大適用されるところに、戦時刑事手続の恐ろしさが見られる。その戦時刑事事件の対象は「普通の人々」の「普段の生活」であった。

横浜事件の場合は曲がりなりにも戦後、再審の扉が開かれたが、大逆事件の場合は再審の扉さえも閉ざされたままである。秋水らの死刑執行から満五〇年を経た昭和三十六年一月、無期懲役に減刑された被告人の一人の坂本清馬《さかもとせいま》は、刑死した森近運平《もりちかうんぺい》の妹栄子と共同で再審請求を東京高裁に提起した。しかし、昭和四十年十二月、東京高裁は再審請求を棄却した。最高裁大法廷も昭和四十二年七月、特別抗告を棄却した。坂本が昭和五十年一月に病死したことにより、大逆事件の被告人だった人はすべていなくなった。生前の名誉回復は叶えられなかった。[21]

「法の支配」からの逸脱がどのような刑事裁判をもたらしたかを、忘れてはならない。その被害は現在も進行中である。裁判所は再審の扉を閉ざすことによって、今も二次被害、三次被害を生じさせている。それだけではなく、検証の道を塞ぎ、再発防止策の策定・実施を怠ることによって新たな冤罪を生み出しているのである。

第十四章　弁護士の独立と弁護権の制限

1　代言人制度

代言人制度の誕生と廃止

現在の弁護士制度の前身にあたる代言人制度は、明治時代に入って日本に近代的な司法制度が導入されたのにともなって設けられたものである。しかし、代言人になるための条件や社会的立場、活動できる範囲などの面で、近代的な弁護士制度とは大きく異なっていた。為政者にとって代言人制度は「司法の西欧化」のためにやむなく導入したもので、その充実、発展などは第二義的なものでしかなかった。政府は代言人に対し何らの支援、育成の努力もしなかった。それどころか、むき出しの権力をふるって代言人に対する統制・監督を強化した。

明治九年の代言人規則（明治九年二月司法省甲第一号布達《ふたつ》）で代言人組合への強制加入制度が定められたのは、代言人に専門職自治を認めることからではなかった。代言人組合を検察官が指揮監督し、この指揮監督を通じて個々の代言人をも指揮監督するという点に強制加入の意義が置かれた。代言人規則は「代言人取締規則」と呼ぶ方がふさわしい内容であった。

代言人の訴訟活動などを理由とする裁判官による懲戒についても、代言人規則第一四条は「訟庭《しょうてい》に於て国法を誹議《ひき》し及び官吏を侵凌《しんりょう》する（＝物理的・精神的に傷つける）者」「訟庭に於て臆察《おくさつ》（＝証拠によらない推察）詐偽の弁を為す者」「相手方を悪言凌罵《りょうば》し其面目名誉を汚す者」「謝金を前収し又は過当の謝金を貪《むさぼ》る者」「他人の賃借取引等の詞訟《ししょう》を買取り自己の利を図る者」「詞訟を教唆する者」「故《ことさ》らに時日を遷延して訴訟本人の妨害を為す者」に対しては、「其軽重を量り裁判官直ちに之を罰するを得、其罰目左の如し　一　譴責　二　停業　一月以上一年以下　三　除名　三年を経し後に非《あらざ》れは　復《ふたたび》代言人たるを許さず」「但其罪重き者は律に依て処断し本条罰目と併せ科する事を妨げず、尤《もっとも》第三条第一項に触るる者（免許を与ふべからざる者―引用者）は更に代言人たるを許さず」というように規定した。

代言人に対する為政者の蔑視感を色濃く反映した内容になっている。反面、代言人の待遇改善についての国の姿勢は消極的である。要望を受けても待遇改善に動こうとしていない。代言人は裁判の「添え物」という扱いであった。若い代言人の生活は、「翌日喰べる米を買う金がない」という有様であった。[1]

刑事弁護

わが国最初の裁判所構成法にあたり、代言人制度も創設した司法職務定制（明治五年八月三日太政官無号達《たつ》）は、民事訴訟に関する代言のみを認め、刑事弁護は認めていなかった。代言人の活躍の舞台は民事訴訟であった。しかし、司法卿に許可願いを出して刑事弁護が許される事件も例外的にはあった。明治十三年の治罪法によって、刑事事件全般について代言人による弁護が認められた。治罪法による刑事弁護活動は同法の施行にあわせて、明治十五年から始まることになった。代言人弁護人の活躍により無罪となるような事案も、ごく稀だが現われることになった。

ただし、この時代の治安政策は軍隊や警察によるむき出しの武力鎮圧に重点が置かれており、治安政策的刑事手続の独自固有の重要性はまだ顕在化していない。治罪法は司法警察を行政警察から一応峻別したうえで、強制捜査権を現行犯の場合を除いて予審判事に集中し、公判手続に弾劾《だんがい》主義（裁判官の役割と検察官の役割が分けられ、刑事裁判の対立構造は検察官対被告人にあるとされる）を大幅に導入したが、不平等条約を解消するための基本的な法制の整備というデコレーションの色彩が強かった。意識上も身分上も捜査官であり糺問《きゅうもん》官の予審判事が主導する治罪法下の刑事手続では、絶対主義的国家権力の意思を刑事裁判の場で貫徹することに妨げとなるような運用は避けられた。

現に治罪法は、後期自由民権運動の抑圧の任務を的確に遂行したとされる。[2] 治罪法が他方で採用した糺《きゅう》問《もん》主義（裁判官の役割と検察官の役割が分けられておらず、刑事裁判の対立構造は裁判官対被告人にあるとされる）の手続構造と相まって、未成熟な在野法曹がこの任務に異議を唱えることは困難であった。

2　弁護士制度の創設

司法制度の確立と刑事弁護

明治二十二年に大日本帝国憲法が発布され、明治二十三年に裁判所構成法（明治二十三年二月十日法律第六号）、民事訴訟法（明治二十三年七月十七日法律第五〇号）、刑事訴訟法（明治二十三年十月七日法律第九六号）などが制定されたことにより、外形的には日本の司法制度は確立することになった。

大日本帝国憲法は裁判を受ける権利も含めて刑事手続に関して「日本臣民は法律に依るに非《あら》ずして逮捕監禁審問処罰を受くることなし」（第二三条）、「日本臣民は法律に定めたる裁判官の裁判を受くるの権を奪はれ及捜索せらるゝことなし」（第二四条）、「日本臣民は法律に定めたる場合を除く外其の許諾なくして住所に侵入せらるゝことなし」（第二五条）と規定した。しかし、いずれも法律の留保が付されており、刑事手続に対する人権保障的な規制作用はほとんど期待できなかった。

明治二十三年の明治（旧々）刑事訴訟法も刑事弁護に関し、「被告人は弁論の為め弁護人を用ゆることを得」「弁護人は裁判所所属の弁護士中より之を選任す可し、但裁判所の允許《いんきょ》を得たるときは弁護士に非ざる者と雖《いえど》も弁護人と為すことを得」（第一七九条）、「弁護人は被告人に代り上訴を為すことを得、但被告人の明言したる意思に反することを得ず」（第二四三条）、「本条の場合に於て被告人弁護人を選任せざるときは第二三七条第二項の規定に従ひ裁判長の職権を以て弁護人を選任す可し」（第二六四条）、「重罪事件に付ては開廷前裁判所長又は受命判事は裁判所書記官の立会に依り一応被告人に訊問し且弁護人の選任したるや否を問ふ可し」「若し弁護人を選任せざりしときは裁判長の職責を以て其裁判所所属の弁護士中より之を選任す可し」「被告人及ひ弁護人に異議なきときは弁護士一名をして被告人数名の弁護を為さしむることを得（後略）」（第二三七条）、などと規定した。治罪法と大きな変化はないが、上訴に関する規定が目につく。刑事弁護は、弁護士の本来的業務の一つとされることになった。

弁護士法の制定

旧々弁護士法の公布は大日本帝国憲法や裁判所構成法の公布に後れたが、この後れは政府と在野法曹との間で弁護士の職務範囲をめぐって見解の対立が見られたことによるものとされる。職務資格について在野法曹側は平等主義を主張したのに対し、政府側は制限主義に固執した。地方裁判所の弁護士として登録五年を経過したものでなければ控訴院の弁護士名簿への登録はできず、さらにその登録後五年を経過しないと大審院の弁護士名簿への登録はできない。登録料は大審院の場合は五〇〇円、控訴院の場合は三〇〇円、地方裁判所の場合は一〇〇円とする。弁護士は登録した裁判所の審級でしか職務を行うことができない。これが制限主義の主な内容であった。政府が議会に提出した弁護士法案にもこの制限主義が盛り込まれていた。

このような二重、三重の制限は「代言人規則」にもなかったもので、弁護士制度の発足にあたって政府がいかに厳しい態度で臨もうとしたかがわかる。在野法曹は一致してこれに強く反対し、議会でも反対の声が上がったことから、政府は法案を撤回せざるを得なかった。地域制限や審級制限、免許料納付のすべてを削除したうえで新たな法案として提出してきたのが旧々弁護士法案で、明治二十六年二月二十四日開催の衆議院本会議で両院協議会による一部修正等のとおり可決され成立した。[3] 明治二十六年三月四日法律第七号として公布された。

同弁護士法は、弁護士の資格を日本臣民にして民法上の能力を有する成年以上の男子に限り、原則として弁護士試験規則（明治二十六年五月十二日司法省令第九号）による試験に合格した者に限った（第二条）。ただし、判検事たる資格を有する者、法学博士、帝国大学法律科卒業生らは例外とされた（第四条）。代言人と同様、弁護士も弁護士会に加入することが義務づけられ（第二四条）、弁護士会は所属地方裁判所検事正の監督下に置かれた（第一九条）。懲戒についても「弁護士にして此の法律又は弁護士会会則に違背したる所為あるときは会長は常議員会又は総会の決議に依り懲戒を求むる為検事正に申告すべし」「検事正は会長の申告に依り又は職権を以て懲戒訴追を検事長に請求すべし」（第三一条）、「弁護士に対する懲戒事件に付ては管轄控訴審に於て懲戒裁判所を開くべし」（第三二条）、「懲戒罰は左の四種とす　第一　譴責　第二　百円以下の過料　第三　一年以下の停職　第四　除名」（第三三条）と規定された。

代言人規則と若干異なっているが、強制加入と検察官による監督との整合性を確保するための変化で、弁護士会自治が認められたわけではもちろんなかった。ちなみに、明治二十六年六月には東京弁護士会第一回通常総会が開催された。

予審制度の廃止、陪審制の採用に力

日清戦争（明治二十七年七月―二十八年三月）、日露戦争（明治三十七年二月―三十八年九月）を経て日本の資本主義は急速に発達した。大日本帝国憲法体制の下で政治的にもブルジョアジーの地位は上昇した。立憲君主制は在野法曹とブルジョアジーを結びつけることになった。在野法曹もブルジョアジーと密着して成長していった。明治三十年には任意団体としての日本弁護士協会を設立し、司法制度の改善、刑事手続における弁護士の当事者化と自由主義的改革に向けて活発な活動を展開し、発言力を強めていった。これには、社会運動、なかでも労働運動が騒擾《そうじょう》的形態を経て組織的形態へと発展し、社会主義運動との結びつきを強めていくなかで、刑事手続も治安的色彩を帯び、治安政策的な性格を強めていったという外的要素も大きかった。

司法制度の改善で日本弁護士協会が力を注いだのは予審制度の廃止である。明治三十年九月に開催された評議員会に提案され、前後四回にわたる評議員会での討議を経て廃止の決議がなされた。決議で興味深いのは、弾劾主義の立場から、廃止の論拠の一つとして「(予審制度は) 一面において検事の職権をもおかしている。つまり予審は証拠を蒐《しゅう》集して公判に移すべき価値があるかどうかを決めているが、これを決めるのは専ら起訴の権限を有する検事の職権に属すべきことである」[4]とされている点である。予審制度の廃止は検察官も望むところで、この点については検察官と在野法曹はいわば呉越同舟の関係にあった。

予審制度に関わって、「予審に弁護人を付するの件」も明治三十一年二月の評議員会で全員一致で可決されている。「いうまでもなく、裁判は起訴する者も起訴される者も、同等の知識、経験に立って攻撃、防禦し、裁判されねばならぬ。ここに弁護士を必要とする原理がある。しかして、この同等でなければならぬということは、単に公判のときだけでなく、自己の無罪を証明する材料を集めるときから必要なのである」[5]と説かれている。起訴前手続における弁護士の当事者化の主張が早くも見られる。

刑事訴訟法の一部改正も主張された。日本弁護士協会は明治三十二年一月、「刑事訴訟法中一部改正法律案」を議会に提出することを決定した。一部改正の主な内容は、「予審に弁護人を付すること」「刑事訴訟法第二〇三条を改正して判決に理由を付すること」「幼者、婦女等に軽罪事件と雖《いえど》も弁護人を付すること」などであった。改正案は明治三十二年の第一三回帝国議会に提出され、一部修正されたものの可決成立を見て、同年四月から施行されることになった。改正された刑事訴訟法第二〇三条は「刑の言渡しを為すには罪となるべき事実及び証拠に依りて之を認めたる理由を明示し且つ法律を適用しその理由を付す可し」と規定した。もっとも、この規定は実際の判決では守られず、弁護士を嘆かせるような状況であった。[6]

ちなみに、戦時刑事特別法はその第二六条で「有罪の言渡を為すに当り証拠に依りて罪と為るべき事実を認めたる理由を説明し法令の適用を示すには証拠の標目及法令を掲ぐるを以て足る」と規定し、改正刑訴法第二〇三条を事実上の骨抜きにしてしまった。この戦時刑事特別手続は現行刑事訴訟法でも継承されている。

在野法曹はこのように糾問主義を批判する他方で、当事者主義の一方当事者である検察官に対しても改正の主張を向けている。「検事の裁判への干渉を排除せよ」というのがその主張であった。裁判所構成法によれば判事と検事は各々独立の地位を保つとされているにもかかわらず、現実には控訴院以下の刑事裁判ではほとんどの事件について法廷に出る前に判事と検事が事件の協議を行い、判事が評議をする席に検事も入って意見を述べるということが日常茶飯事化していた。これは裁判権の独立を侵しており、裁判（所）の威厳を損なうのみならず、検事の職務怠慢を招くというのがその理由とされた。この提案は明治三十年十月の評議員会に提出されて以来、六回にわたり評議員会で議論された。[7]

陪審制の採用の主張も在野法曹から発せられたものであった。明治三十三年四月、日本弁護士協会の評議員会に「陪審制度を設くる件」という議題が提出された。これが日本における陪審制度設置運動の端緒となった。もっとも、陪審制度の導入は在野法曹の中でも意見が分かれるところで、同年四月に開催された日本弁護士協会の臨時総会では「陪審制度を設くる件」が可決されたものの、賛成と反対の差はわずかであった。

注目されるのは明治三十七年度と大正二年度の二度にわたって東京弁護士会長を務めた江木衷《えぎまこと》の導入論で、「陪審員は人民が自ら選任したもので、其認定は己《おのれ》を以て裁判することになるから危険思想の安全弁となり制度の上で天皇制神聖の大義を実現することになるし、同時に、司法に対する国民の案余は、私権の保護に役立つと共に、国民の友愛同情の観念を養うことになる」[8]というものであった。家父長的天皇制官僚の発想は在野法曹の中にも浸透していた。官僚にはできない「市民と家父長的天皇制を結びつける」役割を在野法曹が果たしたといってもよかった。明治四十二年、日本弁護士協会総会は陪審制度の樹立を決議し、翌明治四十三年に協会役員から陪審制度設立の建議書が第二六回帝国議会に提出され、衆議院で可決されるにいたった。[9]その後、紆余曲折して陪審法が制定され、大正十二年四月十八日法律第五〇号として公布された。

弁護士自治の要求

在野法曹にとってこれらの主張にも増して重要であったのは弁護士自治の要求であった。明治三十三年四月の臨時総会で「弁護士会を自治体となす」の件を可決した日本弁護士協会は、明治三十六年七月の臨時総会で弁護士会を自治体とする弁護士法改正案を議題にし、「弁護士会は其会則を定め司法大臣に提出すべし」「弁護士の監督及び懲戒処分は各弁護士会に於て行ふ」旨の決議を行った。決議の背景には、公判廷にお ける弁護士の言論の抑圧という問題も伏在していた。

日本における司法制度の確立の支柱となった裁判所構成法は弁護士制度について、代言人制度時代の考え方を踏襲していた。その第一一一条は「裁判長は不当の言語を用いる弁護人に対し同事件に付引続き陳述するの権を行ふことを禁ずることを得、其の禁止は此の行状に付懲戒上の訴追を為すことを妨げず」と規定していた。この規定を援用して、公判廷における弁護人の言論を抑圧し、これに従わない弁護人を一方的に懲戒処分に付すという事例がたびたび発生した。

明治三十一年二月に発生した秋田地方裁判所官吏侮辱事件もその一つであった。近来、警察官吏の挙動は乱暴極まる。現に当法廷の立会巡査は荒々しく被告人の身体に手をかけて自在にその姿勢を矯《ただ》した。しかるに裁判官は、このような乱暴な振舞に何の注意も与えない。これは立憲法下の人民に対する心身の自由を害し、訴訟法を無視するもので実に野蛮の法廷である。恐らくは国中いずれの裁判所を問わず、このようなことがあろうはずはない。ただ当裁判所だけであると思う。秋田地方裁判所大曲《おおまがり》支部の公判廷で弁護人が賭博事件の証人尋問の請求理由を述べるにあたってこのように述べたところ、この言辞が刑法第一四一条の官吏侮辱罪にあたるとされ、弁護人は重禁錮二月、罰金一〇円に処せられた。当時の司法官僚の威丈高な姿を如実に示すものであった。

官吏侮辱事件は検察官との関係でも発生し、弁護人の公判廷における言論は狭隘な範囲に閉じ込められた。職務を遂行するうえで大きな障碍《しょうがい》となったことは否めない事実であった。弁護人の慨嘆は大きかった。

日本弁護士協会は明治三十一年十二月に開催された評議員会において「弁護士に対する法廷内に於ける自由を保障するの件」という議題を全員一致で可決するとともに、この法案を速やかに議会に提出して立法化を図ることに努力することを宣言した。[10]

弁護士会自治の要求はこれらの動きを踏まえたものであった。法曹一元制度の主張もこれと密接に関係していた。明治三十七年五月の日本弁護士協会の評議員会に「司法官任用に関する制度改正の件」と題する議題が提出されて以来、法曹一元制度の問題は在野法曹による司法制度改革運動の中心課題に据えられることになった。明治四十年の日本弁護士協会総会では「司法官は総《すべ》て弁護士中より採用すること」という議案が可決された。

昭和九年七月、小原直《おはらなおし》司法大臣は就任直後に開催された全国控訴院長・検事長合同会同において、「司法制度改善」に向けて司法制度調査会を設置する方向を明らかにし、同年十月、その準備作業として「司法制度改善に関する諸問題」と題する文書を作成し、裁判所、検事局、弁護士会、大学、産業団体などの諸団体に照会し、その意見を求めた。諮問事項は裁判制度、民刑事手続、職員の任用・教養施設、弁護士制度、行刑、司法保護等、司法制度全般にわたり、全部で二八項目あった。東京弁護士会はこの諮問に答えて、司法省の廃止、検事局の裁判所からの分離に加えて、司法官は総て弁護士業務に従事した経験者から採用するように制度を改正することを主張した。[11]

ただし、戦時下にあって、それも戦争がますます泥沼化しているなかで、このような立法提案を為政者が受け入れることはおよそ考えられなかった。為政者にとって司法制度改善のねらいは、国防国家体制に即応した司法制度の構築にあったからである。[12]

人権擁護活動

日本弁護士協会が「司法制度の改善」と並んで柱の一つとしたのが「人権擁護活動」であった。当時の日本は官民尊卑の風潮が激しく、官憲の横暴は目に余るものがあった。人権侵害の発生も日常茶飯事であった。

これらの人権蹂躙は治安政策的刑事手続政策によって引き起こされたというよりも、それ以前のものというべきであった。それゆえ、人権擁護活動で名をはせた弁護士がその後、治安政策的刑事手続政策の推進者に転じていくことも少なくなかった。弁護士会が問題にしたのは合法性を逸脱した文字どおりの「無法」であった。大日本帝国憲法の発布によって法治主義が採用されたが、これを遵守しない官憲は少なくなかった。

山梨県谷村《やむら》未決監獄人権侵害問題も、日本弁護士協会が人権擁護活動として取り組んだことの一つであった。日本弁護士協会は明治三十三年十月、評議員会を開き、委員六人を選んで調査を付託した。調査員として現地の実態を調査した小川平吉は調査の結果を報告書にまとめた。

報告書では代用監獄の惨状が「谷村町の警察署の檻房は実に暗くて、入ってしばらく眼をすえて見ないと中に人間が幾人いるのかわからないという有様である。広さは殆どが三畳だが、夜具を積み、便器を置くところを除くと二畳半となり、そこに平均三人位、多いときには四、五人も詰め込む。畳は殆ど腐りかかっていて通常の人はとても入れる状態ではない。（略）空気の流通もないとみえて房のそばに寄ると異様な匂いがする。暑くてたまらない。囚人はいつでも四〇人以上はいるのに官給の衣服は一枚もない。嘱託医もいないし、健康診断をすることももちろんない。病気にかかってもなかなか医者を呼んでくれない。（略）いつも一〇人位の病人がいるという。診察を受けて七日目に死んだり、病気のため保釈を許されて外に出た途端死んだり、自宅に帰って三日目に死んだりという例は少なくない。そして死んだ人間の病状は殆ど同じで、水ぶくれのように身体がはれて内臓が悪く心臓が弱り、終には心臓麻痺で死ぬのだという」[13]などと記された。

この調査が契機となって代用監獄の惨状は社会の知るところとなったため、司法大臣は谷村支部の予審を廃止してこれを甲府に移す旨の訓令を下すとともに、同地の惨状改善に着手したという[14]。

警察署における人権蹂躙問題も、弁護士会の人権擁護活動においてしばしば取り上げられた。明治三十五年十二月に発生した東京本郷警察署拷問事件も、日本弁護士協会が取り上げた事件であった。東京地方裁判所に係属した堕胎事件の被告人が公判廷で「自分は堕胎について全く覚えがないのでそのように申しましたところ、警察官はこっちへ来いと自分を別室に連れてゆき、そこで自分を裸にして腰巻を解き、棒をもって陰部を突かれたので、自分は恥ずかしさと苦しさに堪へ兼ねて、警察官の言われる通り申し立てたのでございます」と陳述したことで明らかになった事件である。[15] 被告人は無罪となったが、日本弁護士協会はこれを天下に公表して当局の弊害を矯正すべく、調査委員を選んで詳しい事実調査に当たらしたという。[16]

著名事件の弁護活動

明治の後期に起きた著名な刑事事件も時代を映すものであった。明治二十八年の不正鉄管事件や同三十三年の東京市参事会収賄事件（あわせて「東京市疑獄事件」と呼ばれる）も、あるいは明治四十二年の日本製糖疑獄事件も、日本の産業資本の確立に伴って政治と経済との癒着、権力と資本との野合が進むなかで起きた事件であった。明治三十八年の日比谷焼打事件も日清・日露の両戦争の勝利で昂揚した日本国民のナショナリズムがきっかけとなった事件であった。明治三十三年二月の足尾鉱毒兇徒聚衆《きょうとしゅうしゅう》事件も、明治四十一年の赤旗事件や明治四十三年の大逆事件も、騒擾的形態を経て漸次組織的形態に発展し、社会主義運動との結びつきを強めていきつつあった農民運動や組合運動、あるいは社会主義運動に対する為政者の露骨な弾圧政策によって引き起こされた事件であった。

これらの事件では各地の弁護士会から多数の弁護士が弁護団に加わり、精力的に弁護活動を展開した。しかし、官僚意識の強い裁判官が糺問主義的な刑事手続の下で検察官と緊密な連携しながら行う訴訟指揮の前では、弁護人が裁判官の有罪心証を覆すことは至難の技であった。検察官には有罪とするための有力な武器

被害者・弁護士・新聞記者など、足尾鉱毒事件の弁護に参集した人々。
前列右から３人目が田中正造

もあった。法では認められていなかったが、実際は強制的な被疑者取調べ、勾留、捜索、差押などを本人の承諾を口実に行うという捜査実務もその一つで、検察官が作成した聴取書に証拠能力を付与するという明治三十六年頃に確立した判例もその一つであった。

3 大正デモクラシーと弁護士会

充実せる弁護士会

前掲『東京弁護士会百年史』は、大正の初期から第一東京弁護士会が分立し独立するにいたった大正十二年頃までのほぼ十一年間を「充実せる弁護士会」と標記している。それでは、この大正期の弁護士会を軸とする司法の動きとはどのようなものだったのであろうか。

この期で特筆されるのは刑事訴訟法が全面改正され、大正刑事訴訟法として公布されたことである。大正十一年二月七日に開催の第四五回帝国議会衆議院本会議における山内確三郎司法次官の提案理由説明は「現行刑事訴訟法を修正したと云ふよりは、寧《むしろ》新たなる立法と考へて差支ないのであります」「要しまするに此刑事訴訟法案の改正の点は此外沢山ありまするが、結局被告人其他関係人の権利利益の擁護、我国の固有の醇風美俗《じゅんぷうびぞく》の保持、其他現行刑事訴訟法の時勢に適応せざる点を改正すると云ふ点、此点が案の大体の綱領である」などというものであった。[17]

それでは、特別委員会で説明するとされた法案の詳細とはどのようなものだったのであろうか。大正十一年二月十日に開催の衆議院刑事訴訟法案委員会における山内司法次官の説明のうち、弁護人に関しては「次に予審中に於ても弁護人の選任を許し、而《しこう》して弁護人は予審の手続に付て、一定の範囲に於て其の裁判に参与することが出来ることにしました、（略）弁護人に至っては、皆裁判長に請求して裁判長から問を発するやうな仕組になって居ったのを、裁判長の許可を得て、弁護人は直接に被告人なり証人等を訊問するの権利を有することになった、（略）それから特別の場合を除いては被告人の出廷すると云ふことが、必ず公判廷開廷の要件となる、言換れば現行法で欠席裁判と云ふ制度があります、此制度は是《これ》は全廃と云ふことになるのであります」というものであった。[18]

大正刑事訴訟法案が一方では検察官側の要求に沿うとともに、他方で弁護士会側の要望も受け入れるという形式の改正になっていることがわかる。在野法曹の地位が高くなり、為政者といえども無視できない存在に成長したということであろう。問題は本当に両者を平等に遇したかである。

「大正刑事訴訟法は正に治安政策的刑事手続政策の所産に外ならないということができよう。もちろん、大正刑事訴訟法中には訓示規定を始めとする人権保護的諸規定が散在した。しかしこれらは、実効性の乏しい無内容な規定であった。それだけではない。これらの諸規定は、実は、治安政策的刑事手続政策が刑事手続の『当事者主義化』の論理のもとに遂行され実現された結果として結像したところの、いわば虚像ともいうべき投映像にすぎなかったとも考えられるのである。もっとも、このような論理と投映像なしには右政策を立法化しえなかったのは、明治三〇年代より営々として試みられた刑事手続の自由主義的改革の動き、より巨視的にいえば大正デモクラシーによるものであるといえよう。しかしながら、重要なのは、治安政策的刑事手続政策に対抗して展開されてきた右の如き刑事手続改革の動きが、すでにみたような対抗性ないし改革性を喪《うしな》っていた点なのである」

「それでは、その対抗性ないし改革性の喪失をもたらした原因は何であろうか。私は、一応次のように考えることができるように思う。それまで刑事手続の自由主義的改革の動きを担ってきたブルジョアジーおよび在野法曹中の代弁者層は大正刑事訴訟法制定当時にはすでに天皇制や地主と並んで国家権力の重要な構成部分となっていた。そして、世界的にはロシア革命（一九一七年九月）を契機とする資本主義の全般的危機の開始、国内的には米騒動（大正七年）以来爆発的な昂揚をみせた労働運動と農民運動、さらには本格的な復活をみせた社会主義運動に直面した国家権力側は、本格的な治安立法の方向を模索し、固めつつあった。（略）このような情勢下にあって、ブルジョアジーは、自己の人権を大正刑事訴訟法中の訓示規定的な人権保障規定および司法行政上の諸措置、さらには陪審法に託しつつ、大正刑事訴訟法を治安維持法時代にふさわしい刑事手続法として設定したと考えられる」[19]と、小田中聰樹は分析しており、興味深い。

在野法曹の内部矛盾

この期においては在野法曹でも階層分化が進んでいった。これには弁護士の数が激増したという内部的な要因も与った。例えば、これを大阪でみると、大正元年には一三一人であったのが、大正八年には二五九人、大正十三年には五八四人となっている。弁護士の激増は弁護士の困窮化をもたらし、階層分化を促すことに

小川平吉（前列左）は日比谷焼打ち事件（明治38年）の被告人でもあった。仲間との記念写真

なった。

民事事件では労働者・小作農民の側に立つ弁護士と資本家・地主の側に立つ弁護士とに分かれていったが、個々の刑事事件の刑事弁護では両者が共同してことに当たるという面がまだまだ強かった。しかし、治安政策的刑事手続政策への対応においては分化がみられ始めた。一方に国家権力の重要な構成部分となって治安政策的刑事手続政策の推進者ないし擁護者になっていく多数の人々。これに対して、この治安政策的刑事手続による人権蹂躙やむき出しの人権蹂躙の餌食とされる労働者・農民、さらには社会主義者、そしてついには自由主義者・民主主義者・反戦運動家等の人権擁護のために命がけで尽力し、ときには自らが治安政策的刑事手続政策の標的にされる少数の人々がいた。

例えば、小川平吉は弁護士会の人権擁護活動などで名をはせたが、政界に進んだ小川はその後司法大臣を務め、治安維持法の制定に尽力した。原嘉道《よしみち》も田中義一内閣の司法大臣として入閣し、三・一五事件の検挙を実施したほか、昭和三年に思想検事を設置し、治安維持法を改正して国体変革に対する最高刑を死刑とする修正条項を追加した。昭和期に入ると、この分化はますます顕著となっていった。在野法曹においても内部矛盾は増大していった。

この期においても、著名事件を含めてさまざまな刑事事件について弁護士の刑事弁護活動が展開された。しかし、検察官司法が進むなか、刑事弁護はますます難しいものとなっていった。

弁護士会の分裂

この期も弁護士会によって司法制度の改善案が討議され、決議されている。例えば、日本弁護士協会が大正九年十二月の通常総会において満場一致で可決した「司法改革案」もその一つであった。ただし、その内容をみると、「予審及び公判に係属中の事案に付被告人又は証人に対する検事の取調べを厳禁すること」「検事席は弁護士席と対等の位置に定むること」などといったもので、前期に比べて後退している印象は否めない。司法制度の改善案にも内部矛盾の影響が見られ出したということであろうか。

弁護士会の分裂も弁護士会の影響力を弱めていった。大正十三年五月に第一東京弁護士会が東京弁護士会から分れて設立され、東京弁護士会における会長選などをめぐる長年にわたる内部対立は東京弁護士会と第一東京弁護士会との外部対立へと進み、深刻さを増していった。大正十五年三月には東京第二弁護士会が設立された結果、東京の弁護士会は三つに分かれた。任意の全国的な弁護士組織も大正十四年五月に帝国弁護士会が設立され、日本弁護士協会との間で摩擦が生じることになった。

このようななかにあって、弁護士法の改正は在野法曹が結束できるテーマの一つであった。明治二十六年に公布された弁護士法は以後、若干の改正が行われたが、大綱はそのまま維持されて二十年が経過したからである。弁護士の地位向上と弁護士会の独立性の確保などのための弁護士法の改正は、弁護士会にとって悲願ともいうべきものであった。何度となく改正法律案を議決し、同改正案を議会に提出した。明治四十五年、東京弁護士会は改正法律案を決議し、第二八回帝国議会に提案したが審議未了で廃案。大正二年、再度、修正した法律改正案を第三〇回帝国議会に提出したが審議未了で廃案。大正十年三月、鵜沢総明《うざわふさあき》他九人の法曹議員から弁護士法改正法律案が第四四回帝国議会に提出されたが審議未了で廃案。大正十一年三月、鵜沢総明ら六人から弁護士法改正法律案が第四五回帝国議会に提出されたが審議未了で廃案という経過を辿った。

度重なる法案の提出に司法省の方でも無視できなくなり、司法省は大正十一年五月、司法大臣の名をもって全国の弁護士会に対し弁護士法改正に関する諮問を行った。弁護士法の改正問題は社会の注目を集めるところとなり、新聞雑誌上に法改正に関する意見が登場した。法改正が実現するのは大正十二年のことであった。同改正弁護士法（大正十二年四月十七日法律第五一号）では第一八条に「所属弁護士の数寡少《かしょう》にして弁護士会を組織するに適せざるときは司法大臣の許可を受け他の地方裁判所所属弁護士会と合同して弁護士会を設置することを得」という但書が追加された。

試験制度

弁護士法の改正に向けた努力は一部実を結び、弁護士の試験制度が改正されることになった。明治二十六年の弁護士法以来、弁護士となるためには例外が認められていたが弁護士試験に合格しなければならなかった（第二条）。他方、判検事になるには判検事登用試験規則による試験（一回試験）に合格して司法官試補に採用された後、一年六か月以上実務修習を行ったうえで二回試験に合格することが必要であった（裁判所構成法第五七条以下）。帝国大学法律科卒業生には一回試験が免除されていたが、大正三年の改正裁判所構成法

（大正三年四月十四日法律第三九号）により「試補は正規の試験に合格したる者中より司法大臣之を命ず」（第五八条）と規定された結果、この特権が廃止されることになった。

しかし、同改正の何よりの意義はこれに伴って弁護士法も改正されて、その第二条で弁護士になる要件として「裁判所構成法第五八条の試験に合格したること」が規定され、弁護士試験規則が廃止されたことである。「判事検事たる資格を有する者」「法律学を修めたる法学博士」はその例外とされたが、ここにようやく判検事の試験と弁護士の試験が一本化されることになった。

その後、大正七年に高等試験令（大正七年一月十八日勅令第七号）が制定され、文官試験規則（明治二十六年十月三十一日勅令第一九七号）及び外交官及領事官試験規則（明治二十六年十一月二十四日勅令第二一三号）と共に判事検事登用試験規則（明治二十四年五月十五日司法省令第三号）も廃止されることになった。それまで別体系だった外交官・司法官の採用試験も高等文官試験に一本化され、論文・外国語の予備試験と行政科・司法科・外交科の各科ごとの本試験を行うことになった。予備試験に合格した者（ただし、大学予科を卒業した者などは予備試験を免除）でなければ本試験を受けることができないとされ（第四条）、予備試験を受けるには一定の資格を有していなければならないとされた（第七条）。そのために判検事登用試験や弁護士試験を受けることができた者でも、高等試験令による予備試験の受験資格を有しない者が出ることになった。それが多数に及んだので救済を図る必要が生じたことから、大正十二年に「高等試験の受験資格に関する件」（大正十二年四月三十日勅令第一九七号）が制定され、従前に判検事登用試験に一回でも出願した者は高等試験の予備試験を免除し、直ちに本試験を受験することが認められた。

しかし、これでは弁護士試験の受験を出願した者は救済されないことから、併せて「司法官試補及弁護士の資格に関する件」（大正十二年四月三十日法律第五二号）も制定された。その内容は予備試験の免除ではなく、弁護士試験の受験を出願したことのある者は、高等試験令による試験を受けないでも、大正十二年法律第五二号に定める試験に合格すれば弁護士になることができるというものであった。この特典の期間は当初昭和三年四月三日までとされていたが、数回延長された。高等試験との二本立てが再び生じることになった。

弁護士の困窮

大正の終りから昭和の初期にかけて日本を襲った経済的不況は、弁護士階層の経済的基盤に大きな影響をもたらした。しかも、この不況に反比例して、この時期に弁護士階層は急増した。大正十二年法律第五二号による試験の実施にあたって、当局はその試験基準を甘く運用し多くの者を合格させたからである。このようにかなり人為的な原因による弁護士数の急増、すなわち、弁護士資格の実質的引き下げによる増員と経済的不況の時期が合致したため、弁護士の生活は非常に低下することになった。それに伴って弁護士の非行が増加し、社会の非難を浴びるような事件が起った。

この問題を最初に克明に論じたのが、日本弁護士協会録事『法曹公論』に連載された田坂貞雄の「社会問題としての弁護士の生活及其対策」[20]と題する論稿であった。この論稿のなかで田坂は、「然るに吾同僚の如く其日の生活に追い回さるゝ境遇に於て、よし其志はあっても何うして此の種の教養修行の余地や、機会が見出されるであらうか。試験合格の儘《まま》で直に社会に立ち、一人前の法曹として、自己を切開かねばならぬ程世知辛い現状に於て、人格、学識の完成に傾倒するには、吾等は余りに逆境に置かれ過ぎて居る。自ら内に顧みて世間の信頼を博し、事を委《まか》されるに些《いささか》の弱点を見出さぬ者が果たして幾人あるであらう」[21]などと訴えた。

この論稿に触発されて日本弁護士協会では、全国の弁護士に生活調査のアンケートを送り、実態調査を行った。これによると、全体の約六割が弁護士収入によって生活を賄えなくなっていることが判明した。このような経済的基盤では、弁護士に高度の使命感と職業倫理の昂揚を求めることは困難であった。そして、それは弁護士業が職業としては崩壊したことを意味した。経済的不況は弁護士に有利であるという言はまったく根拠のない俗説であることが明らかとなった。

このように弁護士階層は、昭和十二年の日中戦争勃発以前において、すでにその経済的基盤を失いつつあった。その職業的焦りと失望は多くの弁護士を覆っていた。島田武夫は、帝国弁護士会誌『正義』昭和八年五月号一三三頁以下に掲載された「昔の弁護士と今の弁護士――薄れ行く弁護士の影を眺めつゝ」と題された論稿において、このような絶望的な状況を嘆いた。しかし、このような感慨にふける余裕もなく、弁護士階層は一層の苦難に追いやられた。戦時体制に入り、統制経済が一層、強化されたからである。そのような時代においては、弁護士はわずかの例外を除いて、その職業的意義を失い、もはや「正義」とは評価されなくなった。判検事との試験の一本化に成功した弁護士を待っていたのは、このような苛酷な現実であった。

京都豚箱事件

この期においても、刑事手続上の人権蹂躪事件が発生している。検事・判事が被告人を訊問するにあたり身体衰弱の被告人に対し長時間の訊問をするなどの不法行為をしたとして、検事らが告発された宇都宮事件（大正二年）、被疑者が勾引・勾留されてからの約半年間、半ば接見禁止的な状態に置かれ、病弱の身にもかかわらず保釈が認められなかったことで問題となった水戸事件（大正二年）、検事が証人を令状なしに三日間検事局に留置し、その間深夜に及ぶ連続の取調べをしたとして問題となった名古屋事件（大正三年）、自白強要のために手の甲を煙管で四〇回、五〇回も叩くなどの拷問が加えられたことが問題になった鈴ケ森事件（大正五年）、取調べが異常に苛酷だったとして問題になった京都豚箱事件（大正七年）、などが一例である。[22]その外にも、多くの事例の紹介がなされている。[23]

いずれもひどい拷問によって虚偽の自白を行い、冤罪、誤判に発展したものである。なかでも、汚職事件の京都豚箱事件は鈴ケ森事件と並んで前例のない大事件であり、人権蹂躪問題はこの事件で頂点に達することになった。被告人が当時の京都府知事・木内重四郎《じゅうしろう》ほか府会議員一一人、福井県内務部長ら、地方の名士であっただけに、取調べの苛酷さ、自白強要、拷問などが大きな社会問題になった。人権蹂躪として浮彫りになったのは、①深夜逮捕、②徹夜訊問、③自白勧告書の利用、④威嚇訊問、などの事実であった。大正九年一月、京都地方裁判所は木内らに無罪の判決を言い渡した。

日本弁護士協会は、江木衷を委員長とする特別委員会を設置し、徹底した調査及び取調べにあたった。調査結果は報告書『日本弁護士協会京都府会瀆《とく》職事件に関する人権問題特別調査委員会報告書・同聴取書』にまとめられ、『法律新聞』一六五四号（大正九年二月十五日）、同一六五五号（大正九年二月十八日）に掲載された。報告書のうち、自白勧告書の利用についての部分は、「検事は予審判事より接見禁止の処分を受けたる被告数人を檀（＝かって）に会合せしめて犯罪事実に関する打合せを為さしめ、又は自白勧告を為さしめ、或は予審判事より文書の授受を禁ぜられたる被告に命じて外間に在る者に宛てたる書面を作らしめ検事自ら取次ぎ、或は全く文書の授受を禁ぜられたる被告に命じて他の被告に宛てたる自白勧告書を作らしめ之を名宛人に示して自白強要の材料に供したり」というものであった。

報告書は大正九年一月に日本弁護士協会宛てに提出された。これを受けた同協会は同九月に開催の評議員会において、「評議員会は特別委員会の決定を是認し司法当局に対し相当の処分を請求す可きものと認む」との決議を行った。そして、協会は大正九年二月に司法大臣宛てに、「京都汚職事件に関する人権蹂躪問題特別調査委員の報告に基き本協会評議員会に於て別紙の通り決議相成候に付当該係員に対し相当の処分相成度特別調査委員の報告書相添へ此段要求候《そうろう》也」との要求書を提出した。事件は帝国議会貴族院、衆議院においても取り上げられ、ついに政府は責任追及に動かざるを得なくなった。大阪控訴院の小林芳郎検事長は辞職、京都地方裁判所の古森幹枝《かんし》検事正は新潟地方裁判所の検事正に左遷、捜査に当たった一松貞吉検事ら四人は譴責処分に付された。[24]

この京都豚箱事件は数多くの人権蹂躪事件のなかでも社会に与えた影響は大きく、陪審制度導入への起爆剤となった。在野法曹の間でも人権蹂躪をなくすための具体的方策とともに、陪審法の導入がより真剣に論議されるようになった。政府としても冤罪の続発でこれを無視することができず、何らかの法的対応を迫られることになった。

陪審制度

陪審制度も、弁護士会が一致して取り組めるテーマであった。その努力が実を結んで、大正十二年に陪審法が制定されることになり、大正十二年四月十八日法律第五〇号として公布された。施行日は昭和三年十月一日とされた。ただし、同法は枢密院で大修正が施されており、在野法曹が当初考えていた内容からはほど遠いものになっていた。陪審裁判に該当する事件は刑事事件に限定され、死刑又は無期の懲役若くは禁錮にあたる事件については法律上陪審裁判とされ（法定陪審事件）、長期三年を超える有期懲役又は禁錮にあたる事件については被告人が請求する場合のみ陪審裁判とされた（請求陪審事件）。被告人は陪審を辞退することもできた。

問題は陪審の答申の拘束力で、裁判所は陪審員の答申に拘束されないこととされた。裁判所は陪審員が出した答申を認めず、新しい陪審に付することができるという「陪審の更新」も認められた。陪審の答申を採用して言い渡した判決に対して控訴は許されないが、適法に陪審を構成しなかった場合など特別の理由がある場合には大審院へ上告することができた。

陪審裁判は実施の翌年の昭和四年には増加の傾向を示したものの、昭和五年からは低下していき、昭和六年には早くも廃止論があらわれるような状態になった。制度発足から十年も経たないうちに、陪審裁判はほとんど利用されなくなった。その理由については種々の見解がみられるが、次のような理由が一般に挙げられている。

一つは、裁判官、検事、弁護士の法曹三者が各事情により、陪審裁判に対して消極的態度をとったことである。検事は準備や手続きが煩雑になることから陪審裁判を歓迎しなかった。それもあって、裁判官が陪審請求を取り下げるか、法定陪審でもそれを辞退するよう勧告することがさかんに行われた。弁護士もこのような雰囲気を察して、被告人に陪審裁判を辞退するように忠告することがあった。もう一つは被告人側の事情で、裁判にかかる費用は有罪の場合被告人が負担しなければならなかった。そのために請求陪審の場合、陪審裁判を辞退する被告人が多かった。もう一つは戦火拡大という外的な事情である。戦時下では労力や費用がかかる陪審裁判が敬遠された。

これらの理由のなかでは、検察官が消極的であったことが大きかったように思われる。陪審裁判は昭和十八年四月、「陪審法の停止に関する法律」（昭和十八年四月一日法律第八八号）によって停止されることになった。廃止ではなく停止とされた。附則でも「今次の戦争終了後再施行するものとし」（第三項）と規定された。しかし、戦後になっても「再施行」されることはなかった。為政者は法律上の義務を無視し、陪審制度を復活させるかどうかは立法政策の問題だとした。

治安取締法令の傍観者となった日本弁護士協会

治安維持法の先駆になったのは、大正十一年の過激社会運動取締法案であった。法曹も含めて各界から反対の声が上がった。日本弁護士協会もこれに反対し、同年三月に開催の臨時評議員会において、「本協会は政府より第四五議会に提出せられたる過激社会運動取締法案は憲法の保障せる言論自由の精神に背反し文化の進運を阻碍するものと認む仍《よ》って之に反対をなす」という決議をあげた。法案は同年三月二十四日の貴族院本会議で修正可決されたものの、衆議院に付議されずに廃案となった。

大正十二年に公布された「治安維持の為にする罰則に関する件（治安維持令）」（大正十二年九月七日勅令第四〇三号）に対しても、日本弁護士協会は廃止運動を展開した。帝国議会での承認が必要なことから議会に承認の件が係属していた。日本弁護士協会は大正十二年十二月に緊急理事会を開き、決議文を作成し、これに簡単な理由を付けて、当局および開会中の帝国議会に建議し、承認しないように求める運動を展開することを決めた。その場で、「大正十二年勅令第四〇三号治安維持令は其発布当時に於ては或は必要ありしとするも大体に於ては秩序恢復《かいふく》したる今日に於ては其必要なきのみならず却《かえっ》て危険此上なき悪法なるを以て帝国議会は之に承諾を与ふることなく直ちに廃止すべきものと認む」という決議文が作成された。ただし、同勅令は帝国議会の承認するところとなった。

これらの治安取締法の中でも本命に位置したのは、大正十四年二月に第五〇回帝国議会に提出された治安維持法案であった。『日本弁護士協会録事』大正十四年三月号の巻頭言「治安維持法に就いて」は、「政体の部分的変更や私有財産制度の学問的研究についても処罰できるのだとはまさか内務大臣もいえまい。だが法を運用するのは独立官たる裁判官である。政府委員が議会で述べたことは参考にしかならない。先があやぶまれる」などとして危惧の念を示した。

日本弁護士協会も大正十四年五月の評議員会において、「政府の緊急勅令に依る治安維持法改正の企図は憲法の精神を無視するものと認め本協会は之に反対す」と決議するとともに、八〇人の会員からなる反対実行委員会を組織し、枢密院議長らに対し陳情活動などを展開した。しかし、東京弁護士会では治安維持法案について討議した形跡は見当たらないとされる。[25] 大阪弁護士会有志団による「治安維持法案反対」の声明が「日本弁護士協会録事」大正十四年二月号に掲載されたが、強制加入を義務付けられて検察官による厳重な指揮監督の下に置かれた地域弁護士会の対応としては、このような対応が精一杯のところであったといえようか。

日本弁護士協会の対応も、その後は大きく変わることになる。日本弁護士協会が昭和九年二月に開催の臨時総会で行った治安維持法改正についての決議は、「本法（改正治安維持法案―引用者）は国体の変革及共産党に関する事件のみを目的とするものなるが故に之が適用の範囲を厳にして一般の人権擁護につき充分なる注意を要す」「本法は所謂非常時立法なるが故に之を以て将来立法の例となさざること」というものであった。治安維持法は自分たちには関係がないもので、立法自体はやむを得ないが、火の粉が自分たちにかからないように注意して運用して欲しい。このような傍観者の立場に変わっている。傍観者というのは詳述するまでもなく加害者であった。しかし、日本弁護士協会はまだましだったといえようか。東京弁護士会などは昭和九年二月の臨時総会で、治安維持法改正案に賛成の決議をするに至っているからである。[26]

米騒動

第一次世界大戦後の日本は好景気にわいた。戦争成金が出た他方で、物価がうなぎのぼりで上昇したために庶民の生活は一層苦しくなった。政府がシベリア出兵などのために米を大量に買い入れたことに加え、米商人が買占め、売惜しみをしたことなどもあって、米の値段は第一次世界大戦前と比べると四倍にもなった。大正七年七月末、富山県魚津の主婦たちはたまりかねて米屋に押しかけ、安売りを要求した。この安売り要求と米の県外移出反対の運動はたちまち全国に広がり、各地で群衆が米商人や戦争成金を襲い、これを阻止する警察官と衝突するという事態が発生した。暴動は二か月も続き、政府は軍隊も出動させ鎮圧に努めた。全国で八一八五人が逮捕され、うち七七〇八人が起訴された。

日本弁護士協会はこの米騒動事件について調査をすることを決定し、大正七年八月に開催された評議員会で特別調査委員の分担と担当者を定め、「今回の騒擾は政府の食料問題に関する施策徹底を欠き民心の帰嚮《ききょう》を詳《つまびら》かにせざるに因る、吾人は速やかに国民生活の安定を図るべき根本政策を確立するの要ありと認む、騒擾に関する司法権行使は其の措置を誤らざらんことを警告す」という決議を行った。この決議を実行すべく、弁護士は米騒動事件の刑事弁護に全力を注いだ。布施辰治《たつじ》もその一人であった。

小作争議

大正十年を画期とし、統一ある組織運動、計画性ある活動となり、思想的背景をもつようになった農民運動は大正十一年四月、日本農民組合を結成するまでに育った。小作争議の戦術は質的な転換を遂げ、争議に参加する農民の側は、あらゆる大衆動員の形態をもって闘いを組み立てていった。地主側の暴力的な雇員や警察官との間で力ずくの衝突に至ることもあった。日本農民組合は創立以来、専属的な顧問弁護士を置き、組合の関わる訴訟に当たらせることにした。この顧問弁護士が罪に問われ、検挙されるという事件が発生した。大正十三年に香川県香川郡で起きた伏石《ふせいし》事件がそれであった。

伏石事件は小作農民側が日本農民組合伏石支部を結成し、小作料を恒久的に三〇%減額するように地主側に要求し、小作米のうち七〇%から八〇%のみを納入したことに端を発する。この小作料不払いに対し、地主側は米の収穫目前の大正十三年十一月初旬に稲立毛《いなたちげ》（収穫前の稲）の差押えを裁判所に申し立て、同月下旬にその競売を強行して、多くの稲立毛を落札した。危機感を感じた小作農民側は、地主に稲立毛を刈り取られる前に自分たちで刈り取って留置した。日農の若林三郎顧問弁護士に相談したところ、若林から、「稲を早く刈り取らないで田んぼに放置していると風害、虫害等で被害が発生するので、地主たちのために事務管理として刈り取りができ、その費用も地主に請求でき、支払いがあるまでは刈り取った稲の留置ができる」旨の回答を得た。この回答を受けて小作農民側は、刈り取り・脱穀・保管にかかる費用が支払われるまで稲を留置することを地主側に通告した。地主側の代表が稲の引取りに小作農民側の保管場所を訪れたが、小作農民側は支払いを行うまで引渡しはできないと告げ、地主側が引き上げた後に脱穀を開始した。

事件は民事事件にとどまらず、治安政策的刑事手続の対象とされることになった。小作農民、日農の伏石支部長及び香川県連合会長、若林三郎顧問弁護士ら二三人が稲を盗んだという窃盗及び窃盗教唆の容疑で逮捕された。取調べは熾烈をきわめた。事件の規模の大きさや取調方法の悪質さなどから全国的に抗議行動が広まり、抗議の演説を行った弁護士らが各地で拘引されるという事態も発生した。

大正十三年七月、高松地裁で公判が開かれ、九月に判決が言い渡された。二三人を懲役一年から四月（うち一九人に執行猶予）、一人を無罪にするというものであった。若林弁護士も窃盗行為を教唆した首謀者と認定され、実刑判決を言い渡された。小作農民側は大阪控訴審及び大審院に上訴したが、昭和二年に上告が棄却され、刑が確定した。若林弁護士は刑務所から出所した直後に、上京中の列車の中で長女（二歳）を細紐で絞殺し、自分は裁縫用のハサミで首を切り自死した。過度の精神衰弱となり、出獄後も官憲の横暴を口走り、小作争議のことばかり口にしていたとのことであった。その後、調停が成立し、小作料は一〇%から一五％減額されることになった。

取調べが峻烈を極めたことに加えて顧問弁護士が自死を図ったということもあって、日本弁護士協会は理事を現地に派遣し、事件について調査を行った。調査に従事した委員の一人は『録事』大正十四年五月号に「各被告に対する当局の取調べが、宛然《えんぜん》拷問に等しき峻烈と無法とに対しては黙過することは出来ない」などという一文を寄稿した。

日本弁護士協会は理事会で、「司法大臣、検事総長、司法次官等を歴訪し伏石事件の人権蹂躪問題に関し当局を糾弾し、責任者の処分、収監者の釈放及び予審終結を俟《ま》って事実を公表することを当局に要求する事、若し当局之を容れざる時は他の方法を講じて責任を明らかにする事」を協議決定した。その旨を当局に申入れしたが、回答が満足すべきものでなかったので、大正十四年七月、評議員会において、司法大臣の不信任決議を行った。「司法当局は単に同地官憲の手続上不当なる点のみを認め天日偕《とも》に容れざる人権蹂躪の事実に対しては徒《いたずら》に言を左右に託して其責任を免れんとす」というのがその理由であった。

この外、大正十五年に新潟県北蒲原《きたかんばら》郡で発生した、小作料と土地返還請求訴訟に絡んで農民と警察官が衝突し、多数の農民が検挙された木崎村争議についても、日本弁護士協会の調査が行われている。ここでも日本弁護士協会は大十五年六月二十一日の評議員会で、「今回新潟県下木崎村に勃発せる小作争議に関し当局官憲の執りたる措置は不当と認め反省を求む」という旨の決議がなされている。

自由法曹団の結成

神戸における労働争議の弾圧に対する調査団が契機となって、布施辰治らによって大正十年八月に自由法曹団が設立された。思想、信条に関わる事件では日本弁護士協会の活動が及ばないことが少なくなかったと

伏石の日本農民組合員の共同作業　写真提供・法政大学大原社会問題研究所

伏石事件公判の被告人及び弁護士たち　同上

いうことから、設立されたものである。労働者、農民などの権利を擁護することをその活動方針とした。大正の後半から昭和の初めにかけて労働事件、農民事件、思想弾圧事件などで活躍したのも、自由法曹団に所属する弁護士であった。日本農民組合の顧問弁護士として農民運動の擁護に殉じた若林三郎もその一人であった。青柳盛雄もその一人で、弁護士登録すると共に布施辰治法律事務所に入所し、三・一五事件や四・一六事件など、治安維持法事件の弁護に従事したが、昭和八年に布施と共に検挙され、執行猶予付有罪判決を受けた。[27]

4　戦時体制と弁護士会

戦時体制への批判と協力

昭和期に入り戦時体制に進んでいくなかで弁護士及び弁護士会も、批判と協力という複雑な動きを示しつつ戦時司法体制の中に組み込まれていった。

大正十一年十月、司法省は在朝在野の法曹の外、大学教授など学識経験者を加えた弁護士法改正調査委員会を設置し、検討に着手した。法曹議員を中心とした在野法曹の熱心な改正運動に政府として目をつむっていることができなくなったためである。委員会は、五年余の審議を経て、昭和二年十月、「弁護士法改正綱領」を作成し、司法大臣に答申した。司法省は昭和三年、司法省案を公表した。同案では弁護士の自治懲戒の主張は採用されなかったものの、在野法曹のかねてからの要望であった弁護士会の監督権者を検事正から司法大臣に移すこと、弁護士会を法人化すること、職務範囲を拡張すること、弁護士試補制度を創設すること、女性に対して弁護士資格を付与すること、などが盛り込まれていた。

しかし、同案は全国の弁護士による猛烈な反対運動にあうことになった。委員会案で「非弁活動」（弁護士でない者が弁護士の業務を行うこと）に対する禁止及び直罰規定が置かれていたのに対して、同案ではそれが削除されていたことが主な理由であった。同案では、司法大臣が「三百代言」を公認する裁量権をもつことになると反論された。司法省もこれを受け入れて、昭和五年十一月に発表した第二次案では「公認」に関する規定は置かず、別に単行法の「法律事務取扱に関する法律案」を用意し、そこで「非弁活動」の禁止及び直罰を規定することとした。その結果、司法省が提出した弁護士法改正案は昭和八年三月、第六四回帝国議会で可決され、五月一日に法律第五三号として公布された。

この改正に対する弁護士会の対応については、「弁護士自身、法廷中心で庶民の日常的需要に十分応えていない、いわゆる「敷居が高い」存在であったこと、弁護士報酬のあり方を含めかかる実情を打開する努力にかけていたことは否定できない」とされる。[28]

弁護士会の「転向」

「戦時司法」は固有の意味での「法の支配」を形骸化し、否定していった。とりわけ、刑事司法の場合は顕著であった。統治する側ではなく統治される側の立場に立って「法の支配」を個々の事案の処理を通じて具現化することを使命とする在野法曹としては当然、このような動きに反対し、「法の支配」を擁護することが求められた。しかし、現実に弁護士会がとった行動は、これとは大きく異なるものであった。弁護士会自身によって「時の国策に倣《なら》うように、一九四〇（昭和年一五）年に東亜法曹協会、一九四一（昭和一六）年に在野法曹時局協力連盟、一九四四（昭和一九）年に大日本弁護士報国会らの諸団体が結成された。……戦時体制が進む中で、個人の権利主張は反国家的であるという風潮が強まり、自然と民事裁判も減少し、又、刑事事件についても被疑者、被告人を弁護することを敵視する見方が強まったことから、弁護士の業務は減少していき活動範囲は狭まった」[29]と自己評価されているほどである。

しかし、この自己評価については補足が必要であろう。治安維持法に対して東京弁護士会は沈黙を守ったが、構成員の大部分を東京弁護士会員が占めている日本弁護士協会は反対決議を挙げた。昭和三年の治安維持法改正についても、日本弁護士協会は反対決議を挙げた。

しかし、昭和九年の治安維持法改正にあたっては、東京弁護士会も日本弁護士協会も賛成に回って賛成決議を挙げた。治安安維持法の適用対象が共産党から合法左翼へ、さらには自由主義者、民主主義者、反戦運動家にまで拡大されようとしつつあったなかで、弁護士会はいずれも賛成の決議を挙げた。弁護士会は弁護士法によって国の監督を受けているからという理由では、この反対から賛成への転向は説明がつかない。既存の弁護士会においても、昭和三年から昭和九年までの間に戦時治安政策、そしてまた治安政策的刑事手続政策を積極的に推進する側に回るという政策決定があったものと考えるのが素直であろう。

国防保安法に対する、あるいは戦時刑事特別法に対する弁護士会の態度はどうであったか。東亜法曹協会、在野法曹時局協力連盟、大日本弁護士報国会だけが問題ではなく、既存の弁護士会においてもこのように転向があったということが問題なのである。

「生きべくんば民衆とともに」――布施辰治の苦闘

そのような転向の時代にあっても在野法曹として誠実に職責を果たした弁護士がいたことも補足しておかなければならない。その一人として布施辰治を取り上げたい。布施は宮城県出身で明治十三年十一月十三日に生まれた。明治大学を卒業後、二二歳で判事検事登用試験に合格し、司法官試補となる。宇都宮地裁で検事代理として勤務したが一年も経ずに、ある心中未遂事件の犯人を起訴するに忍びないとして司法官試補の職を辞し、弁護士となった。

鈴ヶ森おはる殺し事件（大正四年）という死刑求刑事件で無罪判決を勝ち取ったことから刑事弁護士としての名声が高まり、以後、多くの刑事事件の弁護を引き受けることになった。争議事件や普選運動などの社会問題にも関わり、朴烈事件（大正十二年）、二重橋爆弾事件（大正十三年）、朝鮮共産党事件（昭和二年）など朝鮮独立運動関係事件の弁護人も務めた。関東大震災時の朝鮮人虐殺についても当局を批判した。普選運動との関わりから労働農民党左派に属し、昭和三年の衆議院議員普通選挙に立候補したが落選した。同党が三・一五事件の影響で解党された後は、当時非合法であった日本共産党に関する事件で弁護人として法廷に立った。京都府学連事件をはじめ、多くの治安維持法違反被告事件の弁護も務めた。

しかし、昭和四年には弁護活動「逸脱」を理由に東京控訴院の懲戒裁判に付され、昭和七年、大審院の懲戒裁判所で弁護士除名の判決が確定し、東京弁護士会を除名された。翌昭和八年、新聞紙法違反の有罪判決（禁錮四月）が確定し、豊多摩刑務所に収監された。その後、皇太子誕生恩赦により弁護士資格が復活されたが、所属していた日本労農弁護士団が一斉検挙され、被告団のうち布施だけが実刑判決（懲役二年）を言い渡された。昭和十四年に治安維持法違反の有罪判決が上告棄却で確定し、千葉刑務所に収監され、一年余り獄中にあった。

戦後は再建された自由法曹団の顧問に就いた。戦後も評定河原《ひょうじょうがわら》事件（昭和二十三年）、阪神教育事件（昭和二十三年）など、多くの朝鮮人関連事件の弁護を担当した。そのために韓国で高い評価を受け、平成十六年には韓国政府から日本人としてはじめて大韓民国建国勲章（建国勲章愛族章）が授与された。昭和二十八年九月十三日に逝去した布施は東京都豊島の寺に葬られたが、境内には彼の座右の銘である「生きべくんば民衆とともに、死すべくんば民衆のために」を刻んだ顕彰碑が建立されている。[30]

日本労農弁護士団の一斉検挙

昭和期に入ると、無産政党が分立し、その影響が労働組合や農民組合に及んだため、自由法曹団が団体としてのまとまった行動をとることが困難となった。昭和三年四月、布施、上村進《かみむらすすむ》、神道寛治《じんどうかんじ》らが中心になって自由法曹団とは別に、一八人の弁護士からなる解放運動犠牲者救援弁護士団が結成された。その設立総会では当面の任務として次の六項目、すなわち、「警察に対する闘争」「検事に対する闘争」「予審に対する闘争」「公判闘争」「行刑に対する闘争」「陸海軍法会議における弁護人の行使」が定められた。よって立つ立場は鮮明で、これまでの弁護士会の活動とは明らかに質が異なるものであった。救援弁護士団が全力で取り組んだのは三・一五事件や四・一六事件の「公判闘争」であった。北は北海道から南は沖縄まで、数え切れないほどの刑事事件の「公判闘争」にも精力的に取り組んだ。

この救援弁護士団とは別に、農民組合の顧問弁護士団として昭和六年九月に全農全国会議弁護士団も結成された。同弁護士団の構成員や役員は解放犠牲者救援弁護士団のそれと重複していたこともあって、昭和八年一月、両弁護士団は合同して日本労農弁護士団を結成した。団の目的は「政治的抑圧と経済的搾取に反対し、勤労大衆の権利と利益を法律的分野に於いて擁護伸長する」ことに置かれた。

しかし、その年の九月、同弁護士団所属弁護士に対する一斉検挙が行われた。司法官赤化事件などですでに尾崎陞《すすむ》（昭和七年十一月に検挙）、為成《ためなり》養之助（司法官赤化事件で昭和八年一月に検挙）、福田力之助（昭和八年三月に検挙）、滝内礼作（同月に検挙）など、「赤化裁判官」の検挙を終えていた当局は、ついに弁護士の検

新潟県菅原村の小作争議。1930（昭和５）年４月

新潟県高田市駅前通りを行く農民のデモ。1930（昭和５）年

挙に乗り出したのである。布施辰治、上村進（日本労農弁護士団団長）、神道寛治（北海道旭川集産党事件などの弁護を担当）、大森詮夫《あきお》（岡山無産者運動事件などの弁護を担当）、中村高一《たかいち》（北海道共産党事件の弁護などを担当）、武藤運十郎、青柳盛雄（四・一六事件などの弁護を担当）らも検挙された。この一斉検挙によって労働運動や農民運動、あるいは思想信条の自由などを守るための弁護士の組織的な活動は、ほぼ終息させられることになった。活動の再開は終戦をまたなければならなかった。[31]

弁護活動の制限

戦時刑事手続における防禦権の規制は弁護人自体の規制にまで及んだ。国防保安法（昭和十六年三月七日法律第四九号）はこれについて、「弁護人は司法大臣の予め指定したる弁護士の中より之を選任すべし。但し刑事訴訟法第四〇条第二項の規定の適用を妨げず」（第二九条）、「弁護人の数は被告人一人に付二人を超ゆることを得ず」（第三〇条）などと規定した。新治安維持法（昭和十六年三月十日法律第五四号）も戦時刑事特別法（昭和十七年二月二十四日法律第六四号）と同様の規定を置いた。

弁護人の数の制限、選任時期の制限、訴訟書類の謄写の制限なども規定されているが、これらにも増して重要なのは指定弁護士制度の導入である。弁護人は司法大臣の予め指定した弁護士のなかから選任するという制度である。布施らが弁護人になるのを阻止するためのものという理解もあり得よう。しかし、昭和八年九月の日本労農弁護士団の一斉検挙により、自由法曹団系の弁護士が組織的に訴訟活動することはもはや不可能になっていた。個々の弁護士が個人の責任と判断で訴訟活動に取り組むという選択肢しかなくなっていた。その個人的な活動についても、布施にみられるように「不穏当なる言辞を弄《ろう》したるものなり」という理由で規制を加え、弁護士資格を奪うことも稀ではなくなっていた。刑事罰を科すということも常態化しつつあった。このようななかでは、布施らを排除するために指定弁護人制度が導入されたというよりも、小川平吉らのような治安政策的刑事手続政策に積極的に協力する弁護士を指定弁護人として公判廷に送り込むために、指定弁護士制度が導入されたと考える方が自然ではないか。

検察官はもとより、裁判官も、そして、ついには弁護人も訴追官と化すことになった。裁判官が担う糺《きゅう》問《もん》主義・職権主義と検察官及び弁護人が担う弾劾《だんがい》主義・当事者主義はもはや対立するものではなくなった。相互に補完し合って、被告人を迅速に有罪にするためのものとなった。

学問・思想・言論・宗教弾圧、そして右翼テロ

この期においても、時代を映すかのような刑事事件が発生している。学問・思想、言論弾圧事件もその一つである。大正十五年に発生した京都学連事件、昭和三年の共産党弾圧事件、昭和七年の司法官赤化事件、昭和十二年の人民戦線事件、昭和十三年の河合栄治郎事件、昭和十七年の横浜事件などをはじめ、数多くの事件が発生した。「発生した」というよりは「でっち上げられた」という方が正確であった。京都学連事件も治安維持法の初適用のために利用されたといってよかった。司法官赤化事件も共産党員の知人のために幾許かの資金を提供し、「赤旗」を送付したというに過ぎない事件であった。人民戦線事件も政党活動とは直接の関係がない無産主義などの研究が治安維持法違反事件に問われたものである。出版法第二七条の罪にあたるとして起訴された河合栄治郎事件も思想、それも大日本帝国憲法が保障していた自由主義思想を裁く思想裁判であった。横浜事件もジャーナリズムのほとんどが戦争遂行の側にまわるなかで、[32]残った最後の「ジャーナリズムの抵抗線」に襲いかかった事件であった。

宗教弾圧事件も時代を映していた。戦時下の不安が人々を覆うなか、人々はとりわけ新興宗教に精神の救

いを求めた。為政者はこの新興宗教団体に集う人々が家父長制天皇制国家に忠誠を拒むのではないかと恐れ、事前に禍の芽を摘もうとした。昭和三年の天理研究会不敬事件も、昭和十年の大本《おおもと》教不敬事件も、昭和十一年から十二年にかけての人のみち教団不敬事件もそのようななかで「作り上げられた」事件であった。

この期においては、ファシズム体制が進むなかで、左右の政治家に対する右翼テロ事件も発生している。例えば、昭和四年の山本宣治《せんじ》暗殺事件、昭和五年の浜口雄幸《おさち》狙撃事件、昭和七年の血盟団事件や五・一五事件、昭和八年の神兵隊事件、などがそれである。「今や治安維持法で取締るとすれば、まず右翼テロではないか」と帝国議会で議員から繰り返し指摘されたにもかかわらず、あまり問題はないとしてこれを放置し続けた結果がこれであった。この右翼テロ事件についても、多くの弁護士が弁護にあたった。無産運動などの刑事事件と異なり、寛大な訴訟指揮が行われ、寛大な判決も少なくなかった。[33]

著しい人権侵害の合法化

昭和期に入っても人権侵害は後を絶たなかった。むしろ質、量の両面で問題は深刻化する傾向を見せた。このような事態に対応するために、日本弁護士協会は昭和五年五月、臨時総会を開き、「人権蹂躪問題に関し当局及び通信機関に対し警告を発するの件」「人権蹂躪に関する法規制定、改廃及其適当の方法を講じる為め委員会を設置するの件」を議題とし、討論の後に、「吾人は国家多難の此時に際し不法を匡正《きょうせい》し其根絶を期する必要を痛感する。当局は直ちに事実を精査糺明して其責任者を厳罰し民衆をして満腔の信頼を払はしめんことを切望する」との警告を採択した。[34]

しかし、この警告には無理があった。戦時体制が進むなか、国は総力戦のため、あるいは国家総動員のためと称して、治安維持法がその典型例であるが、「著しい人権侵害」でさえも合法化していった。それは

「法の支配」の無視の念を人々に広め、「合法」の枠をはるかに超える逸脱行動をあちこちに惹起していった。弁護士会の警告は、このような合法性の枠を超えた「行き過ぎ」批判に向けられた。帝国議会での治安維持法の審議に際し既成政党の議員、そのかなりの部分は法曹議員であったが、彼らが限定解釈論でこれに臨んだのと似ていた。しかし、問題は「行き過ぎ」ではなく、このような「行き過ぎ」を生みだした「著しい人権侵害」の合法化にあった。法曹議員らの限定解釈論がほとんど意味をもたなかったように、弁護士会の警告もほとんど意味をもたなかった。

5　新憲法と弁護士会

新弁護士法の制定

日本国憲法は法制上、司法制度に大きな改革をもたらした。刑事手続についても多くの規定を当てた。日本国憲法の制定を受けて現行刑事訴訟法（昭和二十三年七月十日法律第一三一号）が制定され、刑事手続の当事者主義化が図られた。検察官と被告人の両当事者の攻撃・防禦により手続を進めようとするもので、弁護人の役割が増大することになった。弁護士会もこの司法制度改革の影響を受けることになった。

日本国憲法の制定を受けて新弁護士法が制定された（昭和二十四年六月十日公布、同年九月一日施行）。同法は弁護士が中心となって起案し、政府提案としてではなく議員立法として、しかも憲法第七七条の規定にもかかわらず裁判所の規則としてではなく法律として国会に提出され、制定されたものである。このような制定経過から、新弁護士法は戦前のそれに比べて大きな特徴をもっていた。

特徴の第一は、その第一条で、「弁護士は、基本的人権を擁護し、社会正義を実現することを使命とする」「弁護士は、前項の使命に基き、誠実にその職務を行い、社会秩序の維持及び法律制度の改善に努力しなければならない」と規定したことである。弁護士が職業的階層として成立するためには共通の職業的使命感をもつことが必須の要件であり、その意味でこの規定の意義は重要であった。[35]

この使命に基づく弁護士の法制度上の役割としては、訴訟当事者の代理人又は刑事被告人の弁護人として当事者・被告人の権利・利益を擁護し、あわせて裁判の適正を確保することが挙げられる。この点について、新弁護士法第三条では、「弁護士は、当事者その他関係人の依頼又は官公署の委嘱によつて、訴訟事件、非訟事件及び審査請求、異議申立て、再審査請求等行政庁に対する不服申立事件に関する行為その他一般の法律事務を行うことを職務とする」「弁護士は、当然、弁理士及び税理士の事務を行うことができる」と規定された。

特徴の第二は、弁護士自治という観点から弁護士会の完全な自治を認めたことである。ここに弁護士自治とは、弁護士資格の審査や弁護士の懲戒を弁護士階層の自律に任せ、弁護士の職務活動や規律を裁判所、検察庁又は行政官庁の監督に服せしめない原則をいう。弁護士は、基本的人権の擁護及び社会的正義の実現をその社会的使命とするが、その使命を果たすべく職務活動を遂行するにあたっては、検察庁や国の行政部門と対立する当事者の立場に立ち、また、しばしば裁判所の行為の批判者の立場に立たねばならない。そこで、弁護士がよくその使命を果たしうるためには、これらの国家機関による監督や懲戒の圧力を受けないようにし、また官僚の意に沿う者のみに弁護士資格が承認されるような弊を防止する必要がある。このようなことから、弁護士自治が認められたのである。[36] 弁護士の特権でないことはいうまでもない。

そこから、新弁護士法によると、弁護士会は裁判所・検察庁から独立した存在とされ、行政機関の監督を受けることもないとされた。弁護士に対する資格審査と弁護士に対する懲戒を行うのも、その所属弁護士会及び日本弁護士連合会とされた。かつては弁護士の懲戒権が検事の請求による懲戒裁判所にあったことによって弁護権の行使に制約の受ける事例があったことからみて、この国家機関からの独立は図り知れない大きな意義があったとされる。[37] 医師、税理士、公認会計士、司法書士がいずれも行政機関からの監督を受け懲戒権は監督官庁が有するのと比較した場合、その高度の自治権は明らかであろう。

法第五六条において、「弁護士は、この法律又は所属弁護士会若しくは日本弁護士連合会の会則に違反し、所属弁護士会の秩序又は信用を害し、その他職務の内外を問わずその品位を失うべき非行があったときは、懲戒を受ける」「懲戒は、その弁護士の所属弁護士会が、これを行う」と規定された。

特徴の第三は、弁護士自治に不可欠な制度として、全弁護士会の強制加入団体である日本弁護士連合会を設立するとしたことである。戦前、全国的な弁護士団体として日本弁護士協会と帝国弁護士会が存在していたが、それらは任意の私的団体でしかなかった。これに対し新弁護士法による日本弁護士連合会は地方の単位弁護士会と個々の弁護士のすべてを会員とする公的団体であり、弁護士の登録のほか、弁護士および弁護士会の指導、連絡、監督に当たることとされた。法第四五条により、「全国の弁護士会は、日本弁護士連合会を設立しなければならない」「日本弁護士連合会は、弁護士の使命及び職務にかんがみ、その品位を保持し、弁護士の事務の改善進歩を図るため、弁護士及び弁護士会の指導、連絡及び監督に関する事務を行うことを目的とする」と規定された。

特徴の第四は、「司法修習生の修習を終えた者は、弁護士となる資格を有する」（法第四条）と規定し、弁護士は司法修習生の修習を終えた者がなることを原則とすることによって、弁護士養成制度と判・検事養成制度とがまったく同一になったことである。資格を有する者でも、弁護士となるには日本弁護士連合会に備えた弁護士名簿に登録されなければならない（法第八条）などの規定も、弁護士会自治という観点から置かれた。その意味では、昭和二十四年の新弁護士法は、弁護士会の希望をほぼすべて実現したものといってよかった。

司法試験のすべての合格者の修習機関として最高裁判所に司法研修所が置かれ、裁判官・検察官と弁護士の統一修習制度が発足したこと、そして、司法修習生に対する給与の支給制度（給付制）が新裁判所法第六七条第二項により明記されたことも弁護士にとっては大きかった。法曹養成を一元化したものとして画期的な意義を有した。司法修習に関して司法研修所規則（昭和二十二年十二月一日最高裁判所規則第一一号）、司法研修所規程（昭和二十二年十二月一日最高裁判所規程第六号）、司法修習生に関する規則（昭和二十三年八月十八日最高裁判所規則第一五号）が定められた。

この一元化した法曹養成を最高裁判所の責務とするか旧司法省の所管とするかについては、裁判所法の国会の審議過程で激論が戦わせられたが、結局、最高裁判所の責務とするとの意見が僅差で多数を占め、その実施機関として最高裁判所の下に司法教研修所が置かれることになった。[38]

このようにして弁護士会自治が実現されることになったが、「闘いとった自治」というよりは「与えられた自治」という面が濃厚であった。「戦争責任者の追及」も行われことはなかった。「戦争責任者の追及及び日本弁護士道綱領の決定」を目的として昭和二十一年一月に設置された東京弁護士会粛清委員会は、間もなく目的が「弁護士法遵守並びに弁護士道護持、およびこれらが違反防止対策」に置きかえられた。以後、綱紀委員会の前身の本委員会で、「戦争責任者の追及」が議題にのぼることはなかった。[39]

現行刑事訴訟法の制定と弁護を受ける権利

日本国憲法において、「何人も、理由を直ちに告げられ、且つ、直ちに弁護人に依頼する権利を与へられなければ、抑留又は拘禁されない。又、何人も、正当な理由がなければ拘禁されず、要求があれば、その理由は、直ちに本人及びその弁護人の出席する公開の法廷で示されなければならない」（第三四条）、「刑事被告人は、いかなる場合にも、資格を有する弁護人を依頼することができる。被告人が自らこれを依頼することができないときは、国でこれを附する」（第三七条第三項）といった規定が設けられた。これを受けて、現行刑事訴訟法では、「第一編　総則」のなかに「第四章　弁護及び補佐」が置かれた。

しかし、この規定には不備があった。被疑者には国選弁護請求権が認められておらず、被疑者段階での弁護権保障は絵に描いた餅であったからである。九九・九％という有罪率に如実に示されているように、有罪か無罪かは捜査及び起訴の段階で事実上決まるという現実の前では、これでは弁護権保障はなきに等しいと言っても過言ではなかった。

捜査官による接見指定を認めたことも問題であった。憲法第三四条との乖離は大きかった。しかし、最高裁は、昭和五十三年七月十日の民事判決[40]でこれを合憲とした。最高裁によると、「捜査機関のする右の接見等の日時等の指定は、あくまで必要やむをえない例外的措置であつて、被疑者が防禦の準備をする権利を不当に制限することは許されるべきではない」とされたが、不当な接見指定だとされるケースは後を絶たなかった。

しかし、当時は捜査弁護の活動も低調で、弁護人に接見できないままに自白調書に署名押捺《おうなつ》した被疑者は少なくなかった。「被告人が作成した供述書又は被告人の供述を録取した書面で被告人の署名若しくは押印のあるものは、その供述が被告人に不利益な事実の承認を内容とするものであるとき、又は特に信用すべき情況の下にされたものであるときに限り、これを証拠とすることができる」（刑事訴訟法第三二二条第一項）という規定に基づいて、この自白調書は有罪立証に威力を発揮した。日本国憲法によって「憲法の番人」とされた最高裁判所の憲法判断とはこのようなものであった。次期以降になると、刑事弁護の活性化のなかで、不当な接見指定について弁護人が国賠訴訟等で争う事案が増加することになる。

著名事件の刑事弁護

この期においても時代を映す事件が多発している。プラカード事件（昭和二十一年）、政令二〇一号違反事件（昭和二十三年）、三友炭鉱ピケ事件（昭和二十三年）、平《たいら》事件（昭和二十四年）、政令三二五号違反事件（昭和二十五年）、メーデー事件（昭和二十七年）、吹田事件（昭和二十七年）、大須事件（昭和二十七年）、砂川事件（昭和三十二年）、全逓東京中郵事件（昭和三十三年）、東京都公安条例違反事件（昭和三十三年）、などの労働・公安事件もその一つである。戦後、再出発した自由法曹団に所属する弁護士らの活躍の舞台となった。

冤罪事件も多発している。死刑確定後、再審公判で無罪が言い渡された免田事件（昭和二十三年）、財田川事件（昭和二十五年）、島田事件（昭和二十九年）、松山事件（昭和三十年）をはじめ、再審公判で無罪が言い渡された弘前事件（昭和二十四年）、徳島ラジオ商事件（昭和二十八年）、八海《やかい》事件（昭和二十六年）などのほか、青梅《おうめ》事件（昭和二十七年）は最高裁で全員無罪が言い渡され、松川事件（昭和二十四年）は仙台高裁での差戻審で全員無罪が言い渡された。いずれも弁護士の長年にわたる努力が功を奏したが、再審請求が棄却され、再審公判に至っていない事件は数多くある。福岡事件（昭和二十二年）、菊池事件（昭和二十六年）もその一つである。

練馬事件（昭和二十六年）では共謀共同正犯の成立要件のほか、共犯者の自白の補強の要否などが争われた。白鳥事件（昭和二十七年）でも再審請求事由にいう「明白性」の意義などが争われ、同事件についての昭和五十年五月二十日の最高裁決定[41]により「開かずの扉」といわれた再審の扉が拡げられ、その後の多くの事件での再審無罪判決に結びついていった。

チャタレー事件（昭和二十五年）では、わいせつ文書に対する刑事規制（刑法第一七五条）が日本国憲法第二一条で保障する表現の自由に反しないかなどが争われた。東大ポポロ事件（昭和二十六年）では「大学の自治」が問題とされたが、弁護人の訴えが実を結び、第一審の東京地裁は昭和二十九年五月十一日の判決で、被告人学生の行為は大学の自治を守るためのものであり正当であるとして、無罪を言い渡した。

この期には、このほか、帝銀事件（昭和二十三年）、下山事件（昭和二十四年）、三鷹事件（昭和二十四年）も発生している。極東軍事裁判（昭和二十一―二十三年）もこの期にしか見られない事象である。この裁判では日本人弁護団も結成された。団長は鵜沢総明《ふさあき》で、清瀬一郎が副団長、団員は林逸郎、穂積重威《しげたか》、瀧川政《まさ》次郎《じろう》、高柳賢三、小野清一郎らであった。

経済統制法規違反事件もこの時代を映す事件であった。未曾有の食糧難のなかで困窮した人々は闇物資の入手に走らざるを得なかったが、経済統制法規違反で起訴される人も少なくなかった。公判廷で弁護人は刑事罰に問うことの非を訴えた。その理論的根拠になったが「期待可能性の法理」であった。期待可能性のない行為は罪を犯す意思があっても責任が阻却されて罪とならないとするもので、被告人らの行為は期待可能性がないと説かれた。無罪とする判決がかなりの数に上った。

冤罪事件

昭和四十三年四月に社会党の神近《かみちか》市子衆議議員らによって国会に提出された「死刑の確定判決を受けた者

に対する再審の臨時特例に関する法律案」についても触れておきたい。「生命の尊厳性及び戦後占領下における刑事訴訟法の適用の実情にかんがみ、昭和二十年九月二日から昭和二十七年四月二十八日までに公訴を提起された者で、本法施行前に死刑の判決が確定し、いまだその刑を執行されていない者に対し、再審理由を緩和し、生命の保全をはかり、かつ審理の公正と民主性とを確保することにより、これらの死刑確定囚にもう一度審判を受けられる機会を得やすくさせようとする」ことが法案の趣旨とされた[42]。

昭和四十四年七月八日の衆議院法務委員会で、西郷吉之助法務大臣が占領下時代に起訴された六事件七人の死刑囚について恩赦を検討すると表明したことから、法案は廃案となった。その後、この七人中の三人に死刑を無期にする恩赦が行われた。残る四人のうち二人は再審で無罪となり、一人は獄内で病死した。一人に死刑が執行された。それが福岡事件の西武雄死刑囚であった。今も再審請求が模索されている。それは菊池事件も同様である。

このように冤罪事件が多発した理由の一つには、弁護士側の事情もあった。戦時中の実務意識を引きずっているためか、裁判官の心証を悪くすることを避けて情状弁護に流れ、捜査機関の調書に訳もなく同意する弁護士の姿が、新刑事訴訟法施行直後における法律家の間での座談会などで指摘されている[43]。

田中耕太郎最高裁長官によるいわゆる田中コート時代には、秩序重視、保守に硬直した最高裁の基本路線が確立された。メーデー事件などの裁判では「荒れる法廷」が現出し、これに対処するために「法廷等の秩序維持に関する法律」（昭和二十七年七月三十一日法律第二八六号）が制定された。

写経や仏画をよくした西武雄

6　司法の危機

石田コート

昭和四十四年一月十一日、石田和外《かずと》が第二次佐藤栄作第二次改造内閣の下で最高裁長官に就任した。

一九六〇年代の半ばから後半にかけて、公務員の争議行為を禁止した国家公務員法や地方公務員法の規定に対して、あるいは公安条例や公職選挙法の戸別訪問禁止規定に対して、下級審を中心に違憲判決が相次いだ。これに憂慮していた政府・与党、財界、右翼ジャーナリズムなどは、最高裁が昭和四十一年十月二十六日の全逓東京中郵事件大法廷判決のなかで公務員の労働基本権を認める方向性の判決を出したあたりから、「偏向判決」というキャンペーンを開始した。とくに右翼雑誌として有名な『全貌』は昭和四十二年九月頃から青年法律家協会（青法協）に所属する裁判官を標的に「赤い裁判官」「共産主義の牙城」などと攻撃を始め、十月には「裁判所の共産党員」と題する特集を組んだ。青法協は「憲法擁護・平和と民主主義」を掲げて昭和二十九年に若手法曹・研究者らが結成した団体で、その裁判官部会は研究サークルとして誕生したものであり政治団体などというものではなかった。しかし、国会でも青法協に所属している裁判官、あるいは青法協に所属している司法修習生の再任、あるいは新任の問題などが取り上げられるようになった。

昭和四十四年四月二日、都教組事件無罪大法廷判決[44]が出るに及んで、自民党の田中角栄幹事長は自民党内に「裁判制度に関する調査特別委員会」を設置するよう呼びかけ、三か月後に「司法制度調査委員会」が設置された。裁判制度調査特別委員会では裁判資料を整備し、人事上の資料にするなどの意見が出された。検挙したデモ参加学生の保釈を認める裁判所の姿勢を法務大臣が非難し、東京都公安条例違反の無罪判決（東京高判昭和五十二年六月七日）に対して、「あそこ（裁判所）だけは手を出せないが、何らかの歯止めが必要だ。裁判官が条例を無視する世の中だからね。国会では面倒をみているんだから、たまにはお返しがあっていいんじゃないか」と裁判所非難の発言をした。最高裁事務総局は、「自民党の委員会（活動）は裁判所の独立を侵すおそれはある」と一応これには反論した。

しかし、青法協問題については最高裁も同じ考えで、昭和四十五年四月、岸盛一最高裁事務総長は「政治的色彩のある団体に裁判官が加入することは好ましくない」という公式見解を発表した。それに先立つ三月には、青法協会員の司法修習生が判事補への任官を拒否されるという事件も起きていた。石田長官も五月の記者会見で、「極端な国家主義者、無政府主義者、はっきりした共産主義者の裁判官は、道義上好ましくない」「国会の裁判官訴追委員会による裁判官パージもあり得る」と発言した。六月には、「政治的色彩のある団体への裁判官の加入は好ましくない」との長官訓示を行い、改めて青法協からの裁判官の脱会を求めた。これが契機になって、青法協会員を裁判官、とくに最高裁事務総局内の裁判官から追放する動きもみられるようになった。

「司法反動」キャンペーンに迎合して民主的裁判官の排除、思想統制の強化に乗り出した最高裁に対しては、在野法曹からも激しい反発の動きが巻き起こった。日本弁護士連合会も、昭和四十六年五月の臨時総会で「裁判官の再任拒否に関する決議」を行った。

石田コートでは、司法行政の官僚統制強化と裁判の反動化が一挙に進むきっかけとなる事件も起こった。いわゆる平賀書簡事件がそれであった。昭和四十四年八月、北海道長沼町に自衛隊のナイキ基地建設計画が浮上すると、地元住民は基地予定地の保安林指定解除処分を行った農林大臣の処分の取消を求める長沼ナイキ基地訴訟を起こした。この裁判の裁判長となったのが札幌地裁の福島重雄判事であった。平賀《ひらが》健太郎札幌地裁所長は福島判事に「書簡」を送り、違憲審査権の行使を控えるようにとの「意見」を伝えた。明白な裁判干渉ということから、札幌地裁は平賀所長を厳重注意し、最高裁も注意を与えて東京高裁に転任させた。

しかし、国会の裁判官訴追委員会は昭和四十五年十月、裁判干渉を行った平賀所長を不起訴としながら、干渉の被害者である福島判事に対しては、書簡を公表したのは裁判官にあるまじき行為だとして訴追猶予の決定を下した。最高裁はこれを支持し、札幌高裁も同様の理由で福島判事を口頭注意処分にした。福島裁判官が青法協のメンバーであったことから、法務省は昭和四十五年四月、同事件の裁判を担当するのは相応しくないとして忌避申立を行った。中立は札幌高裁によって棄却されたが、国が裁判官の忌避申立を行うのはまさに前代未聞の事態であった。

最高裁は昭和四十五年十一月、青法協加入の裁判官に対し脱会勧告を行った。昭和四十六年四月、最高裁は十年の任期を終えた宮本康昭判事補を再任名簿から除外し、二三期司法修習生で裁判官を志望する者のうち七人の不採用を決めた。その後も、司法修習生の任官拒否と罷免が相次いだ。それでも脱会勧告に応じない裁判官に対しては、転勤制度と昇給制度を通じて徹底的な差別的処遇が行われた。このような差別的処遇は、最高裁判例と異なる判決を出した裁判官も経験したことであった。

石田長官は、定年退官するリベラル派判事の代わりに、保守派の人物を最高裁判事に据え続けた。その甲斐あって、長官が定年退官直前の昭和四十八年四月二十五日の全農林警職法事件大法廷判決[45]では、昭和四一年十月二十六日の全逓東京中郵事件判決[46]で打ち出された限定解釈合憲論が否定され、無条件合憲論に判例が復することになった。

この時期以降、事務総局が裁判官の判決に直接統制を及ぼすようになった。下級裁判所において違憲審査権の行使は少なくなり、行政訴訟では住民敗訴の判決が続いた。裁判所と法務省との間の人事交流（判検交流）も以前にも増して活発となり、国を被告とする国家賠償請求訴訟では住民側の敗訴が相次いだ。最高裁が違憲判決を下すこともほとんどなくなった。

このような「政治的中立性」という言葉をキーワードにした裁判への介入の動きに危機感を抱いた研究者や法曹関係者は少なくなかった。論壇でも「司法の危機」という言葉が叫ばれるようになった。雑誌『世界』も昭和四十五年九月号で「危機に立つ司法権の独立」という特集を組み、小林直樹（憲法・法哲学）による論稿「政治的中立ということ――教育と裁判への政治侵入」（同号一二頁以下）及び高柳信一（憲法・行政法）による論稿「現代民主主義における司法権の役割」（同二三頁以下）とあわせて、裁判官の近藤綸二・森田宗一・花田政道・竹田稔・和田英夫による座談会「日本国憲法下の裁判官像」（同三六頁以下）を掲載した。

しかし、「司法の危機」は深まるばかりであった。保守的な政治勢力に迎合する最高裁事務総局の意向に従順な裁判官が増え、裁判所は人権保障の砦であることをやめ、治安機関としての色彩を強めていった。[47] 統制の対象は裁判官にとどまらず、弁護士にも拡大されることになった。

病める刑事弁護――「東京地裁方式」

「訴訟審理の実態と問題点」をテーマに昭和五十一年十一月、福岡市内で日本弁護士連合会の第四回司法シンポジウムが開催された。各地の弁護士会から実態調査に基づく報告がなされ、「病める裁判」の実態が浮き彫りにされた。刑事裁判における実態としては、「保釈請求に対する却下率の増加、権利保釈制度の形骸化、保釈保証金の高額化、実刑判決の場合の再保釈の無条件却下、強権的訴訟指揮の下での供述調書同意の強要、時間のかかる証拠調べの拒否、検察官の誘導尋問の許容、交通事件の形式的画一的処理、自白事件一回期日結審の原則化、疑わしきは被告人の不利益にといった判決など」の点が指摘された。

同シンポの討論を通じて、このような現象はいわゆる「東京地裁方式」の浸透という形で急速に全国へ蔓延するにいたったものであり、その病根は最高裁判所の司法政策、なかんずく法廷秩序と訴訟促進政策の中心である「裁判の職権化、合理化、行政化」策にあることが明らかにされたという。

「東京地裁方式」とは、昭和四十四年以降、東京地方裁判所が東大事件をはじめとする一連の公安事件を処理するにあたり、統一的な処理基準の下に、①大量長期勾留、②グループ別分割公判、③公判期日の長期間一方的指定と弁護権侵害、④庁舎管理と法廷警備における強権的規制、⑤欠席手続、欠席判決の連続的な強行、などの強権的高圧的な訴訟指揮を行い、審理の充実や被告人の納得をないがしろにした徹底的な迅速処理を図ったやり方を指した。この方式は同地裁の一般刑事事件に及び、さらに民事事件に拡がり、最高裁判所の肝いりで、急速に全国各地の裁判所に浸透し、定着していった。「裁判の職権化、合理化、行政化」の傾向が一層強まっていった。[48]

「弁護人抜き裁判」特例法案

昭和五十二年十一月、法制審議会に「弁護人抜き裁判」を可能とする「刑事訴訟法の一部を改正する法律案要綱」が諮問され、刑事法部会に付託された。法務省刑事局長によると、諮問の理由として、「最近、過激派事件において弁護人の不出頭、退廷、辞任などによる訴訟手続きが遅延する異常事態が多い。弁護人の弁護義務の懈怠・弁護権の放棄というべきである。ハイジャック事件の再発防止のためには国民が断固として法秩序を守りぬくという決意を一にすることであり、法秩序を守るべき最後のとりでともいうべき裁判制度が円滑に運営されることが必要である」などがあげられた。刑事法部会はわずか二回の審議をしただけで、翌昭和五十三年一月、同要綱を一三対四で可決し、法務大臣に答申した。

しかし、弁護士会をあげた反対運動が各界に広がる気配をみせたことから、法務省は刑訴法の一部改正によるという方式をあきらめ、「刑事事件の公判の開廷についての暫定的特例を定める法律案」を国会に提出した。昭和五十三年三月、法案上程を閣議決定し、即日国会に上程した。東京三弁護士会は共同で同年三月、「必要的弁護事件に関する東京三会の意見書」を発表し、日本弁護士連合会もこの意見書とほぼ同内容の「弁護人抜き裁判」に関する見解と提案」を発表した。これに対し、岡原昌男最高裁長官は同年五月、憲法記念にあたっての記者会見の場で、法案に反対する弁護士会の態度を厳しく批判し、法案を積極的に支持する姿勢を示した。

協議が重ねられた結果、昭和五十四年三月の三者協議会で協議が整い、調印が行われた。この協議には付帯了解事項も付せられていた。その第六項において、日本弁護士連合会は、「協議結果」第二項の具体的措置として、「不出頭、退廷及び辞任等不当な活動が弁護士倫理に反するものであることを明らかにするため、その旨の倫理規定を制定するとともに、倫理規定違反が会則違反となることを日弁連の会則上明確にする」「日弁連の懲戒委員会における外部委員を弁護士委員の数より一名少ない数までに増員する」「日弁連の綱紀委員会に外部委員を加えることとする」などの点を約束していた。

三者協議の成立により、法案は廃案となった。日本弁護士連合会が開いた三者協議結果報告会では、一部会員から「法務省と裁判所に対する弁護士会の一方的約束、譲歩である、国民不在の「取り引き」ではないか、法廷活動に対する規制であり裁判所の監視に手をかすものである」などといった強い批判が出されたという。[49]

このような動きのなかで、裁判所、検察庁、政府・与党が弁護士をもって「司法機関の一翼、裁判所の協力者として位置づけたい」としていることが明らかになった。それは弁護士をして弁護士法第一条の規定する「基本的人権の擁護と社会正義の実現」という弁護士の使命を放棄させることを意味し、戦前、国防保安法や治安維持法が採用した「指定弁護人制度」を甦らせるものと言ってよかった。しかし、これに対する警戒感は一部の弁護士を除いて希薄であった。これには「闘いとった自治」ではなかったという面が大きかった。

7 司法制度改革と弁護士会

刑事弁護の充実

情状弁護に終始していると揶揄《やゆ》された刑事弁護も、昭和二十年代から昭和三十年代にかけての労働公安事件や経済統制法規違反などの刑事弁護を重ねることによって充実化がみられ、それはやがて一般の刑事弁護にも及ぼされるようになった。「疑わしきは被告人の利益に」という刑事裁判の鉄則は再審制度にも適用されるべきであり、確定判決の事実認定に合理的な疑いが生じれば再審を開始できるとした前述の白鳥決定が出たあと、この開かれた扉を確かなものとするべく、弁護士と研究者からなる再審問題研究会が組織され、その成果は鴨良弼《かもよしすけ》編『刑事再審の研究』（成文堂、一九八〇年）などとして公刊された。

このような理論、実務にわたる検討を踏まえて、各地で活発に再審請求が行われ、弘前事件（昭和五十二年再審無罪）、徳島ラジオ商事件（昭和六十年再審無罪）など、多くの再審開始決定と再審無罪判決が関係者の努力により獲得されることになった。前述したように、免田事件（昭和五十八年再審無罪）、財田川事件

徳島ラジオ商事件の第五次再審請求の日、弁護団・支援者とともに徳島地裁に向う冨士茂子さん。1978（昭和53）年1月31日　『無実』（第一出版）より

（昭和五十九年再審無罪）、松山事件（昭和五十九年再審無罪）、島田事件（昭和六十四年再審無罪）のように死刑確定後、再審公判で無罪が言い渡される例も現われた。

日本弁護士連合会人権擁護委員会編『誤判原因の実証的研究』（現代人文社、一九九八年）の刊行などにみられるように、誤判原因の分析が諸外国における研究なども踏まえて進められ、誤判原因の多くが捜査にあること、とりわけ弁護人不在下の代用監獄などでの取調べにあることが判明した。起訴前弁護の充実が大きな課題となるなか、平成二年以降、当番弁護士の運動が大分県弁護士会から福岡県弁護士会へ、そして全国の弁護士会へと取組みの輪が拡がっていった。当番弁護士制度とは被疑者から電話などの連絡を受けた弁護士がボランティアで接見に出かける制度で、被疑者段階の国選弁護制度がないなかで被疑者弁護の充実化と被疑者国選弁護制度創設の足がかりとして、弁護士会が独自に始めた制度であった。

当番弁護士制度の全国的な普及をも任務として、日本弁護士連合会刑事弁護センターが平成二年に設立された。当番弁護士の運動と併せて、国や都道府県を相手にした接見妨害国賠訴訟も各地で提訴され、弁護士たちの努力も実り、多くの原告勝訴判決が勝ち取られた。

裁判の迅速化に関する法律

裁判の迅速化に関する法律（平成十五年七月十六日法律第一〇七号）は、平成十五年三月に成立し、同年七月に公布、施行された。同法では国などの責務についても、「国は、裁判の迅速化を推進するため必要な施策を策定し、及び実施する責務を有する」「政府は、上記施策を実施するため必要な法制上又は財政上の措置その他の措置を講じなければならない」と規定された。このほか、最高裁判所に対して、迅速化の状況について検証し、その結果を二年ごとに公表することを義務づけた。しかし、同法の狙いは明らかに、「裁判の迅速化」への弁護士会の協力義務を法定することにあった。

法案成立に先立つ平成十四年十一月、日本弁護士連合会は「裁判迅速化法案（仮称）に関する基本的見解」を発表した。日弁連が法案に盛り込まれるべきであるとした点のうち重要なのは、「刑事裁判において、強制捜査権を持たない被告人・弁護人側は事実や証拠を収集するために時間がとられ、また検察官が公益の代表者として強制権限により収集した証拠を被告人・弁護人に開示しないために公判における実質的に対等な防御権の行使ができない状態にある。さらに、捜査段階での供述調書が検察官側の主たる証拠であり、これを争うには密室における捜査過程を立証しなければならないため、裁判が長期化している。また、被告人の身体が長期に勾留されるため、弁護人が被告人との打ち合わせに多大な時間がとられることも長期化の原因となっている。こうした事態を、「全面的な証拠開示」、「捜査過程の可視化」、「保釈の拡大」、「接見交通権の拡充」などによって抜本的に改革することこそが刑事裁判を充実・迅速化させる」などの点であった。

しかし、これらの事項が法案に盛り込まれることはなかった。日弁連が提案した「裁判官・弁護士・検察官などの訴訟関係者は、日本国憲法および民事訴訟法・刑事訴訟法の定めるところに従い、改正・改革された手続・制度を実施し、充実した裁判が迅速になされるように努める」という「訴訟関係者の努力義務」も、法案では「日本弁護士連合会の責務」だけが前面に押し出される形となった。法第五条で、「日本弁護士連合会は、弁護士の使命及び職務の重要性にかんがみ、裁判の迅速化に関し、国民による弁護士の利用を容易にするための弁護士の態勢の整備その他の弁護士の体制の整備に努めるものとする」と規定されることになった。裁判所・検察庁・政府は弁護士会を「裁判所の協力者」にするという目標に向かって、大きな前進を勝ち取ったのである。

弁護士の増員がもたらすもの

平成の司法制度改革においても最重要のテーマの一つとされたのは弁護士制度であった。いかにして弁護士の増員を図るかということであった。平成十三年に本格的に始まった司法制度改革では法曹人口の大幅な増員が目指され、司法試験合格者年間三〇〇〇人が掲げられた。その実施策として新司法試験制度と法科大学院（ロースクール）制度とが提案され、平成十八年度から実施された。この急激な増員については、全国各地から「弁護士の質が落ちた」「司法試験に合格しても法律事務所に入れない人がたくさん出ている」といった声が上がった。方針転換を余儀なくされた日本弁護士連合会は、平成二十四年三月、「法曹人口政策に関する提言」を発表した。

総務省も平成二十四年四月、司法試験の合格者数を年間三〇〇〇人程度とした政府目標について、「近い将来の達成は困難」として見直すよう、法務省と文部科学省に勧告した。現在の約二〇〇〇人の合格者でも「弁護士の供給過多で就職難が発生し、質の低下が懸念される」と指摘し、法科大学院の定員削減や統廃合の検討を促した。政府も法曹人口の拡大計画の見直しに動き、安倍晋三内閣は平成二十五年七月、関係閣僚会議を開き、これまでの計画を撤回することを了承した。司法試験合格者については年間三〇〇〇人を目指すことを取り止め、法科大学院についても自主的な定員削減や統廃合を求めるとした。

問題は、このような急激な法曹人口の増員によって弁護士の困窮化がもたらされたことであった。平成二十五年五月八日の毎日新聞でも、国税局の統計に基づいて、概要、「弁護士の大半は個人事業主として活動しているが、その二割は、経費などを引いた所得が年間一〇〇万円以下であることが国税庁の統計で分かった。五〇〇万円以下だと四割にもなる。弁護士が急増したうえ、不況で訴訟などが減っていることが主原因とみられる。一方、一〇〇〇万円超の弁護士も三割以上おり、かつては「高給取り」ばかりとみられていた弁護士業界も格差社会に突入したようだ」と報じられた。

司法修習生の給付制が貸与制に改められたことも、弁護士の困窮化に与った。ロースクールでの奨学金、司法修習生時代の貸与金などを合わせると、負債が一〇〇〇万円近くになる弁護士も現われた。返還能力を超えた多額の残債務額は、弁護士が弁護士法の掲げる「基本的人権を擁護し、社会正義を実現すること」という使命を実践するうえでの妨げになった。それはロースクールの志願者減少という危機的状況をさらに加速させる原因ともなった。

かつて大正十二年に、法律第五二号にもとづく弁護士試験の実施にあたって、当局はその試験基準を甘く運用し、多くの者を合格させた。人為的な原因による弁護士数の急増のために、弁護士の生活は著しく低下した（三五四―三五六頁参照）。それに伴って弁護士の非行が増加し、社会の非難を浴びるような事件が起こった。戦時下に入る以前に、弁護士は弁護士活動を行っていくための前提となる経済的基盤・社会的基盤を喪失しつつあったが、今の状態はこれと似ていないだろうか。

裁判所の協力者――国選弁護制度

平成の刑事司法制度改革の目玉の一つは、起訴前国選弁護制度の創設である。「刑事訴訟法の一部を改正する法律」（平成十六年五月二十八日法律第六二号）によって創設されることになった。第三七条の後に「死刑又は無期若しくは短期一年以上の懲役若しくは禁錮に当たる事件について被疑者に対して勾留状が発せられている場合において、被疑者が貧困その他の事由により弁護人を選任することができないときは、裁判官は、その請求により、被疑者のため弁護人を付さなければならない。ただし、被疑者以外の者が選任した弁護人がある場合又は被疑者が釈放された場合は、この限りでない」（第三七条の二第一項）、「裁判官は、死刑又は無期の懲役若しくは禁錮に当たる事件について第三七条の二第一項又は前条の規定により弁護人を付する場合又は付した場合において、特に必要があると認めるときは、職権で更に弁護人一人を付することができる。ただし、被疑者が釈放された場合は、この限りでない」（第三七条の五）などの規定が置かれた。

これにより、被疑者・被告人を通じて一貫した国選弁護制度が創設されることになった。ただし、逮捕段階からではなく、勾留段階からの国選弁護だという点にも留意が必要であろう。

同改正法施行後、三年程度を経過した平成二十一年五月から、予告どおり起訴前国選弁護制度の対象事件は必要的弁護事件（死刑又は無期若しくは長期三年を超える懲役若しくは禁錮に当たる罪の事件）に拡大された。拡大はこれにとどまらなかった。法務大臣からの「時代に即した新たな刑事司法制度を構築するための法整備の在り方に関する諮問第九二号」を受けて、「新時代の刑事司法制度特別部会」で審議していた法制審議会は、平成二十六年九月に開催された第一七三回会議で、同特別部会の決定した「新たな刑事司法制度の構築についての調査審議の結果【案】」について報告を受け、これを全会一致で原案どおり採択し、直ちに法務大臣に答申することとした。同「結果【案】」で提言されていたのは「取調べの録音・録画制度の導入」「捜査・公判協力型協議・合意制度の導入」「刑事免責制度の導入」「通信傍受の合理化・効率化」「身柄拘束に関する判断の在り方についての規定の新設」「弁護人による援助の充実化」「証拠開示制度の拡充」「犯罪被害者等及び証人を保護するための方策の拡充」「公判廷に顕出される証拠が真正なものであることを担保するための方策等」「自白事件の簡易迅速な処理のための方策」である。

このうち、「弁護人による援助の充実化」で挙げられているのは「被疑者国選弁護制度の拡充」「弁護人の選任に係る事項の教示の拡充」で、「被疑者国選弁護制度の拡充」では「被疑者国選弁護制度の対象となるべき場合を「死刑又は無期若しくは長期三年を超える懲役若しくは禁錮に当たる事件について被疑者に対して勾留状が発せられている場合」（刑事訴訟法第三七条の二第一項）から「被疑者に対して勾留状が発せられている場合」に拡大するものとする」とされている。弁護士会の要望に沿って、さらなる拡大が図られたものであろう。

しかし、このような起訴前国選弁護制度の拡充をもって単純に評価し得ないところに、問題の複雑さがある。平成十六年の刑事訴訟法の一部改正（五月二十八日法律第六二号）で、以下のような規定も挿入されたからである。

第三十八条の三　裁判所は、次の各号のいずれかに該当すると認めるときは、裁判所若しくは裁判長又は裁判官が付した弁護人を解任することができる。

一　第三十条の規定により弁護人が選任されたことその他の事由により弁護人を付する必要がなくなったとき。
二　被告人と弁護人との利益が相反する状況にあり弁護人にその職務を継続させることが相当でないとき。
三　心身の故障その他の事由により、弁護人が職務を行うことができず、又は職務を行うことが困難となったとき。
四　弁護人がその任務に著しく反したことによりその職務を継続させることが相当でないとき。
五　弁護人に対する暴行、脅迫その他の被告人の責めに帰すべき事由により弁護人にその職務を継続させることが相当でないとき。

このように、起訴前国選弁護制度の創設は裁判官による弁護人の解任制度の創設といわば抱き合わせだったわけである。「弁護人抜き裁判」特例法案の際の三者協議の結果、あるいは裁判迅速化法による日弁連の迅速協力義務の法定化の経過などに鑑みた場合、この解任制度が「裁判の迅速化」に協力しない弁護人を解任する制度にとどまらず、弁護人に対し事実上の「裁判協力義務」を負わせる根拠規定に化す危険性は杞憂とはいえない。

法テラス

国選弁護人の推薦権が弁護士会から「日本司法支援センター（法テラス）」に移ったことも、このように危惧する理由の一つである。総合法律支援法（平成十六年六月二日法律第七四号）に基づいて、「日本司法支援センター」が平成十八年四月に設置されることになった。同法第五条は、「総合法律支援の実施及び体制の整備に当たっては、迅速かつ確実に国選弁護人（刑事訴訟法（昭和二十三年法律第一三一号）の規定に基づいて裁判所若しくは裁判長又は裁判官が被告人又は被疑者に付する弁護人をいう。）及び国選付添人（少年法（昭和二十三年法律第百六十八号）の規定に基づいて裁判所が少年に付する弁護士である付添人をいう。以下同じ。）の選任並びに国選被害者参加弁護士（犯罪被害者等の権利利益の保護を図るための刑事手続に付随する措置に関する法律（平成十二年法律第七五号。以下「犯罪被害者等保護法」という。）の規定に基づいて裁判所が選定する犯罪被害者等保護法第一〇条第一項に規定する被害者参加弁護士をいう。以下同じ。）の選定が行われる態勢の確保が図られなければならない」と規定した。

これにより、国選弁護人の推薦も法テラスの業務とされることになった。すなわち、国選弁護事件に関して、法テラスは国の委託に基づき、裁判所もしくは裁判長又は裁判官（裁判所等）の求めに応じ、法テラスとの間で国選弁護人の事務を取り扱うことについての契約をしている弁護士（契約弁護士）の中から、国選弁護人の候補を指名し、裁判所等に通知すること、並びに、この通知に基づき国選弁護人に選任された契約弁護士にその事務を取り扱わせることとされた。平成十九年十一月からは、改正少年法の施行に伴って従来、重大事件に限定されていた少年審判における国選付添人制度の対象事件が大幅に拡大されることになった。

それでは、法テラスが考えている刑事弁護とはどのようなものであろうか。報酬基準からそれをうかがうことができる。「被疑者の国選弁護人及び第一審の国選弁護人の報酬及び費用」についても、「報酬及び費用の算定基準」という形で詳細に規定されている。解説によると、国選弁護人に支給する報酬及び費用は報酬基準に基づいて算定するとしたうえで、この報酬基準は、①弁護人の労力を反映させた客観的基準、②手続の類型に応じた基準設定、③費用の明確化、という三点を軸に「事件の重大性」「事案の困難性」などに応じる形で具体的な報酬基準が策定されているとされる。[50] つまり、国などが考える「重罪の場合はこうだ」「そうでない場合はこうだ」といった「刑事弁護の標準型」にもとづいて報酬が規定されている。

問題は、この標準型が極めて細かいという点である。この標準型に従った刑事弁護が国選弁護にとどまらず私選弁護にも拡がる可能性は強いが、それは裁判所、法務省・検察庁、そして政府が刑事弁護の内容を事実上決める結果を招くことにならないか。そうなると、刑事弁護制度が変質化することは火を見るよりも明らかであろう。

弁護士会自治の危機

一九九〇年代末から始まった司法制度改革は、「司法の反動化」と「司法行政の官僚的統制」に歯止めをかけるものではまったくなかった。冤罪を生み出す刑事司法制度の構造的問題点にもまったく手がつけられていない。それどころか、戦前と同様に、捜査機関による人権蹂躪が発生するのは捜査機関に捜査に必要な武器が充分に与えられていないためだ、武器を充分に与えれば人権蹂躪が防止できるという「焼け太り」の論理が横行している。これに対して、弁護士会は適切、有効に対抗し得ているのか。

弁護士委員も加わる法制審議会は不思議なことに、この「焼け太り」に弁護士委員も含めて全員一致で「御墨付き」を与える役割を果たしている。戦前、弁護士階層は治安政策的刑事手続政策に積極的に協力し、これを推進する多くの弁護士と、これに反対し、ついには自らも治安維持法違反の罪に問われることになった弁護士に次第に分解していった。そのような経過のなかで、新治安維持法に対し日本弁護士協会も東京弁護士会も積極的に賛成決議を挙げるに至った。

今の弁護士会はいかがであろうか。経済的に苦しいので弁護士会会費を払わなくても済むように弁護士会強制加入制度は廃止して欲しいと主張する若手弁護士も現われるに至っていると聞く。今、弁護士と弁護士会は危機にあると言っても過言ではない。最後に次の一文[51]を紹介して本章を閉じたい。

我々の眼の前で、いま内外の情勢は急転・激動し、事態は複雑をきわめているようにみえる。ともすれば濁流に流されそうな懸念もある。しかし、大切なことは激流うずまく個々の現象にだけに眼を奪われることなく、歴史の奔流がどこにあるのかをしっかりと見きわめ、今日の到達点と今後の行くすえをつかむこと、そしてそのなかでのわれわれの果たすべき任務・課題を着実に遂行してゆくことである。これがわれわれの確信である。

おわりに

「人間の尊厳」が法規範化されてきた道のり

質の民主主義

国の誤ったハンセン病強制隔離政策の法的根拠となった「らい予防法」（昭和二十八年八月十五日法律第二一四号、「らい予防法の廃止に関する法律」（平成八年法律第二八号）により廃止）は憲法違反だとして、一三人の国立ハンセン病療養所入所者は平成十年七月、国に対する国家賠償請求訴訟を熊本地方裁判所に提訴した。これに対し熊本地方裁判所は、平成十三年五月十一日の判決で遅くとも一九六〇年には「らい予防法」は違憲になっていたとし、原告勝訴を言い渡した。

本判決において重要だと思われるのは、「新法（「らい予防法」―引用者）の隔離規定は、少数者であるハンセン病患者の犠牲の下に、多数者である一般国民の利益を擁護しようとするものであり、その適否を多数決原理に委ねることには、もともと少数者の人権保障を脅かしかねない危険性が内包されている」と判示された点である。民主主義には「量の民主主義」（多数決主義）と「質の民主主義」という両側面が認められるが、「量の民主主義」によって制定される法令のなかには、少数者の基本的人権の保障をも包含する「質の民主主義」を脅かし、憲法違反となるものも含まれている。このことを判示したものと考えられる。日本国憲法の下における違憲立法審査権の意義のみならず、第二次世界大戦後の世界における違憲立法審査制度の意義を的確に言い現わしたものといってよい。前述したように、日本政府は死刑制度を「世論」によって根拠づけているのに対し、国連人権委員会が「世論」による死刑制度の正当化は認められないとしているのもこれによる。

違憲立法審査制度ないし憲法裁判所制度も第二次世界大戦後、新たな意義が与えられることになった。右のような「質の民主主義」の考え方と結びついたからである。第二次世界大戦下、ナチス・ドイツによるアウシュヴィッツなどの絶滅収容所への強制収容と苛酷な強制労働、大量虐殺、人体実験などをはじめ、「集団殺害犯罪」や「人道に対する罪」などと弾劾されるような非人間的な行為が繰り拡げられた。日本軍による南京大虐殺、七三一部隊による人体実験、従軍慰安婦のほか、九州大学医学部生体解剖事件なども戦後、世界的に大きな問題となった。犠牲となった人はおびただしい数に上った。しかし、この非人間的な行為の多くは法令に基づいて行われたものであった。

形式的な「法治主義」「法の支配」では非人間的な行為を食い止めることができない。このような反省に基づいて、「質の民主主義」と違憲立法審査制度、憲法裁判所制度とが結びつけられ、それらが「質の民主主義」を守る制度と位置づけられることになった。

基本的人権の保障——基準と擁護体制の国際的平準化

第二次世界大戦後の世界が「質の民主主義」で何よりも重要視したのは、基本的人権の保障であった。基本的人権の保障は戦後の世界において、最重要の問題となった。二十世紀は二度にわたる世界大戦を引き起こし、人類史上未曽有の被害を発生させた。世界大戦の発生を防止することが戦後の世界の最重要の課題となった。この課題を達成するために「平和の防波堤」として基本的人権を保障する必要がある、国民の人権を無視する国は他国を侵略し、世界戦争を引き起こす可能性があると考えられたわけである。

基本的人権の保障は各国の国内問題ではなく、各国に共通の国際問題と位置づけられることになった。国際連合憲章（一九四五年六月二十六日署名）に基づいて国際連合が発足し、活動を開始したのは一九四五年十月であり、国連が最初に取り組んだのも世界人権宣言の採択であった。「人権に関する世界宣言」は一九四八年十二月の第三回国連総会で採択された。「すべての人民とすべての国が達成すべき基本的人権についての宣言」であると決議された。

世界人権宣言を起点として国連はその後、多くの人権関係条約を採択していった。たとえば、人種差別撤廃条約（一九六五年）、国際人権規約（一九六六年）、女性差別撤廃条約（一九七九年）、子どもの権利条約（一九八九年）などがそれであり、現在も採択され続けている。障害者権利条約（二〇〇六年）も「二十一世紀の人権条約」と譬えられている。同条約は批准書を寄託したことから、日本についても平成二十四年二月から発効した。

これらの人権関係条約で国連が追い求めているのは、人権基準の国際的平準化である。条約を批准した国は条約の内容に従い、必要であれば新しい法律や制度を整備する義務を負うこととなり、また批准した条約は国内法と同等の効力を持つこととなる。しかし、それだけではなく、人権擁護体制の国際的平準化を図ることも追求されている。右の人種差別撤廃条約、国際人権規約、女性差別撤廃条約、子どもの権利条約についてはそれぞれに対応した委員会を設置し、批准した各国の状況を把握するために各国政府に対し定期的に報告することを義務づけ、各委員会は各国から寄せられた報告書の内容を審査し勧告を行うこととされた。

個人通報制度も認められた。人権条約に認められた権利を侵害された個人が各人権条約の条約機関に直接訴え、国際的な場で自分自身が受けた人権侵害の救済を求めることができる制度である。人権侵害を受けた個人は、その国において利用できる国内的な救済措置を尽くした後であれば、誰でも通報することができる。個人通報が受理され、審議された後に条約機関はその通報に対する見解を出す。見解に拘束力はないが、国際・国内の世論を高めることで国内法の改正を図り、人権侵害の救済・是正を目指す制度である。

人権擁護体制の世界的平準化との関係で長らく問題とされてきたのが、国際刑事裁判所の創設と同裁判所による「国際犯罪」の管轄であった。構想自体は国連発足時からあったが、東西冷戦によって構想は凍結された。しかし、一九九〇年代に入り冷戦が終結すると、冷戦後に頻発した民族紛争に対処するために国際社会は新たな手段を必要とした。常設の国際刑事裁判所設置の議論が復活し、急速に進展した。その結果、「国際刑事裁判所に関するローマ規程」(一九九八年七月採択)に基づいて国際刑事裁判所が創設された。日本についても平成十九年十月から効力が発生した。同裁判所が管轄するのは「集団殺害犯罪」「人道に対する犯罪」「戦争犯罪」「侵略犯罪」である。

自己決定・自己責任で「人間の尊厳」を侵すことは許されない

違憲立法審査制についてアメリカ型とドイツ型がみられるように、基本的人権の保障についてもアメリカ型とドイツ型がみられる。

「権利の章典」と呼ばれているアメリカ合衆国憲法修正第一条ないし修正第一〇条は、憲法制定直後の一七八九年の第一回合衆国会議で提案され、一七九一年十二月から施行された。権利章典は当時を反映して自由権を中心に規定されている。現在でもアメリカの基本的人権の保障では「個人の自由」が何よりも重視されているといわれる。

その後、世界は自由権及び平等権の保障から出発して、一九一九年のワイマール憲法における生存権の保障（第一五一条第一項は「経済生活の秩序は、すべての人に、人たるに値する生存を保障することを目ざす、正義の諸原則に適合するものでなければならない。各人の経済的自由は、この限界内においてこれを確保するものとする」と規定）を経て、第二次世界大戦後は一九六〇年の国連総会における「植民地独立付与の宣言」、一九八六年の国連総会における「発展の権利宣言」、一九八四年の国連における「人民の平和への権利宣言」などへと階段を進むことになった。

第二次世界大戦下での非人道的な行為への反省から、戦後の世界では基本的人権を保障する世界的な枠組みの構築が図られた。この非人道的な行為の禁止を念頭において直截に規定されたのがドイツ連邦共和国憲法（一九四九年制定）であった。第一条で「人間の尊厳は不可侵である。これを尊重し、保護することは、すべての国家権力の義務である」「ドイツ国民は、それゆえに、侵すことのできない、かつ譲り渡すことのできない人権を、世界のあらゆる人間社会、平和および正義の基礎として認める」「以下の基本権は、直接に妥当する法として、立法、執行権および司法を拘束する」と規定された。

日本国憲法では「人間の尊厳」を直接保障した規定は見当たらないために、解釈論によって「人間の尊厳」の保障を日本国憲法のなかに織り込もうとする見解が有力に主張されている。[1] たとえば、「すべての国民は、個人として尊重される。生命、自由及び幸福追求に対する国民の権利については、公共の福祉に反しない限り、立法その他の国政の上で、最大の尊重を必要とする。」（日本国憲法第一三条）という規定にいう「個人の尊重」は「個人の尊厳の尊重」を意味するといった解釈もその一つである。[2]「人間の尊厳」の保障についても擁護体制の国際的な平準化が図られており、国際刑事裁判所による「人道に対する罪」などの管轄に至っていることは前述した。

自己決定・自己責任が新自由主義者によって高唱されているが、「人間の尊厳の不可侵」を規定することの意義は、自己決定・自己責任に基づいて人権の侵害ないし制限を正当化することを認めないとする点にある。たとえ本人が同意したとしても、「人間の尊厳」を侵すことは許されないとされる。

ヘイト・スピーチが禁止されるのもこれによっている。ヘイト・スピーチが侵害するのは個人的公益ではなく社会的法益だとされる。またドイツでは一九九一年に施行された、特定の生殖補助医療技術の濫用、とくに胚の研究利用に対して刑罰を規定している胚保護法第一条第一項によって、第三者による卵子の提供が禁止されている。[3]

戦前の日本の人権蹂躙問題においては、人権の侵害ないし制限を本人の同意に基づいて合法化することがしばしば行われた。法では認められていなかったにもかかわらず、捜査官による事実上の強制捜査が本人の同意に基づいて常態化していた。戦後もあまり変わっていない状況の下では、「人間の尊厳」を保障する意義はきわめて大きなものがある。違憲立法審査制度と「人間の尊厳」の保障を結びつけることも考えられなければならない。

一九九〇年五月二十九日のドイツ連邦憲法裁判所の決定は、最低限度の生活の保障をドイツ憲法第二〇条第一項と結びついた同憲法第一条第一項から導き出しているという。[4] 時代はずれるが、朝日訴訟の最高裁上告審判決と比べると対照的であろう。昭和四十二年五月二十四日最高裁大法廷判決は、[5]「憲法二五条一項はすべての国民が健康で文化的な最低限度の生活を営み得るように国政を運営すべきことを国の責務として宣言したにとどまり、直接個々の国民に具体的権利を賦与したものではない」とし、「何が健康で文化的な最低限度の生活であるかの認定判断は、厚生大臣の合目的な裁量に委されて」と判示したからである。

人権問題が国際的になっている今日、違憲立法審査権の発動について内外の格差を埋めることが喫緊の課題となっている。

先駆性が質の民主主義の代名詞

「司法官僚」の形成の経緯やその支配の実態などを詳しく分析した新藤宗幸は「裁判所をどう変えるのか」という難問にも取り組み、その処方箋として「裁判官会議の復権」「裁判官人事システムの改革」と並んで「裁判所情報公開法の制定」などを提示している。[6]

重要な問題提起であることは確かである。実現すれば真の司法改革につながることも期待し得る。裁判官のなかにもこれに賛同する人は少なくないのではないか。ただ、国会も政府と一緒になって、これまで裁判所の存在を軽視し、ときには三権分立制の枠を超えて、最高裁判決を「偏向裁判」などと一方的に攻撃し、裁判所に平和と国民の生活を守るという役割ではなく国益と現体制を守るという役割を押しつけてきた。

その国会に期待し得ることとは何かが、まず俎上に挙げられなければならない。まずは国会自身が変わらなければならない。現在でも多数決主義の正当性が政府・与党の幹部によって繰り返し強調されているからである。たとえ多数決によったとしても違憲の法律は制定してはならないということを、まずは認識すべきであろう。

「量の民主主義」によって「質の民主主義」の提案を否定するのではなく、「量の民主主義」が「質の民主主義」の提案をその真理性、平等性、人道性、先駆性などのゆえに受け入れたときに社会が進歩する、真の改革が進むということを歴史の教訓として強調しておきたい。人道性に関わる死刑の廃止もその一つである。今も人類が達成し得ていない課題の一つである。問題は「量の民主主義」がどのくらいの時間をかけてこの提案を受け入れるかどうかにある。

米軍による土地の強制収用で家を失った伊江島の住民たち。
基地反対の島ぐるみ闘争が始まった。1954(昭和29)年

「国土のわずか〇・六%の沖縄に、なぜ七五%もの在日米軍なのか?」「安保が必要というのなら、なぜ本土は進んでその負担を分かちあおうとしないのか?」「沖縄はいつまで国内植民地であり続けなければならないのか?」——沖縄からの訴え[7]が突きつけているのも、この点ではないか。

かつてガリレオ・ガリレイ(一五六四—一六四二年)は地動説を唱えたことで宗教裁判にかけられ、有罪判決(無期刑)を言い渡された。死後も彼の名誉は回復されず、カトリック教徒として埋葬することも認められなかったといわれている。しかし、いかなる権威、権力も地動説の真理性に蓋をし続けることはできなかった。地球は太陽の周りをまわっていた。その後の科学の発達によって地動説が正しいことが証明された。それでもローマ法王庁において裁判の見直しが始まったのは第二次世界大戦後のことであった。一九九二年、ローマ教皇ヨハネ・パウロ二世はガリレオの裁判が誤りであったことを公式に認め謝罪したが、ガ

リレオの死去から三五〇年が経過していた。[8]

一七八九年のフランス人権宣言は「人間と市民の権利宣言」と題され、人間の自由と平等などを謳ったが、この「人間と市民」のなかに女性、子ども、障がい者、外国人などは含まれていなかった。実際には多くの不平等を内包していた。これらの人たちをいかに包摂していくかがその後の人権論の課題となり、人権を発達させる原動力となった。それが実現できたのは第二次世界大戦後のことである。フランス人権宣言から一五〇年余を要した。

ハンセン病患者・家族を日本国憲法の埒外に置き続けるという政策が弾劾されたのは最高裁判決によってではなく、一下級審判決によってであった。法曹の名にふさわしい名判決であったが、社会を大きく変えるうえで大きかったのは、「量の民主主義」の代表者たる時の首相が控訴しないという決断を下し、同判決が確定したことであった。この決断は、ハンセン病特効薬プロミンの国内合成成功から半世紀が経ってなされたものであった。先駆性は芸術などがそうであるように、「質の民主主義」の代名詞の一つといってもよい。

検証システムの導入を

「質の民主主義」の確保に欠かせないものとして、検証というシステムがある。過去の誤りを直視し、誤りの原因とそれによって発生した被害実態などを詳しく調査し、再発防止のために必要な施策などをこの検証のなかから導き出すという作業である。しかし、「裁判所には検証という言葉はない」と指摘されて久しい。この検証体制をどうやって整備していくのか。裁判所が「憲法の番人」という役割を充分に果たしているのか。多くの問題について、このような観点からの司法自身による検証が必要となっている。「消極司法」が人々の生活にどのような影響を与えているのかも検証の対象となり得よう。

冤罪事件の検証もその一つである。有罪判決が確定後、服役中に真犯人が現われ、平成十九年十月十日の富山地裁の再審公判で無罪が言い渡された氷見《ひみ》事件は、裁判所も認める冤罪事件と言ってもよい。氷見事件の公判審理において何故、裁判所は虚偽作成された捜査段階の自白調書の信用性判断を誤ってしまったのか。これを信用できるとして重要な有罪証拠に据えてしまったのか。この検証は裁判所の手ではいまだになされていない。たとえ虚偽作成された自白調書であっても、巧妙に作成された自白調書については裁判官がその虚偽を見抜くのは困難だというのがわれわれの検証結果である。[9] そうだとすると、捜査段階の自白調書に証拠能力を付与することがそもそも問題だということになる。この点を等閑視したままで裁判所が捜査段階の自白調書に漫然と証拠能力を付与し続けることは許されないのではないか。

東電ＯＬ事件の再審無罪判決（東京高判平成二十四年十一月七日）も、従来の裁判所の「合理的な疑いを入れない程度の有罪心証」の基準に見直しを迫っているといえよう。基準をクリアーできているのか疑わしいという批判を浴びている有罪判決も少なくないなかで、東電ＯＬ事件の原確定有罪判決（東京高判平成十二年十二月二十二日）は種々の検討を丹念に積み重ねてこの基準をクリアーした。まさに合格点に達した有罪判決だとして法曹の間では高く評価されてきた。しかし、それが破棄され、再審無罪となったからである。破棄されるべき確定有罪判決は外にも少なからずあるということになる。従来の有罪心証の基準が低すぎたのかどうかの検討は不可避であり、再審無罪でひとまずよかったと楽観できるような状態ではない。

日本の場合、誤判問題については、個々の冤罪事件の再審無罪判決をいかにして勝ち取るかの議論に終始してきた嫌いがある。再審が「開かずの扉」といわれる状況の前ではそれもやむを得なかった面があるが、諸外国にみられるように再審無罪事件について誤判原因を個別に分析し、再発防止策を検討し、それを刑事手続の改善、法改正に生かすチャンネルを構築するという視点は、研究者の側も含めて弱かった。それが日本の刑事手続をして諸外国のそれから周遅れの状態にさせている原因の一つになっていないか。諸外国では二十一世紀に入り、検証に基づく刑事再審法の改正が相次いでいる。[10]

日本の現状はいかがであろうか。今次の刑事司法制度改革も検証を踏まえたものではない。むしろ日本型刑事手続の見直しはしないという前提で設計された制度である。裁判員裁判制度が本質的な矛盾に直面してもパッチワーク的な対応に止まっているのもこの前提のためである。真の意味での改革にはなり得ていない。検証抜きの改革は改悪に陥りかねない。

司法による検証が必要な問題は山積している。検証システムを欠いたままでは、司法が再び憲法違反の過ちを繰り返さないという保証はない。司法が大日本帝国憲法にさえ違反した治安維持法の「育ての親」だったことを忘れてはならない。なぜ治安維持法の「育ての親」になったのかも、検証の対象にされるべきである。時代のせいだったではすまされない。風化させてすまされる問題でもない。

無謬性の神話を打破し、司法に検証システムを導入し、検証文化の定着を図っていくことは、二十一世紀の日本の司法の最大の課題だといってもよい。違憲立法審査制度についても検証を通じた運用改善が図られるべきである。日本では期待される役割とは大きく異なった機能を果たしているからである。司法の独立及び裁判官の独立と検証とは、決して矛盾しないものである。

対テロ戦争について

二〇一五年十一月十三日のパリ同時多発テロで多数の犠牲者が出たのを受けて、「対テロ戦争」の動きがにわかに強まっている。日本国内でもこれを支持する空気が流れはじめている。「はじめに」で述べたように、テロ対策のための格別の治安強化の必要性も与党幹部から説かれ出している。空爆強化は問題解決につながらず、「イスラム国」の結束を固め、テロと空爆強化の悪循環を招くとの有力な指摘も見られる。

対応を誤らないためにも参考にされなければならないのは、二〇〇一年九月十一日に発生したニューヨーク同時多発テロ事件を受けてアメリカなどが始めた「対テロ戦争」の行方である。当時のアメリカのブッシュ政権はこのテロ事件を契機に、同年十月、有志連合によるアフガニスタン侵攻を行い、二〇〇三年三月には再び有志連合によるイラク戦争に踏み切った。しかし、この「対テロ戦争」がもたらしたものは何だったのであろうか。多くの戦死者であり、イラク地域・アフガニスタン地域・周辺地域の無政府化・治安悪化であり、住民の健康悪化・貧民化・一家離散・難民化であり、キリスト教文化に対する敵意などではなかったのか。これらが「温床」となって、テロはその後も世界各地で発生し、「イスラム国」も形成された。今回のパリ同時多発テロも「対テロ戦争」がもたらしたものといってもよいのではないか。

二十世紀、人類は第一次世界大戦、第二次世界大戦という二度の世界大戦を経験した。二度と繰り返してはならない、悪夢のような体験を通じて人類が得た教訓は何だったのであろうか。戦争で戦争を防止することはできない。戦争が生み出すのは戦争でしかない。戦争の犠牲者は国家でも為政者でもない、「普通の人々」、それも女性、子ども、高齢者、障がい者、疾病者など、最も弱い立場にある人々だ。人類が学んだのはこのことではなかったか。そこから私たちは、戦争が新たな戦争を生み出すという悪循環に陥らないために、人々に基本的人権を保障し、人々がこの基本的人権の保障の下で、「武器」ではなく「勇気」と「理性」「知性」をもって戦争を防止するために全力を傾けるということを誓ったのではないか。日本はこの「聖なる営み」の最前線に立つことを誓ったのではないか。

この人類の誓いを決して放棄してはならない。パリ同時多発テロの犠牲者の霊前で私たちがなすべきことは、「血の報復」を報告することではなく、右の誓いを再確認することではないか。

ベッカリーアの闘い

「法の支配」を守るうえで、個々の法律家が専門家として果たす役割が大きいことはいうまでもない。問題は法律家がこの責任を果たしてきたか、現に果たしているのかである。いま、法律家に求められているのは「量の民主主義」の議論に迎合することではない。それに専門家の「お墨付き」を与えることではましてない。何が「質の民主主義」からの具体的な帰結か、社会が進むべき方向はどちらかを、歴史的に形成された客観的な価値に基づいて提示すること。この具体的な帰結、方向の正しさ、その真理性、人道性、平等性、先駆性などを科学的に、かつ豊かな表現力を持ってわかりやすく解説すること。そして、それらの営みを通して、「量の民主主義」がこの具体的な帰結ないし方向を受け入れる日が一日も早く訪れるように努めることではないか。

イギリスにおける「法の支配」の確立にあたってのマグナ・カルタの「神話化」の重要性にいち早く着眼し、これを鋭く分析した桜木澄和は、その中で「歴史的なものの理論化」の存在を説いている。[11]

近代刑法の法理を世界に先駆けて体系化し、的確に、かつ豊かに表現したベッカリーアの『犯罪と刑罰』（一七六四年発行）も、このような「歴史的なものの理論化」に成功した作品の一つ、それもきわめて大きな作品の一つと位置づけることが許されよう。ベッカリーアは彼の生きた時代のもっとも残虐な誤り、すなわち「非合理的で非人道的な誘惑」に汚辱された犯罪と刑罰に闘いを挑んだ。その克服は現在も未解決で、問題はより深刻化しているともいえる。その誤りはすでに詳しくみたように、戦時下で繰り拡げられた場合、第二次世界大戦下で犯された「人道に対する罪」などのそれに匹敵したからである。

ベッカリーアの闘いをさらに発展させることが課題となっている。この闘いに参加することが法律家の任務ではないか。参加するに当たっては、専門性の重要な要素をなす市民的公共性をより磨かなければならない[12]。法律家の闘いの武器は「歴史的なものの理論化」ともいうべき法理であり、「非合理的で非人道的な誘惑」に対する毅然とした態度である。そして、磨き抜かれた市民的公共性が何よりも大きな武器となる。ここであらためて布施辰治の墓標に刻まれた「生きべくんば民衆とともに、死すべくんば民衆のために」という座右の銘を想起したい。

闘うのは私たち自身——傍観者民主主義から参加民主主義へ

小熊英二は『社会を変えるには』（講談社現代新書、二〇一二年）という著書のなかで次のように記している。

二〇一一年からの脱原発のデモで、多くの人が望んでいたことは、おそらく以下のようなことだと思います。

ひとつめは、自分たちの安全を守る気もない政府が、自分たちをないがしろにし、既得権を得ている内輪だけで、すべてを決めるのは許せないということ。

二つめは、自分で考え、自分が声をあげられる社会を作りたい。自分の声がきちんと受けとめられ、それによって変わっていく。そんな社会を作りたいということ。

三つめは、無力感と退屈を、ものを買い、電気を使ってまぎらわせていくような、そんな沈滞した生活はもうごめんだということ。その電気が、一部の人間を肥え太らせ、多くの人の人生を狂わせていくような、そんなやり方で作られている社会は、もういやだということ。

これらは、人間がいつの時代にも抱いている、普遍的な思いです。その時代や地域によって、「問題」

がこの世に現われてくるかたちは違いますが、こうした普遍的な思いとつながったときにおこる運動は、大きな力を持ちます。それが二〇一一年の日本では、脱原発という形をとった、ということだと考えられます（同四四一頁以下）。

これに共感し、賛同する人は少なくないことであろう。しかし、ここで絶対に忘れてはならないことは、戦時下に入ると、人々がこのような思いをデモや集会や出版物などを通して著すこと、訴えることが事実上できなくなる。国民主権下での国民の言動といえども、厳しい取締りの対象となる。規制に違反すると処罰される場合も稀ではない。それが歴史の教訓だということである。

「悪法」から平和と国民の生活を守るうえで何よりも重要なことは、「悪法」と闘うのは私たち一人一人だという点である。誰かにすがることも、誰かに任せることもできない。専門家の仕事だと言ってすむ話では決してない。「悪法」と闘うのは私たち自身であることを決断しなければならない。国民主権とは国民が権限を行使し、自らの意思で責任を負うという制度である。義務だけを負わされ、権利は認められないというのは国民主権に反するが、利益だけは享受するが責任は回避するというのは国民主権を自ら放棄することを意味する。

「保護の客体」に甘んじることから脱け出し、「権利の主体」に自らを高めることも、国民の権利であり義務である。「保護の客体」では国民主権の担い手は務まらない。それでは「国民のための国家」から「国家のための国民」へと転換することになる。しかし、現代の治安政策では社会防衛に加えて対象者の保護も強調される。自己決定できる「一級市民」と自己決定できない「二級市民」に峻別し、後者に対する「法的パターナリズム」の必要性が説かれる。しかし、その保護は「権利主体性の剥奪」と同義である。この動きに取り込まれてはならない。

権利は相互的である。「悪法」から平和と国民の生活を守る闘いにおいても、人々の連帯は必須不可欠である。たとえ一人一人の力は微弱であったとしても、それが集まれば強力になり、大きな力を発揮するからである。しかし、それには困難が生じる。権力は人々の間に分断の楔《くさび》を打ち込むことによって「悪法」の実現を図るという手法をしばしば用いるからである。戦時下ではなおさらである。「他人事ではない」という確かな感性とそれを支える豊かでみずみずしい想像力がこの分断を打ち破る鍵となる。

被害当事者、あるいは、その弁護人や代理人として闘いに参加する。支援者として闘いに参加する。原理論や方向性の提示などを通して闘いに参加する。多様な参加の形態が考えられる。どの参加の形態も闘いには必要で、相互の信頼と緊密な連携が欠かせない。「三本の矢」にたとえてもよい。この闘いを傍観することは、「いじめ」の場合と同様に、自らが傍観者という名の加害者になることを意味する。加害者になるだけではなく被害者にもなることに注意しなければならない。すでに詳しく見たように、戦時治安刑法で処罰されるのは「普通の人々」である。「私には関係ない」という世界はあり得ない。戦争は「普通の人たち」の「普段の生活」にもっとも大きな犠牲を強いる。それは戦時治安刑法による人権蹂躙、あるいは戦時刑事手続による人権蹂躙の場合も同様である。

闘う術が一切、奪われるということも戦時下の特徴である。闘う武器があるあいだに喰いとめなければならない。「ルビコン川」を渡ってからでは遅い。渡る前に食い止めなければならない。闘うために必要な武器は日本国憲法が用意してくれている。このことを記して本書を閉じることにする。

本書の出版にあたっては、みすず書房の川崎万里さんから企画の面なども含めて多大の尽力をいただいた。最後に記して謝意を表したい。

註

はじめに

1　川田稔『満州事変と政党政治——軍部と政党の激闘』(講談社、二〇一〇年)
2　奥平康弘『治安維持法小史』(岩波現代文庫、二〇〇六年)八六頁等を参照。

第一章　違憲立法審査権の重要性

1　亀野邁夫「スペインの憲法裁判所」(『レファレンス』平成十五年八月号)八頁以下等を参照。
2　旧々弁護士法(明治二十六年三月四日法律第七号)第三一条は「弁護士にして此の法律又は弁護士会会則に違背したる所為あるときは会長は常議員会又は総会の決議により懲戒を求むる為検事正に申告すべし」と規定し、懲戒事由を弁護士会会則の定めるところに譲っていたが、検事正の指揮監督下で定められる会則において「安寧秩序違反」が懲戒事由の一つとされたことは想像に難くない。
3　青柳盛雄『治安維持法下の弁護士活動』新日本出版社、一九八七年。
4　民集六巻九号七八三頁。
5　佐藤功『日本国憲法(全訂第五版)』(学陽書房、平成八年)四九五頁以下等を参照。
6　民集三九巻五号一一〇〇頁。
7　寺田コートについては山本祐司『最高裁物語(下巻)』(日本評論社、一九九四年)二六三頁以下等を参照。

8　警察庁編『〈犯罪統計書〉〇〇年の犯罪』、法務省『〇年版犯罪白書』、法務省大臣官房調査課統計室（その後、調査統計課）『検察統計年報〇年』、最高裁事務総局『司法統計年報――刑事編〇年』、最高裁事務総局刑事局『〇〇年における刑事事件の概況』（法曹時報）、最高裁事務総局『明治以降裁判統計要覧』（一九六九年）等を典拠として作成された「刑事裁判統計」（www.hou-bun.com/01main/ISBN978-4-589.../statistics.pdf）等を参照。

9　岡原コートについては前掲『最高裁物語（下巻）』二〇七頁以下、野村二郎『最高裁全裁判官――人と判決』（三省堂、一九八六年）等を参照。

10　最高裁によって法令自体が違憲とされた「法令違憲」の大法廷判決・決定は、尊属殺人加重規定違憲判決（昭和四十八年四月四日刑集二七巻三号二六五頁）、薬事法距離制限規定違憲判決（昭和五十年年四月三十日民集二九巻四号五七二頁）、衆議院議員定数配分規定違憲判決（昭和五十一年四月十四日民集三〇巻三号二二三頁）、同違憲判決（昭和六十年七月十七日民集三九巻五号一一〇〇頁）、森林法共有林分割制限規定違憲判決（昭和六十二年四月二十二日民集四一巻三号四〇八頁）、郵便法免責規定違憲判決（平成十四年九月十一日民集五六巻七号一四三九頁）、在外邦人選挙権制限規定違憲判決（平成十七年九月十四日民集五九巻七号二〇八七頁）、非嫡出子国籍取得制限規定違憲判決（平成二十年六月四日家庭裁判月報六〇巻九号四九頁）、非嫡出子法定相続分規定違憲決定（平成二十五年九月四日民集六七巻六号一三二〇頁）、などである。

他方、その法令を当該事件に適用する限りで違憲とする「適用違憲」とされた大法廷判決・決定は、不当長期間拘禁自白違憲判決（昭和二十三年七月十九日刑集二巻八号九四四頁）、自白調書有罪認定違憲判決（昭和二十五年七月十二日刑集四巻七号一二九八頁）、講和条約発効後における占領法規違憲判決（昭和二十八年七月二十二日刑集七巻七号一五六二頁）、同違憲判決（昭和三十年四月二十七日刑集九巻五号九四七頁）、強制調停違憲決定（昭和三十五年七月六日民集一四巻九号一六五七頁）、第三者所有物没収違憲判決（昭和三十七年十一月二十八日刑集一六巻一一号一五七七頁）、第三者追徴違憲判決（昭和四十年四月二十八日刑集一九巻三号二〇九頁）、余罪量刑考慮違憲判決（昭和四十二年七月五日刑集二一巻六号七四八頁）、偽計有罪自白認定違憲判決（昭和四十五年十一月二十五日刑集二四巻一二号一六七〇頁）、高田事件違憲判決（昭和四十七年十二月二十日刑集二六巻一〇号六三一頁）、愛媛県靖国神社玉串訴訟違憲判決（平成九年四月二日民集五一巻四号一六七三頁）、砂川空知太神社訴訟違憲判決（平成二十二年一月二十日民集六四巻一号一頁）などである。

11　刑集一三巻一三号三二二五頁。
12　刑集二〇巻八号九〇一頁。
13　刑集二三巻五号三〇五頁。
14　刑集二七巻四号五四七頁。
15　民集第三四巻七号九五九頁。
16　津地鎮祭事件に関する昭和五十二年七月十三日の上告審大法廷判決（民集三一巻四号五三三頁）もその一つであった。判決理由のうち主な点は「起工式に対する一般人の意識に徴すれば、建築工事現場において、たとえ専門の宗教家である神職により神社神道固有の祭祀儀礼に則つて、起工式が行われたとしても、それが参列者及び一般人の宗教的関心を特に高めることとなるものとは考えられず、これにより神道を援助、助長、促進するような効果をもたらすことになるものとも認められない。そして、このことは、国家が主催して、私人と同様の立場で、本件のような儀式による起工式を行つた場合においても、異なるものではなく、そのために、国家と神社神道との間に特別に密接な関係が生じ、ひいては、神道が再び国教的な地位をえたり、あるいは信教の自由がおびやかされたりするような結果を招くものとは、とうてい考えられない」というものであった。
17　時系列に並べると次のような大法廷判決・決定が出されている。
・上告理由の制限に関して判示した昭和二十三年二月六日判決（刑集二巻二号二三頁）
・共犯者の自白について判示した昭和二十三年七月十四日判決（刑集二巻八号八七六頁）及び昭和二十四年五月十八日（刑集三巻六号七三四頁）
・憲法第三八条第三項にいう「本人の自白」に公判廷自白が含まれるかについて判示した昭和二十三年七月二十九日判決（刑集二巻九号一〇一二頁）及び昭和二十四年四月六日（刑集三巻四号四四五頁）
・捜査の過程でなされた違法な手続の上訴審への影響について判示した昭和二十三年十二月一日判決（刑集二巻一三号一六七九頁）
・訴訟費用の負担に関して判示した昭和二十三年十二月二十七日判決（刑集二巻一四号一九三四頁）
・公平な裁判所の裁判に関して判示した昭和二十五年四月十二日判決（刑集四巻四号五三五頁）
・証人を求める権利について判示した昭和二十五年六月七日判決（刑集四巻六号九六六頁）

・「二重の危険」の法理の意義について判示した最大判昭和二十五年九月二十七日判決（刑集四巻九号一八〇五頁）及び最大判昭和二十五年十一月八日判決（刑集四巻十一号二二二一頁）
・憲法第三八条第三項にいう「本人の自白」の意義について判示した昭和二十五年十月十一日判決（刑集四巻一〇号二〇〇〇頁）
・陪審制度の採用について判示した昭和二十五年十月二十五日判決（刑集四巻一〇号二一六六頁）
・刑事訴訟法第三二一条第一項第一号後段書面の意義について判示した昭和二十五年十月四日決定（刑集四巻一〇号一八六六頁）
・盗品等に関する罪の知情についての補強に関して判示した昭和二十五年十一月二十九日判決（刑集四巻一一号二四〇二頁）
・自白の任意性・信用性について判示した昭和二十六年八月一日判決（刑集五巻九号一六八四頁）
・いわゆる起訴状一本主義について判示した昭和二十七年三月五日判決（刑集六巻三号三五一頁）
・捜索許可と押収許可を一通の令状に記載することについて判示した昭和二十七年三月十九日判決（刑集六巻三号五〇二頁）
・法第三二一条第一項第二号前段書面について判示した昭和二十七年四月九日判決（刑集六巻四号五八四頁）
・新聞記者である証人の証言拒否権について判示した昭和二十七年八月六日判決（刑集六巻八号九七四頁＝石井記者事件）
・控訴取下げ後の控訴審判決（当然無効の判決）に対する一事不再理効の適用について判示した昭和二十七年十一月十九日判決（刑集六巻一〇号一二一七頁）
・弁護人の立会いについて判示した昭和二十八年四月一日判決（刑集七巻四号七一三頁）
・弁護人の選任について再び判示した昭和二十八年四月一日判決（刑集七巻四号七一三頁）
・二重起訴について判示した昭和二十八年十二月九日判決（刑集七巻一二号二四一五号）
・勾留下の別件取調べに関して判示した昭和三十年四月六日判決（刑集九巻四号六六三頁＝帝銀事件）
・公訴権や裁判権が回復された後に占領下の犯罪を起訴し、裁判することが憲法第三九条の禁止する事後立法に当たるかどうかについて判示した最大判昭和三十年六月一日（刑集九巻七号一一〇三頁）

・直接の補強証拠が欠けていても憲法第三八条第三項の違反があるものといえないと判示した昭和三十年六月二十二日判決（刑集九巻八号一一八九頁＝三鷹事件）
・緊急逮捕の合憲性について判示した昭和三十年十二月十四日判決（刑集九巻一三号二七六〇頁）
・現行犯逮捕の合憲性について判示した大判昭和三十一年十月二十五日判決（刑集一〇巻一〇号一四三九頁）
・勾留日数の算入について柔軟な判断を示した昭和三十一年十二月二十四日決定（刑集一〇巻一二号一六九二頁）
・裁判の公開に関して判示した昭和三十一年十二月二十六日判決（刑集一〇巻一二号一七四六頁）
・黙秘権に関して判示した昭和三十二年二月二十日判決（刑集一一巻二号八〇二頁）
・国選弁護人の選任について判示した昭和三十二年七月十七日判決（刑集一一巻七号一八四二頁）
・前科の認定について判示した昭和三十三年二月二十六日決定（刑集一二巻二号三一六頁）
・公判廷における写真撮影の制限が公開裁判に反しないかについて判示した昭和三十三年二月十七日決定（刑事集一二巻二号二五三頁＝北海タイムス事件）
・共犯者の自白は憲法第三八条第三項にいう「本人の自白」に当たらないと判示した昭和三十三年五月二十八日判決（刑集一二巻八号一七一八頁＝練馬事件判決）
・捜索押収令状に適用条文まで記載することを要するかに関して判示した昭和三十三年七月二十九日決定（刑集一二巻一二号二七七六頁）
・法廷等の秩序維持に関する法律第二条による監置決定は憲法第三二条、第三三条、第三四条、第三七条に違反しないかについて判示した昭和三十三年十月十五日判決（刑集一二巻一四号三二九一頁）
・上告審でのいわゆる「諏訪メモ」の提出命令について判示した昭和三十四年八月十日判決（刑集一三巻九号一四一九頁＝松川事件第一次上告審）

18　田中成明『法学入門』（有斐閣、二〇〇五年）等を参照。

第二章　個人から国家へ

1　『第七六帝国議会衆議院治安維持法改正法律案委員会議録（速記）第六回』（昭和十六年二月十七日）六二―六四頁。

第三章　新しい「市民」概念の創出

1　村上貴美子『占領期の福祉政策』（勁草書房、一九八七年）二四二頁以下等を参照。
2　民集二一巻五号一〇四三頁。
3　赤木智弘「『丸山眞男』をひっぱたきたい　三一歳、フリーター。希望は、戦争。」朝日新聞社『論座』二〇〇七年一月号、五三頁以下。
4　佐藤卓己『輿論《よろん》と世論《せろん》』（新潮選書、二〇〇八年）等を参照。
5　内閣府作成「自殺統計に基づく自殺者」等を参照。
6　内田博文『刑法学における歴史研究の意義と方法』（九州大学出版会、一九九七年）三七九頁以下等を参照。
7　前掲・田中『法学入門』九〇頁以下。
8　小川政亮「保護受給者に対する刑事弾圧――『福祉国家』への接近」仁井田隆博士追悼論文集第三巻『日本法とアジア』（勁草書房、一九七〇年）三九七頁以下。
9　井田良「最近における刑事立法の活性化とその評価」『法律時報』七五巻（二〇〇三年）二号、二七八頁以下。
10　内田博文『日本刑法学のあゆみと課題』（日本評論社、二〇〇八年）一三五頁以下等を参照。
11　上田誠吉『人間の絆を求めて　国家秘密法の周辺』（花伝社、二〇一三年）一七六頁。

第四章　「非国民」とは誰か

1　小熊英二『〈日本人〉の境界——沖縄・アイヌ・台湾・朝鮮　植民地支配から復帰運動まで』（新曜社、一九九八年）等を参照。
2　エルネスト・ルナン、J・G・フィヒテ、J・ロマン、E・バリバール他著『国民とは何か』（鵜飼哲、大西雅一郎、細見和之、上野成利訳、インスクリプト、一九九七年）等を参照。
3　以下の記述については「ハンセン病問題に関する検証会議最終報告書」（二〇〇五年）等を参照。
4　無らい運動研究会『ハンセン病絶対隔離政策と日本社会　無らい県運動の研究』（六花書房、二〇一四年）等を参照。
5　『法と民主主義』二〇一五年六月号に掲載の「特集・ハンセン病「特別法廷」と司法の責任——遅すぎた最高裁の検証」等を参照。

第五章　平成時代の「転向」政策

1　『第一六六国会参議院法務委員会議録第一八回』（平成十九年六月七日）三頁。
2　『第五国会衆議院法務委員会議録第一六回』（昭和二十四年五月七日）一〇頁。
3　以上の記述については内田博文『更生保護の展開と課題』（法律文化社、二〇一四年）等を参照。

第六章　準戦時下の家族

1　一ノ瀬俊也「六　軍隊と社会」明治維新史学会編『講座明治維新第五巻　立憲政と帝国への道』（有志舎、二〇一二年）一七六頁以下等を参照。
2　雑賀美津枝「家族制度の変遷と教育」日本大学教育学会編『教育学雑誌』一二号（一九七八年）四三頁以下等を参照。
3　池上駒衛『改正刑法講義図解及改正刑法施行法講義』（修文館、一九〇九年）五一一頁以下等を参照。
4　前掲・雑賀「家族制度の変遷と教育」四三頁以下等を参照。
5　滋賀大学附属図書館編『近代日本の教科書のあゆみ』（サンライズ出版、二〇〇六年）二〇頁等を参照
6　同右、二〇頁等を参照。
7　内閣統計局『大正九年　国勢調査』等を参照。
8　前掲・雑賀「家族制度の変遷と教育」四七頁等を参照。
9　奥村典子「戦時下家庭教育政策――家庭における錬成の展開過程を中心に」お茶の水女子大学大学院人間文化創成科学研究科『人間文化創成科学論叢』第一一巻（二〇〇八年）三一九頁以下等を参照。
10　葛西裕仁「戦時下の日本映画と家族主義――「国体」における家族の実態とその思想」名古屋大学大学院国際言語文化研究科『メディアと社会』創刊号（二〇〇九年）五六頁以下等を参照。
11　大刑集一二巻一一五四頁以下。
12　『第九〇帝国議会衆議院議事速記録第二号』（昭和二十一年六月二十一日）八頁以下等を参照。
13　前掲・雑賀「家族制度の変遷と教育」四九頁等を参照。
14　刑集四巻一〇号二一二六頁。
15　宇野正道「日本における世帯概念の形成と展開」慶應義塾経済学会『三田学会雑誌』七三巻五号（一九八〇年）一三六頁以下等を参照。
16　厚生労働省「人口動態統計月報」等を参照。
17　厚生労働省「離婚に関する統計」等を参照。
18　www.courts.go.jp/app/files/hanrei_jp/…/082267_hanrei.pdf
19　民集六七巻六号一三二〇頁。

第七章　裁判所の役割

1　新藤宗幸『司法官僚――裁判所の権力者たち』（岩波新書、二〇〇九年）等を参照。
2　『大審院刑事判決録』一七輯一六一九頁。
3　大刑集八巻三一七頁。
4　大刑集九巻七八八頁。
5　大刑集一〇巻三二六頁。
6　大刑集一〇巻六三四頁。
7　大刑集一一巻一七八頁。
8　大刑集一一巻五三〇頁。
9　大刑集一二巻二四三頁。
10　大刑集一二巻一一五四頁。
11　大刑集一二巻一四六二頁。
12　大刑集一三巻一四三二頁。
13　大刑集一五巻七一五頁。
14　前掲・新藤『司法官僚』等を参照。
15　内田博文『刑事判例の史的展開』（法律文化社、二〇一三年）三〇頁以下等を参照。
16　民集六巻九号七八三頁。
17　刑集七巻四号七七五頁。
18　刑集一二巻八号一七一八頁。
19　刑集一七巻六号六六一頁。
20　刑集一七巻四号三七〇頁。
21　刑集五七巻五号五〇七頁。

22　刑集六二巻五号一二一七頁。
23　『第一八九国会衆議院我が国及び国際社会の平和安全法制に関する特別委員会会議録第一三回』（平成二十七年六月二十二日）二頁以下等を参照。
24　同右、五頁以下等を参照。

第八章　重罰化

1　風早八十二「ベッカリーアの刑罰制度批判の歴史的意義」ベッカリーア著『犯罪と刑罰』（風早八十二訳、刀江書院、昭和十一年）三一一頁以下等を参照。
2　『第五六帝国議会衆議院議事速記録第一一号』（昭和四年二月十九日）一八〇以下。
3　佐伯千仭・小林好信「刑法学史（学史）」鵜飼信成『講座日本近代法発達史 第11』（勁草書房、一九六七年）二〇七頁以下等を参照。
4　『第七九帝国議会貴族院議事速記録第三号』（昭和十七年一月二十二日）四八頁以下。
5　刑集二巻三号一九一頁。
6　刑集四巻一〇号二一二六頁
7　法務省刑事局『法制審議会刑事法特別部会改正刑法草案・同説明書』（一九七二年）一二一頁等を参照。
8　刑集三七巻六号六〇九頁。
9　保坂展人議員の平成十三年八月十日衆議院提出質問第一六号「死刑制度に関する質問主意書」に対する内閣総理大臣の平成十三年九月二十五日受領答弁第一六号等を参照。
10　日本犯罪社会学会編・浜田浩一責任編集『グローバル化する厳罰化とポピュリズム』（現代人文社、二〇〇九）九九頁等を参照。
11　『判例タイムズ』一二一三号八九頁。

第九章　思想犯の厳罰化

1　『第五〇帝国議会衆議院議事速記録第一六号』（大正十五年二月十九日）三二七頁。
2　松尾洋『治安維持法と特高警察』（教育社、一九七九年）一二九頁以下等を参照。
3　前掲・松尾一三一頁以下等を参照。
4　例えば、『第五〇帝国議会衆議院治安維持法案委員会議録（速記）第三回』（大正十四年二月二十六日）一頁等を参照。
5　前掲・松尾一五三頁以下等を参照。
6　中澤俊輔『治安維持法――なぜ政党政治は「悪法」を生んだか』（中公新書、二〇一二年）一五九頁等を参照。
7　荻野富士夫『思想検事』（岩波新書、二〇〇〇年）等を参照。
8　小林杜人「思想犯保護観察実施の回顧」（『昭徳』昭和十五年十一月号）六頁等を参照。
9　前掲・内田『更生保護の展開と課題』五九頁以下等を参照。
10　大刑集一三巻一四四九頁。
11　大刑集一四巻二八四頁。
12　大刑集一五巻一五二八頁。
13　大刑集一七巻八三一頁。
14　大刑集二〇巻四四七頁。
15　大審院大正六年九月十日判決『大審院刑事判決録』二三輯九九九頁。
16　前掲・松尾五四―五五頁を参照。
17　牧野英一『法律と生存権』（有斐閣、一九二八年）七二頁以下等を参照。
18　木村亨『横浜事件の真相　つくられた「泊会議」（増補二版）』（筑摩書房、一九八六年）。海老原光義他『横浜事件 言論弾圧の構図』（岩波ブックレット、一九八七年）。中村智子『横浜事件の人びと（増補二版）』（田畑書店、一九八九年）、小野貞・大川隆司『横浜事件・三つの裁判　十五年戦争下最大の言論・思想弾圧事件』（高文研、一九九五年）その他を参照。
19 荻野富士夫「解説治安維持法成立・「改正」史」同編『治安維持法関係資料集第四巻』（みすず書房、一九九六年）七三〇頁以下等を参照。
20 刑集六二巻三号一八五頁。
21 横浜事件第三次再審請求弁護団編『横浜事件と再審裁判——治安維持法との終わりなき闘い』（インパクト出版、二〇一五年）等を参照。
22 刑集一四巻九号一二四三頁。
23 刑集八巻一一号一八六六頁。

第十章 「秘密」をめぐる罪

1 平成二十五年十一月二十六日開催の第一八五回国会衆議院本会議における赤嶺政賢議員の討論。
2 小田中聰樹『国防保安法の歴史的考察と特定秘密保護法の現代的意義』（東北大学出版会、二〇一四年）三七五頁。
3 斉藤豊治『国家秘密法制の研究』（日本評論社、一九八七年）六頁等を参照。
4 『第一三帝国議会衆議院議事速記録第六号』（明治三十一年十二月十三日）六八頁以下。
5 林武、和田朋幸、大八木敦裕「研究ノート軍機保護法等の制定過程と問題点」防衛研究所編『防衛研究所紀要』一四巻一号（二〇一一年）九二頁等を参照。
6 前掲・斉藤一〇頁以下等を参照。
7 『第七一帝国議会衆議院軍機保護法改正法律委員会議録（速記）第二回』（昭和十二年八月三日）一頁以下。
8 前掲・斉藤一二頁等を参照。
9 伊達秋雄「軍機保護法の運用を顧みて」『ジュリスト』五九号（一九五四年）八頁等を参照。
10 平成二十五年十月四日付東京新聞「こちら特報部」の報道記事。

11　前掲・斉藤一四頁及び一九頁等を参照。
12　『第七四帝国議会衆議院国境取締法案委員会議録（速記）第三回』（昭和十四年三月一日）一〇頁に掲載の江原三郎委員の発言。
13　『第七六帝国議会衆議院国防保安法案委員会議録（速記）第一回』（昭和十六年一月三十一日）一頁以下。
14　前掲・小田中『国防保安法の歴史的考察と特定秘密保護法の現代的意義』六五頁以下。
15　『警察研究』第一二巻第三号（昭和十六年）一頁以下。
16　『法律時報』昭和十六年五月号二頁以下。
17　『改造』昭和一六年三月号一二九頁以下。
18　前掲・小田中六七頁以下及び七四頁、朝日新聞「新聞と戦争」取材班『新聞と戦争』（朝日新聞社、二〇〇八年）等を参照。
19　前掲・斉藤一五頁等を参照。
20　『第七六帝国議会貴族院議事速記録第二〇号』（昭和十六年二月二十七日）二五八―二五九頁。
21　大竹武七郎『国防保安法』（羽田書店、一九四一年）八一―八二頁。
22　それらのうち、「国家機密に関する事例」として、ゾルゲ事件（リヒアルト・ゾルゲ被告及び尾崎秀実被告に対し日本の政治、外交、軍事の各政策、とりわけ対ソ戦準備の動きや日米交渉の経過などについての情報や軍事上の秘密をコミンテルン赤軍第四本部に送信したなどとして、治安維持法違反、国防保安法違反（国家機密探知・外国漏泄・情報探知収集）、軍機保護法違反、軍用資源秘密保護法違反により死刑の判決、クラウゼン被告及びヴケリッチ被告に対し同容疑で無期懲役の判決）、等が紹介されている。
23　加藤哲郎『ゾルゲ事件 覆された神話』（平凡社新書、二〇一四年）、渡部富哉『偽りの烙印――伊藤律・スパイ説の崩壊』（五月書房、一九九三年）、『現代史資料　ゾルゲ事件（一）―（四）』一―三及び二四（みすず書房、一九六二年及び一九七一年）等を参照。
24　前掲・加藤一〇頁等を参照。
25　同書一一頁以下等を参照。
26　法政大学大原社会問題研究所編『日本労働年鑑特集版　太平洋戦争下の労働運動』（労働旬報社、一九六五年）

の「第四編　治安維持法と政治運動」の「第四章　ゾルゲ事件」等を参照。
27 前掲『国防保安法の歴史的考察と特定秘密保護法の現代的意義』一〇七―一〇八頁等を参照。
28 同書一七五頁。
29 上田誠吉『ある北大生の受難　国家秘密法の爪痕』（花伝社、二〇一三年）二二五―二二六頁。

第十一章　儀式化する刑事裁判

1 内務省警保局編『昭和十六年外事警察概況』等を参照。
2 同『昭和十六年外事警察概況』及び『昭和十七年外事警察概況』等を参照。
3 内務省警保局保安課編『特高月報』昭和十六年十二月号等を参照。
4 前掲・上田『ある北大生の受難』一三二頁。
5 同書一四六頁以下。
6 同書一五二頁。
7 同書一五五頁以下。
8 同書一九〇頁以下等を参照。
9 小田中聰樹『刑事訴訟法の歴史的分析』（日本評論社、一九七六年）一〇頁以下等を参照。
10 横山晃一郎「司法と検察」（法学セミナー増刊『現代の検察』一九八一年）一〇頁以下等を参照。
11 前掲・小田中『刑事訴訟法の歴史的分析』一三頁等を参照。
12 松尾浩也「現代検察論」（法学セミナー増刊『現代の検察』一九八一年）二頁以下等を参照。
13 前掲・小田中『刑事訴訟法の歴史的分析』一四頁等を参照。
14 森尾亮「誰が『冤罪』を生みだしているのか」（内田博文編『歴史に学ぶ刑事訴訟法』（法律文化社、二〇一三年）一三一頁以下等を参照。
15 前掲・森尾一三二頁以下等を参照。

16 小田中聰樹『刑事訴訟法の史的構造』（有斐閣、一九八六年）一〇頁以下等を参照。
17 『第七六帝国議会衆議院国防保安法案委員会会議録（速記）第一回』（昭和十六年一月三十一日）一頁以下。
18 『第七六帝国議会衆議院議事速記録第一二号』（昭和十六年二月八日）一三五頁以下。
19 『第七六帝国議会衆議院治安維持法改正法律委員会議録（速記）第二回』（昭和十六年二月十二日）一頁以下。
20 前掲・小田中『国防保安法の歴史的考察と特定秘密保護法の現代的意義』八五頁以下等を参照。
21 同書九三頁等を参照。
22 前掲・小田中『刑事訴訟法の歴史的分析』三二二頁。
23 『第八三帝国議会貴族院議事速記録（速記）第一号』（昭和十八年十月二十六日）一五頁以下。
24 『第九二帝国議会貴族院議事録（速記）第二七号』三九〇頁以下。
25 『第二国会衆議院司法委員会会議録第二二回』（昭和二十三年五月二十八日）二三頁以下。
26 www.hou-bun.com/01main/ISBN978-4-589.../statistics.pdf
27 前掲・小田中『刑事訴訟法の史的構造』二〇八頁等を参照。

第十二章　裁判（官）統制

1 『第七六回帝国議会貴族院国防保安法案特別委員会議事録速記録第一号』（昭和十六年二月十三日）二頁。
2 『第七六回帝国議会衆議院治安維持法改正法律委員会議録（速記）第二回』（昭和十六年二月十二日）一頁以下。
3 『第七六回帝国議会貴族院「戦勝に於ける領事館の裁判の特例に関する法律」委員会議事速記録第一回』（昭和十七年一月二十六日）一頁以下。
4 『第八三帝国議会貴族院裁判所構成法戦時特例中改正法律案委員会議事速記録第一回』（昭和十八年十月二十六日）一頁以下。
5 刑集二巻八号九五二頁。
6 『第二国会衆議院司法委員会議録第二二回』（昭和二十三年五月二十八日）二八頁以下。

7 刑集二巻二号二三頁。
8 刑集二巻三号一七五頁。
9 陶山二郎「誤判の『再生産』」内田博文編『歴史に学ぶ刑事訴訟法』(法律文化社、二〇一三年)二一六頁以下等を参照。
10 刑集四巻九号一八〇五頁。
11 刑集四巻一一号二二二一頁。
12 小田中聰樹『現代刑事訴訟法論』(勁草書房、一九七七年)一二六頁等を参照。
13 田宮裕『刑事訴訟法(新版)』(有斐閣、一九九六年)四九三頁。
14 最判昭和三十三年十二月二十五日刑集一二巻一六号三五五五頁、最判昭和三十三十二月二十五日刑集一二巻一六号三六二七頁、最判昭和五十年八月二十七日刑集二九巻七号四二二頁、最判昭和五十年十月二十四日刑集二九巻九号七七七頁、最判昭和五十年十月二十四日刑集二九巻九号八六〇頁、最判昭和五十一年五月六日刑集三〇巻四号五一九頁、最大判昭和五十一年五月二十一日刑集三〇巻五号一一七八頁、最判昭和五十二年五月六日刑集三一巻三号五四四頁など。
15 最判昭和三十三年十一月十四日刑集一二巻一五号三四三九頁。
16 最判昭和五十八年七月八日刑集三七巻六号六〇九頁(永山事件)、最判平成十一年十二月十日刑集五三巻九号一一六〇頁、最判平成十八年六月二十日判例時報一九四一号三八頁(光市母子殺害事件)。
17 最判昭和二十七年四月十日刑集六巻四号六四八頁。
18 最大判昭和二十六年十一月二十八日刑集五巻一二号二四二三頁、最判昭和三十年六月十六日刑集九巻七号一一五〇頁。
19 最決昭和二十九年十一月三十日刑集八巻一一号一八九八頁。
20 最判昭和二十七年十月七日刑集六巻九号一一〇九頁、最判昭和三十二年四月十六日刑集一一巻四号一三七二頁。
21 詳しくは辻本典央「刑訴法四一一条により原判決が破棄されるべき「著反正義」要件について——上訴の研究」(近畿大学法学会『近畿大学法学』第五六巻第二号、二〇〇八年)一頁以下等を参照。
22 最判昭和二十三年八月五日刑集二巻九号一一二三頁。

23　後藤昭『刑事控訴立法史の研究』（成文堂、一九八七年）二四八頁等を参照。
24　例えば、白取祐司『刑事訴訟法（第六版）』（日本評論社、二〇一〇年）四五九頁等を参照。
25　刑集九巻八号一一八九頁。
26　「刑訴三八四条により控訴理由の一とされている同法三七九条の場合は、その前二条（三七七条三七八条）のいわゆる絶対的控訴理由に当る事由以外の『訴訟手続に法令の違反があつてその違反が判決に影響を及ぼすことが明らかであること』と規定しており、従つて訴訟手続に法令違反があつても、その違反が積極的に判決に影響を及ぼすことが明らかでない限り、同法三七九条の控訴理由とならないことを規定したものと解すべきものであつて、旧刑訴四一一条が『法令に違反したることありと雖判決に影響を及ぼさざること明白なるときは之を上告の理由と為すことを得す』と規定し、もつて消極的に判決に影響を及ぼさないことが明白な法令違反についてのみ上告理由とならないことを規定したのとは、異なるところがあるのである。従つて刑訴三七九条の場合は、訴訟手続の法令違反が判決に影響を及ぼすべき可能性があるというだけでは、控訴理由とすることはできないのであつて、その法令違反がなかつたならば現になされている判決とは異る判決がなされたであろうという蓋然性がある場合でなければ、同条の法令違反が判決に影響を及ぼすことが明らかであるということはできないのである。そして以上の判決については、絶対的控訴理由（三七七条三七八条）に当る場合は常に相当因果関係があるものと訴訟法上みなされているものと解すべきであるが、三七九条の場合には、裁判所が当該事件について具体的に諸般の情況を検討して判断すべき問題であつて、或る訴訟手続の法令違反は当然に判決に影響あるものと解し、或はその影響の可能性があれば足ると解するがごときは、同条の法意に反するものといわなければならない。また判決に影響を及ぼすことが明らかでない訴訟手続の違法があつたからといつて、その判決が憲法三一条にいわゆる法律の定める手続によらなかつたものであるということのできないのはいうまでもないところである」と判示されている。
27　刑集二〇巻一〇号一一〇七頁。
28　刑集三八巻九号二八一〇頁。
29　刑集二二巻一二号一三五二頁。
30　『判例タイムズ』四六四号一七〇頁。

31 刑集二一巻四号七〇五頁。
32 刑集二五巻二号二九三頁。
33 香城敏麿「審判の対象」別冊『ジュリスト』89『判例百選刑事訴訟法〔第五版〕』（一九八六年）二三二頁等を参照。
34 刑集六一巻四号六七七頁。
35 刑集六三巻四号三三一頁。
36 前掲・後藤三一〇頁以下等を参照。
37 前掲・白取四六一頁。

第十三章　司法改革という名の換骨脱胎

1 平成十一年十二月八日開催の司法制度改革審議会配布資料の最高裁判所意見書「二十一世紀の司法制度を考える」等を参照。
2 同配布資料の法務省意見書「司法制度の現状と改革の課題」等を参照。
3 最高裁判所事務総局「裁判員裁判実施状況の検証報告書」（平成二十四年十二月）等を参照。
4 原田國男『裁判員裁判と量刑法』（成文堂、二〇一一年）の「第一五章　裁判員裁判の新しい量刑傾向」二六七―二六八頁。
5 同右。
6 前掲「裁判員裁判実施状況の検証報告書」三二―三四頁。
7 刑集六九巻一号九九頁。
8 刑集六九巻一号一頁。
9 刑集四九巻六号七八五頁。
10 福岡高決平成十三年九月十日『判例時報』一七六七号一四二頁。

11　前掲・陶山「誤判の『再生産』――冤罪を防止できない上訴・再審」二二二頁以下等を参照。
12　岡崎正尚『慈悲と天秤　死刑囚・小林竜司との対話』（ポプラ社、二〇一一年）一三頁以下等を参照。
13　佐伯千仭・団藤重光・平場安治編著『（法セミセレクション）死刑廃止を求める』（日本評論社、一九九四年）等を参照。
14　『第一六九国会同衆議院本会議議事録第三一号』（平成二十年五月二十二日）三頁以下。
15　原田正治『弟を殺した彼と、僕』（ポプラ社、二〇〇四年）一五六頁以下。
16　本江威憙「取調べの録音・録画記録制度と我が国の刑事司法」『判例時報』一九二二号（二〇〇六年）一一頁以下、岡田薫「取調べの機能と録音・録画」『レファレンス』（平成二十年七月号）一四頁等を参照。
17　井上明彦「取調べの可視化（取調べの全過程の録画）の権利性とその実現にあたっての問題に関する考察」広島大学法務研究科『広島法科大学院論集』第七号（二〇一一年）一九四頁以下。
18　藤木英雄「監獄法と未決拘禁」（日本刑事政策研究会編『罪と罰』一四巻三号、昭和五十二年）二一頁。
19　松尾浩也「大逆事件」我妻栄等編『日本政治裁判史録（明治・後）』（第一法規出版、昭和四四年）五四四頁以下、神崎清『大逆事件〈1〉黒い謀略の渦――幸徳秋水と明治天皇』（あゆみ出版、一九七六年）、最高裁判所事務総局編『裁判所百年史』（一九九〇年）一三頁、中村文雄『大逆事件の全体像』（三一書房、一九九七年）、田中伸尚『大逆事件――死と生の群像』（岩波書店、二〇一〇年）等を参照。
20　東京弁護士会百年史編纂刊行特別委員会編『東京弁護士会百年史』（一九八〇年）二六七頁等を参照。
21　村井敏邦「大逆事件」『法学セミナー』二〇〇〇年、三月号一〇〇頁以下、四月号九九頁以下、五月号九四頁以下等を参照。

第十四章　弁護士の独立と弁護権の制限

1　前掲・『東京弁護士会百年史』一四一頁以下等を参照。
2　前掲・小田中『刑事訴訟法の歴史的分析』一一頁等を参照。

3 前掲『東京弁護士会百年史』一六五頁等を参照。
4 同書、一九八頁等を参照。
5 『日本弁護士協会録事』第七号（明治三十一年二月）三頁以下。
6 前掲『日本弁護士協会録事』第八号（明治三十一年三月）二頁以下。
7 前掲『東京弁護士会百年史』二〇〇頁以下等を参照。
8 江木衷『陪審制談』（博文館、明治四十四年）等を参照。
9 前掲『東京弁護士会百年史』二〇七頁以下等を参照。
10 同書一〇二頁以下等を参照。
11 同書二一四頁等を参照。
12 前掲・小田中『刑事訴訟法の史的構造』四九頁等を参照。
13 前掲『日本弁護士協会録事』第三七号（明治三十三年十一月）二頁以下。
14 前掲『東京弁護士会百年史』二一八頁以下等を参照。
15 前掲『日本弁護士協会録事』第六一号（明治三十六年一月）三二頁以下。
16 前掲『東京弁護士会百年史』二二一頁などを参照。
17 『第四五帝国議会衆議院議事速記録第一一号』一八三頁以下。
18 『第四五帝国議会衆議院刑事訴訟法案委員会会議録（速記）第一回』二頁以下。
19 前掲・小田中『刑事訴訟法の歴史的分析』二九頁。
20 昭和四年十一月号二頁以下、同五年一月号四頁以下、同二月号二頁以下、同四月号五五頁以下。
21 『法曹公論』昭和四年十一月号一七―一八頁。
22 前掲・小田中『刑事訴訟法の歴史的分析』三二八頁以下等を参照。
23 前坂俊之『冤罪と誤判』（田畑書店、一九八二年）等を参照。
24 前掲『東京弁護士会百年史』三三九頁等を参照。
25 同書二八九頁等を参照。
26 同書四一四頁等を参照。

27　自由法曹団編『自由法曹団物語 戦前編』（日本評論社、一九七六年）等を参照。
28　前掲『東京弁護士会百年史』四三二頁。
29　日本弁護士連合会『日弁連五〇年史』（精興社、一九九九年）七頁。
30　布施柑治『ある弁護士の生涯――布施辰治』（岩波新書、二〇〇三年）等を参照。
31　前掲『東京弁護士会百年史』四〇三頁以下、森正『治安維持法裁判と弁護士』（日本評論社、一九八五年）等を参照。
32　前掲『新聞と戦争』等を参照。
33　前掲『東京弁護士会百年史』五四五頁以下等を参照。
34　同書四〇〇頁以下等を参照。
35　大野正男著・日弁連法務財団編『職業史としての弁護士および弁護士団体の歴史』（日本評論社、二〇一三年）一四七頁等を参照。
36　兼子一・竹下守夫『裁判法〔第四版〕』（有斐閣、一九九九年）四〇二頁以下等を参照。
37　前掲・大野『職業史としての弁護士および弁護士団体の歴史』一四七頁等を参照。
38　竹下守夫「法曹養成制度」『ジュリスト』一〇七三号（一九九五年）一四六頁等を参照。
39　前掲『東京弁護士会百年史』六三〇頁等を参照。
40　民集三二巻五号八二〇頁。
41　刑集二九巻五号一七七頁。
42　『第五八国会衆議院法務委員会議録（速記）第二一回』（昭和四十三年四月十六日）七頁以下。
43　座談会「新刑訴における証拠法」（『法律時報』第二二巻第一〇号、一九五〇年）三頁以下、「座談会日本の法廷――正義と人権をまもるために」（戒能通孝編『日本の裁判』法律文化社、一九五六年）二六五頁以下等を参照。
44　刑集二三巻五号三〇五頁。
45　刑集二七巻四号五四七頁。
46　刑集二〇巻八号九〇一頁。

47 前掲『世界』に掲載論稿等のほか、渡辺洋三『現代日本社会と民主主義』(岩波新書、一九八二年)、安倍晴彦『犬になれなかった裁判官――司法官僚統制に抗して三六年』(日本放送出版協会、二〇〇一年)、秋山賢三『裁判官はなぜ誤るのか』(岩波新書、二〇〇二年)、前掲・新藤宗幸『司法官僚――裁判所の権力者たち』等を参照。

48 前掲『東京弁護士会百年史』八五五頁以下及び八六二頁等を参照。

49 同書九〇九頁以下等を参照。

50 法テラス編『国選弁護関連業務の解説』(平成二十三年四月改訂版)等を参照。

51 自由法曹団編『自由法曹団物語(下)世紀をこえて』(日本評論社、二〇〇二年)四〇五頁。

おわりに

1 遠藤美奈「憲法に二五条がおかれたことの意味――生存権に関する今日的考察」(『季刊社会保障研究』四一巻四号、二〇〇六年)三四一頁以下等を参照。

2 福田雅章『日本の社会文化構造と人権』(明石書店、二〇〇二年)等を参照。

3 渡辺富久子「ドイツにおける着床前診断の法的規制」(『外国の立法』二五六号、二〇一三年)四一頁以下等を参照。

4 玉蟲由樹『人間の尊厳保障の法理――人間の尊厳条項の規範的意義と動態』(尚学社、二〇一三年)等を参照。

5 民集二一巻五号一〇四三頁。

6 前掲『司法官僚――裁判所の権力者たち』二三九頁以下等を参照。

7 大田昌秀『沖縄は主張する』(岩波ブックレット、一九九六年)等を参照。

8 ジェームズ・マクラクラン『ガリレオ・ガリレイ　宗教と科学のはざまで』(野本陽代訳、大月書店、二〇〇七年)一四三頁以下等を参照。

9 内田博文・八尋光秀・鴨志田祐美編著『転落自白』(日本評論社、二〇一二年)、内田博文『自白調書の信用性』(法律文化社、二〇一四年)等を参照。

10　例えば、フランスについて、福永俊輔「フランス刑事再審制度の動向」(『西南学院大学法学論集』四八巻一号、二〇一五年)一二七頁以下等を参照。

11　桜木澄和「マグナ・カルタ〝古きよき基本法〟への展開と法理の構造」(日本比較法研究所『比較法雑誌』一〇二巻二号、昭和五十二年)八頁以下。

12　佐々木光明「おわりに」内田博文・佐々木光明編『市民と刑事法(第三版)』(日本評論社、二〇一二年)二七〇頁以下等を参照。

著者略歴

（うちだ・ひろふみ）

1946年大阪府堺市生まれ．京都大学大学院法学研究科修士課程修了．現在，九州大学名誉教授，神戸学院大学法学部教授．専門は刑事法学（人権），近代刑法史研究．福岡市精神医療審査会会長，ハンセン病市民学会共同代表．ハンセン病問題に関する検証会議副座長を務めた．患者の権利擁護を中心とする医療基本法や，差別禁止法の法制化の問題にも取り組んでいる．主な単著に『刑法学における歴史研究の意義と方法』（九州大学出版会），『ハンセン病検証会議の記録』（明石書店），『日本刑法学の歩みと課題』（日本評論社），『刑事判例の史的展開』『自白調書の信用性』『更生保護の展開と課題』（いずれも法律文化社），『治安維持法の教訓』（みすず書房）など．

内田博文

刑法と戦争

戦時治安法制のつくり方

2015年12月10日　第1刷発行
2016年12月15日　第2刷発行

発行所 株式会社 みすず書房
〒113-0033 東京都文京区本郷5丁目32-21
電話 03-3814-0131(営業) 03-3815-9181(編集)
http://www.msz.co.jp

本文組版 プログレス
本文印刷・製本所 中央精版印刷
扉・表紙・カバー印刷所 リヒトプランニング

Printed in Japan
ISBN 978-4-622-07957-6
[けいほうとせんそう]